Information Age Economy

Klaus Sandbiller

Dezentralität und Markt in Banken

Innovative Organisationskonzepte auf der Basis moderner Informations- und Kommunikationssysteme

Mit 25 Abbildungen
und 1 Tabelle

Physica-Verlag
Ein Unternehmen
des Springer-Verlags

Dr. Klaus Sandbiller
A. T. Kearney GmbH
Jan-Wellem-Platz 3
D-40212 Düsseldorf

ISBN 3-7908-1101-7 Physica-Verlag Heidelberg

Die Deutsche Bibliothek – CIP-Einheitsaufnahme
Sandbiller, Klaus: Dezentralität und Markt in Banken: Innovative Organisationskonzepte auf der Basis moderner Informations- und Kommunikationssysteme / Klaus Sandbiller.
– Heidelberg: Physica-Verl., 1998
(Information age economy)
ISBN 3-7908-1101-7

Umschlaggestaltung: Erich Kirchner, Heidelberg

SPIN 10673376 88/2202-5 4 3 2 1 0 – Gedruckt auf säurefreiem Papier

Geleitwort

Dem Thema der vorliegenden Arbeit - die Gestaltung markt- und kundenorientierter Angebotsprozesse in Banken auf der Grundlage innovativer Informations- und Kommunikationssysteme (IKS) - kommt in doppelter Hinsicht große Bedeutung zu: Zum einen behindern in der derzeitigen Bankpraxis hierarchisch geprägte Organisationsstrukturen eine konsequente Ausrichtung der Finanzdienstleistungserstellung an den individuellen Kundenbedürfnissen sowie an den dynamischen Marktanforderungen. Zum anderen wirkt die Inflexibilität einer alternden technischen Infrastruktur in Banken der Entwicklung und Implementierung marktnaher Organisations- und Vertriebskonzepte entgegen.

Vor diesem Hintergrund widmet sich Herr Sandbiller der Fragestellung, wie die notwendige Markt- und Kundenorientierung durch eine geeignete Vergabe von Entscheidungskompetenzen an marktnahe - somit dezentrale - Einheiten in der Bank erfolgreich zu implementieren ist.

Damit adressiert Herr Sandbiller aber nicht nur ein aktuelles Kernproblem der Banken im Informationszeitalter, sondern er behandelt zugleich ein zentrales Thema der Organisationstheorie: Wie kann man Dezentralisierungsvorteile nutzen, ohne sie durch Steuerungs- und Koordinationsprobleme wieder zu vernichten?

Durch die Integration und gezielte Weiterentwicklung von Forschungserkenntnissen sowie Gestaltungsempfehlungen aus einer Vielzahl benachbarter Disziplinen gelingt es Herrn Sandbiller, ein sowohl wissenschaftlich fundiertes als auch praktisch überzeugendes Lösungskonzept zu entwerfen: In einem ersten Schritt leitet er Gestaltungsanforderungen für den marktorientierten Erstellungsprozeß von Finanzdienstleistungen ab, der auf dezentralen Organisationsprinzipien beruht. Er entwickelt dann neuartige Koordinations- und Steuerungskonzepte auf der Grundlage erfolgsabhängiger Anreizsysteme sowie bankinterner Märkte, um die Vorteile hinzugewonnener Flexibilität nicht durch die Gefahr unkoordinierter Aktivitäten einzelner oder nicht zielgerichtet zusammenwirkender Entscheidungsträger in das Gegenteil zu verkehren. Dabei ist es ausgesprochen erfrischend zu sehen, wie prägnant und redundanzfrei überraschende und praxisrelevante Aussagen abgeleitet und begründet werden, aber auch deren Grenzen kritisch diskutiert werden.

Abschließend nutzt Herr Sandbiller das Gestaltungspotential von verteilten Informations- und Kommunikationssystemen, um sowohl den dezentralen Leistungserstellungsprozeß als auch die damit verbundenen Koordinations- und Steuerungsprozesse geeignet zu unterstützen. Hier ist insbesondere hervorzuheben, daß es beim Design dezentraler Konzepte interessante Parallelen zwischen betriebswirtschaftlich-organisatorischen Gestaltungsaussagen und solchen bei der betriebswirtschaftlich fundierten Anwendung verteilter Informatikkonzepte - insbesondere der verteilten künstlichen Intelligenz - gibt, nämlich daß man in beiden Fällen durch geeignete Kooperations- und Koordinationsmechanismen autonomen „Agenten" ermöglicht, ohne zentrale Kontrollinstanz kohärente Gesamtlösungen dezentral zu erarbeiten.

Die Arbeit von Herrn Sandbiller besticht durch die wissenschaftlich fundierte Vorgehensweise mit klarer Darstellung der Voraussetzungen sowie die prägnante Ableitung und Darstellung der Ergebnisse und andererseits durch deren Illustration mithilfe praxisrelevanter Beispiele und Interpretationen. Aus diesem Grund freue ich mich ganz besonders - persönlich und im Namen des Herausgeberkreises -, die neue Reihe *Information Age Economy* mit der vorliegenden Arbeit eröffnen zu dürfen. Im Rahmen dieser Reihe sollen richtungsweisende Arbeiten vorgestellt werden, die innovative Antworten auf die betriebswirtschaftlichen Herausforderungen des Informationszeitalters geben. Gleichzeitig sollen wesentliche Ergebnisse moderner betriebswirtschaftlicher Forschung präsentiert werden. Gleichzeitig sollen wesentliche Ergebnisse moderner betriebswirtschaftlicher Forschung präsentiert werden. Die vorliegende Arbeit erfüllt beide Ansprüche in herausragender Weise wie ein Musterbeispiel: Sie wurde nicht nur an unserer Fakultät in allen Kategorien mit summa cum laude bewertet, sondern auch im Februar '98 mit dem von der Bayerischen Landesbank gestifteten Wissenschaftspreis für die beste wissenschaftliche Arbeit mit bankwirtschaftlichem Bezug in Bayern ausgezeichnet. Ich wünsche ihr daher eine besonders weite Verbreitung in Wissenschaft und Praxis.

Hans Ulrich Buhl

Vorwort

Die vorliegende Arbeit entstand während meiner Tätigkeit als wissenschaftlicher Mitarbeiter an den Lehrstühlen für Betriebswirtschaftslehre mit Schwerpunkt Wirtschaftsinformatik der Justus-Liebig-Universität Gießen bzw. der Universität Augsburg. Sie wurde von der Wirtschafts- und Sozialwissenschaftlichen Fakultät der Universität Augsburg im Sommersemester 1997 als Dissertation angenommen.

Eine solche Arbeit kann nur in einem Umfeld entstehen, das durch Offenheit, Vertrauen und gegenseitigen Respekt geprägt ist. Allen, die dazu beigetragen haben, eine solche Atmosphäre zu schaffen und mich bei der Erstellung der Dissertation unterstützt haben, bedanke ich mich herzlich!

Vor allem bedanke ich mich bei Herrn Prof. Dr. Hans Ulrich Buhl. Er hat nicht nur wesentlich zum Gelingen dieser Arbeit beigetragen, sondern mir auch Wesentliches mit auf den weiteren Weg gegeben. Ich habe viel gelernt! Herrn Prof. Dr. Manfred Steiner danke ich sehr für die wertvollen Anregungen, die er als Zweitgutachter gab; Herrn Prof. Dr. Michael Heinhold danke ich für die Übernahme des Vorsitzes einer lebhaften Disputation.

Ein besonderer Dank gebührt Andreas Will. Uns verbinden nicht nur gemeinsame Diskussionen, Artikel und Forschungsreisen nach Hawaii, sondern auch Freundschaft.

Eine der Reisen führte uns auch nach Kalifornien zu Prof. Barrie Nault. Auch ihm ein herzliches Dankeschön für erfrischende Diskussionen und seine außergewöhnliche Gastfreundschaft. In diesem Zusammenhang danke ich auch der Deutschen Forschungsgemeinschaft und der Universität Augsburg, die mir neben Forschungsreisen auch die Mitarbeit in spannenden Projekten ermöglicht haben. Darüber hinaus bin ich auch der Bayerischen Landesbank zu tiefem Dank verpflichtet, die diese Arbeit mit dem Wissenschaftspreis 1998 ausgezeichnet hat.

Überhaupt war die freundschaftlich-herzliche (Team-)Atmosphäre am Lehrstuhl Ausgangspunkt wesentlicher Ideen und Ursache für den Spaß am Forschen. In diesem Zusammenhang danke ich Christof Weinhardt (der mich schon zu Karlsruher Zeiten freundschaftlich „promoted“ hat), Mark

Roemer (mit dem ich nicht nur zwischenzeitlich 9 m^2 Büroraum teilen durfte), Ulrike Einsfeld und Jochen Schneider (mit denen ich u.a. glücklicherweise etwas mehr Wohnraum geteilt habe), Stefan Klein (der sich wie Andreas Will kritisch durch meine Dissertation gekämpft hat) sowie Oliver Dümpe, Jens Hinrichs, Kurt Kammerer, Hans-Jürgen König, Bernd Reitwiesner, Gerhard Satzger, Stefan Volkert, Andrea Wirth und Peter Wolfersberger.

Das „Team“ wäre nicht komplett ohne Gerlinde Wenzel, Gudrun Hänig und die Hiwis - vor allem Andreas Huther und Dennis Kundisch. Thanks a lot! Herzlichen Dank auch an die Kollegen der „benachbarten“ Lehrstühle, insbesondere an Michael Krapp für seine „Qualitätskontrolle“ in Sachen Agency-Theorie.

Schließlich bedanke ich mich vor allem sehr herzlich bei meinen Eltern, die mir den Weg zur Promotion geebnet haben und stets liebevolle, interessierte und engagierte Begleiter auf meinem Weg sind.

Einen Weg, den ich im übrigen schon sehr lange gemeinsam mit Ruby van der Sluis gehe. Ihre Wärme und Herzlichkeit, aber auch die kleine Dosis „Druck“ im richtigen Augenblick waren nicht zuletzt ausschlaggebend für das erfolgreiche Gelingen des Projektes „Diss“. Aufrichtigen Dank dafür!

Klaus Sandbiller

Inhaltsverzeichnis

Abbildungsverzeichnis XVII

Abkürzungsverzeichnis XIX

1 Einleitung 1

1.1 Dezentralität und Markt 1

1.2 Aufgabenstellung und Struktur der Arbeit 5

1.3 Grundannahmen der Arbeit 10

2 Dezentralisierung und Marktnähe: Steuerungs- und Koordinationsaspekte 13

2.1 Der Begriff der Dezentralisierung 14

2.1.1 Vertikaler Aspekt der Dezentralisierung 15

2.1.2 Horizontaler Aspekt der Dezentralisierung 17

2.2 Interdependenzen, externe Effekte und Internalisierung 17

2.2.1 Vertikale Externalitäten und die Steuerung dezentraler Entscheidungen 19

2.2.1.1 Problem: Interdependenzen und vertikale Externalitäten 19

2.2.1.2 Lösung: Vertikale Steuerung dezentraler Entscheidungen 20

2.2.2 Horizontale Externalitäten und die Koordination dezentraler Entscheidungen 24

2.2.2.1 Problem: Interdependenzen und horizontale Externalitäten 24

2.2.2.2 Lösung: Horizontale Koordination dezentraler Entscheidungen 29

2.3 Unterstützung der Dezentralisierung durch Informations- und Kommunikationssysteme (IKS) 32

2.3.1 Dezentrale Verfügbarmachung von Wissen 32

2.3.2 Verfeinerung von Anreiz- und Steuerungssystemen 34

2.3.3 Senkung von Koordinationskosten 36

2.3.4 „Auflösung der Unternehmung" 37

2.4 Dezentralisierung: Externe Effekte versus Entscheidungsqualität 38

2.4.1 Die Modellannahmen 39

2.4.2 Die First-best-Lösung 43

2.4.3 Zentralisierung mit Monitoring 44

2.4.4 Dezentralisierung und Anreize 46

2.4.5 Alternativenvergleich bezüglich der Gesamtwohlfahrt 48

2.4.6 Alternativenvergleich bezüglich des Nettogewinns der Bank 51

2.4.7 Zusammenfassung und Diskussion der Modellergebnisse 53

2.5 Zusammenfassung 54

3 DEZENTRALISIERUNG DER ANGEBOTSERSTELLUNG AUF DER BASIS MODERNER IKS 57

3.1 Der Angebotserstellungsprozeß im Finanzdienstleistungsbereich 59

3.1.1 Nachfrage und Angebot: Finanzprobleme, Finanzprodukte und Problemlösungen 59

3.1.1.1 Der Kunde als Nachfrager einer finanziellen Problemlösung in Form eines Zahlungsstromes 59

3.1.1.2 Die Bank als Anbieter von Zahlungsströmen in Form von Finanzprodukten 60

3.1.1.3 „Intermediation" durch den Vertrieb 61

3.1.2 Die Erstellung kundenindividueller Finanzdienstleistungen als Dienstleistungsproduktion 62
3.1.2.1 Immaterialität 63
3.1.2.2 Integration des Kunden als externer Produktionsfaktor 64
3.1.3 Die Beziehungen zwischen den Akteuren im Angebotserstellungsprozeß 65
3.1.3.1 Die Agency-Beziehung zwischen Kunde und Bank 66
3.1.3.2 Die Agency-Beziehung zwischen Bank und Kundenberater 67
3.1.4 Vertriebsformen unter Prinzipal-Agent-Gesichtspunkten: Modellvergleich zwischen Allfinanz- und Produktvertrieb 70
3.1.4.1 Modellannahmen 72
3.1.4.2 Absolute Leistungsbewertung 73
3.1.4.3 Relative Leistungsbewertung 80
3.1.4.4 Zusammenfassung 87
3.1.5 Anforderungen an eine marktorientierte Angebotserstellung 87
3.1.5.1 Allfinanzvertrieb 87
3.1.5.2 Objektive Beratung und Kundenorientierung 89
3.1.6 Fazit: IKS-Unterstützung zur Realisierung einer marktorientierten Allfinanzangebotserstellung 90
3.2 Dezentrale IKS-Unterstützung der marktorientierten Allfinanzangebotserstellung 93
3.2.1 Der „State of the Art“ der IKS-Unterstützung 94
3.2.2 Die Erstellung vorteilhafter Lösungen zu Finanzproblemen: Verteilte IKS-Unterstützung als Problemlösungssystem 97

3.2.2.1 Vorteilhafte Problemlösungen aus betriebswirtschaftlicher Sicht 98

a) Der Kunde 99

b) Die Bank 99

c) Die Koalition 100

3.2.2.2 Betriebswirtschaftlich fundiertes Problemlösungswissen: Ein Modell zur Auswahl von Sparbriefen 101

a) Modellannahmen 104

b) Konkurrierende Anlageformen aus Kundensicht 105

c) Vorteilhaftigkeit aus Banksicht 110

d) Vorteilhaftigkeit aus Koalitionssicht 115

3.2.2.3 Der Problemlösungsprozeß aus funktionaler Sicht 121

3.2.3 Die Koordination der beteiligten Organisationseinheiten: Verteilte IKS-Unterstützung als Koordinationssystem 124

3.2.3.1 Intraorganisatorische Aspekte 125

3.2.3.2 Interorganisatorische Aspekte 131

3.2.4 Gestaltung eines integrierten Problemlösungs- und Koordinationssystems 136

3.2.4.1 Gestaltungsalternativen der Verteilten Künstlichen Intelligenz 138

3.2.4.2 Modellierung und Konzeption eines verteilten Problemlösungssystems 142

a) Modellierung des verteilten Problemlösens 144

a1) Ziel und Nebenbedingungen 144

a2) Problemlöser 145

a3) Verteilter Problemlösungsprozeß und Interaktionsformen 146

b) Der Blackboardansatz als verteiltes Problemlösungsmodell 158
3.2.4.3 Konzeptionelle Erweiterung zu einem verteilten Koordinationssystem 160
3.2.5 Realisierung eines verteilten Problemlösungssystems zur Erstellung marktorientierter Allfinanzangebote 168
3.2.5.1 Kundenanalyse 171
3.2.5.2 Blackboard 172
3.2.5.3 Agenten 173
3.2.5.4 Steuerungskomponente 177
3.2.5.5 Ergebnisdarstellung 179
3.2.6 Ausblick: Von einem verteilten Problemlösungssystem zu einem „Elektronischen Markt“ für Problemlösungen 180
3.3 Alternative Vertriebswege im Rahmen der marktorientierten Allfinanzangebotserstellung: Direct Banking 184
3.3.1 Direct Banking: Vom Discounter zur Vollbank 187
3.3.2 Vertikale und horizontale externe Effekte im beratungsorientierten Direct Banking 188
3.3.3 Anreizschemata für Kundenbetreuer im beratungsorientierten Direct Banking 192
3.3.3.1 Die Annahmen 192
3.3.3.2 Die First-best-Lösung 196
3.3.3.3 Vertikale Steuerung durch Anweisung und Kontrolle 197
3.3.3.4 Vertikale Steuerung durch Anreize 199
a) Abschlußorientierte Anreize 200
b) Kundenorientierte Anreize 202
3.3.3.5 Alternativenvergleich hinsichtlich des Nettogewinns der Bank 204

3.3.3.6 Zusammenfassung und Diskussion der Modellergebnisse 208

4 DEZENTRALE EIGENKAPITALSTEUERUNG IN BANKEN MIT HILFE INTERNER ELEKTRONISCHER MÄRKTE 211

4.1 Dezentralität und die Verarbeitung zentraler Restriktionen 212

4.1.1 Aufsichtsrechtliche Restriktionen 212

4.1.2 Horizontale Externalitäten als Folge des Ressourcenverbundes 214

4.1.3 Einsatz hierarchischer Koordinationsinstrumente 216

4.2 Einsatz von Marktmechanismen zur bankinternen Eigenkapitalallokation 221

4.2.1 Nutzung externer Marktinformationen zur internen Koordination 222

4.2.1.1 Das Grundmodell der Marktzinsmethode 225

4.2.1.2 Erweiterte Marktzinsmethode 227

4.2.1.3 Anwendungsprobleme und Prämissenkritik 231

4.2.2 Interner Markt für haftendes Eigenkapital 233

4.2.2.1 Zertifikatkonzept: Handel von Eigenkapitalnutzungsrechten 236

4.2.2.2 Nutzung externer Marktinformationen auf dem internen Markt 240

4.2.2.3 Kosten der Nutzung des internen Marktes 242

4.2.3 Interner Elektronischer Markt zur Senkung der Transaktionskosten 245

4.2.3.1 Beurteilung der Automatisierungsmöglichkeit 246

4.2.3.2 Markt(-system-)architektur und Agentenkonzept 246

4.3 Zusammenfassung und Probleme eines bankinternen Marktes 249

5 ZUSAMMENFASSUNG UND AUSBLICK 253

6 LITERATURVERZEICHNIS 261

ABBILDUNGSVERZEICHNIS

Abbildung 2-1: Interdependenzen zwischen Bereichen
Abbildung 2-2: Steuerungs- und Koordinationsaspekte der Dezentralisierung

Abbildung 3-1: Notwendigkeit der IKS-Unterstützung zur Erstellung marktorientierter Allfinanzangebote
Abbildung 3-2: Zahlungsstromgestaltung und -bewertung
Abbildung 3-3: Phasen des Allfinanzangebotsprozesses
Abbildung 3-4: Zweistufigkeit des Erstellungsprozesss
Abbildung 3-5: Retrograder Angebotsprozeß
Abbildung 3-6: Unterstützung der Leistungserstellung durch ein Koordinationssystem
Abbildung 3-7: Die Bank als virtueller Allfinanzdienstleister
Abbildung 3-8: Unternehmungsübergreifendes Koordinationssystem
Abbildung 3-9: Die „Brokerrolle" des Kundenberaters im Allfinanzangebotsprozeß
Abbildung 3-10: Die Modellierung und Konzeption eines verteilten Problemlösungssystems
Abbildung 3-11: Ein Problem-/Lösungsbaum als UND/ODER-Graph
Abbildung 3-12: Problemlösung durch einen Agenten
Abbildung 3-13: Implizite Kollaboration
Abbildung 3-14: Explizite Kollaboration
Abbildung 3-15: Konkurrenz
Abbildung 3-16: Inkrementeller Aufbau des Problem-/Lösungsbaumes auf dem Blackboard
Abbildung 3-17: Systemkonzeption des ALLFIWIB-Prototyps
Abbildung 3-18: Koordination und Steuerung des verteilten Problemlösens
Abbildung 3-19: Komponenten einer marktorientierten Angebotserstellung
Abbildung 3-20: Annahmenübersicht

Abbildung 4-1: Hierarchische Allokation von Ressourcen
Abbildung 4-2: Tauschgeschäft zur Schaffung von GS I-Freiraum
Abbildung 4-3: Marktliches Koordinationsmodell zur internen Eigenkapitalallokation

Abkürzungsverzeichnis

ALLFIWIB	Unterstützung von *Allfi*nanzangebotsprozessen mit verteilten *wi*ssens*b*asierten Systemen (Projektname)
BAKred	Bundesaufsichtsamt für das Kreditwesen
DSS	Decision Support System
DTB	Deutsche Terminbörse
GE	Geldeinheit(en)
GKM	Geld- und Kapitalmarkt
GS I	Grundsatz I des Bundesaufsichtsamtes für das Kreditwesen
IKS	Informations- und Kommunikationssystem(e)
KI	Künstliche Intelligenz
KWG	Gesetz über das Kreditwesen
LAN	Local Area Network
MAS	Multiagentensystem
MZM	Marktzinsmethode
p.a.	per annum
SOFFEX	Swiss Options and Financial Futures Exchange
VKI	Verteilte Künstliche Intelligenz
VPS	Verteiltes Problemlösungssystem
WBS	Wissensbasiertes System
WWW	World Wide Web

„If we can agree that the economic problem of society is mainly one of rapid adaptation to changes in the particular circumstances of time and place, it would seem to follow that the ultimate decisions must be left to the people who are familiar with these circumstances, who know directly of the relevant changes and the resources available to meet them.

We cannot expect that this problem will be solved by first communicating all this knowledge to a central board which, after integrating all *knowledge, issues its orders. We must solve it by some form of decentralization."*

F. A. Hayek (1945),
The Use of Knowledge in Society, S. 524

1 Einleitung

1.1 Dezentralität und Markt

Die Anforderungen des Marktes für Finanzdienstleistungen - Dynamik, Globalisierung, Individualisierung der Kundenbedürfnisse - üben zunehmend Druck auf die traditionellen Organisationsstrukturen deutscher Universalbanken aus. Wenngleich die Schmalenbachsche Charakterisierung dieser Strukturen als „...Reglement- und Formularbetrieb von ziemlich zufälliger Entwicklung ..." [Schm10] heute nicht mehr zutreffend ist, so hatten sie dennoch „bis in die jüngste Vergangenheit eher einen stabilisierenden, statischen Charakter" [Rich95, 340]. Die Stabilität eines Organisationssystems beschreibt dabei die Eigenschaft, auf gleichartige oder ähnlich gelagerte Anregungen weitgehend standardisiert zu reagieren [Schm87]. Dies mag dann von Vorteil sein, wenn die an die Bank herangetragenen Leistungsbegehren weitgehend homogen wie zeitlich invariant sind und demzufolge standardisierte Leistungsbündel als Problemlösungen angeboten werden können.

Sowohl das Firmen- als auch in verstärktem Maße das Privatkundengeschäft zeichnen sich aber zunehmend durch die Nachfrage nach individuellen Problemlösungen aus, die die „Erarbeitung maßgeschneiderter Anlage- und Finanzierungsalternativen für einen bestimmten Einzelkunden" [Krön94, 327f.] erforderlich werden läßt. Die Bank muß demnach „neben der Stabilität auch Prinzipien der *Elastizität bzw. Flexibilität* bei der Aufgabe organisatorischen Gestaltens berücksichtigen" [Büsc95, 48].

In der aktuellen Diskussion um die Zukunftsperspektiven und die Wettbewerbsfähigkeit deutscher Banken wird daher auf den bestimmenden Einfluß flexibler Organisationsformen auf den ökonomischen Erfolg hingewiesen. Eine der wichtigsten Dimensionen des Organisationsdesigns besteht in der Verteilung von Entscheidungskompetenzen innerhalb der Bank. In Anbetracht der vielfältigen Marktanforderungen setzt sich die Auffassung durch, daß es zunehmend *dezentralisierter* Entscheidungsstrukturen bedarf, um den rasch wechselnden Umweltbedingungen gerecht zu werden. Daher kann es nicht sehr verwundern, daß in die Diskussion um moderne Organisationsprinzipien beständig neue Konzepte eingeführt werden, die sich durch Attribute, wie „prozeßorientiert", „klein", „autonom", „kundenorientiert", „vernetzt" und „modular", charakterisieren lassen. Diese Konzepte erfahren ihre Operationalisierung beispielsweise durch Hierarchie-Abflachung, Geschäftssegmentierung und Profit-Center-Konzeptionen. Sie alle lassen sich mehr oder weniger auf den Grundgedanken der Dezentralisierung zurückführen, der in der komplexitätsreduzierenden Modularisierung der Bank in kleine marktnahe Organisationseinheiten mit weitgehenden Entscheidungskompetenzen besteht. Mit einer derartigen Form der Organisation des Leistungsprozesses werden vor allem die folgenden Vorteile verbunden:

- höhere Reaktionsfähigkeit auf dynamische Umwelten;
- bessere Komplexitätsverarbeitung bzw. Komplexitätsreduktion;
- Kundennähe;
- Stimulierung der Leistungsmotivation durch innerorganisatorischen Wettbewerb;
- bessere Entscheidungsqualität durch Nutzung lokaler Vor-Ort-Informationen.

Die überwiegende Zahl der Banken hat erkannt, daß es der Realisierung dieser Vorteile bedarf, um in dem verschärften Wettbewerb um Kunden und Ressourcen bestehen zu können.

„Auf den Konzern Deutsche Bank angewandt, könnte man sagen, daß an die Stelle des Schlachtschiffes, das seine Richtung nur behutsam ändern kann, ein Geschwader tritt, das sich in seiner Ausrichtung rascher verändern kann und flexibel und schnell operiert" [Endr93, 14]. Greifen wir dieses Bild auf, so wird augenfällig, daß an die Stelle eines Steuermannes nun eine Vielzahl von Steuerleuten tritt, die es untereinander zu koordinieren und auf das „Geschwaderziel" auszurichten gilt.

Mit der Dezentralisierung von Leistungsprozessen sind demnach Koordinations- und Steuerungsprobleme verbunden, „von deren Lösung der Unternehmungserfolg erheblich beeinflußt werden kann" [Drum96, 13]. Bei der Organisationsgestaltung unter dem Primat der Dezentralisierung müssen diese Probleme simultan und begleitend gelöst werden, um die Vorteile hinzugewonnener Flexibilität nicht durch die Gefahr unkoordinierter Aktivitäten einzelner oder nicht zielgerichtet zusammenwirkender Entscheidungsträger in das Gegenteil zu verkehren.

In der gegenwärtigen Bankpraxis wird versucht, diese Probleme mit dem althergebrachten Instrumentarium der hierarchischen Koordination und der zentralen Steuerung durch Planvorgaben sowie durch erhebliche zentrale Eingriffe in das operative Geschäft der dezentralen Einheiten zu lösen. Die Dezentralisierung und ihr Erfolgspotential bleiben dann begrenzt.

Es ist daher angezeigt, neuartige dezentrale Koordinations- und Steuerungskonzepte zu entwickeln, die den dezentralen Einheiten eine weitgehende Entscheidungsautonomie belassen und doch geeignet sind, dezentrale Entscheidungen im Sinne des Bankziels zu steuern sowie individuelle Teilpläne aufeinander abzustimmen. Hierbei ist vor allem an den Einsatz *marktlicher* Koordinationsmechanismen in Verbindung mit erfolgsabhängigen Anreizsystemen zu denken. Erstere bieten die Möglichkeit, über die Nutzung des Preismechanismus interdependente lokale Entscheidungen zu „entkoppeln" und damit die autonome dezentrale Entscheidungsfindung sowie die schnelle, kundennahe Nutzung lokaler Informationen zu befördern. Letztere motivieren bei geeigneter Ausgestaltung die dezentralen Einheiten, diese Entscheidungsautonomie im Sinne der Bank zu nutzen. In der vorliegenden Arbeit wird die These vertreten, daß die Realisierung von Dezentralisierungsvorteilen auch einer flankierenden Neugestaltung bankinterner Abstimmungs- und Steuerungsprozesse bedarf. Erst die Verbindung von Modularisierung mit dezentralen Koordinations- und Steuerungsansätzen führt zu den gewünschten innovativen Organisationskonzepten, deren Ziele die Flexibilisierung und Kundenorientierung des Leistungsprozesses sind.

Die so verstandene marktorientierte Ausrichtung der Leistungserstellung erscheint indessen ohne eine adäquate Unterstützung durch Informations- und Kommunikationssysteme (IKS) undenkbar: Die Bildung kleiner, mit Entscheidungsautonomie versehener Organisationseinheiten stellt erhöhte Anforderungen an deren Qualifikation und Zugriffsmöglichkeiten auf verteilt vorliegende Ressourcen; marktliche Koordinationskonzepte begründen die Notwendigkeit lateraler Informations- und Kommunikationsbeziehungen und erfolgsabhängige Anreizsysteme bedingen die Meß- und Zurechenbarkeit der Erfolgswirkungen dezentraler Entscheidungen. Das organisatorische Gestaltungspotential von IKS besteht in diesem Zusammenhang in der dezentralen Verfügbarmachung von Wissen und Informationen als „Problemlösungsressourcen", in der Unterstützung dezentraler Informations- und Kommunikationsprozesse als Folge der Koordinationsanforderungen und in der Verfeinerung von Anreiz- und Steuerungssystemen.

Das Ausschöpfen dieses Gestaltungspotentials erfordert allerdings die Neuausrichtung des IKS-Einsatzes in Banken: Wähend die IKS-Unterstützung bislang im wesentlichen auf das kostengünstigere und schnellere Durchführen (vor-)gegebener Abläufe im Rahmen des Leistungsprozesses zielte und oftmals bestehende Strukturen „zementierte" [Buhl96, 269], gilt es nun, der Inflexibilität entgegenzuwirken und dezentralisierte Organisationsformen durch den gezielten IKS-Einsatz zu ermöglichen. Hierbei sind vermehrt dezentrale und verteilte Informatikkonzepte zu berücksichtigen, da sich die entsprechenden Systeme im Zeitablauf flexibler als bisher den bankwirtschaftlichen Anforderungen anpassen lassen und zudem verteilte Systeme neuartige, dezentrale Informations- und Kommunikationsbeziehungen auf natürliche Weise abbilden.

Der Erfolg eines marktorientierten Redesigns des Leistungsprozesses hängt demnach von dem Zusammenspiel der skizzierten Faktoren ab: „Entscheidungsrechte, Informations- und Kommunikationsstrukturen und zusätzliche vertragliche Anreizmechanismen bilden ein System, aus dessen Komposition sich erst die tatsächliche Effizienz einer Organisationsstruktur ergibt" [Reit96, 198].

Sowohl aus der wissenschaftlichen als auch der praktischen Perspektive stellen sich daher die folgenden Fragen: Wie ist der Angebotsprozeß von Finanzdienstleistungen unter dem Primat der Dezentralisierung zu gestalten, um den eingangs skizzierten Markt- und Kundenanforderungen zu genügen?

Wie sind die erforderlichen (anreizorientierten) Steuerungs- und (marktlichen) Koordinationskonzepte geeignet zu entwerfen, um das dezentrale Organisationsdesign zu flankieren? Wie läßt sich das Gestaltungspotential von Informations- und Kommunikationssystemen nutzen, um derartige innovative Organisationskonzepte zu unterstützen? Diese Fragen sind Motivation und Ausgangspunkt der vorliegenden Arbeit.

„In the future, many organizations will be designed using concepts such as vertical disaggregation, internal and external brokering, full-disclosure informations systems, and market substitutes for administrative mechanisms."

R. Miles and C. Snow (1986), Organizations: New Concepts for New Forms

1.2 Aufgabenstellung und Struktur der Arbeit

Das Ziel der vorliegenden Arbeit ist die Gestaltung marktorientierter Angebotsprozesse in Banken auf der Grundlage innovativer Informations- und Kommunikationssysteme. Das hierzu erforderliche Ineinandergreifen von Organisationsdesign und Gestaltung flankierender Koordinations- und Steuerungsinstrumente sowie unterstützender IKS verlangt die Integration und gezielte Weiterentwicklung von (Forschungs-)Erkenntnissen sowie Gestaltungsempfehlungen aus einer Vielzahl benachbarter Disziplinen.

Die Aufgabe, marktorientierte Angebotsprozesse in Banken zu gestalten, erfordert zunächst die Anwendung von Gestaltungsprinzipien arbeitsteiliger Leistungserstellung, wie sie im Rahmen der *Organisationstheorie* entwikkelt und analysiert werden. Hierbei ist zusätzlich zu beachten, daß die Erstellung von Finanzdienstleistungen besondere Spezifika aufweist, denen eine konkrete Organisationsgestaltung Rechnung zu tragen hat. Der Bezugsrahmen der *Dienstleistungstheorie* scheint daher geeignet, Wesen und Erfolgsfaktoren der Leistungserstellung in Banken herauszuarbeiten und relevante Rahmenbedingungen aufzuzeigen. Erst ein fundiertes Verständnis dieser Zusammenhänge ermöglicht die zielorientierte Allokation von Entscheidungskompetenzen zur Realisierung flexibler und marktorientierter

Entscheidungsprozesse innerhalb der Bank. Die notwendige Ausrichtung dieser Entscheidungsprozesse auf das Zielsystem der Bank sowie Interdependenzen zwischen Entscheidungsträgern erfordern zudem den flankierenden Einsatz geeigneter Steuerungs- und Koordinationsinstrumente. Während die *Agency-Theorie* in diesem Zusammenhang wertvolle Ansätze zur Bestimmung optimaler Anreizsysteme liefern kann, bietet die moderne *Theorie der Verrechnungspreise* eine Grundlage zur Implementierung dezentraler Koordinationsansätze innerhalb der Bankunternehmung. Zu letzteren zählt die *Marktzinsmethode*, die - als Ansatz zur Einzelgeschäftssteuerung mit Hilfe von marktorientierten Verrechnungszinsen - bereits eine weitgehende Operationalisierung in der bankwirtschaftlichen Praxis erfahren hat.

Mit Hilfe dieser betriebswirtschaftlichen Konzepte lassen sich innovative Organisations- und Koordinationsformen konstruieren, die allerdings der informationstechnischen Unterstützung bedürfen. Aufgrund ihrer inhärenten Modularität und Flexibilität bieten dezentrale Informatikkonzepte - wie *verteilte Systeme* - ein vielversprechendes Gestaltungspotential zur Unterstützung dezentraler Entscheidungsfindung sowie anreizorientierter und kommunikationsintensiver Organisationsformen. Insbesondere Gestaltungsansätze der *Verteilten Künstlichen Intelligenz* tragen dem wissens- und informationsintensiven Charakter der Erstellung kundenindividueller Finanzdienstleistungen Rechnung und können als geeigneter Ausgangspunkt für eine Systemunterstützung der marktorientierten Angebotserstellung angesehen werden.

Im folgenden sollen die skizzierten Forschungsrichtungen sowie deren Gestaltungsalternativen *problemorientiert* zusammengeführt, integrativ genutzt und - in relevanten Teilgebieten - fortentwickelt werden, um dem Ziel einer marktorientierten Leistungserstellung in Banken näher zu kommen.

Hierzu wird zunächst in **Kapitel 2** der Begriff Dezentralisierung als Vergabe von Entscheidungskompetenzen an marktnahe Unternehmungseinheiten konkretisiert. In einem interdependenten System von Entscheidungen und Aktivitäten wie der Bankunternehmung können hieraus externe Effekte resultieren, deren Dimensionen und Implikationen für die Bankzielerreichung wir im Anschluß analysieren. Dabei wird deutlich, daß die Dezentralisierung mit Steuerungs- und Koordinationsproblemen einhergeht, deren Lösung wesentlich ist, um den eingangs skizzierten Nutzen der Dezentralisierung bei vertretbaren Kosten zu realisieren. In diesem Zusammenhang erörtern wir kurz aus betriebswirtschaftlicher Sicht Anreiz-, Entlohnungs- und Koordinationssysteme zur Steuerung und Koordination dezentraler Entscheidungen im Hinblick auf das Zielsystem der Bank. Im Anschluß daran gehen wir der Rolle von Informations- und Kommunikationssystemen bei der Dezentralisierung nach. Dabei tritt das Gestaltungspotential von IKS bei der Realisierung geeigneter interner Koordinations- und Steuerungssysteme deutlich zu Tage und unterstreicht die „Enabler"-Funktion von IKS für die Dezentralisierung. Zum Abschluß des Kapitels präsentieren wir ein einfaches Modell, mit dessen Hilfe die gegensätzlichen Wirkungen von Dezentralisierung auf die Zielerreichung der Bank verdeutlicht und näher untersucht werden: Die verbesserte Entscheidungsgüte dezentraler Entscheidungen steht zunehmenden Koordinationserfordernissen gegenüber.

Kapitel 3 beschäftigt sich mit der Gestaltung marktorientierter Angebotsprozesse in Banken und der Konzeption einer adäquaten IKS-Unterstützung dezentraler Entscheidungen im Rahmen der arbeitsteiligen Finanzdienstleistungserstellung.

In Abschnitt 3.1 charakterisieren wir zunächst den Angebotserstellungsprozeß als systematische Erarbeitung finanzieller Problemlösungen zu individuellen Kundenproblemen. Dieser Prozeß ist u.a. durch das notwendige Zusammenwirken unterschiedlicher Aufgaben- und Interessenträger innerhalb und außerhalb der Bank gekennzeichnet. Die Verteilung entscheidungsrelevanter Informationen zwischen diesen Akteuren sowie deren Implikation für eine geeignete Allokation von Entscheidungskompetenzen innerhalb der Bank werden nachfolgend betrachtet. Auf dieser Grundlage angestellte agencytheoretische Überlegungen und Modellanalysen führen zu zwei wesentlichen Gestaltungsanforderungen an die Angebotserstellung: Die Internalisierung vertikaler Externalitäten legt es zum einen nahe, die Kundenschnittstelle als Allfinanzvertrieb zu gestalten und die Verantwortung für eine Kundenbeziehung einer Vertriebseinheit ungeteilt zuzuordnen. Zum anderen erfordert die Bedeutung der langfristigen Kundenbeziehung für den Bankerfolg eine gleichbleibend hohe Angebotsqualität in Form individuell vorteilhafter Problemlösungen. Wir machen deutlich, daß die gleichzeitige Operationalisierung beider Anforderungen zwingend eine Systemunterstützung des (Allfinanz-)Angebotsprozesses verlangt.

Die betriebswirtschaftlich fundierte Gestaltung einer Systemunterstützung sowie deren informationstechnisch überzeugende Realisierung sind Gegenstand des Abschnitts 3.2. Ausgehend von der Analyse des derzeitigen Realisierungsstandes der Systemunterstützung von Allfinanzangebotsprozessen ermitteln wir die Notwendigkeit, neue verteilte Gestaltungsansätze zur Konzipierung und Realisierung unterstützender IKS zu wählen. Die marktorientierte Gestaltung des Allfinanzangebotsprozesses weist hierbei der IKS-Unterstützung zwei Aufgaben zu: Zum einen erfordert die Nutzung verteilt vorliegenden Produkt- und Problemlösungswissens zur Erarbeitung vorteilhafter Problemlösungen die Funktionalität eines klassischen Problemlösungssystems. Zum anderen verlangt die effiziente Koordination der an der Problemlösung beteiligten dezentralen Einheiten die Unterstützung durch ein verteiltes Koordinationssystem. Unter Verwendung von Konzepten der Verteilten Künstlichen Intelligenz wird beiden Aspekten in der nachfolgenden Konzipierung und Gestaltung eines integrierten Problemlösungs- und Koordinationssystems Rechnung getragen. Abschließend wird dessen prototypische Realisierung durch ein blackboardbasiertes Agentensystem vorgestellt und diskutiert.

Der Nutzen einer Finanzdienstleistung aus Sicht des Kunden wird nicht nur durch die Qualität und Güte der Lösung seines Finanzproblems bestimmt, sondern auch durch die Art und Weise ihrer Inanspruchnahme. Eine marktorientierte Allfinanzangebotserstellung umfaßt demnach nicht nur das Angebot kundenindividueller Problemlösungen, sondern auch ein individuelles Vertriebswegeangebot. Die beschriebene Dezentralisierung des Allfinanzangebotsprozesses sowie die korrespondierende Modularisierung der Bankorganisation und ihrer Systemunterstützung ermöglichen dabei die bankinterne Konkurrenz alternativer Vertriebswege. In Abschnitt 3.3 wird daher das Direct Banking als alternativer Vertriebsweg näher analysiert. Die Charakteristika des Direct Banking - vor allem die permanente Verfügbarkeit bankseitiger Ansprechpartner - begründen vertikale und horizontale externe Effekte, die wir nachfolgend kurz skizzieren. Abschließend untersuchen wir im Rahmen einer Modellanalyse alternative Anreizschemata zur Internalisierung derartiger externer Effekte. Wir erhalten Gestaltungsaussagen über Entlohnungsschemata, die geeignet sind, den Interessenkonflikt zwischen Bank und Kundenberater im Direktvertrieb aufzulösen und dadurch den Nettoerfolg der Bank zu maximieren.

Die dezentralisierte Angebotserstellung erfordert den lokalen Zugriff auf globale Bankressourcen, beispielsweise auf haftendes Eigenkapital. Die konkurrierende Nutzung globaler Ressourcen bei der Angebotserstellung bedingt den Einsatz von Mechanismen zur Koordination der dezentralen Geschäftseinheiten im Hinblick auf Gesamtbankziele und globale Restriktionen wie aufsichtsrechtliche Eigenkapitalgrundsätze. Mit zunehmender Größe deutscher Universalbanken und sich ausweitenden Geschäftsfeldern tritt indessen die Ineffizienz hierarchischer Koordinationsformen auf der Basis eines zentralen Kontroll- und Steuerungsapparats immer mehr zu Tage. Demgegenüber sind durch die dynamische Technologieentwicklung die Koordinationskosten mittels Einsatz verteilter IKS so weit senkbar, daß interne marktliche Lösungen auf der Basis von verteilten IKS im Vergleich zu hierarchischen Ansätzen ökonomisch „konkurrenzfähig“ werden.

Deshalb wird in **Kapitel 4** am Beispiel der Eigenkapitalallokation in Bankunternehmungen zunächst ein auf marktlichen Prinzipien basierender Ansatz zur unternehmungsinternen Koordination dezentraler Aktivitäten entwickelt, um anschließend koordinationskostengünstige Möglichkeiten der Umsetzung mit Hilfe eines internen Elektronischen Marktes aufzuzeigen: Ausgehend von den bankaufsichtsrechtlichen Restriktionen wird zunächst „haftendes Eigenkapital“ als knappe Ressource im Rahmen des Allfinanzangebotsprozesses identifiziert, deren konkurrierende Nutzung durch dezentrale Organisationseinheiten horizontale externe Effekte zur Folge haben kann. Die Analyse hierarchischer Instrumente zur Lösung des Koordinationsproblems verdeutlicht, daß herkömmliche Budgetierungsverfahren und zentrale Vorgaben dynamische Marktentwicklungen und Geschäftsmöglichkeiten nur in ungenügendem Maße berücksichtigen können. Auf dieser Grundlage wird die Notwendigkeit abgeleitet, marktliche Mechanismen zur Eigenkapitalallokation einzusetzen.

Es wird dann der Frage nachgegangen, inwieweit externe Marktinformationen und -preise im Rahmen der erweiterten Marktzinsmethode genutzt werden können, um ein dezentrales Koordinationskonzept auf der Basis von Verrechnungspreisen zu ermöglichen. Es zeigt sich, daß die der Marktzinsmethode zugrundeliegenden Annahmen im Falle der Ressource Eigenkapital nicht in hinreichendem Maße erfüllt sind. Daher wird im folgenden ein internes Marktkonzept entworfen und als Handel von Eigenkapitalnutzungsrechten zwischen dezentralen Organisationseinheiten konkretisiert. Die Realisierung eines derartigen Konzepts als interner Elektronischer Markt ist schließlich Gegenstand der nachfolgenden Überlegungen. Abschließend werden die Ergebnisse zusammengefaßt und die Probleme eines bankinternen (elektronischen) Marktes diskutiert.

Kapitel 5 schließt die Arbeit mit einer Zusammenfassung der wichtigsten Ergebnisse und einem Ausblick auf weitere Fragen und offene Problemstellungen ab.

1.3 Grundannahmen der Arbeit

Die Arbeit beruht auf den folgenden Grundannahmen.[1] Je nach Problemstellung werden diese Annahmen später präzisiert.

Untersuchungsgegenstand

Im Mittelpunkt der folgenden Betrachtungen steht die Bankunternehmung (im folgenden kurz *Bank* genannt). Sie besteht aus einer zentralen Leitungsinstanz (im folgenden kurz *Zentrale* genannt) und *dezentralen (Bank-) Einheiten* (je nach Betrachtungsebene handelt es sich hierbei um Bereiche, Abteilungen oder Kundenbetreuer).

Ziele

Die Zentrale vertritt die Interessen der Eigentümer bzw. der Gesellschafter. Von dem Eigentümer-Manager-Verhältnis wird abstrahiert. Die Zentrale orientiert sich an dem Ziel der Eigentümer, das beispielsweise in der (langfristigen) Maximierung des Marktwertes bzw. des „Shareholder Value" liegen kann.[2] Eine problemabhängige Präzisierung der Zielsetzung erfolgt im Verlauf der Arbeit. Das Ziel(-system) der Eigentümer bzw. der Zentrale wird *Bankziel(-system)* genannt.[3]

---

[1] In Anlehnung an [Laux95, 14ff.] und [Wolf94, 24ff.].

[2] Zum Shareholder Value Ansatz vgl. z.B. [Rapp86], [CoKo90] und [Bisc94] sowie zu dessen Anwendung in Banken [Behm94, Kümm94] und [ScPe96].

[3] Zur Zielbildung in Unternehmungsorganisationen im allgemeinen und zur Begründung der Beschränkung auf Eigentümerziele im besonderen vgl. [Schm93a, 26ff.] und die dort angegebene Literatur.

Es existiert *opportunistisches Verhalten:* Jede Bankeinheit richtet ihr Verhalten danach aus, eigene Vorteile zu erzielen und eigene Nachteile abzuwenden. Jede Bankeinheit strebt danach, den eigenen, und nicht „fremden" Nutzen zu maximieren [Will75]. Es ist möglich, daß dadurch andere Bankeinheiten oder die Bank geschädigt bzw. in ihrer Zielerreichung (negativ) beeinflußt werden. Die Opportunismus-Annahme ist bewußt als „worst case" gewählt: Bei „fairem" Verhalten der Akteure bleiben die entwickelten Modelle stabil [Wolf94, 81].

In der Regel besteht ein *Zielkonflikt:* Die Zentrale und die Bankeinheiten orientieren sich an verschiedenen „Zielgrößen" oder sie gewichten Zielgrößen unterschiedlich.

Aufgabe und Fähigkeiten

Zur Zielerreichung dient die Erstellung und Vermarktung von Finanzdienstleistungen. Dies ist die Gesamtaufgabe der Bank. Zur Erfüllung dieser Gesamtaufgabe gilt es, operative Tätigkeiten zu verrichten und Entscheidungen zu treffen. An der Aufgabenerfüllung sind alle Bankeinheiten und die Zentrale beteiligt.

Alle Aufgabenträger haben *begrenzte Fähigkeiten* [Simo57; Will75] „in formulating and solving complex problems and in processing (receiving, storing, retrieving, transmitting) information" [Simo57] sowie darin, operative Tätigkeiten zu erlernen.

Darüber hinaus besitzen sie *unterschiedliche Fähigkeiten.* Die Unterschiede in den individuellen Fähigkeiten resultieren beispielsweise aus Unterschieden in der Qualifikation oder der Lernrichtung (Art der Spezialisierung und Ausbildung).

Informationen

Informationsasymmetrie: Die Informationen in der Bank sind in der Regel asymmetrisch verteilt; die Bankeinheiten und die Zentrale haben nicht denselben Informationsstand.

Informationskosten: Die Übermittlung von Informationen verursacht Kosten durch Einsatz von Zeit und anderen Ressourcen.

Diese Grundannahmen skizzieren die Rahmenbedingungen für die nachfolgend zu behandelnden Fragestellungen der organisatorischen Gestaltung des Bankangebotsprozesses. Sie charakterisieren weitgehend akzeptierte Eigenschaften eines arbeitsteiligen Organisationssystems. Ihre explizite Formulierung an dieser Stelle verdeutlicht noch einmal die Erfordernis der Dezentralisierung (begrenzte Fähigkeiten auch auf Seite der Zentrale, Informationskosten) und begründet zugleich die Existenz von Steuerungs- und Koordinationsproblemen (opportunistisches Verhalten, Zielkonflikt, Informationsasymmetrie). Den nachfolgenden Modellanalysen liegen die skizzierten Grundannahmen implizit zugrunde; einige von ihnen werden in expliziter Form präzisiert.

2 Dezentralisierung und Marktnähe: Steuerungs- und Koordinationsaspekte

Mit der Dezentralisierung von Entscheidungen sollen Entscheidungskompetenzen an jene Entscheidungsträger vergeben werden, die im Besitz der entscheidungrelevanten Informationen sind und sie daher (zeitnah) nutzen können. Gerade im Finanzdienstleistungsbereich sind schnelle Entscheidungsprozesse von großer Bedeutung. Geldmarkt- und Devisengeschäfte sowie Wertpapier- und Börsentransaktionen verlangen schnelle Reaktionen auf dynamische Marktentwicklungen. Darüber hinaus werden Finanzdienstleistungen in direkter Interaktion mit dem Kunden erstellt, so daß langwierige Entscheidungs- und Genehmigungsprozesse nachteilig im Vergleich mit dem „schnelleren" Wettbewerber sind.

Durch die regelmäßige Interaktion mit Kunden und Märkten generieren die marktnahen Bereiche private bzw. lokale Informationen, deren gezielter Einsatz für den Markterfolg entscheidend ist, die sich aber nur schwer bzw. zu prohibitiv hohen Kosten transferieren lassen. Die daraus resultierende Informationsasymmetrie zwischen den marktnahen Einheiten und der Zentrale wirkt sich nachteilig auf zentral getroffene Entscheidungen aus, da die entscheidungsrelevanten Informationen zentral nicht (in vollem Umfang) verfügbar sind. Dieser Aspekt spricht für dezentrale Entscheidungsfindung in marktnahen Bereichen.

In der Regel haben aber die Entscheidungen und Anstrengungen, die in einer dezentralen Einheit getroffen bzw. geleistet werden, Auswirkungen auch auf die Ergebnisse anderer Bereiche und das Gesamtergebnis der Bank. Es existieren Interdependenzen. Werden diese im dezentralen Entscheidungskalkül nicht hinreichend berücksichtigt, so werden aus Gesamtsicht suboptimale Entscheidungsalternativen bzw. Anstrengungsniveaus gewählt. Würden alle interdependenten Entscheidungen durch eine bzw. in einer Entscheidungseinheit getroffen, so fänden diese Interdependenzen in deren Entscheidungskalkül Berücksichtigung. Dieser Aspekt spräche für eine zentrale Entscheidungsfindung.

Unter Entscheidung soll im folgenden „die mehr oder weniger bewußte Auswahl einer von mehreren möglichen (Handlungs-)Alternativen" [LaLi93, 4] verstanden werden. Das Recht, eine Entscheidung zu treffen, wird Entscheidungskompetenz genannt. Entscheidung in der Unternehmung bedeutet prinzipiell die Verfügung über den Einsatz von (knappen) Ressourcen. „Entscheidungsrechte legen fest, wer wann über den Einsatz von Ressourcen oder die Implementierung von Projekten entscheiden kann" [Reit96, 5]. Die Allokation von Entscheidungskompetenzen auf Entscheidungsträger in der Unternehmung besitzt damit unmittelbaren Einfluß auf die unternehmungsinterne Ressourcenallokation und bestimmt somit letztlich den Erfolg der Unternehmungstätigkeit bzw. den Bankzielerreichungsgrad.

Die vielfältigen Aspekte der bankzielorientierten Vergabe von Entscheidungskompetenzen an einzelne dezentrale Einheiten im allgemeinen und an marktnahe Einheiten im besonderen sind Gegenstand dieses Kapitels.

In Abschnitt 2.1 wird zunächst der Begriff der Dezentralisierung präzisiert. In Abschnitt 2.2 wird dann herausgearbeitet, daß mit der Dezentralisierung von Entscheidungskompetenzen Steuerungs- und Koordinationsprobleme einhergehen. Daher werden im Anschluß Konzepte zu deren Lösung vorgestellt und diskutiert. Diese Lösungsansätze können durch den Einsatz von IKS unterstützt werden. Das Gestaltungspotential von IKS zur Unterstützung der Dezentralisierung ist deshalb Gegenstand des Abschnitts 2.3. Abschließend werden in Abschnitt 2.4 die vorangegangenen Überlegungen modellanalytisch vertieft und die Alternativen Zentralisierung / Dezentralisierung aus Banksicht miteinander verglichen.

2.1 Der Begriff der Dezentralisierung

Die betriebswirtschaftliche Organisationstheorie kennt eine Fülle von Begriffen und Formen der Dezentralisierung [Beue92]. Für die Zwecke der vorliegenden Arbeit wird ein Begriffsverständnis zugrundegelegt, das die beiden für die weitere Untersuchung relevanten Dimensionen der Dezentralisierung verdeutlicht: eine vertikale und eine horizontale Dimension. Wir wollen zudem zur weiteren Operationalisierbarkeit den allgemeinen Begriff Dezentralisierung durch das jeweilige Dezentralisierungsobjekt konkretisieren: Dezentralisierungsobjekte in unserem Kontext sind bestimmte Entscheidungsprozesse bzw. -kompetenzen (beispielsweise der Prozeß der Kreditvergabeentscheidung).

Hinter dem Begriff der Dezentralisierung steht der Gedanke, daß zunächst eine zentrale Leitungsinstanz über alle Entscheidungskompetenzen verfügt, aber Teile dieser Kompetenzen auf andere Einheiten der Unternehmung übertragen kann. Mit der Vergabe von Entscheidungskompetenzen sind mehrere Aspekte verbunden, die nachfolgend dargestellt werden sollen.

2.1.1 Vertikaler Aspekt der Dezentralisierung

Die vertikale Dezentralisierung ist durch die Vergabe von Entscheidungskompetenzen an eine nachgeordnete Hierarchieebene gekennzeichnet. Diese Dimension umfaßt die Delegation von Entscheidungskompetenzen. Delegation bedeutet die Übertragung von Entscheidungskompetenzen an unmittelbar nachgeordnete Einheiten, die ihrerseits Entscheidungskompetenzen (weiter-)delegieren können.[4]

Faßt man einen funktional abgrenzbaren Entscheidungsprozeß als Dezentralisierungsobjekt auf, so wird deutlich, daß zwischen den Extremformen (die Zentrale trifft alle relevanten Entscheidungen selbst bzw. sie delegiert jede Entscheidung) ein Kontinuum von Möglichkeiten bzw. Abstufungen der Dezentralisierung existiert. Ein Entscheidungsprozeß umfaßt im allgemeinen die folgenden Phasen [FaJe83 bzw. LaLi93, 420]:

1. Generierung von Alternativen und Informationsbeschaffung über die Konsequenzen der gefundenen Alternativen (*Initiation*)
2. Bewertung und Auswahl (*Ratification*)
3. Einführung und Durchsetzung der gewählten Alternative (*Implementation*)
4. Kontrolle (*Monitoring*).

Es besteht nun die Möglichkeit, Entscheidungskompetenzen bezüglich aller oder nur einzelner Phasen zu delegieren und damit den Dezentralisierungsgrad des betrachteten Entscheidungsprozesses zu variieren. Betrachten wir z.B. den Entscheidungsprozeß bezüglich strategischer Beteiligungen, so kann die Suche nach geeigneten Unternehmensbeteiligungen einer nachgeordneten Einheit obliegen, während die Entscheidung, welche der gefundenen Beteiligungsmöglichkeiten gewählt wird, auf der höheren Ebene ver-

---

4 Der Aspekt der Delegation in mehrstufigen Hierarchien und damit verbundene Probleme sollen an dieser Stelle nicht weiter betrachtet werden; vgl. hierzu [Ruhl90, 178ff.].

bleibt. Das anschließende Beteiligungscontrolling kann wiederum von der nachgeordneten Einheit wahrgenommen werden.

Aber auch innerhalb der Phasen sind Abstufungen möglich. So kann die Zuständigkeit für eine Phase der nachgeordneten Einheit unter Einschränkung der Entscheidungskompetenz übertragen werden. Im Rahmen des Kreditvergabeprozesses darf beispielweise die Filiale über die zu vergebenden Kredite entscheiden, allerdings nur bis zu einer bestimmten Kredithöhe. Höhere Kreditengagements bedürfen der Zustimmung der Zentrale bzw. des Vorstands. Generelle Instrumente zur Variierung der Entscheidungskompetenz im skizzierten Sinne sind z.B. [StSc95, 8f.]:

- Einschränkung der Handlungsbefugnisse bzw. Setzung expliziter Verhaltensnormen [Hax65] beispielsweise durch die Vorgabe eines bestimmten Entscheidungsverfahrens bei der Kreditvergabe.

- Zuweisung von Mitteln bzw. Verfügungsmöglichkeiten über Ressourcen [LaLi93, 165]: „Da im Prinzip jede Entscheidung in einer Unternehmung eine Verfügung über Einsatzmittel darstellt, kann durch eine Lenkung der Ressourcen auch der Entscheidungsspielraum eingeschränkt werden“ [StSc95, 9].

Der Grad der Dezentralisierung eines Entscheidungsprozesses ist also durch vielfältige Maßnahmen und Instrumente skalierbar. In einer gestaltungsorientierten Sicht stellen sie Instrumentalvariablen der Unternehmung dar, um einen gewünschten Dezentralisierungsgrad zu realisieren.

Um zunächst den vertikalen Aspekt der Dezentralisierung herauszuarbeiten, sind wir bislang vereinfachend davon ausgegangen, die Zentrale delegiere Entscheidungskompetenzen jeweils nur an *eine* nachgeordnete Einheit. Diese vertikale Beziehung ist ein konstituierendes Element der Dezentralisierung und stellt gleichzeitig deren (notwendige) erste Stufe dar. Darüber hinaus besteht allerdings die Möglichkeit, Entscheidungskompetenzen auf *mehrere* nachgeordnete Einheiten (Geschäftsbereiche, Filialen, etc.) zu übertragen und zu verteilen. In diesem Fall gewinnt die Dezentralisierung eine zusätzliche horizontale Dimension.

2.1.2 Horizontaler Aspekt der Dezentralisierung

Wir verstehen unter horizontaler Dezentralisierung, „daß bestimmte Handlungsrechte (Kompetenzen), die bislang gebündelt von wenigen oder einem einzelnen wahrgenommen wurden, sich auf eine größere Zahl von Personen oder sonstigen Wirtschaftseinheiten verteilen können" [Pico85, 382]. Horizontale Dezentralisierung zielt damit im wesentlichen auf die Aufgliederung der Unternehmung in Module, um „die Komplexität der Leistungserstellung zu reduzieren und die Nähe zum Markt zu erhöhen" [PiRe96, 201]. Der Kerngedanke der Modularisierung ist die Bildung kleiner Organisationseinheiten und die Verlagerung von Entscheidungskompetenz in diese Module [PiRe96, 205]. Horizontale Dezentralisierung wird in der Regel durch Profit-Center-Strukturen operationalisiert, die nach unterschiedlichen Gliederungskriterien, wie z.B. Produkt- oder Kundengruppen, Regionen oder Vertriebswege [Vill89], gebildet werden.[5]

2.2 Interdependenzen, externe Effekte und Internalisierung

Das mit der Erfüllung der Gesamtaufgabe verbundene Gesamtentscheidungsproblem der Bank ist zunächst einer einzelnen Entscheidungseinheit, der obersten Leitungsinstanz übertragen. Unter der Annahme vollständiger Information kann die Instanz dieses Problem prinzipiell lösen. Sie kennt die zur Auswahl stehenden Gesamtalternativen (als Tupel von Teilalternativen funktionaler Teilprobleme) und besitzt ein Ziel (Bankziel), anhand dessen sie die Vorteilhaftigkeit der voneinander abhängigen Alternativen bzw. die damit verbundenen Zielerreichungsgrade bewerten und beurteilen kann. „Sie löst dieses Problem, indem sie simultan über alle Teilprobleme entscheidet und nicht eine Menge von isolierten Teilalternativen, sondern eine Gesamtalternative als ein im Lichte der Gesamtzielsetzung bewertetes Tupel von Teilalternativen auswählt" [Lier82, 34]. Für den Fall, daß die Zentrale die Implementierung der ausgewählten Teilalternativen kostenlos anweisen und kontrollieren kann, sprechen wir von einer First-best-Lösung.

---

[5] Vgl. zur horizontalen Dezentralisierung auch [Büsc95, 40ff.]: „Eine horizontale Dezentralisation beschreibt ... die Zerlegung der Unternehmensaufgabe entsprechend den Gliederungskriterien 'sachliche Aufgabenmerkmale'".

Es steht außer Diskussion, daß der zentrale Planer mit vollständiger Information in der bankbetrieblichen Realität nicht existiert. Die Komplexität des Gesamtproblems, beschränkte Informationsverarbeitungskapazitäten, etc. verhindern die Anwendung eines Simultan-Totalansatzes. „Die Formulierung und Lösung eines 'Totalmodells', mit dessen Hilfe simultan die (optimalen) Ausprägungen aller Entscheidungsvariablen bestimmt werden, verursachen im allgemeinen einen Planungsaufwand, der nicht bewältigt werden kann“ [LaLi93, 68].

Die First-best-Lösung kann uns dennoch im Verlauf der Arbeit als Referenzlösung dienen, um alternative (realistische) Allokationen von Entscheidungskompetenzen bezüglich ihrer Effizienz beurteilen zu können. Die Effizienz einer solchen Organisationsalternative bemißt sich dabei an dem „Ergebnis“, welches die Organisation (hier: die Bankunternehmung) generiert [MiRo92, 23]. Eine Allokation von Entscheidungskompetenzen ist in einer bestimmten Umweltsituation dann effizient, wenn es keine andere (Allokations-/Organisations-) Alternative gibt, die aus Sicht der Zentrale bessere Ergebnisse liefert.

Die notwendige Dezentralisierung von Entscheidungskompetenzen ist gleichbedeutend mit der Entfernung von der Referenzlösung des „zentralen Planers mit vollständiger Information“. Dezentralisierung bedeutet die Zerlegung des Gesamtentscheidungsproblems der Unternehmung in (weniger komplexe) Teilentscheidungsprobleme *und* deren Übertragung an verschiedene Entscheidungseinheiten. Mit der Delegation von Teilentscheidungen an marktnahe Einheiten können deren - in der Regel aktuellere und bessere - Informationen von der Zentrale genutzt werden, ohne diese Informationen selbst verarbeiten zu müssen. Im Idealfall läßt sich die First-best-Lösung auch durch ein arbeitsteiliges, dezentrales Entscheidungssystem realisieren. Die First-best-Lösung definiert dann „den maximalen Grad der Zielerreichung, der bei Ausrichtung aller Einzelentscheidungen am übergeordneten Zielsystem (Annahme der Zielharmonie) und bei vollständiger Berücksichtigung aller Interdependenzen zwischen den Entscheidungsträgern (Annahme der simultanen Lösung) realisiert werden könnte“ [Fres92, 219]. Dies setzt allerdings voraus, daß die dezentralen Entscheidungseinheiten ihre Informationen im Sinne der Zentrale bzw. des Bankziels nutzen. Dies wird nicht per se der Fall sein. Individuelle Nutzenmaximierung der dezentralen Entscheider, Zieldivergenzen, die Existenz externer Effekte und eine asymmetrische Informationsverteilung stehen dem entgegen. Dies wollen wir im folgenden näher erläutern.

2.2.1 Vertikale Externalitäten und die Steuerung dezentraler Entscheidungen

Zunächst gehen wir davon aus, die Zentrale delegiere Entscheidungskompetenzen nur an eine nachgeordnete Einheit, während die anderen Einheiten (weiterhin) lediglich verrichtende Tätigkeiten ausführen. Dies erlaubt uns, die Betrachtung auf die bilaterale Beziehung zwischen Zentrale und nachgeordneter Entscheidungseinheit zu konzentrieren. So ist es möglich, auf verhältnismäßig einfache Weise Grundprobleme der Dezentralisierung zu analysieren, die prinzipiell auch für die Vergabe von Entscheidungskompetenzen an mehrere nachgeordnete Einheiten relevant sind. Allerdings treten dann weitere Probleme hinzu, deren Analyse wir uns im Anschluß widmen werden.

2.2.1.1 Problem: Interdependenzen und vertikale Externalitäten

Vertikale Dezentralisierung begründet zugleich eine Agency-Beziehung als „a contract under which one or more persons (the principal(s)) engage another person (the agent) to perform some service on their behalf which involves delegating some decision making authority to the agent" [JeMe76, 308]: Die übergeordnete Instanz (Prinzipal) delegiert bestimmte Aufgaben und Entscheidungskompetenzen (d.h. Verfügungsrechte über Ressourcen) an die nachgeordnete Einheit (Agent). Deren Aktivitäten bzw. Entscheidungen beeinflussen damit nicht nur den eigenen Nutzen, sondern auch den des Prinzipals [Spre87, Hart92], ohne daß dies per se im Entscheidungskalkül des Agenten Berücksichtigung findet. Wir sprechen in diesem Zusammenhang von einer vertikalen Externalität.[6] Die Güte der Entscheidungen des Agenten sowie dessen Anstrengungen bestimmen das Ergebnis der delegierten Aufgabe. Der Prinzipal ist an einem möglichst hohen (guten) Ergebnis interessiert, während der Agent seine individuellen Präferenzen bei der Wahl seiner Aktionen berücksichtigt. Empfindet er Arbeitsleid, so kann

---

6 „The principal-agent model is a description of the externality which results when individuals (agents) make decisions without considering how others (principals) are affected by their decisions" [Gjes82, 373].

der Fall eintreten, daß er für den Prinzipal erfolgversprechende Alternativen unterläßt, die arbeitsintensiv sind und stattdessen weniger profitable, aber mit geringerem Arbeitseinsatz verbundene Alternativen realisiert. Aus Sicht des Prinzipals (als Repräsentant der Gesamtunternehmung) werden dann nur suboptimale Alternativen realisiert, mit der Konsequenz einer Abweichung von der First-best-Lösung.

2.2.1.2 Lösung: Vertikale Steuerung dezentraler Entscheidungen

Die vertikale Beziehung zwischen Leitungsinstanz und nachgeordneter Entscheidungseinheit ist in der Regel von Zieldivergenz geprägt, die vertikale externe Effekte verursacht. Dies läßt die Steuerung des Verhaltens der Entscheidungseinheit notwendig werden. Die drei Hauptursachen für einen Zielkonflikt zwischen Prinzipal und Agent sind

- unterschiedliche Risikopräferenzen,
- unterschiedliche Zeitpräferenzen bzw.
- unterschiedliche Nutzenkomponenten: Der Agent empfindet Arbeitsleid bzw. realisiert Disnutzen aus seiner Anstrengung.

„Die Agency Theory widmet sich der Lösung von Zieldivergenzen in arbeitsteiligen Handlungsystemen" [Fres92, 219] und kann „als eine allgemeine Theorie zur optimalen Steuerung von dezentralen Aktivitäten umschrieben werden" [Pete89, 27]. Damit stellt sie einen wichtigen Ansatz zur Lösung der hier vorliegenden Problemstellung dar und soll im folgenden im Mittelpunkt der Betrachtung stehen. Grundsätzlich besitzt der Prinzipal zwei Möglichkeiten, um die Aktivitäten des Agenten an seiner Zielsetzung auszurichten:

- *Anweisung und Kontrolle (Monitoring):* Der Prinzipal kann an den einzelnen Entscheidungen und Aktivitäten des Agenten ansetzen (inputorientiert) und dessen Handlungsspielraum durch ein System von Anweisungen und Kontrollen einschränken.

- *Anreize (Incentives):* Der Prinzipal kann sich an den Ergebnissen der einzelnen Entscheidungen und Aktivitäten des Agenten orientieren (outputorientiert). Durch die Kopplung von Zahlungen an das realisierte

Ergebnis soll der Agent angereizt werden, seinen *nicht* eingeschränkten Handlungsspielraum im Sinne des Prinzipals zu nutzen.

Für den realitätsfernen Fall symmetrischer Informationsverteilung läge es nahe, eine bilaterale „Verhandlungslösung" zur Internalisierung der effizienzschädigenden Externalität anzustreben, so daß die Auswirkung der Entscheidung des Agenten auf den Nutzen des Prinzipals in das Entscheidungskalkül des Agenten eingeht. Der Prinzipal bietet dem Agenten eine Kompensation (z.B. in Form einer Zahlung) für den Fall, daß er „schlechte" Alternativen unterläßt und stattdessen „gute" Alternativen wählt. Dies entspricht der Steuerung durch *Anweisung und Kontrolle*: Der Prinzipal verpflichtet den Agenten zur Durchführung (kontrakt-) bestimmter Aktivitäten und kompensiert ihn durch die Zahlung eines Fixgehalts. Auf diese Weise kann ein bilateraler Vertrag geschlossen werden, der zur Realisierung der First-best-Lösung führt. Unter der Annahme opportunistischen Verhaltens (vgl. Abschnitt 1.3) gilt dies allerdings nur dann, wenn die Einhaltung des Vertrages kostenlos beobachtet bzw. überprüft werden kann.

Bei asymmetrischer Informationsverteilung zwischen Prinzipal und Agent wird die Möglichkeit der direkten Vorgabe einer Handlungsweise mit anschließender Kontrolle eingeschränkt. Der Prinzipal ist in diesem Fall nicht in der Lage, die jeweils gewählte Handlung des Agenten zu beobachten; ihm fehlen relevante Vor-Ort-Informationen, um zieladäquate Handlungen vorzugeben. Im Rahmen der vorliegenden Arbeit werden vornehmlich solche Situationen betrachtet, in denen eine ausgeprägte Informationsasymmetrie zwischen Zentrale und dezentralen Einheiten herrscht (vgl. Abschnitt 1.3) und daher eine dezentralisierte Entscheidungsfindung zur besseren Informationsnutzung angezeigt erscheint.

Da also in den zu betrachtenden Situationen im allgemeinen die direkte Vorgabe einer Handlungsweise aufgrund der Informationsasymmetrie ausscheidet oder zumindest zu einer eingeschränkten Entscheidungsqualität führt (da auf die Nutzung relevanter privater Informationen der dezentralen Einheiten verzichtet wird), rücken die Möglichkeiten einer indirekten Verhaltenssteuerung über (finanzielle) *Anreize* in den Mittelpunkt der folgenden Betrachtungen. Gegenüber expliziten Verhaltensnormen und Sanktionierung der Abweichungen haben (positive) Anreize zudem den Vorteil, daß von ihnen eine positive motivatorische Wirkung auf die Entscheidungsträger ausgeht: „Während die Bedrohung mit Sanktionen die Entscheidungsträger allenfalls dazu bringt, sich so zu verhalten, daß sie nicht unangenehm auffallen, vermag die Prämie sie auch zu über das Notwendige hinausgehenden Leistungen anzuspornen" [Hax65, 205].

Die geeignete Wahl von positiven Belohnungen für „gute" Entscheidungen kann dafür sorgen, daß Entscheidungsträger in ihrem eigenen Interesse handeln und zugleich die Ziele des Prinzipals verfolgen. In diesem Zusammenhang gilt es, zwei grundsätzliche Fragen zu beantworten [Laux92, Sp. 113f.]:

- Wie kann die „Güte" von Entscheidungen gemessen werden, an der sich eine Belohnung orientieren soll? Dies ist die Frage nach der (den) geeigneten *Bemessungsgrundlage(n)* bzw. den ökonomischen Größen, von denen die Belohnungen abhängen sollen.

- Welcher funktionale Zusammenhang soll zwischen den Belohnungen und den Ausprägungen der Bemessungsgrundlagen bestehen? Dies ist die Frage nach der geeigneten *Prämienfunktion.*

Bemessungsgrundlagen und Prämienfunktion bilden die Basiskomponenten finanzieller Anreizsysteme.

An die Wahl der Bemessungsgrundlagen sind zwei Bedingungen geknüpft [Laux95]: Zum einen sollte das Prinzip der intersubjektiven Überprüfbarkeit erfüllt sein und zum anderen das Prinzip der Anreizkompatibilität gelten. Ersteres fordert, daß die Ausprägung der Bemessungsgrundlage in einfacher und intersubjektiv überprüfbarer Weise kontrolliert werden kann. Letzteres besagt in seiner allgemeinen Form, daß die Ausprägung der Bemessungsgrundlage eine steigende Funktion der Güte der Entscheidungen sein sollte. In der Regel stehen beide Bedingungen konfliktär zueinander. Aufgrund der Komplexität vieler Entscheidungsituationen bilden oftmals einfach zu messende Bemessungsgrundlagen die Entscheidungsgüte nicht hinreichend genau ab und vice versa.

Bei der Bestimmung der geeigneten Prämienfunktion gilt es, die Belohnung bzw. Bestrafung auf Basis einer so ermittelten Bemessungsgrundlage dergestalt zu wählen, daß das individuelle Nutzenmaximierungskalkül des Entscheidungsträgers mit dem Nutzenmaximierungskalkül der Zentrale in Übereinstimmung gebracht wird. Hierbei sind vor allem die oben geschilderten Zieldivergenzen zu überwinden. Die Konsequenzen, die aus dem Zielkonflikt zwischen Prinzipal und Agent resultieren, sollen im folgenden kurz aufgezeigt und der First-best-Lösung gegenübergestellt werden.

Da das Aktivitätsniveau des Entscheidungsträgers nicht beobachtbar bzw. kontrollierbar ist und darüber hinaus für den Agenten eine Nutzenminderung darstellt, wird die Prämie bzw. die Belohnung an einen (unsicheren) ökonomischen Erfolg gekoppelt. Der von einem Agenten erzielte Erfolg hängt aber nicht allein von dessen Anstrengungen ab, sondern auch von den realisierten Umweltzuständen, auf die der Agent keinen Einfluß hat. Damit unterliegt die Bemessungsgrundlage für die Belohnung des Agenten und somit die Belohnung selbst einem Erfolgsrisiko.

Betrachten wir einen risikoneutralen Prinzipal und einen risikoaversen Agenten,[7] so wäre bei alleiniger Beachtung des Aspekts einer effizienten Risikoteilung das gesamte Erfolgsrisiko vom Prinzipal zu tragen, während der Agent eine fixe Vergütung erhält. Diese Aufteilung entspräche einer pareto-effizienten Risikoallokation. Unter Anreizgesichtspunkten wäre diese Lösung offenkundig suboptimal, da die Entlohnung des Agenten unabhängig von dessen tatsächlichem Arbeitseinsatz ist. Aufgrund der vom Arbeitseinsatz ausgehenden Nutzenminderung leistet er dann nur noch die geringstmögliche Anstrengung. Soll der Agent dazu angereizt werden, den First-best-Arbeitseinsatz zu leisten, so müßte ihm das gesamte Erfolgsrisiko aufgebürdet werden, während der Prinzipal eine feste Zahlung erhält. Eine solche Aufteilung löst zwar das Anreizproblem vollständig, führt aber zu einer suboptimalen Risikoallokation. Bei der optimalen Prämiengestaltung müssen demnach die zwei Aspekte der Anreiz- und Risikoverteilung simultan berücksichtigt werden.[8]

Die optimale Lösung des Agency-Problems stellt in der Regel einen Kompromiß der zwei Zielsetzungen dar [Hart92, Sp. 75]: Der Arbeitseinsatz des Agenten ist im Vergleich zur First-best-Situation geringer und der vom Agenten zu tragende Risikoanteil höher. Für die Übernahme dieses Risikos fordert er einen Ausgleich in Form einer Risikoprämie. Zusammen mit einem niedrigeren Ertrag aus dem geringeren Arbeitseinsatz reduziert diese

---

7 In Anlehnung an [Hart92, Sp. 74f.].

8 Zu entsprechenden Standard-Agency-Modellen vgl. [Holm79], [Mirr76], [Rees85], [Shav79] sowie [GrHa83].

Risikoprämie den Erwartungsnutzen des Prinzipals im Vergleich zur First-best-Situation. Diese Nutzeneinbußen aufgrund Informationsasymmetrie und konfligierenden Zielen werden auch als Agency-Kosten bezeichnet [JeMe76]. Sie spiegeln zugleich die Kosten der vertikalen Dezentralisierung wider und stellen einen quantitativen Vergleich der organisatorischen „Fälle 'keine Delegation' ('kein Agency-Problem') und 'Delegation' ('Agency-Problem') dar“ [Fres92, 223]. Eine formale Darstellung des skizzierten Sachverhalts werden wir in der speziellen Form des LEN-Modells [Spre87] in Abschnitt 3.1.4 einführen und zur Analyse alternativer Vertriebsformen von Finanzdienstleistungen nutzen.

2.2.2 Horizontale Externalitäten und die Koordination dezentraler Entscheidungen

Wir wollen nun die zusätzlichen Probleme der Dezentralisierung untersuchen, die sich aus der Vergabe von Entscheidungskompetenzen an *mehrere* Einheiten (horizontaler Aspekt der Dezentralisierung) ergeben.

2.2.2.1 Problem: Interdependenzen und horizontale Externalitäten

Um die zusätzlichen Probleme einer Vergabe von Entscheidungskompetenzen an mehrere Einheiten herausarbeiten zu können, wollen wir zunächst davon ausgehen, daß es der Zentrale (z.B. durch Erfolgsbeteiligung der Entscheidungseinheiten) gelungen sei, direkte vertikale Externalitäten vollständig zu internalisieren. Es stellt sich nun die Frage, inwieweit Entscheidungsinterdependenzen zwischen gleichgeordneten Entscheidungseinheiten horizontale Externalitäten generieren und damit indirekte Auswirkungen auf den Gesamtzielerreichungsgrad haben können.

Im Rahmen seines individuellen Nutzenmaximierungskalküls trifft der Entscheidungsträger jene Entscheidungen, die den Erwartungsnutzen der resultierenden Prämien maximieren. Die Prämien wiederum basieren auf der Ausprägung der zugrundegelegten Bemessungsgrundlage. Werden mit der Bemessungsgrundlage nicht alle (gesamtziel-) relevanten Konsequenzen der Entscheidungen erfaßt und abgebildet, so ist auch die Prämienhöhe von ihnen unabhängig. Sie finden dann keine Berücksichtigung im Entscheidungskalkül des betrachteten Entscheidungsträgers.

Bestehen zwischen den Entscheidungsbereichen keinerlei Interdepenzen und Verbundeffekte, so haben die Entscheidungen und Aktivitäten eines einzelnen Entscheidungsbereiches keinerlei Einfluß auf die Erfolge anderer Bereiche. Für den Fall sicherer Erwartungen führt die dezentrale (isolierte) Maximierung der Bereichserfolge auch zur Maximierung des Gesamterfolges [LaLi93, 385].

Im Regelfall werden aber zwischen gleichgeordneten Entscheidungsbereichen Interdependenzen bestehen. Versteht man unter solchen Interdependenzen den Fall, „when actions taken by one referent system affect the actions or outcomes of another referent system" [McFe79, 113], so lassen sich grundsätzlich drei Ausprägungen von Interdependenzen unterscheiden [Fres88, 190ff.], die auf verschiedene Verbundeffekte [LaLi93, 208f.] zurückzuführen sind:

- Interdependenz aufgrund von innerbetrieblicher Leistungsverflechtung;
- Ressourceninterdependenz;
- Marktinterdependenz.

Interdependenzen aufgrund innerbetrieblicher Leistungsverflechtungen treten auf, wenn am Leistungserstellungsprozeß mehrere Entscheidungseinheiten beteiligt sind. Sie sind dann prozessual miteinander verbunden, so daß die Entscheidungen einer im Leistungserstellungsprozeß vorgelagerten Einheit Einfluß auf die Angebotssituation der nachgelagerten Einheit haben bzw. die Entscheidungen der nachgelagerten Einheit die Nachfragesituation der vorgelagerten Einheit verändern [Lass92, 47]. Im Finanzdienstleistungsbereich treten die genannten Interdependenzen beispielsweise zwischen Vertriebseinheiten und Produktbereichen auf. Der am Markt erzielbare Erfolg der Vertriebseinheit hängt in starkem Maße von einer wettbewerbsfähigen bzw. kundenorientierten Produktgestaltung durch die Produktbereiche ab. Der Erfolg eines Produkts wiederum und die Realisierung von Skaleneffekten in der Produktion ist entsprechend von den Verkaufsanstrengungen der Vertriebseinheiten abhängig.

Ressourceninterdependenzen existieren, wenn Entscheidungseinheiten zur Realisierung ihrer Entscheidungen auf eine gemeinsame knappe Ressource zugreifen müssen: Werden in einem Bereich Ressourcen verbraucht, so stehen sie anderen Bereichen nicht mehr zur Verfügung. Ursache für Ressourceninterdependenzen ist die Existenz eines Restriktionsverbunds, der zur direkten Folge hat, daß die Aktionsmöglichkeiten einer Einheit durch die Aktionen einer anderen Einheit eingeschränkt werden [LaLi93, 208f.]. Ein klassisches Beispiel für Ressourceninterdependenz in der Bankunternehmung stellt die Unterlegungspflicht bestimmter, je nach Risikogehalt gewichteter Risikoaktiva mit haftendem Eigenkapital im Rahmen des Grundsatzes I dar (vgl. Kapitel 4). Ist ein Eigenkapitalengpaß in dieser Hinsicht gegeben, so kann die Vergabe eines Grundsatz-I-wirksamen Kredites durch eine Profit-Center-Filiale die Vergabe von entsprechenden Krediten durch andere Geschäftseinheiten und damit die Erzielung entsprechender Erfolgsbeiträge verhindern [Krem92, 26f.; Sand96, 293f.].

Marktinterdependenzen treten auf, wenn Absatz- oder Beschaffungsentscheidungen einer Einheit an einem relevanten Markt die Entscheidungen einer anderen Einheit beeinflussen bzw. die Aktivitäten der betrachteten Einheiten auf das gleiche Marktsegment ausgerichtet sind. Aufgrund der Immaterialität sowie der Spezifika von Finanzdienstleistungen spielen Beschaffungsmärkte und dort auftretende Interdependenzen für die Bankunternehmung eine untergeordnete Rolle.[9] Von besonderer Bedeutung sind vielmehr Marktinterdependenzen auf Absatzmärkten. Sie treten in unterschiedlicher Form auf [Fres85, 268f.]. Zum einen besteht die Möglichkeit, daß in Beziehung stehende Absatzobjekte von getrennten Entscheidungseinheiten angeboten und vermarktet werden, wobei weiterhin zwischen der Art der Beziehung differenziert werden kann:

- substitutiv, d.h. die Absatzobjekte konkurrieren auf bestimmten Märkten. Das Anlageproblem eines Kunden kann z.B. durch eine Kapitallebensversicherung oder einen Vermögenssparplan gelöst werden. Beide Produkte und mithin deren Vertriebseinheiten konkurrieren um die Anlagebeträge des Kunden. Der Absatzerfolg einer Vertriebseinheit beeinflußt in diesem Fall den Erfolg der Vertriebsaktivitäten einer anderen Einheit negativ.

- komplementär, d.h. bestimmte Absatzobjekte ergänzen sich zu einem Dienstleistungsbündel dergestalt, daß Finanzprobleme eines Kunden besser gelöst werden können, als durch einzelne Finanzprodukte [BuSa93]. Der Verkauf eines Produkts zieht den Absatz eines anderen Produkts nach sich; die Absatzerfolge beeinflussen sich positiv.

---

9 Abgesehen von der Beschaffung von Zahlungsmitteln am Geld- und Kapitalmarkt (GKM).

Zum anderen können Marktinterdependenzen aber auch bei der Vermarktung und Erstellung eines einzelnen Absatzobjektes auftreten. Werden beispielsweise Marketing- und Verkaufsaktivitäten von unterschiedlichen Entscheidungseinheiten durchgeführt, so führen die wechselseitigen Abhängigkeiten absatzpolitischer Instrumente ebenfalls zu einer Abhängigkeit der Bereichserfolge: Inwieweit der Erfolg durch die Durchführung einer bestimmten Aktion in einem Bereich steigt, hängt von den Maßnahmen ab, die in einem anderen Bereich realisiert werden. Interdependenzen dieser Art sind - wie im Fall komplementärer Produkte - auf einen Erfolgsverbund zwischen Entscheidungseinheiten zurückzuführen.

Im Finanzdienstleistungsbereich läßt sich darüber hinaus noch eine weitere Art von Marktinterdependenz identifizieren, die auf einen „Reputationsverbund" zwischen Vertriebseinheiten zurückzuführen ist. Der dynamische Aspekt der Kundenbeziehung und die Immaterialität der Finanzdienstleistung sowie vor allem deren Eigenschaft als Vertrauensgut [Bülo95, 186ff.] eröffnen die Möglichkeit, eine Reputationsrente zu realisieren. Da auf Seiten des informationsbenachteiligten Kunden Qualitätsunsicherheit bzgl. der angebotenen Problemlösung herrscht, ist der Aufbau von Vertrauen absatznotwendig und ermöglicht darüber hinaus das Abschöpfen einer Reputationsrente, solange der Kunde das Vertrauen indirekt über geringere Preissensibilität vergütet. Vertrauen und Reputation in der Kundenbeziehung erwächst aus hoher Beratungsqualität und persönlicher Anstrengung einer Vertriebseinheit. Werden diese Attribute durch den Kunden auf die gesamte Bankunternehmung übertragen, partizipieren auch andere Vertriebseinheiten, die mit dem Kunden in Kontakt stehen. Umgekehrt gilt natürlich, daß mangelnde Beratungsqualität einer Einheit negative Wirkungen auf den Erfolg anderer Vertriebseinheiten haben kann.

Die dargestellten Interdependenzen verursachen dann horizontale Externalitäten, wenn die durch Interdependenz verursachten Auswirkungen der Entscheidungen und Aktivitäten eines betrachteten Bereichs auf andere gleichgeordnete Bereiche keinen Eingang in das Entscheidungskalkül der betrachteten Einheit finden bzw. nicht abgegolten werden. Die Wirkung einer Maßnahme auf den Erfolg anderer Bereiche bleibt mithin bei der Entscheidung über die Durchführung der Maßnahme unberücksichtigt. Der Beitrag einer Bereichsentscheidung zum Bankerfolg besteht daher aus zwei Komponenten: einem direkten Beitrag über den eigenen Bereichserfolg und einem indirekten Beitrag über die Wirkung auf die Erfolge anderer Bereiche. Die systematische Nichtberücksichtigung des indirekten Beitrags zum Bankerfolg infolge horizontaler Externalitäten führt zu einem suboptimalen Bankzielerreichungsgrad bzw. zu einer Abweichung von der First-best-Lösung.

Es bleibt festzuhalten: Horizontale Dezentralisierung bzw. die Vergabe von Entscheidungskompetenzen an mehrere gleichgeordnete Einheiten verursacht bei gegebenen Interdependenzen horizontale Externalitäten. Diese führen zu einer Abweichung von der First-best-Lösung und zu der Notwendigkeit, die dezentralen Entscheidungen im Hinblick auf das Bankziel zu koordinieren.

Bevor im nachfolgenden grundlegende Konzepte zur horizontalen Koordination dargestellt werden, soll an dieser Stelle zunächst auf die Möglichkeit eingegangen werden, die horizontalen Koordinationsanforderungen insgesamt zu verringern. Im Zuge der Segmentierung der unternehmerischen Gesamtaufgabe in Teilbereiche und der korrespondierenden Allokation von Entscheidungskompetenzen lassen sich Entscheidungsbereiche dergestalt bilden, daß die dargestellten Interdependenzen vermieden oder verringert werden. Durch die Abgrenzung entsprechend eigenständiger Teilbereiche können interdependente Entscheidungen *einer* Entscheidungseinheit zugeordnet, damit Interdependenzen *zwischen* Entscheidungseinheiten reduziert und als Ergebnis die Zuordnung von Entscheidungsergebnissen erleichtert werden. Dies führt zu einer Abnahme horizontaler Externalitäten und reduziert den horizontalen Koordinationsbedarf. Eine konsequente Umsetzung dieses Prinzips bedeutete allerdings die zunehmende Auflösung der Unternehmung und den Verzicht auf die Nutzung von Synergieeffekten (economies of scale, economies of learning, economies of scope, Pooling-Effekte). Eine Segmentierung in Entscheidungsbereiche hat daher beiden Aspekten Rechnung zu tragen und kann die Koordinationsproblematik lediglich reduzieren. Darüber hinaus geht die Reduktion einer Interdependenzart im allgemeinen zu Lasten einer anderen. In Abhängigkeit von der Unternehmungsstrategie lassen sich allerdings „kritische“ Interdependenzen identifizieren [Frese92, 372], denen dann in besonderer Weise Rechnung getragen werden kann. In dem Fall der erfolgreichen Umsetzung der Strategie der Kundenorientierung stehen beispielsweise Marktinterdependenzen im Vordergrund, auf deren Reduzierung durch eine geeignete Segmentierung bzw. Verteilung von Entscheidungskompetenzen fokussiert werden sollte. Durch die Ausrichtung des Vertriebs auf bestimmte Kunden- statt Produktgruppen und der Realisierung des Prinzips „one face to the customer" kann der (kritische) Koordinationsbedarf an der Kundenschnittstelle erheblich gesenkt werden. Allerdings verstärken sich die (weniger kritischen) Interdependenzen zwischen Vertrieb und Produktion. Wir werden auf die beschriebene Gestaltungsalternative im Rahmen des Allfinanzvertriebs sowie dessen intraorganisatorischer Aspekte in Kapitel 3 zurückkommen.

2.2.2.2 Lösung: Horizontale Koordination dezentraler Entscheidungen

Wenngleich das Ausmaß an Interdependenzen kein unabänderliches Datum darstellt, wird es nicht gelingen bzw. ist es nicht sinnvoll, sie durch strukturelle Maßnahmen ganz zu beseitigen. Versteht man unter Koordination sehr allgemein „managing dependencies between activities" [MaCr 94, 90], so stellt sich die Frage nach geeigneten Koordinationssystemen. Innerbetrieblicher Leistungsaustausch und konkurrierende Nutzung gemeinsamer Ressourcen erzeugen Abhängigkeiten zwischen Einzelaktivitäten, so daß die Rückwirkungen lokaler Entscheidungen auf die anderen dezentralen Einheiten (und damit auf die Gesamtunternehmung) im dezentralen Entscheidungskalkül Berücksichtigung finden müssen.

Ein Koordinationsmechanismus sollte idealerweise sicherstellen, daß die gegebenen knappen Unternehmungsressourcen in jenen dezentralen Bereichen zum Einsatz kommen, in denen sie aus Gesamtunternehmungssicht die produktivste Verwendung versprechen. Ähnliches gilt im Hinblick auf eine langfristige Ressourcenallokation, also der dynamischen Veränderung der Ressourcenmenge (Erweiterung oder Abbau von Kapazitäten). Sollen dezentrale Entscheidungsträger im Auftrag der Unternehmung über den Einsatz der Ressourcen entscheiden, so müssen sie Kenntnis über deren alternative Verwendungsmöglichkeiten bzw. deren Opportunitätskosten besitzen. Das Grundproblem besteht darin, daß die koordinationsrelevanten Informationen über alternative Verwendungsmöglichkeiten von Ressourcen (Entscheidungsalternativen) verteilt auf die dezentralen Entscheidungseinheiten vorliegen. Je nachdem, wie und wo diese Informationen verarbeitet werden, unterscheidet man grundsätzlich zwischen hierarchischen und marktlichen Koordinationsmechanismen.

Hierarchische Koordinationsmechanismen zeichnen sich dadurch aus, daß eine zentrale Instanz die verteilt vorliegenden Informationen sammelt, verarbeitet und als Ergebnis dieses Prozesses den dezentralen Einheiten explizit oder implizit Höhe und Art des Ressourceneinsatzes vorgibt. In auf marktlichen Koordinationsverfahren basierenden Ordnungen spiegelt sich das Wissen über die Knappheitsverhältnisse von Ressourcen und Gütern in den Preisen wider, die von jedem Marktteilnehmer als Informationen für dessen lokale und individuelle Entscheidungsfindung genutzt werden. Die komplexen und vielfältigen Informationen über Prozesse in den einzelnen Einheiten werden durch die Informationsverarbeitungsleistung des Marktmechanismus auf sehr wenige Informationen - die Preise - verdichtet, die auch von dezentralen Entscheidungseinheiten (trotz begrenzter Fähigkeiten) genutzt und verarbeitet werden können. Wesentliche Voraussetzung für die Funktionsfähigkeit des Marktmechanismus ist allerdings die Definition von Verfügungsrechten an den zu handelnden Gütern und Ressourcen, um Anreize zur deren wirtschaftlicher Verwendung zu setzen.

In der dezentralisierten Unternehmung können beide Koordinationsformen mit Hilfe von Verrechnungspreisen implementiert werden [Neus97]. „Unter Verrechnungspreisen werden Wertansätze verstanden, die in einer Unternehmung Zwischenprodukten, Ressourcen und Marktpotentialen zugeordnet werden“ [Fres92, 226]. Die Art und Weise, wie diese Wertansätze bestimmt werden, konstituiert den Typ der Koordination. Legt die Zentrale die Höhe der Verrechnungspreise fest, so kann man von zentraler Koordination sprechen. Werden hingegen die Verrechnungspreise von den dezentralen Einheiten frei ausgehandelt, so handelt es sich um dezentrale Koordination. In beiden Fällen geht die bepreiste Interdependenz[10] in das dezentrale Entscheidungskalkül ein: Bei der Einheit, die Ressourcen abgibt, steigen die Erlöse, bei der nachfragenden Einheit steigen entsprechend die Kosten. Dies führt zu einer korrespondierenden Veränderung der Bereichsergebnisse als Bemessungsgrundlage für die Prämienzahlungen. Inwieweit allerdings eine Internalisierung horizontaler Externalitäten vollständig gelingt, hängt von der Höhe des Verrechnungspreises ab.

---

[10] Durch die Verwendung von Verrechnungspreisen zur Bewertung des internen Leistungsaustausches erfolgt eine „Bepreisung“ von Interdependenzen zwischen Bereichen. Zum Entkopplungseffekt interdependenter Entscheidungen durch Verrechnungspreise vgl. auch [Kloo92, Sp. 2556].

Im Idealfall vollständiger Information ergäben sich die optimalen Verrechnungspreise als Schattenpreise der Lösung eines zentralen Optimierungsansatzes.[11] Dies entspricht der First-best-Lösung.

Bei Informationsasymmetrie und beschränkten Fähigkeiten der Zentrale ist allerdings zu vermuten, daß die zentrale Ermittlung und Festsetzung fundierter Verrechnungspreise schwerlich möglich ist. Dies gilt um so mehr für den Fall einer dynamischen Umwelt.

Während eine zentrale Planungsinstanz Veränderungen der externen Märkte identifizieren und die Verrechnungspreise bewußt anpassen muß, kann von marktlicher Koordination unter bestimmten Bedingungen erwartet werden, daß dynamische Veränderungen automatisch absorbiert werden und zu einem neuen Gleichgewichtspreis führen. Bilaterale Verhandlungslösungen weisen einige Nachteile auf, die in der Literatur ausführlich beschrieben sind [Jung92, 144ff.]. Hierbei handelt es sich vor allem um die Wirkungen von internen Monopol- oder Oligopolsituationen [GrLo79] auf die Preisbildung [Hax81, Sp. 1691f.] sowie die Möglichkeit zu strategischem Verhalten [NeNi96]. Gelingt es allerdings, innerhalb der Unternehmung einen internen Markt mit einer Vielzahl von Teilnehmern zu etablieren, so nähert sich der Verrechnungspreis unter bestimmten Bedingungen dem Marktpreis bei vollständiger Konkurrenz an. Damit geht zugleich die Annäherung an die angestrebte Allokationseffizienz der betrachteten Ressource einher.

Die Allokation knapper Bankressourcen, wie Vertriebskapazitäten oder haftendes Eigenkapital über einen internen Markt erscheint zunächst im Hinblick auf deren Handelbarkeit mit erheblichen Schwierigkeiten verbunden. Der Einsatz von handelbaren Nutzungsrechten (z.B. an den genannten Ressourcen) scheint hierbei ein vielsprechender Lösungsansatz zu sein, der in Kapitel 4 aufgegriffen und am Beispiel der bankinternen Eigenkapitalallokation konkretisiert und bewertet werden soll.

---

11 Sind die Zielfunktion und die Nebenbedingungen des Optimierungsproblems linear und bestehen für die Variablen keine Ganzzahligkeitsbedingungen, so kann die Existenz geeigneter Verrechnungspreise mit Hilfe des Preistheorems der linearen Programmierung nachgewiesen werden [LaLi93, 403]. Unter Verwendung des Theorems von Kuhn/Tucker kann die Existenz auch in bestimmten Fällen der Nichtlinearität bewiesen werden [Hax65, 184ff.]. Mit dem Optimierungsproblem ist indes auch das Koordinationsproblem gelöst, so daß die Verrechnungspreise nicht mehr benötigt werden (Dilemma der pretialen Lenkung, vgl. [LaLi93, 394]).

2.3 Unterstützung der Dezentralisierung durch Informations- und Kommunikationssysteme (IKS)

Die Systemunterstützung im Finanzdienstleistungsbereich zielte bislang in der Hauptsache auf das kostengünstigere und schnellere Durchführen (vor-)gegebener Abläufe im Rahmen des Leistungsprozesses. Eine Folge ist unter anderem, daß heute sinnvolle und notwendige organisatorische Lösungen an kurz- und mittelfristig irreversibler Systemunterstützung (die noch weitgehend die klassische Spartenorganisation der Banken aus den 60er und 70er Jahren abbildet) scheitern [Buhl92]. Die Inflexibilität einer alternden technischen Infrastruktur kann demnach die Entwicklung und Implementierung innovativer Organisationskonzepte behindern [LuOl94; PiRe96, 401]. Dies verdeutlicht, daß es im Zusammenhang mit der Gestaltung betriebswirtschaftlicher Informationssysteme nicht ausreichend ist, die Strukturen und Prozesse eines bestehenden Systems abzubilden und zu automatisieren [PiMa93, 7].

Geht man vielmehr dazu über, bei der Definition der Systemanforderungen von den bestehenden Organisationsstrukturen und -abläufen zu abstrahieren [Mart90, 14ff.], so besitzen IKS[12] ein erhebliches Gestaltungspotential zur Realisierung dezentraler Organisationsformen. Dieses organisatorische Gestaltungspotential umfaßt mehrere Aspekte, die nachfolgend kurz diskutiert werden sollen.

2.3.1 Dezentrale Verfügbarmachung von Wissen

„Decisional autonomy of organizational units requires the capability of autonomous problem solving and decision making" [FeMi96, 200]. Dieser Aspekt der Dezentralisierung blieb in den vorausgegangenen Überlegungen ausgespart, stellt aber eine wesentliche Voraussetzung für die erfolgreiche Implementierung dezentraler Strukturen dar. Mithin ist der Aufbau von

---

12 „IKS sind soziotechnische Systeme, die menschliche und maschinelle Komponenten (Teilsysteme) als Aufgabenträger umfassen, die voneinander abhängig sind, ineinandergreifen und / oder zusammenwirken. [...] Der Begriffsbestandteil 'Information' verdeutlicht, daß es primärer Zweck dieser Systeme ist, betriebliche Prozesse mit Hilfe von Informationen zu lenken und die Informationsnachfrage von Aufgabenträgern (sei es Mensch oder Maschine) zu befriedigen. [...] Der Begriffsbestandteil 'Kommunikation' verdeutlicht, daß eine Koordination zwischen arbeitsteilig wirkenden Aufgabenträgern stattfindet." [WKWI94].

Qualifikation Voraussetzung für die Delegation von Entscheidungskompetenzen [PiRe94, 555]. Wenngleich in den vorangegangenen Abschnitten die dezentrale Verfügbarkeit von lokalen Vor-Ort- und Marktinformationen als Argument für eine Verlagerung der Entscheidungskompetenz an dezentrale Einheiten betont wurde, bleibt dennoch die Frage offen, inwieweit die dezentralen Entscheidungseinheiten im Einzelfall tatsächlich in der Lage sind, diese Informationen zieladäquat zu nutzen bzw. den Anforderungen der ihnen übertragenen Aufgaben zu genügen. Neben Vor-Ort-Informationen sind möglicherweise zentrale Informationen, spezielles Know-how, Kenntnis von Entscheidungsmodellen etc. für eine gute Entscheidungsfindung notwendig. [LaLi93, 257] nennen in diesem Zusammenhang das Kriterium der Anforderungskompatibilität als „Ausmaß der Übereinstimmung zwischen den Anforderungen an den einzelnen Aufgabenträger und deren jeweiligen Qualifikationen und objektiven Verfügungsmöglichkeiten über Ressourcen". Neben der klassischen Schulung und Qualifikation der Mitarbeiter bietet aber der Einsatz intelligenter IKS zunehmend die Möglichkeit, komplexes Fakten- und Methodenwissen dezentralen Entscheidungsträgern verfügbar zu machen [SaRo94]. „Roughly speaking, knowledge-based DSS (decision support systems; Anm. d. Verf.) can provide organizational units with the technical capability for complex problem solving, through the collection of existing expertise and know-how" [FeMi96, 200]. Der Einsatz wissensbasierter Systeme in der Kreditwürdigkeitsprüfung [Glas94] oder in der Kundenberatung [OLWa92, WaEl93] sind Beispiele für die Möglichkeit, Problemlösungswissen an die Kundenschnittstelle zu transferieren. Marktnahe Einheiten werden dadurch in die Lage versetzt, kunden- und zeitnahe Entscheidungen zu treffen. Derartige Entscheidungsunterstützungssysteme sind demnach geeignet die Entscheidungsautonomie dezentraler Organisationseinheiten zu erhöhen [AnJe94; DuOk93].

Darüber hinaus können Verwaltungsaufgaben und Routinetätigkeiten vom System übernommen werden; dies eröffnet über eine Entlastung des Entscheidungsträgers von verrichtenden Tätigkeiten [BuHa93, 263] die Möglichkeit, mehr (Zeit-) Ressourcen in entscheidungsorientierte Aktivitäten wie Alternativensuche, Alternativenbewertung etc. zu lenken. Auf diese Weise kann einer drohenden Überlastung der dezentralen Entscheidungsträger [AtGa94] entgegengewirkt und die Entscheidungsgüte gesteigert werden.

Grundsätzlich erhöht der Einsatz von IKS den Freiheitsgrad bei der Modularisierung der Bank sowie bei der Gestaltung und Segmentierung von Organisationseinheiten, da die Nebenbedingung der Anforderungskompatibilität durch IKS-Unterstützung weniger restriktiv wirkt.

2.3.2 Verfeinerung von Anreiz- und Steuerungssystemen

In Abschnitt 2.2.1.2 wurde die bedeutende Rolle effizienter Anreizsysteme für die Organisationsgestaltung - insbsondere die bankzielkonforme Dezentralisierung von Entscheidungskompetenzen - herausgearbeitet. Die der Dezentralisierung inhärenten Probleme vertikaler Steuerung können durch die geeignete Gestaltung von Anreizsystemen grundsätzlich gelöst werden. Offenkundig ist deren Lösungsbeitrag um so größer, je mehr es gelingt, erfolgswirksame Entscheidungskonsequenzen den verantwortlichen Entscheidungsträgern zurechnen und daran Entlohnungen koppeln zu können. Hierin liegt ein wesentliches Einsatzpotential von IKS. Wie nachfolgend dargestellt wird, kann die Meß- und Zurechenbarkeit von dezentralen Entscheidungsergebnissen durch den Einsatz von IKS erheblich gesteigert werden.

Die Wirkung des IKS-Einsatzes auf die Gewinnung und Darstellbarkeit von detaillierten Ergebnisinformationen ist offensichtlich: Bislang hochaggregierte Ergebnisgrößen können durch den Einsatz von IKS zu vertretbaren Kosten weiter aufgeschlüsselt und kleineren Organisationseinheiten zugeordnet werden. Beispiel hierfür ist die schrittweise Verfeinerung des Controllingsystems zahlreicher Banken von der alleinigen Abbildung der Bereichs- bzw. Filialergebnisse hin zu einer differenzierten Kundenkalkulation sowie der Erfassung einzelner Kundenbeziehungen. Auf diese Weise werden die Leistungen kleinster Organisationseinheiten, wie Kundenberater, sowohl meß- als auch bewertbar und können als (Bemessungs-)Grundlage für erfolgsabhängige Anreizsysteme dienen. Darüber hinaus erfahren betriebswirtschaftlich fundierte Controllingkonzeptionen[13] sowie Konzepte zur Risikomessung[14] durch IKS-Unterstützung zunehmende Berücksichtigung in der bankwirtschaftlichen Praxis und ermöglichen eine objektivierte Bewertung von Einzelgeschäften und -entscheidungen. Hierdurch wird der dezentrale Entscheidungsträger in die Lage versetzt, die Erfolgswirkungen

---

[13] Beispielsweise die Einzelgeschäftskalkulation im Rahmen der Marktzinsmethode; vgl. z.B. [GaPf95] und die dort angegebene Literatur sowie einzelne Beiträge in [ScMo94].

[14] Vgl. beispielsweise den Value-at-Risk-Ansatz [SmMi96a,b]. Zur Ermittling eines integrativen Gesamtrisikos und den Instrumenten des Risikocontrollings in Banken vgl. [Döhr96].

seiner Einzelentscheidung ex ante zu beurteilen und die Entscheidungskonsequenzen zu verantworten. Auf dieser Grundlage kann die Steuerung durch Anreize auf weitere Unternehmungsebenen ausgedehnt und die Dezentralisierung der Bank befördert werden.

Ein weiteres Problemfeld der Zurechnung von Entscheidungskonsequenzen umfaßt die bereits aufgezeigten Interdependenzen zwischen Entscheidungsträgern. „Gerade bei interdependenten Leistungen hat man davon auszugehen, daß individuelle Beiträge nur schwer bewertbar sind“ [Wint96a, 67], während die Beurteilung des Erfolges größerer Organisationseinheiten zumeist präziser durchführbar ist [Lawl89, 151]. Die Kopplung individueller Belohnungen an organisationale Erfolgsmaße weist allerdings eine geringere Motivationswirkung auf [Lawl88, 70 bzw. GoWe89, 233] und beinhaltet zudem die Gefahr des Free-rider-Verhaltens,[15] da die Vorteile der Leistungsreduktion inviduell vereinnahmt werden können, während die entsprechende Verringerung des Erfolges von allen Organisationsmitgliedern getragen werden muß. Die Steuerungsgüte eines Anreizsystems kann demnach mit zunehmender Zurechenbarkeit individueller Leistungsbeiträge gesteigert werden. Hierbei kann der Einsatz von IKS eine wesentliche Rolle spielen.

Der Einsatz intelligenter und entscheidungsunterstützender IKS bietet zunehmend die Möglichkeit, dezentralen Entscheidungsträgern komplexes Fakten- und Methodenwissen dergestalt verfügbar zu machen, daß vormals arbeitsteilige Aufgaben und Prozesse nun ganzheitlich bearbeitet werden können. Die gesamtheitliche Aufgabenerfüllung hat zur Folge, daß Interdependenzen reduziert werden und die Meßbarkeit der individuellen Leistung zunimmt [PiFr95, 34]. Ein Beispiel hierfür ist die Möglichkeit der ganzheitlichen Betreuung einer Kundenbeziehung durch einen verantwortlichen Kundenberater mit Hilfe eines Allfinanzberatungssystems, das u.a. Gegenstand des folgenden Kapitels sein wird.

---

[15] Zum Free-rider-Problem vgl. [AlDe72]; zu weiteren Nachteilen von Gruppenanreizen vgl. [Kano93].

2.3.3 Senkung von Koordinationskosten

Als wesentliche Voraussetzung für zieladäquate horizontale Dezentralisierung wurde in Abschnitt 2.2.1.2 der Einsatz effizienter Koordinationsmechanismen herausgestellt. Darüber hinaus wurde die besondere Bedeutung dezentraler Koordinationsformen hervorgehoben, da sie bei verteilter koordinationsrelevanter Information in der Regel zu schnelleren und in ihrer Güte besseren Allokationsergebnissen führen als eine zentrale Koordination über Pläne. Für eine abschließende Beurteilung von Allokationsergebnissen sind allerdings auch die Kosten zu berücksichtigen, die der zugrundeliegende Koordinationsmechanismus verursacht.

Ein wesentlicher Nachteil marktlicher Koordination lag bislang in den Kosten, die durch Markttransaktionen verursacht werden. Sie entstehen vor allem aus den notwendigen Informations- und Kommunikationsprozessen [MaYa87, 86]. Der postulierten Allokationseffizienz eines marktlich koordinierten Einsatzes bankinterner Ressourcen steht die Zunahme notwendiger Informations- und Kommunikationsprozesse im Vergleich zum Status quo (der hierarchischen Koordination) gegenüber. Die Kosten für die Bereitstellung und Nutzung der erforderlichen Informations- und Kommunikationsstrukturen sind entsprechend zu berücksichtigen, wenn man die Vorteilhaftigkeit marktlicher Koordinationsmechanismen im Anwendungsgebiet angemessen beurteilen will. Folgt man der These, daß der geeignete Einsatz von IKS generell zu einer Abnahme der Kosten führt, die aus Koordinationsaktivitäten bzw. den darunterliegenden Informations- und Kommunikationsprozessen resultieren, so läßt dies (angesichts der postulierten Allokationseffizienz marktlicher Mechanismen) auf eine zunehmende Vorteilhaftigkeit kommunikationsintensiver Koordinationsmechanismen schließen.

Dies bedeutet, daß infolge der Entwicklung der Informationstechnologie bei geeigneter Gestaltung der IKS-Einsatz marktliche Koordination begünstigt und die Bedeutung bzw. die Vorteilhaftigkeit hierarchischer Koordinationsformen tendenziell verringert [PiRe94]. Malone et al. sprechen in diesem Zusammenhang von einem „overall shift from hierarchies to markets“ [MaYa87]. Auf *unternehmungsübergreifender* Ebene findet diese Entwicklung Ausdruck im verstärkten Auftreten Elektronischer Börsen (z.B. SOFFEX, DTB)[16] bzw. Elektronischer Märkte, die als „informations-

16 Vgl. zur Börsenautomatisierung [Bort96].

technische Systeme zur Unterstützung aller oder einzelner Phasen und Funktionen der marktmäßig organisierten Leistungskoordination" zu verstehen sind [Schm93b, 468]. In Analogie zu solchen Elektronischen Marktplätzen liegt es nahe, den mit einer Umsetzung interner marktlicher Koordinationsmechanismen verbundenenen hohen Informations- und Kommunikationsbedarf durch einen *internen Elektronischen* Markt zu befriedigen.

Dezentralisierung führt zu der Notwendigkeit, dezentrale und interdependente Einzelaktivitäten im Hinblick auf das Gesamtziel flexibel aufeinander abzustimmen. Hierfür erforderliche marktliche Koordinationsmechanismen (innerhalb der Unternehmung) waren bislang aufgrund der prohibitiv hohen Informations- und Kommunikationskosten als Alternative zur hierarchischen Koordination nahezu ausgeschlossen. Mit der Unterstützung dezentraler Koordinationsprozesse durch die Schaffung interner Elektronischer Märkte können diese Kosten soweit gesenkt werden, daß der Einsatz marktlicher Mechanismen in der Bankunternehmung zur Gestaltungsalternative wird. IKS erfüllen hier die Enabler-Funktion.

2.3.4 „Auflösung der Unternehmung"

Die skizzierte Möglichkeit der signifikanten Senkung von Koordinationskosten durch IKS fügt der unternehmungsinternen Dezentralisierung eine weitere Perspektive hinzu: Teilaufgaben und korrespondierende Entscheidungskompetenzen lassen sich zunehmend über traditionelle Unternehmungsgrenzen hinweg an unternehmungsexterne - wirtschaftlich und rechtlich selbständige - Einheiten übertragen. [PiRe94] sprechen in diesem Zusammenhang von der „Auflösung der Unternehmung". Die Zielsetzung besteht in der flexiblen und problemspezifischen „Nutzung unternehmensfremder Kompetenzen und Ressourcen" [Olbr94, 31]. Während dieses Ziel in der Vergangenheit fast ausschließlich mittels Akquisitionen und Konzernbildung zu realisieren versucht wurde, können heute ergänzende Kompetenzgebiete auf Basis von IKS in Form „virtueller Unternehmen" [Mert94] zusammengelegt werden. Der damit verbundene Verzicht auf die Errichtung einer eigenen Aufbauorganisation wirkt einer komplexitätserhöhenden Zentralisierung des Leistungserstellungsprozesses entgegen. Beispielhaft sei hier die additive Angebotserweiterung von Banken durch die Kooperation mit Versicherungsunternehmen genannt (vgl. folgendes Kapitel, Abschnitt 3.2.3.2). Diese Dezentralisierung „im weiteren Sinne" hat ebenfalls die Modularisierung der Leistungserstellung und daraus resultierende Flexibilitätszuwächse zur Folge, stellt aber erhöhte Anforderungen an die Steuerung und Koordination der beteiligten Organisationseinheiten. Bei der Gestaltung entprechender Anreizsysteme und Koordinationsmechanismen sind neben den Zielen der Bank und ihrer dezentralen Entscheidungsträger zusätzlich die Ziele bankexterner Kooperationspartner und deren eventuelle Divergenzen zu berücksichtigen. In den Vordergrund rückt dann die Etablierung „unternehmensübergreifender Motivations- und Anreizsysteme“ [Hard96, 134], um z.B. die Leistungsqualität des externen Kooperationspartners sicherzustellen und zu steuern.

Darüber hinaus ist die Vergabe von Teilaufgaben an externe Leistungsersteller in der Regel auch mit einer räumlichen Dezentralisierung verbunden, so daß als weitere Koordinationsanforderung die effiziente Überbrückung räumlicher Distanzen resultiert.

Die bereits skizzierten Wirkungen des gezielten IKS-Einsatzes - Senkung von Koordinationskosten und die Verfeinerung von Anreizsystemen - befördern demzufolge die Dezentralisierung durch unternehmungsübergreifende Kooperation in erheblichem Maße. Darüber hinaus lassen sich die skizzierten Ansätze auf Basis (öffentlicher) Netz- und Telekommunikationsinfrastrukturen standortübergreifend und geographisch verteilt nutzen.

2.4 Dezentralisierung: Externe Effekte versus Entscheidungsqualität

Die vorangestellten Überlegungen zu dezentralen Entscheidungen und externen Effekten sollen im folgenden anhand einer einfachen Modellanalyse weitergeführt und vertieft werden. Wir betrachten eine Situation, in der marktnahe Bereiche einer Bankunternehmung durch ihre Aktivitäten und Anstrengungen positive externe Effekte generieren, also den Erfolg anderer Bereiche positiv beeinflussen.[17] Werden diese Effekte in der dezentralen

[17] Positive externe Effekte treten in der Bankunternehmung in vielfältiger Weise auf. Beispiele sind die Werbeanstrengungen eines Geschäftsbereichs, die auch positiv auf andere Geschäftsbereiche wirken oder die intensive Betreuung eines Kunden durch den Anlageberater, die über die erhöhte Zufriedenheit des Kunden auch dessen anderen Ansprechpartnern in der Bank zugute kommt.

Entscheidungsfindung nicht berücksichtigt, führt dies aus Banksicht zu Unterinvestitionen in solche Anstrengungen.

Im Rahmen der Modellanalyse bestimmen wir zunächst die optimalen Anstrengungsniveaus, die sich bei zentraler Entscheidung unter vollständiger Information als First-best-Lösung ergeben würden. Sie dienen als Referenzlösung zur anschließenden Beurteilung der beiden alternativen Entscheidungsallokationen *Zentralisierung* und *Dezentralisierung*. Die modellanalytischen Überlegungen zeigen, daß die Vorteilhaftigkeit der Zentralisierung bei zunehmender Informationsasymmetrie abnimmt, während die Vorteilhaftigkeit der Dezentralisierung bei steigendem Interdependenzgrad sinkt. Beurteilungskriterium ist dabei die Gesamtwohlfahrt für die Koalition aus Bank und dezentralen Bereichen. Wir bestimmen dann eine Vorteilhaftigkeitsbedingung für Dezentralisierung in Abhängigkeit vom Ausmaß der Informationsasymmetrie und dem Interdependenzgrad. Wir dehnen diese Betrachtung schließlich auf die Nettogewinnsituation der Bank aus, indem der Anteil der Bank an der generierten Gesamtwohlfahrt analysiert wird.

2.4.1 Die Modellannahmen

Wir legen unserem Modell die folgenden Annahmen zugrunde:

(A1) Eine Bankunternehmung besteht aus einer zentralen Leitungsinstanz (im folgenden als Zentrale bezeichnet) und k Marktbereichen, die durch ihre Bereichsleiter $i = 1,...,k$ repräsentiert werden.

(A2) Die Bankunternehmung erstellt verschiedene Outputleistungen, wie z.B. Beratungsleistungen oder Finanzprodukte. r repräsentiert den echt positiven Ergebnisbeitrag ($r > 0$) pro Outputeinheit (z.B. Kreditvolumen). Zur Vereinfachung und Anschaulichkeit der Analyse unterstellen wir einen identischen Ergebnisbeitrag r für jede Outputeinheit. Im Falle einer dezentralen Verhaltenssteuerung über Anreize zahlt die Zentrale den Bereichsleitern eine echt positive Marge m ($m > 0$) für jede generierte Outputeinheit; auch m soll für alle Outputleistungen identisch sein. Jeder Bereichsleiter i erhält darüber hinaus ein Festeinkommen $G_i > 0$ zur Deckung seines Reservationsnutzens. Die von der Zentrale geleisteten fixen Zahlungen betra-

gen daher insgesamt $G = \sum_{i=1}^{k} G_i$. Alle Zahlungen werden als deterministisch angenommen.

(A3) Der Bereichsleiter i leistet die Anstrengung e_i, um Outputleistungen zu generieren. Das Anstrengungsniveau e_i bewegt sich innerhalb des Intervalls $[\underline{e}, \bar{e}]$. Demzufolge stellen $\underline{e}$ und $\bar{e}$ die niedrigst- bzw. höchstmöglichen Anstrengungsniveaus dar. e_i bildet all jene Anstrengungen ab, die notwendig sind, um in dem betrachteten Bereich Outputleistungen zu erstellen. Dazu gehören beispielsweise im Kreditbereich die Akquisitionsbemühungen um Kreditkunden, Kreditberatungsgespräche usw.

Die Gesamtanstrengung innerhalb der Bankunternehmung wird durch den Anstrengungsvektor $\vec{e} = (e_1, e_2, ..., e_k)$ repräsentiert.

(A4) Wir verwenden die Funktion $C(e_i)$ zur Darstellung des Geldäquivalents der Anstrengung, die der Bereichsleiter i erbringt. $C(e_i)$ läßt sich inhaltlich als Geldwert der Anstrengung interpretieren oder als Gesamtkosten, die i durch die Erbringung der Leistung erwachsen. Die Gesamtkosten seien für die Zentrale beobachtbar.

Aufgrund der Beobachtbarkeit ist die Zentrale in der Lage, einen Anteil n dieser Kosten beim Bereich zu belassen und den Anteil (1-n) zu übernehmen ($n \in (0,1]$). Damit sind $n\,C(e_i)$ die gesamten Kosten, die der Bereich i zu tragen hat. Die restlichen Kosten $(1-n)\,C(e_i)$ übernimmt die Zentrale. Die Anstrengungen aller Bereiche der Bankunternehmung generieren Gesamtkosten $C(\vec{e}) = \sum_{i=1}^{k} C(e_i)$.

(A5) Die Grenzkosten der Anstrengung seien streng positiv und identisch für alle Bereiche; die Kostenfunktion sei streng konvex:

$$\frac{dC(e_i)}{de_i} > 0 \ , \quad \frac{d^2C(e_i)}{de_i^{\,2}} > 0 \ , \quad e_i \in [\underline{e}, \bar{e}], \ i = 1, \ldots, k \ .$$

Sie sei darüber hinaus so geformt, daß die Differenzfunktion aus Erlös- und Kostenfunktion innerhalb des Definitionsbereichs $[\underline{e},\overline{e}]$ ein inneres Maximum besitzt.

(A6) Zwischen den k Bereichen existieren Interdependenzen, so daß die Anstrengungen in einem Bereich i nicht nur den eigenen Output beeinflussen, sondern auch Auswirkungen auf den realisierten Output in den anderen Bereichen haben. Gegeben sei ein linearer Zusammenhang zwischen Anstrengung e_i und dem resultierenden Gesamtoutput. Damit ergibt sich als (Gesamt-) Output der in Bereich i unternommenen Anstrengungen $D_i = \sum_{j=1}^{k} f_{ji} \cdot e_i, (i = 1,\ldots,k)$, mit f_{ji} als Auswirkung der Anstrengung des Bereichs i auf den realisierten Output im Bereich j. Die Koeffizienten f_{ji} mit $i \neq j$ lassen sich als externe Effekte der Anstrengung des Bereichs i auffassen. Wir sprechen von einem positiven externen Effekt für $f_{ji} > 0$ und von einem negativen externen Effekt für $f_{ji} < 0$. Gilt $f_{ji} = 0$, so existiert kein externer Effekt. Zum Zwecke der Anschaulichkeit der folgenden Modellanalyse wollen wir uns auf den Fall positiver externer Effekte ($f_{ji} > 0$) beschränken bzw. nur solche Effekte in die Betrachtung einbeziehen. Die Interdependenzen zwischen zwei Bereichen i und j sind in der folgenden Abbildung 2-1 dargestellt:

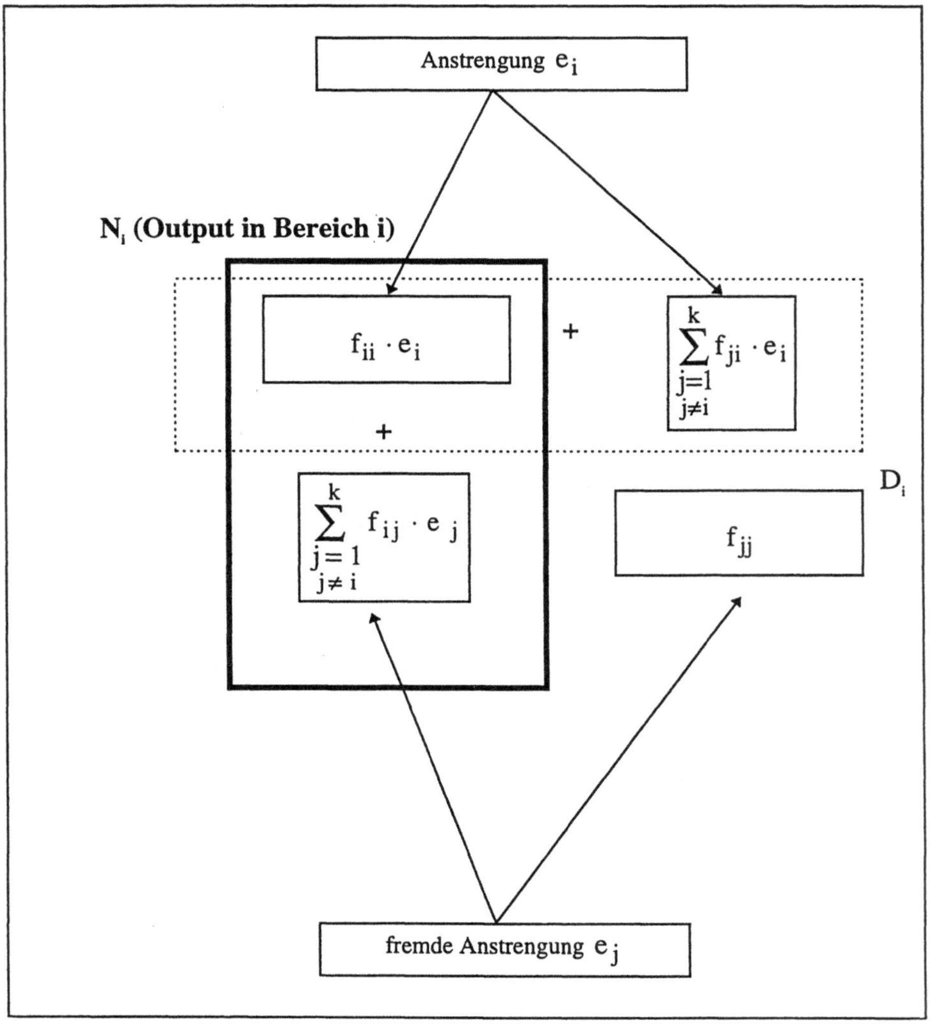

Abb. 2-1: Interdependenzen zwischen Bereichen

(A7) Der Output, der im Bereich i realisiert wird, ist

$$N_i = \sum_{j=1}^{k} f_{ij} \cdot e_j, (i = 1, \ldots, k).$$

(A8) Der Output der gesamten Bankunternehmung ist:

$$A(\vec{e}) = \sum_{i=1}^{k} D_i = \sum_{i=1}^{k}\sum_{j=1}^{k} f_{ji} \cdot e_i = \sum_{i=1}^{k} N_i = \sum_{i=1}^{k}\sum_{j=1}^{k} f_{ij} \cdot e_j \quad .$$

(A9) Es existiert asymmetrische Informationsverteilung zwischen der Zentrale und den Bereichen (vgl. die Grundannahmen in Abschnitt 1.3). Die Bereiche besitzen perfekte Information über die (funktionale) Beziehung zwischen ihrer Anstrengung und der Outputleistung, die in ihrem Bereich realisiert wird. Die Zentrale hingegen besitzt lediglich unvollständige Information über diesen Zusammenhang.

2.4.2 Die First-best-Lösung

In diesem Abschnitt lassen wir zunächst Annahme (A9) fallen und nehmen stattdessen an, daß die Zentrale über vollständige Information bezüglich des funktionalen Zusammenhangs zwischen den Anstrengungen der Bereiche und dem generierten Gesamtoutput verfügt. Darüber hinaus verfügt die Zentrale über vollständige Information hinsichtlich der Interdependenzen zwischen den Teilbereichen. Sie berücksichtigt diese Interdependenzen in ihrem Optimierungskalkül. Damit ist die Zentrale in der Lage, die aus Gesamtsicht optimalen Anstrengungsniveaus der Bereiche zu bestimmen. Die Zentrale soll weiterhin in der Lage sein, die Bereiche kostenlos anzuweisen, diese Anstrengungsniveaus zu wählen. Alle Kosten der Anstrengungen sind vollständig von der Zentrale beobachtbar und werden von ihr getragen. Die Zielfunktion der Zentrale ergibt sich dann als

$$\text{(2-1)} \qquad \Pi^{FB}(\vec{e}) = rA(\vec{e}) - C(\vec{e}) - G = r\sum_{i=1}^{k}\sum_{j=1}^{k} f_{ji} \cdot e_i - C(\vec{e}) - G \quad .$$

Aufgrund der Unabhängigkeit der Kosten, die durch die Anstrengungen der Bereiche verursacht werden (vgl. Annahme (A4)) ergeben sich k Optimalitätsbedingungen 1. Ordnung für ein Maximum:

$$\text{(2-2)} \qquad \frac{\partial \Pi^{FB}(\vec{e})}{\partial e_i} = r\sum_{j}^{k} f_{ji} - \frac{dC(e_i)}{de_i} \overset{!}{=} 0 \quad , \quad e_i \in [\underline{e}, \bar{e}], \; i = 1,\ldots,k \quad .$$

Aufgrund der Annahme (A5) sind die Bedingungen 2. Ordnung für die Existenz eines Maximums für $e_i \in [\underline{e},\overline{e}]$ erfüllt. Im folgenden werden die optimalen Anstrengungsniveaus der First-best-Lösung mit jenen verglichen, die sich im Falle asymmetrischer Information bei zentraler und dezentraler Entscheidungsfindung ergeben.

2.4.3 Zentralisierung mit Monitoring

Wir untersuchen im folgenden die Organisationsalternative, in der die zentrale Leitungsinstanz der Bank alle relevanten Entscheidungen selbst trifft und alle Bereiche weisungsgebunden sind. Unter Einsatz eines Systems aus Anweisung und Kontrolle[18] versucht die Zentrale, bestimmte, von ihr gewählte Anstrengungsniveaus durchzusetzen. Bei der Wahl der Anstrengungsniveaus sieht sich die Zentrale dem Problem der asymmetrischen Informationsverteilung gegenüber (Annahme (A9)). Sie besitzt lediglich unvollständige Information über die geeigneten Anstrengungen, die in einem Bereich durchzuführen sind, um einen optimalen Output im Sinne der Zentrale zu erzielen. Daher ist die Zentrale nicht in der Lage, die First-best-Anstrengungsniveaus zu bestimmen. Die relevante Information zur diesbezüglichen Entscheidungsfindung besitzen lediglich die jeweiligen Bereiche, die allein Kenntnis über ihre Marktpotentiale etc. besitzen.

Findet kein Informationsaustausch zwischen Zentrale und Bereichen statt, so generiert eine zentral vorgegebene Einheit Anstrengung weniger Gesamtoutput, als eine Einheit Anstrengung, die durch die Bereiche selbst gewählt worden wäre. Der mit einem zentral vorgegebenen Anstrengungsniveau verbundene Output ist daher nur ein Teil dessen, was durch ein von den Bereichen selbst gewähltes Anstrengungsniveau realisierbar wäre. In Analogie zu [Naul95] bezeichnen wir daher die relative Produktivität zentral vorgegebener Handlungen im Vergleich zu dezentral gewählten Aktivitäten mit einer multiplikativen Konstante $\alpha \in [0,1]$ bezogen auf den Output. Aufgrund unvollständiger Information der Zentrale ist also die produktive Wir-

---

18 Wie in Abschnitt 2.2.1.2 bereits erwähnt, stellt ein System aus Anweisung und Kontrolle ein organisatorisches Steuerungsinstrument dar, um das Verhalten der Bereiche im Sinne der Zentrale zu steuern. Hierbei werden den Bereichen Anstrengungsniveaus und bestimmte Aktivitäten vorgegeben. Beispielsweise werden explizite Verhaltensnormen vereinbart, an deren Einhaltung bzw. Erfüllung Bonuszahlungen am Jahresende gekoppelt sein können.

kung einer Einheit zentral vorgegebener Anstrengung geringer als die Wirkung einer selbstgewählten Einheit. Aus diesem Grund kann α auch als ein Maß für die existierende Informationsasymmetrie angesehen werden. [GuWa91] sprechen in diesem Zusammenhang von „decision costs". Diese Kosten fallen an, wenn Entscheidungen ohne die relevanten Informationen getroffen werden. In unserer Modellierung entspricht der Term $(1-\alpha)A$ solchermaßen definierten „decision costs". Für den Fall, daß zwischen Zentrale und Bereichen keine ungleiche Informationsverteilung existiert, gibt es keine Produktivitätsunterschiede ($\alpha = 1$) und die „decision costs" sind null.

Die Zentrale besitzt allerdings Kenntnis über die Interdependenzen zwischen den einzelnen Bereichen und berücksichtigt sie in ihrem Optimierungskalkül.

Im Falle der Zentralisierung (Zent) bestimmt die Zentrale die auszuführenden Anstrengungsniveaus. Die Bereiche verfügen über keinerlei Entscheidungskompetenzen bezüglich ihrer Aktivitäten. Die Zentrale trägt alle entstehenden Kosten $C(\vec{e})$. Die Kontrolle der Durchführung der vorgegebenen Handlungen verursacht zusätzliche Monitoringkosten $M > 0$, die unabhängig von der Höhe der Anstrengungsniveaus anfallen. Die Zielfunktion der Zentrale ist daher gegeben durch:

$$\text{(2-3)} \quad \Pi_{\text{Bank}}^{\text{Zent}}(\vec{e}) = r\alpha A(\vec{e}) - C(\vec{e}) - G - M = r\alpha \sum_{i=1}^{k} \sum_{j=1}^{k} f_{ji} \cdot e_i - C(\vec{e}) - G - M \ .$$

Die Zielfunktion im Zentralisierungsfall unterscheidet sich von First-best nur durch eine verringerte Produktivität der Anstrengung (ausgedrückt durch α) und die zusätzlichen Monitoringkosten M. Als Optimalitätsbedingungen 1. Ordnung - die Bedingungen 2. Ordnung sind aufgrund (A5) erfüllt - ergeben sich:

$$\text{(2-4)} \quad \frac{\partial \Pi_{\text{Bank}}^{\text{Zent}}(\vec{e})}{\partial e_i} = r\alpha \sum_{j=1}^{k} f_{ji} - \frac{dC(e_i)}{de_i} \overset{!}{=} 0 \quad , \ e_i \in [\underline{e}, \bar{e}], \ i = 1, \ldots, k \ .$$

Der Vergleich dieser Bedingungen mit denen, die sich aus dem First-best-Ansatz ergeben, zeigt sofort, daß im Falle der Zentralisierung im Optimum niedrigere Anstrengungsniveaus gewählt werden als im Falle der First-best-Lösung: Bei identischen Grenzkosten der Anstrengung existieren im First-best-Fall höhere Grenzerlöse, so daß bei zentraler Entscheidungsfindung und Informationsasymmetrie der Punkt, an dem zusätzliche Anstrengungen zu höheren Grenzkosten als -erlösen führen, schon bei einem geringeren Anstrengungsniveau erreicht wird. Dies resultiert aus der unvollständigen Information der Zentrale. Mit sinkendem α bzw. steigender Informationsasymmetrie sinkt die Höhe der Anstrengungsniveaus im Zentralisierungsfall und weicht zunehmend von der Höhe der First-best-Anstrengungsniveaus ab.

Mit steigender Informationsasymmetrie und der entsprechend zunehmenden Ineffizienz zentraler Vorgaben sinkt demnach die Vorteilhaftigkeit der Zentralisierung.

Wir wollen im folgenden die Alternative der dezentralen Entscheidungsfindung näher analysieren.

2.4.4 Dezentralisierung und Anreize

Wir betrachten im folgenden den Fall, daß die Bereiche in Bezug auf die Wahl ihrer Anstrengungsniveaus weisungs*un*gebunden sind und selbst ihre Aktivitäten auf Basis ihrer Vor-Ort-Informationen wählen können (Dezentralisierung (Dez)). Wie bereits erläutert, setzt die Zentrale ein outputorientiertes Anreizsystem zur vertikalen Steuerung der dezentralen Entscheidungen ein. Im Rahmen eines Anreizsystems werden zwei Entscheidungen getroffen. Zunächst setzt die Zentrale die Anreize für die Bereiche. Daraufhin wählen die Bereiche die aus ihrer Sicht optimalen Anstrengungsniveaus. In unserer folgenden Analyse gehen wir in umgekehrter Weise vor. Wir bestimmen zunächst die optimalen Anstrengungsniveaus der Bereiche als Funktion der von der Zentrale gesetzten Anreize und bestimmen dann die optimalen Anreizparameter aus Sicht der Zentrale (Abschnitt 2.4.6).

Die Zentrale zahlt den Bereichen eine Marge (Erfolgsbeteiligung) m pro generierter Outputeinheit und setzt so einen Leistungsanreiz. Die Marge wird jenem Bereich gutgeschrieben, in dem der Output realisiert bzw. gemessen wurde. Die Entlohnung des Bereichsleiters besteht damit aus einem leistungsabhängigen Margeneinkommen sowie einem Fixeinkommen abzüglich der von ihm zu tragenden Kosten seiner Aktivitäten. Jeder Bereich i besitzt damit folgende Zielfunktion:

$$\text{(2-5)} \quad \Pi_i^{Dez}(\vec{e}) = m \cdot N_i - n \cdot C(e_i) + G_i = m \cdot \left(f_{ii} \cdot e_i + \sum_{\substack{j=1 \\ j \neq i}}^{k} f_{ij} \cdot e_j \right) - n \cdot C(e_i) + G_i \ , \ i = 1, \ldots, k \ .$$

Zur Bestimmung der optimalen Anstrengungsniveaus der Bereiche erhalten wir die folgenden k Bedingungen 1. Ordnung:

$$\text{(2-6)} \quad \frac{\partial \Pi_i^{Dez}(\vec{e})}{\partial e_i} = m \cdot f_{ii} - n \frac{dC(e_i)}{de_i} \overset{!}{=} 0 \ , \ e_i \in [\underline{e}, \bar{e}], \ i = 1, \ldots, k \ .$$

Die Optimalbedingung ist dann erfüllt, wenn der Anteil des Bereichs am Grenzerlös seiner Anstrengungen - bezogen auf seinen Bereichsoutput - genau gleich der von ihm zu tragenden Grenzkosten ist. Mit einem streng positiven Kostenanteil $n > 0$ sind alle zweiten Ableitungen negativ, so daß die Bedingungen 2. Ordnung für ein Maximum erfüllt sind (vgl. (A5)).

Die Wahl der Anstrengungsniveaus der Bereiche bildet ein supermodulares Spiel, da die jeweiligen Zielfunktionen supermodular sind. Daher existiert ein reines Nash-Gleichgewicht, welches durch die Menge der e_i aus $[\underline{e}, \bar{e}]$, die zugleich Gleichung (2-6) erfüllen, beschrieben wird [MiRo90]. Hieraus resultiert ein Gleichgewichtsvektor der Anstrengungsniveaus $\vec{e}(m, n)$ als Funktion der Marge und des Kostenanteils.

Die Anwendung der Regel über implizite Funktionen ergibt für $m > 0$

$$\text{(2-7)} \quad \frac{\partial e_i(m,n)}{\partial m} > 0 \quad \text{und} \quad \frac{\partial e_i(m,n)}{\partial n} < 0 \ , \ i = 1, \ldots, k \ .$$

Dies bedeutet, daß die optimale Anstrengung des Bereichs i mit steigender Marge m und sinkendem Kostenanteil n steigt.

Vergleicht man die dezentrale Lösung mit der First-best-Lösung anhand der Optimalitätsbedingungen 1. Ordnung (2-2) und (2-6), so lassen sich die Unterschiede durch zwei Aspekte beschreiben:

1) Im First-best-Fall optimiert die Zentrale die Bereichsanstregungen sowohl unter Berücksichtigung des gesamten Erfolgsbeitrages r einer durch Anstrengung generierten Outputeinheit, als auch unter Berücksichtigung der gesamten durch die Anstrengungen verursachten Kosten. Im Falle der Dezentralisierung berücksichtigen die Bereiche in ihrem Optimierungskalkül lediglich die ihnen zufließende Marge m pro realisierter Outputeinheit und die von ihnen zu tragenden Kosten. Beide Optimierungskalküle können in dieser (vertikalen) Hinsicht in Übereinstimmung gebracht werden, wenn m und n von der Zentrale geeignet gewählt werden. Vergleicht man Gleichung (2-2) und (2-6), so ergibt sich als entsprechende Bedingung $m = nr$, deren Erfüllung zur vollständigen Internalisierung der *vertikalen* externen Effekte führt.

2) Die Zentrale beachtet darüber hinaus in der First-best-Situation die Interdependenzen zwischen den einzelnen Bereichen. In ihrem Kalkül zur Bestimmung der optimalen Bereichsanstrengungen berücksichtigt sie den gesamten Output der Anstrengungen eines betrachteten Bereichs - unabhängig davon, in welchem Bereich dieser Output tatsächlich realisiert wird. Bei Dezentralisierung ist dies nicht der Fall: Die Bereiche werden in Abhängigkeit von ihrem Bereichsoutput entlohnt, so daß in ihr Optimierungskalkül lediglich anstrengungsabhängige Outputsteigerungen eingehen, die auch in ihrem Bereich realisiert werden. Outputsteigernde Wirkungen ihrer Anstrengungen auf andere Bereiche werden hingegen vernachlässigt. Es existieren horizontale externe Effekte, die (trotz Internalisierung vertikaler Externalitäten durch $m = nr$) durch Nichtberücksichtigung von $r \cdot \sum_{\substack{j=1 \\ j \neq i}}^{k} f_{ji}$ im dezentralen Optimierungskalkül zu einer Abweichung von der First-best-Lösung im Dezentralisierungsfall führen.

2.4.5 Alternativenvergleich bezüglich der Gesamtwohlfahrt

Während die Zentralisierungslösung aufgrund der schlechteren Entscheidungsgüte bzw. der Informationsasymmetrie zu von der First-best-Lösung abweichenden optimalen Anstrengungsniveaus führt, ist diese Abweichung im Dezentralisierungsfall auf die Existenz horizontaler Externalitäten zurückzuführen. Wir stehen dem bereits in dieser Arbeit ausführlich skizzierten Trade-off zwischen besserer Entscheidungsqualität durch Nutzung lokaler Informationen und den zunächst damit verbundenen effizienzmindernden horizontalen externen Effekten gegenüber. Im folgenden wollen wir daher untersuchen, welche Allokation von Entscheidungskompetenzen (d.h. Organisationsalternative) in Abhängigkeit des Ausmaßes der Informationsasymmetrie - im Modell dargestellt durch den Parameter α - und der Interdependenzen zwischen Bereichen - dargestellt durch den Spillovergrad SG (s.u.) - zu „geringeren" Abweichungen von den First-best-Anstrengungsniveaus führt. Da wir im Modell ausschließlich positive externe Effekte betrachten, können wir diese Abweichungen auch als Unterinvestitionen im Vergleich zur First-best-Lösung konkretisieren.

Zur Messung der Interdependenzen zwischen Bereichen führen wir das Maß des Spillovergrades SG_i ein. Der Spillovergrad eines Bereiches i gibt den relativen Anteil dessen produktiver Wirkungen auf andere Bereiche an der Gesamtwirkung an:

$$SG_i = 1 - \frac{f_{ii}}{\sum_{j=1}^{k} f_{ji}}.$$

Der Spillovergrad kann als ein Maß für die Größe der Interdependenzen zwischen den Bereichen der Bank interpretiert werden. Bestehen in der oben genannten Hinsicht keinerlei Interdependenzen zwischen einem Bereich i und anderen Bereichen, so ist

$$\sum_{\substack{j=1 \\ j \neq i}}^{k} f_{ji} = 0 \quad \text{und damit} \quad f_{ii} = \sum_{j=1}^{k} f_{ji} \Leftrightarrow SG_i = 0.$$

Herrscht indessen vollständige Interdependenz, so daß $f_{ii} = 0$ und $\sum_{\substack{j=1 \\ j \neq i}}^{k} f_{ji} > 0$, dann beträgt der Spillovergrad eins.

Um beide Alternativen in Bezug auf den skizzierten Trade-off vergleichbar zu machen, gehen wir im Dezentralisierungsfall davon aus, daß die Bedingung m = nr erfüllt ist und damit die vertikalen Externalitäten internalisiert sind. Im Zentralisierungsfall treten diese Externalitäten aufgrund der zentralen Entscheidungsfindung nicht auf.

Für m = nr wird Gleichung (2-6) zu:

$$(2\text{-}8) \quad \frac{\partial \Pi_i^{Dez}(\vec{e})}{\partial e_i} = r \cdot f_{ii} - \frac{dC(e_i)}{de_i} \overset{!}{=} 0 \quad , \; e_i \in [\underline{e}, \bar{e}], \; i = 1, \ldots, k \; .$$

Wir sind nun in der Lage, die beiden Alternativen Zentralisierung/Dezentralisierung hinsichtlich ihrer optimalen Anstrengungsniveaus miteinander zu vergleichen und betrachten hierzu die entsprechenden Bedingungen 1. Ordnung (2-4) bzw. (2-8). Wegen $\frac{dC(e_i)}{de_i} > 0$ werden im Falle der Dezentralisierung dann im Optimum höhere Anstrengungsniveaus gewählt bzw. weniger Unterinvestitionen hinsichtlich der First-best-Anstrengungsniveaus getätigt, wenn gilt:

$$(2\text{-}9) \quad r \cdot f_{ii} > r\alpha \sum_{j=1}^{k} f_{ji} \quad , \; e_i \in [\underline{e}, \bar{e}], \; i = 1, \ldots, k \; .$$

bzw.

$$(2\text{-}9a) \quad \alpha < \frac{f_{ii}}{\sum_{j=1}^{k} f_{ji}} \quad i = 1, \ldots, k \; .$$

Unter der zusätzlichen Annahme, daß alle Bereiche i identische Spillovergrade besitzen ($SG_i = SG$ für alle i), können wir für (2-9a) schreiben:

$$(2\text{-}10) \quad \alpha < 1 - SG \; .$$ [19]

---

[19] Durch geeignetes Umformen und Erweitern von (2-9a) erhalten wir $1 - \alpha > 1 - \frac{f_{ii}}{\sum_{j=1}^{k} f_{ji}}$. Der Ausdruck auf der rechten Seite der Ungleichung entspricht dem definierten

Ist Ungleichung (2-10) erfüllt, so führt Dezentralisierung zu höheren Anstrengungsniveaus und damit zu weniger Unterinvestitionen im Vergleich zur First-best-Lösung als im Falle der Zentralisierung. Existieren keinerlei Interdependenzen zwischen den einzelnen Bereichen (SG = 0), so werden bei Existenz von Informationsasymmetrie (unabhängig vom Ausmaß) bei dezentralen Entscheidungen immer höhere Anstrengungen gewählt bzw. realisiert. Sind die Bereiche indessen vollkommen interdependent in dem Sinne, daß jede Anstrengung in einem betrachteten Bereich ausschließlich zu Outputsteigerungen in anderen Bereichen führt (SG = 1), so führt die zentrale Entscheidungsfindung schon für $\alpha = 0$ zu gleichen und ansonsten zu höheren Anstrengungsniveaus bzw. geringeren Unterinvestitionen. Ohne horizontale Koordination dezentraler Entscheidungen führen also ein hohes Ausmaß an Interdependenzen und geringe Informationsasymmetrie zwischen Zentrale und Bereichen zu einer relativen Vorteilhaftigkeit der Zentralisierungsalternative. Ist indessen die betrachtete Situation von hoher Informationsasymmetrie geprägt bzw. gelingt es, durch entsprechende Segmentierung Organisationseinheiten zu definieren, zwischen denen nur geringe Interdependenzen bestehen, so führt Dezentralisierung tendenziell zu höheren Anstrengungsniveaus bzw. zu geringeren Unterinvestitionen.

2.4.6 Alternativenvergleich bezüglich des Nettogewinns der Bank

Im Mittelpunkt der bisherigen Betrachtungen standen die Anstrengungsniveaus, die unter den alternativen Entscheidungsallokationen Dezentralisierung und Zentralisierung jeweils gewählt werden. Als Referenzlösung diente die First-best-Situation. Bei beiden Alternativen treten im Vergleich zur First-best-Lösung Unterinvestitionen auf. Wir konnten eine Bedingung angeben, mit der in Abhängigkeit vom Ausmaß der Informationsasymmetrie und dem Interdependenzgrad Aussagen über die Vorteilhaftigkeit der alternativen Entscheidungsallokationen hinsichtlich der realisierten Anstrengungsniveaus getroffen werden können. Damit ist aber zunächst noch keine Aussage über die Vorteilhaftigkeit aus Sicht der Zentrale im Hinblick auf ihre Nettogewinne möglich. Wir wollen daher im folgenden die Konsequenzen der abgeleiteten Bedingungen für den Nettogewinn der Zentrale näher analysieren.

Spillovergrad SG_i, als Maß für die Größe der Interdependenzen zwischen den Bereichen der Bankunternehmung.

Dafür bestimmen wir zunächst die Nettogewinnfunktion der Zentrale im Falle der Dezentralisierung:

(2-11) $\Pi_{Bank}^{Dez}(\vec{e}) = (r - m)A(\vec{e}) - (1 - n) \cdot C(\vec{e}) - G$.

Durch geeignete Variierung der Anreizparameter m und n ist die Zentrale in der Lage, den Zielfunktionswert bei gleichbleibenden Anstrengungen zu verändern: Hält die Zentrale die Bedingung m = nr ein, so bleiben die von den Bereichen realisierten Anstrengungsniveaus unverändert (vgl. Gleichung (2-6)). Setzen wir nr für m in (2-11) ein, so ergibt sich:

(2-12) $\Pi_{Bank}^{Dez}(\vec{e}) = (1 - n) \cdot [rA(\vec{e}) - C(\vec{e})] - G$.

Diese Form der Nettogewinnfunktion verdeutlicht folgendes: Für $rA(\vec{e}) - C(\vec{e}) > 0$ führt die Senkung von n zu steigenden Nettogewinnen. Man erkennt, daß die Zentrale ihren Nettogewinn maximieren kann, indem sie n gegen Null gehen läßt (bei gleichzeitiger Erfüllung von m = nr), d.h. wenn sie möglichst alle variablen Kosten der Anstrengungen übernimmt.

Die Optimierung des Anreizschemas durch nahezu vollständige Übernahme der Kosten ($n \to 0$) führt dann zu folgender Nettogewinnfunktion:

(2-13) $\Pi_{Bank}^{Dez}(\vec{e}) = \lim_{n \to 0}(1 - n) \cdot [rA(\vec{e}) - C(\vec{e})] - G = rA(\vec{e}) - C(\vec{e}) - G$.

Die Nettogewinnfunktion im Falle der Zentralisierung ist (vgl. (2-3)):

(2-14) $\Pi_{Bank}^{Zent}(\vec{e}) = r\alpha A(\vec{e}) - C(\vec{e}) - G - M$.

Der Vergleich der Nettogewinne im Falle der Dezentralisierung (2-13) und bei zentraler Entscheidungsfindung (2-14) für gegebene Informationsasymmetrie/Interdependenz-Konstellationen zeigt folgendes: Für den Fall $\alpha = 1 - SG$, d.h. die optimalen Anstrengungsniveaus, die jeweils im Rahmen der beiden Alternativen Dezentralisierung und Zentralisierung realisiert werden, sind gleich ($\vec{e}^{Dez}(m, n) = \vec{e}^{Zent} = \hat{e}$), führt Dezentralisierung sowohl zu einem höheren Gesamtüberschuß als auch zu einem höheren Nettogewinn der Zentrale.[20] Der höhere Gesamtüberschuß resultiert aus der höheren Produktivität bzw. Entscheidungsgüte bei dezentraler Entscheidungsfindung. Darüber hinaus kann sich die Zentrale durch geeignete Variation der Anreizparameter m und n nahezu den gesamten Überschuß als Nettogewinn aneignen. Zur Sicherstellung des Verbleibs der Entscheidungsträger in der Unternehmung kann sie wie im Falle der Zentralisierung den Entscheidungsträgern insgesamt ein Fixeinkommen in Höhe von G zur Deckung des Reservationsnutzen gewähren. Bei der zentralen Lösung wird der Nettogewinn darüber hinaus durch die streng positiven Monitoringkosten gemindert. Für den Fall, daß bei dezentraler Entscheidungsfindung sogar höhere Anstrengungsniveaus als bei Zentralisierung realisiert werden, d.h. $\alpha < 1 - SG$, nimmt die Vorteilhaftigkeit der Dezentralisierung bezüglich des Nettogewinns sogar noch zu. Ist die existierende Informationsasymmetrie so gering und/oder der herrschende Interdependenzgrad so hoch, daß $\alpha > 1 - SG$ gilt, d.h. zentrale Entscheidungsfindung führt zur Realisierung höherer Anstrengungsniveaus als im Dezentralisierungsfall, so ist keine eindeutige Vorteilhaftigkeitsaussage bezüglich des Nettogewinns möglich.

Durch den Einsatz horizontaler Koordinationsinstrumente bzw. durch eine verbesserte Erfolgszurechnung kann es allerdings der Bank gelingen, die aus den Interdependenzen resultierenden horizontalen externe Effekte zu internalisieren und so die Vorteilhaftigkeit der Dezentralisierung gegenüber zentraler Entscheidungsfindung auch bei hohem Interdependenzgrad zu erreichen. Wie dies konkret geschehen kann, zeigen wir in Abschnitt 3.3.3 des folgenden Kapitels für den Fall des Direct Banking.

2.4.7 Zusammenfassung und Diskussion der Modellergebnisse

Die Modellanalyse verdeutlichte, daß bei Existenz von Informationsasymmetrie sowohl zentrale als auch dezentrale Entscheidungsfindung in der Bankunternehmung zu geringeren Anstrengungsniveaus (Unterinvestitionen) führen als sie im Rahmen der First-best-Lösung - bei vollständiger Information der Zentrale - gewählt würden. Während bei zentraler Entscheidungsfindung vor allem die mangelnde Verfügbarkeit entscheidungsrelevanter „Vor-Ort-Informationen" zu Unterinvestitionen führt, resultieren die ge-

---

[20] Die Nettogewinne bei Dezentralisierung sind höher, wenn gilt:
$\Pi_{Bank}^{Dez}(\hat{e}) > \Pi_{Bank}^{Zent}(\hat{e}) \Leftrightarrow [rA(\hat{e}) - C(\hat{e})] - G > [r\alpha A(\hat{e}) - C(\hat{e})] - G - M$.

ringeren Anstrengungsniveaus bei dezentraler Entscheidungsfindung im Vergleich zur First-best-Lösung aus der Nichtberücksichtigung von Interdependenzen im dezentralen Entscheidungskalkül. In Abhängigkeit von dem Interdependenzgrad und dem Ausmaß der Informationsasymmetrie konnte eine Vorteilhaftigkeitsbedingung für anreizorientierte Dezentralisierung hinsichtlich der realisierten Anstrengungsniveaus bzw. der generierten Gesamtwohlfahrt abgeleitet werden. Dabei zeigt sich die Dezentralisierung in Fällen ausgeprägter Informationsasymmetrie sowie bei geringem Interdependenzgrad der Zentralisierungsalternative überlegen. Gleiches gilt hinsichtlich des Nettogewinns der Bank als deren Anteil an der generierten Gesamtwohlfahrt.

Um die genannten Effekte auf anschauliche Weise herausarbeiten zu können, wurden der Modellanalyse allerdings einige vereinfachende Annahmen zugrundegelegt. Hierzu zählt vor allen Dingen die Beobachtbarkeit der durch die Anstrengungen generierten Kosten. Die daraus resultierende Möglichkeit der nahezu vollständigen Übernahme derartiger Kosten sowie die korrespondierende Senkung der Erfolgsbeteiligung erlaubt der Zentrale im Dezentralisierungsfall die generierte Gesamtwohlfahrt (abzüglich der Fixeinkommen) nahezu vollständig als Nettogewinn zu vereinnahmen - solange die Erfolgsbeteiligung streng positiv bleibt. Dies erleichterte im Rahmen der Modellanalyse den Alternativenvergleich hinsichtlich des Nettogewinns der Zentrale. In der Realität wird aber die motivatorische Wirkung der Erfolgsbeteiligung nicht nur von deren Verhältnis zu den individuell zu tragenden Kosten abhängig sein. Vielmehr spielt unter Motivationsaspekten auch die absolute Höhe der Erfolgsbeteiligung eine Rolle. Desweiteren wird die Beobachtbarkeit der variablen Kosten, die aus der Anstrengung und Geschäftstätigkeit der Bereiche resultieren, in der Praxis nur bedingt gegeben sein, so daß die Differenzierung der Kostenkomponente in beobachtbare und unbeobachtbare Kosten als Gegenstand einer Modellerweiterung lohnend erscheint.

2.5 Zusammenfassung

Die Überlegungen in diesem Kapitel verdeutlichten den Wirkungszusammenhang zwischen der Dezentralisierung von Entscheidungskompetenzen und dem Auftreten externer Effekte innerhalb der Bankunternehmung. Die effizienzschädigende Wirkung dieser Externalitäten im Hinblick auf die

Bankzielerreichung begründet die Notwendigkeit, geeignete Instrumente dergestalt einzusetzen, daß der vollständige Beitrag dezentraler Entscheidungen zum Bankerfolg im dezentralen Entscheidungskalkül Berücksichtigung findet. Diese Instrumente lassen sich in Instrumente zur Entscheidungssteuerung (vertikale Interdependenz) und Entscheidungskoordination (horizontale Interdependenz) untergliedern (vgl. Abb. 2-2).

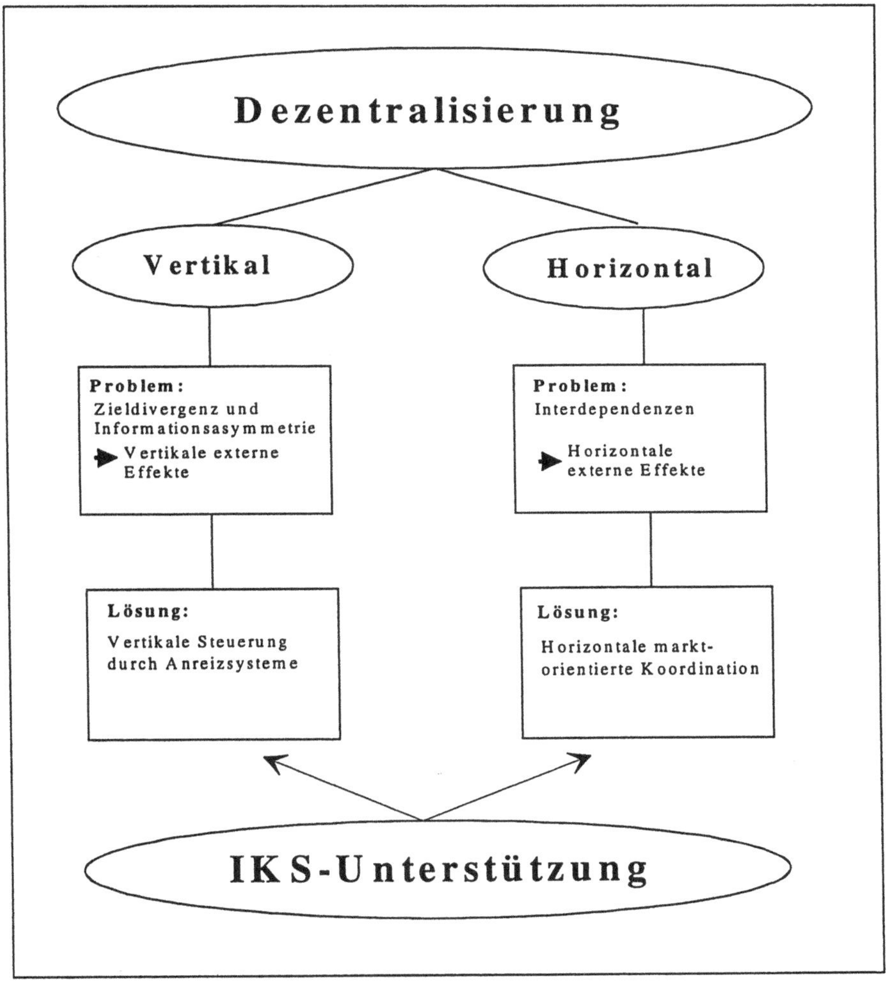

Abb. 2-2: Steuerungs- und Koordinationsaspekte der Dezentralisierung

In beiden Fällen können diese Instrumente einen eher zentralen oder dezentralen Charakter in dem Sinne aufweisen, daß die Leitungsinstanz einen mehr oder weniger starken direkten Einfluß auf die Entscheidungsautonomie der dezentralen Einheiten nimmt. Es wurde herausgearbeitet, daß die Realisierung von Dezentralisierungsvorteilen in der Regel den Einsatz dezentraler Steuerungs- und Koordinationsinstrumente erfordert. Dies hat Implikationen für die vorteilhafte Ausgestaltung des Finanzdienstleistungserstellungsprozesses, die wir in den nächsten beiden Kapiteln betrachten werden.

3 Dezentralisierung der Angebotserstellung auf der Basis moderner IKS

Dieses Kapitel beschäftigt sich mit der Gestaltung marktorientierter Angebotsprozesse in Banken auf der Basis innovativer Informations- und Kommunikationssysteme und verdeutlicht die Rolle dezentraler Entscheidungen im Rahmen der arbeitsteiligen Finanzdienstleistungserstellung. Das Kernproblem stellt auch hier die geeignete Allokation von Entscheidungskompetenzen im Hinblick auf eine effiziente Leistungserstellung unter Berücksichtigung von Steuerungs- und Koordinationsaspekten dar.

In Abschnitt 3.1 charakterisieren wir zunächst den Angebotserstellungsprozeß als systematische Erarbeitung finanzieller Problemlösungen zu individuellen Kundenproblemen. Dieser arbeitsteilige Prozeß ist vor allem durch das notwendige Zusammenwirken unterschiedlicher Aufgaben- und Interessenträger inner- und außerhalb der Bank geprägt. Wir betrachten nachfolgend die Verteilung entscheidungsrelevanter Informationen zwischen diesen Akteuren und analysieren deren Implikation für eine geeignete Allokation von Entscheidungskompetenzen innerhalb der Bank. Darauf aufbauende agencytheoretische Überlegungen sowie der modellanalytische Vergleich alternativer Vertriebsformen führen zu der Formulierung zweier zentraler Gestaltungsanforderungen an die Angebotserstellung: Die Internalisierung vertikaler Externalitäten legt es zum einen nahe, die Kundenschnittstelle als Allfinanzvertrieb zu gestalten und die Verantwortung für eine Kundenbeziehung einer Vertriebseinheit ungeteilt zuzuordnen. Zum anderen erfordert die Bedeutung der langfristigen Kundenbeziehung für den Bankerfolg eine gleichbleibend hohe Angebotsqualität in Form individuell vorteilhafter Problemlösungen. Die simultane Erfüllung beider Anforderungen verlangt zwingend eine Systemunterstützung des (Allfinanz-)Angebotsprozesses.

Die betriebswirtschaftlich fundierte Gestaltung einer Systemunterstützung sowie deren informationstechnisch überzeugende Realisierung sind Gegenstand des Abschnitts 3.2. Ausgehend von der Analyse des derzeitigen Realisierungsstandes der Systemunterstützung von Allfinanzangebotsprozessen ermitteln wir die Notwendigkeit, neuartige verteilte Gestaltungsansätze zur Konzipierung und Realisierung unterstützender IKS zu wählen. Im Hinblick auf die marktorientierte Gestaltung des Allfinanzangebotsprozesses werden zwei Grundanforderungen an unterstützende IKS herausgearbeitet: Zum einen verlangt die Erarbeitung vorteilhafter Problemlösungen an der Kundenschnittstelle die dezentrale Nutzung verteilt vorliegenden Produkt- und Problemlösungswissens. Zum anderen erfordert der arbeitsteilige Erstellungsprozeß die Unterstützung der Kooperation und Koordination der an der Problemlösung beteiligten dezentralen Einheiten. Unter Verwendung von Gestaltungsansätzen der Verteilten Künstlichen Intelligenz erfolgt die Integration beider Funktionalitäten, indem zunächst der verteilte Problemlösungsprozeß systemnah modelliert und anschließend um ein marktorientiertes Koordinationskonzept erweitert wird. Die prototypische Realisierung des verteilten Problemlösens erfolgt schließlich durch ein blackboardbasiertes Agentensystem, dessen Konzeption kurz dargestellt wird. Abschließend werden die Möglichkeiten aufgezeigt, das prototypische System zu einem Elektronischen Markt für Problemlösungen zu erweitern und auf diese Weise die Koordination der beteiligten Organisationseinheiten zu unterstützen.

Eine marktorientierte Allfinanzangebotserstellung umfaßt nicht nur die Erstellung und das Angebot kundenindividueller Problemlösungen, sondern beinhaltet auch ein individuelles Vertriebswegeangebot. Die beschriebene Dezentralisierung des Allfinanzangebotsprozesses sowie die korrespondierende Modularisierung der Bankorganisation und ihrer Systemunterstützung bieten die Möglichkeit, flexibel neue Vertriebswege in den Angebotserstellungsprozeß zu integrieren. In Abschnitt 3.3 wird daher das Direct Banking als alternativer Vertriebsweg näher analysiert. Die Charakteristika des Direct Banking - vor allem die permanente Verfügbarkeit bankseitiger Ansprechpartner - lassen die ungeteilte Zuordnung von Kundenbeziehungen zu Beratern schwierig erscheinen und begründen vertikale und horizontale externe Effekte, die wir nachfolgend kurz skizzieren. Abschließend untersuchen wir im Rahmen einer Modellanalyse alternative Steuerungsinstrumente zur Internalisierung der externen Effekte. Wir leiten Gestaltungsaussagen über Anreizschemata ab, die geeignet sind, den Interessenkonflikt zwischen Bank und Telefonberater aufzulösen und dadurch den Nettoerfolg der Bank zu maximieren.

3.1 Der Angebotserstellungsprozeß im Finanzdienstleistungsbereich

3.1.1 Nachfrage und Angebot: Finanzprobleme, Finanzprodukte und Problemlösungen

3.1.1.1 Der Kunde als Nachfrager einer finanziellen Problemlösung in Form eines Zahlungsstromes

In einer arbeitsteiligen Volkswirtschaft haben die Akteure (private Haushalte, Unternehmungen, etc.) das Bedürfnis, leistungswirtschaftliche Aktivitäten, wie Konsum oder Investition, so über die Zeit zu verteilen, daß sie den individuellen Präferenzen bestmöglich entsprechen. Beispielsweise kann es der Wunsch eines Akteurs sein, eine Immobilie mit sofortiger Wirkung zu nutzen und dafür auf zukünftigen Konsum zu verzichten. In einer Geldwirtschaft werden solche Aktivitäten durch eine Zeitfolge von Zahlungen bzw. durch Zahlungsströme abgebildet. Das Bedürfnis des betrachteten Akteurs äußert sich dann in der Nachfrage eines Zahlungsstromes, der ihn in die Lage versetzt, den gewünschten realwirtschaftlichen Zielzustand (sofortige Nutzung der Immobilie) zu realisieren: Der Akteur wünscht eine heutige Einzahlung und ist dafür bereit, zukünftige Auszahlungen zu leisten. Sein realwirtschaftliches Bedürfnis wird in ein *Finanzproblem* transformiert, das folgende Gestalt aufweist: Gegeben ist ein gewünschter Verlauf von Zahlungen über die Zeit als Ausgangszustand. Gesucht ist ein Zahlungsstrom als Zielzustand, der dem gewünschten Zahlungsmuster entspricht und der durch eines oder mehrere Finanzprodukte generiert wird.

Die Güte derartiger Lösungen des Finanzproblems kann dann mit Hilfe eines geeigneten finanzwirtschaftlichen Bewertungskriteriums gemessen und beurteilt werden. Ein entsprechendes Beurteilungskriterium (unter Berücksichtigung der Konsumpräferenz) ist z.B. der Barwert eines Zahlungsstromes, bei dem künftige Zahlungen mit heutigen vergleichbar gemacht werden, indem sie verzinslich auf den heutigen Zeitpunkt bezogen werden. Der kritische Kalkulationszins der Kapitalwertmethode stellt aus Sicht des Akteurs in der Vor-Steuer-Welt eine Preisobergrenze für die angestrebte Bedürfnisbefriedigung dar.[21]

---

[21] Dies gilt für die Klasse von Zahlungsreihen mit genau einem Vorzeichenwechsel. Zu einer ausführlichen Diskussion des internen Zinsfusses sowie seiner Interpretation als

3.1.1.2 Die Bank als Anbieter von Zahlungsströmen in Form von Finanzprodukten

In einer arbeitsteiligen Volkswirtschaft erfüllt u.a. die Bank die Aufgabe, die nachgefragten Zahlungsmuster herzustellen und anzubieten. Grundsätzlich kann dies dadurch geschehen, „daß jeder gewünschte Zahlungsstrom unmittelbar als einzelnes (und einmaliges, kundenindividuelles) Finanzprodukt" [Will95, 19] angeboten wird. Unter einem *Finanzprodukt* soll dabei die vertragliche Vereinbarung zwischen einem Kunden und einem Anbieter verstanden werden, die den Transfer von Zahlungsmitteln zwischen den Vertragspartnern zu bestimmten, verschiedenen Zeitpunkten beinhaltet und darüber hinaus Informations-, Kontroll- und Entscheidungsrechte der Kontraktpartner spezifiziert. Diese individuelle Kontraktgestaltung ist allerdings nicht praktikabel. Im Rahmen einer effizienten Angebotserstellung werden vielmehr standardisierte Verträge bzw. Vertragskomponenten vorab - z.B. als Kredit- oder Sparverträge - gestaltet und nachgelagerte (Vertrags-) Abwicklungsprozesse entsprechend optimiert.

Im Zusammenhang mit den Allfinanzstrategien haben die Banken ihre Produktpalette modifiziert und vor allem um verschiedene Versicherungs- und Bausparprodukte ausgeweitet. Hierzu werden in der Regel eigene Tochtergesellschaften gegründet oder Kooperationen mit bestehenden Versicherungen bzw. Bausparkassen eingegangen. Die verschiedenen Finanzprodukte repräsentieren charakteristische Zahlungsströme als Lösungen bzw. Lösungsbausteine für die Finanzprobleme der Kunden.[22] Aus Sicht der Bank kann der angebotene Zahlungsstrom ebenfalls mittels eines finanzwirtschaftlichen Bewertungskriterium wie dem Barwert der Zahlungsreihe beurteilt werden. Der verwendete Kalkulationszins entspricht der absoluten

kritischer Kalkulationszins der Kapitalwertmethode und als Effektivverzinsung vgl. [Heri95, 46ff.]. Der interne Zins als Konzept bzw. Maßzahl für die Effektivverzinsung von Krediten und Kapitalmarktanlagen wird weitestgehend akzeptiert; vgl. z.B. [PeSt93, 185] oder [Wimm93]. In der Praxis werden verschiedene Definitionen dieser Kennzahl verwendet [ScRo86], wie beispielsweise der Effektivzins laut Preisangabenverordnung (PAngV).

22 Einzelne Zahlungen bzw. Zahlungshöhen können mit Unsicherheit behaftet sein. Alternative Lösungen können sich daher trotz gleicher Zahlungsmuster hinsichtlich ihres Risikogehalts unterscheiden. Eine Berücksichtigung der Unsicherheit erfolgt nicht im Zahlungsmuster, sondern vielmehr in der Bewertungsfunktion des Entscheiders.

Preisuntergrenze eines angebotenen Finanzierungsprodukts[23] (bei Abstraktion von Verwaltungskosten, Steuern, etc.).

3.1.1.3 „Intermediation" durch den Vertrieb

Im Rahmen des Angebotsprozesses stehen sich also zunächst Kunden als Nachfrager von *Problemlösungen* und die Bank als Anbieter eines Lösungsraumes gegenüber, der sich aus der Vielzahl unterschiedlich ausgestatteter Finanzprodukte und deren Kombinationsmöglichkeiten aufspannt. Daraus ergibt sich der Bedarf nach einer Intermediationsleistung, die in der Selektion, Konfiguration und Kombination geeigneter Finanzprodukte derart besteht, daß der gegebenen Problemstellung des Kunden möglichst „gut" begegnet werden kann. Dabei bedeutet Selektion die Auswahl einer Lösung aus einer Menge vorgegebener Finanzprodukte (z.B. Auswahl eines festverzinslichen Wertpapiers) und Konfiguration die Auswahl und Parametrisierung verfügbarer Produktkomponenten sowie deren Zusammensetzung zu einem Lösungsobjekt. Außerdem können derartige Lösungsobjekte geeignet kombiniert werden, um den gewünschten Zahlungsstrom (Zielzustand) zu generieren. Diese Problemlösungsleistung i.e.S. wird in der Regel an der Kundenschnittstelle erbracht. Die Problemlösung i.w.S. umfaßt darüber hinaus die Transformation der originären Kundenbedürfnisse in die eigentliche finanzielle Problemstellung unter Berücksichtigung individueller Zielvorstellungen und Präferenzstrukturen sowie die geeignete Lösungspräsentation, bei der die ermittelte Lösung gegenüber dem Kunden begründet und vermittelt wird.

Aus dieser Sichtweise auf den Angebotserstellungsprozeß wird deutlich, daß die von der Bank erbrachte Leistung aus zwei Komponenten besteht: zum einen aus der Gestaltung und Erstellung von Finanzprodukten als standardisierte Verträge oder Vertragsmuster sowie deren Erfüllung und Abwicklung, zum anderen aus der Problemlösungsleistung (oftmals Beratungsleistung genannt), die in der problemadäquaten Auswahl, Konfiguration und Kombination von Finanzprodukten bzw. -produktkomponenten besteht. Finanzprodukte werden demnach überwiegend im Verbund mit Beratungsleistungen (als Zusatzleistungen) abgesetzt [Schä95, 532]. Wir wollen im folgenden

---

[23] Im Falle eines Anlageprodukts stellt der verwendete Kalkulationszins den Höchstzins dar; ansonsten vgl. Fn. 21.

den Begriff *Finanzdienstleistung* zur Charakterisierung eines solchen Leistungsbündels verwenden. Für den Kunden als Nachfrager der finanziellen Problemlösung besitzen beide Leistungsbestandteile eine nutzenstiftende Wirkung. Für die Leistungsvergütung folgt daraus grundsätzlich, daß sich der Preis einer Problemlösung ebenfalls in eine Vergütung für die Beratungsleistung sowie für die Inanspruchnahme der Finanzprodukte zerlegen läßt. Dem Vertrieb obliegt mithin im Rahmen seiner Intermediationsleistung auch die geeignete Preisfindung innerhalb des von der Preisuntergrenze des Anbieters und der Preisobergrenze des Nachfragers aufgespannten Einigungsintervalls.

3.1.2 Die Erstellung kundenindividueller Finanzdienstleistungen als Dienstleistungsproduktion

Finanzdienstleistungen stellen demnach marktfähige Leistungen dar, die finanzielle Kundenbedürfnisse erfüllen und das Ergebnis eines Dienstleistungsproduktionsprozesses bilden [Eile90, 114]. Dieser Prozeß ist insofern durch Mehrstufigkeit geprägt, als die Bank zunächst ihre generelle Leistungsbereitschaft herstellt, um im Anschluß das konkrete Leistungsbegehren des Kunden zu erfüllen. Beide Stufen erfordern den Einsatz und die Kombination von Produktionsfaktoren, so daß zwischen einer Vor- und einer Endkombination unterschieden werden kann [Cors88, 103]. Die Vorkombination besitzt vorbereitenden Charakter und besteht vor allem in der Bereitstellung bank*interner* Produktionsfaktoren wie Humankapital, IKS und haftendem Eigenkapital. Ergebnis der Vorkombination ist die Leistungsbereitschaft, zu der u.a. die bereits beschriebene Leistungspalette (teil-)standardisierter Verträge und Vertragsbausteine zu zählen ist. Erst das konkrete Leistungsbegehren des Kunden löst dann die Endkombination aus, in deren Rahmen die absetzbare Finanzdienstleistung unter Einsatz der Leistungsbereitschaft sowie durch Kombination weiterer interner Produktionsfaktoren und des externen Produktionsfaktors „Kunde" erstellt wird. Die Besonderheiten der Dienstleistungsproduktion im allgemeinen und die Eigenschaften von Finanzdienstleistungen im besonderen haben wesentlichen Einfluß auf die zielorientierte Gestaltung des Erstellungsprozesses und der korrespondierenden Verteilung von Entscheidungskompetenzen.[24] Wir werden diese Eigenschaften im folgenden kurz skizzieren.

3.1.2.1 Immaterialität

Da bei der Dienstleistungsproduktion keine materielle Substanz in Form vom Rohstoffen eingesetzt wird, ist die Dienstleistung ein immaterielles Gut [Male94, 237]. Im Falle der Finanzdienstleistung handelt es sich um abstrakte Einsatzfaktoren wie Problemlösungswissen, Vertragskomponenten [Witt77, 590], Informationen [Wild70, 51] über Bedürfnis- und Präferenzstrukturen des Kunden oder die Nutzungsüberlassung von Zahlungsmitteln (als monetärer Faktor) [Depp69, 21]. Dies hat zur Folge, daß sich die Finanzdienstleistung selbst durch einen hohen Grad an Abstraktheit und Komplexität auszeichnet. Als immaterielles Mittel zur finanziellen Bedürfnisbefriedigung resultieren daraus Schwierigkeiten der unmittelbaren Nutzeneinschätzung einer Finanzdienstleistung durch den Nachfrager. Die indirekte (zukünftige) Wirkung vertraglicher Vereinbarungen wechselseitiger Zahlungstransfers auf die realwirtschaftliche Sphäre wie Konsum oder Investition ist nicht ohne weiteres ersichtlich und bewertbar. Hieraus folgt eine hohe Erklärungsbedürftigkeit von Finanzdienstleistungen sowie eine asymmetrische Informationsverteilung zwischen anbietender Bank und nachfragendem Kunden. Damit unmittelbar verknüpft sind Schwierigkeiten in der Messung der Outputqualität, was zunächst Qualitätsunsicherheit (hidden characteristics [Arro86]) auf Seiten des Kunden impliziert. Oftmals ist er erst ex post (wenn überhaupt) in der Lage, den Grad seiner Bedürfnisbefriedigung durch die Finanzdienstleistung zu beurteilen.

Aber auch auf Seiten der Bank führt die Immaterialität der Finanzdienstleistung zu Erschwernissen bei der Messung des quantitativen Outputs ihres Erstellungsprozesses. Während die Produktkomponente der erbrachten Finanzdienstleistung die Verwendung der Maßgröße „Geldeinheiten“ in Form von Kreditvolumen o.ä. noch prinzipiell zuläßt, ist ein Mengengerüst für Beratungs- bzw. Problemlösungsleistungen kaum zu ermitteln, solange diese Leistungskomponenten nicht separat vermarktet bzw. ausgewiesen werden. Wie an späterer Stelle verdeutlicht wird (vgl. Abschnitt 3.1.3.2), resul-

---

[24] Zu einer dienstleistungsorientierten Analyse des Erstellungsprozesses von Finanzdienstleistungen im Rahmen des Direktvertriebs vgl. [RoBu96].

tiert aus dieser Meßproblematik eine Vielzahl von Schwierigkeiten bei der Steuerung von Entscheidungen sowie bei der Gestaltung von Prozessen unter betriebswirtschaftlichen Optimierungskriterien.

3.1.2.2 Integration des Kunden als externer Produktionsfaktor

Wesentliches Merkmal der Dienstleistungsproduktion im allgemeinen ist die Notwendigkeit der Integration des Leistungsabnehmers als externer Faktor in den Erstellungsprozeß. Im Falle der Finanzdienstleistung ist diese Erfordernis offensichtlich: Notwendige Voraussetzung zur Erstellung einer Finanzdienstleistung ist das Leistungsbegehren des Kunden und dessen Mitwirkung bei Vertragsgestaltung und -abschluß. Darüber hinaus ist die Erstellung von Beratungs- bzw. Problemlösungsleistungen ohne hinreichende Informationen durch den Kunden nicht möglich. Zur Erstellung einer individuellen Problemlösung sind vielmehr Informationen zur steuerlichen Situation, Risikoeinstellung, usw. des Kunden erforderlich; ganz davon abgesehen, daß zunächst die zieladäquate Formulierung des Finanzproblems mit Hilfe des Kunden erfolgen muß.

Aus der notwendigen Beteiligung des Kunden am Erstellungsprozeß folgt zweierlei: Zum einen haben die Vollständigkeit und Qualität der vom Kunden transferierten Informationen wesentlichen Einfluß auf Güte und Qualität der Finanzdienstleistung als Ergebnis des Erstellungsprozesses. Zum anderen entstehen Finanzdienstleistungen erst zum Vertriebszeitpunkt durch Interaktion mit dem Kunden [RoBu96]. Beide Aspekte stellen allerdings insofern eine variable Größe dar, als die Tiefe der Integration des Kunden im wesentlichen von dem Umfang der Problemlösungsnachfrage abhängt. Die direkt geäußerte Nachfrage nach einem Annuitätendarlehen oder einem börsengehandelten Wertpapier beinhaltet z.B. bereits wesentliche Teile der Problemlösung. Die vorhergehende Transformation des Bedürfnisses in ein Finanzproblem und dessen partielle Lösung wurde bereits durch den Kunden als Eigenleistung erbracht. Die von der Bank zu erbringende Finanzdienstleistung reduziert sich dann auf den Finanzproduktbestandteil. Diesen graduellen Abstufungen der Nachfrageintensität nach Problemlösungen wird bereits heute in der Praxis Rechnung getragen. Direktbanken, die primär eine Discount-Banking-Strategie verfolgen, verzichten auf die Problemlösungskomponente in ihrem Leistungsangebot (vgl. Abschnitt 3.3.1). Da eine Beratungsleistung somit generell entfällt, fallen auch keine entsprechenden

Kosten an. Im herkömmlichen (Filial-)Geschäft hat der Kunde diese Kosten in der Regel indirekt über höhere Produktpreise zu tragen, unabhängig davon, ob und in welchem Maße er die Beratungsleistung tatsächlich in Anspruch genommen hat. Die Diversifikation vieler Universalbanken in die alternative direkte Vertriebsform ist auch vor diesem Hintergrund zu sehen. Allerdings kann die angestrebte Preisdifferenzierung auch über einen getrennten, verursachungsgerechten Ausweis der Beratungsleistung geschehen.[25] Auf diese Weise kann dann dem heterogenen Problemlösungsbedarf verschiedener Kundengruppen Rechnung getragen werden.

Unabhängig von der Tiefe der Integration des Kunden in den Leistungsprozeß verbleibt aber in jedem Falle die Notwendigkeit des synchronen Kontakts [Male94, 87] sowie des Transfers kundenspezifischer Informationen zwischen Bank und Kunde zur Erstellung der Finanzdienstleistung. Damit erfolgt der Prozeß der Endkombination, der vor allem den Problemlösungsprozeß i.e.S. umfaßt, an der dezentralen Kundenschnittstelle durch den Kundenbetreuer bzw. den Berater.

3.1.3 Die Beziehungen zwischen den Akteuren im Angebotserstellungsprozeß

Die bisherige Analyse des Angebotserstellungsprozesses verdeutlichte das notwendige Zusammenspiel mehrerer Akteure. Es handelt sich dabei um den Kunden als Nachfrager einer finanziellen Problemlösung, der die Bank beauftragt, diese Problemlösung in Form einer individuellen Finanzdienstleistung zu erstellen. Die Beziehung zwischen Bank und Kunde läßt sich demzufolge als Prinzipal-Agent-Beziehung charakterisieren [Schä95, 534]. Die Eigenschaften der Finanzdienstleistung wiederum erfordern die Dezentralisierung der gewünschten Leistungserstellung, so daß die Bank in der unternehmungsinternen Sicht ihrerseits die Aufgabe der Leistungserstellung an dezentrale Einheiten wie Kundenbetreuer und -berater delegiert (vgl. Kapitel 2). Auch diese Beziehung weist den Charakter eines Agency-Problems auf. Das Geflecht aus Prinzipal-Agent-Beziehungen sowie die unterschiedlichen Interessen der beteiligten Akteure gilt es bei der bankzie-

---

[25] [Slev96] leitet die Notwendigkeit einer Preisdifferenzierung im Hinblick auf Beratungsleistungen u.a. als Reaktion auf sogenannte „Mitnahmeeffekte" (kostenlose Beratung in der Filiale, preisgünstige Transaktion beim Discount Broker) ab.

lorientierten Gestaltung des Erstellungsprozesses zu berücksichtigen. Wir werden daher im folgenden die beiden genannten Beziehungen näher analysieren und entsprechende Anforderungen an eine Verteilung von Entscheidungskompetenzen innerhalb der Bank herausarbeiten.

3.1.3.1 Die Agency-Beziehung zwischen Kunde und Bank

Wir betrachten zunächst das Auftragsverhältnis zwischen Kunde und Bank. Der Kunde beauftragt die Bank mit der Lösung seiner Finanzprobleme. Die Bank führt diesen Auftrag aus, indem sie eine individuelle Finanzdienstleistung erstellt. Diese setzt sich in der Regel aus einer Problemlösungs- bzw. Beratungsleistung sowie aus individuell konfigurierten bzw. kombinierten Finanzprodukten zusammen. Dies hat zur Folge, daß sich die Finanzdienstleistung durch einen hohen Grad an Abstraktheit und Komplexität auszeichnet. Als immaterielles Mittel zur finanziellen Bedürfnisbefriedigung resultieren daraus Schwierigkeiten der unmittelbaren Nutzeneinschätzung einer Finanzdienstleistung durch den Nachfrager. Hieraus folgt eine asymmetrische Informationsverteilung zwischen anbietender Bank und nachfragendem Kunden. Der Kunde fragt die Beratungsleistung gerade deshalb nach, weil er Informationsdefizite bezüglich der Eigenschaften und des Zielbeitrages bestimmter Bankprodukte hat. Damit ist er ex ante nicht vollständig über die Qualität der Dienstleistungserstellung einer Bank informiert. Er lernt vielmehr das Verhalten der Bank erst während der Vertragsbeziehung kennen, ist aber häufig ex post nicht einmal selbst in der Lage, zu beurteilen, ob sein Finanzbedarf nicht „besser“ hätte befriedigt werden können. Damit stellen komplexe Bankdienstleistungen in hohem Maße Güter mit Erfahrens- bzw. Vertrauenscharakter dar [Schä95, 540]. Erfolgsentscheidend für den Absatz erklärungsbedürftiger Finanzprodukte ist es nun, inwieweit die Bank in der Lage ist, die resultierende Entscheidungsunsicherheit des Kunden durch geeignete Maßnahmen und Mechanismen zu überwinden. Ein wesentliches Instrument stellt hierbei der gezielte Aufbau von Vertrauen und Reputation dar. Wenn ein „spot contracting“ auf Basis expliziter Verträge mangels Beobachtbarkeit des Leistungsergebnisses nicht möglich ist, gewinnt die dauerhafte Geschäfts- bzw. Kundenbeziehung eine herausragende Bedeutung.[26]

---

[26] Auch [MeBl94, 25] kommen zu dem Schluß, daß Kundenbindung als strategisches Ziel und Erfolgsfaktor für Dienstleistungsunternehmen erkannt und diskutiert wird. [Grön94, 7ff.] stellt in diesem Zusammenhang fest, daß sich im Dienstleistungsbereich ein Wandel hin zu bindungsorientierten Absatzkonzeptionen vollzogen hat.

Durch den mehrperiodigen Aufbau von Vertrauen und Reputation im Rahmen der Kundenbeziehung kann es gelingen, die mangelnde Information des Kunden über das Verhalten der Bank durch Vertrauen in die Qualität ihrer Leistung zu substituieren [Bülo95, 192]. Dazu sind allerdings Investitionen von Seiten der Bank erforderlich, deren konkrete Ausprägungen wir in Abschnitt 3.1.5 noch ausführlicher erläutern werden. Die resultierende vertrauensvolle Kundenbeziehung stellt aus Sicht der Bank einen Produktionsfaktor (Potentialfaktor) für die Produktion ihrer Finanzdienstleistungen dar. Darüber hinaus hat sie den Charakter eines „Vermögensgegenstands", der die Realisierung einer Reputationsrente ermöglicht: Wird die Verringerung der Entscheidungsunsicherheit vom Kunden als nutzenstiftend wahrgenommen, so ist er bereit, höhere Preise für die Finanzdienstleistung zu akzeptieren.

3.1.3.2 Die Agency-Beziehung zwischen Bank und Kundenberater

Wir wollen uns nun der Prinzipal-Agent-Beziehung zwischen Bank und Kundenberater widmen und dabei vor allem die Implikationen aus den eben angestellten Überlegungen berücksichtigen. Aufgrund des Erfordernisses des synchronen Kontakts bei der Erstellung von Finanzdienstleistungen ist die Bank gezwungen, einen wesentlichen Teil des Leistungserstellungsprozesses an die Kundenschnittstelle zu verlagern und dezentrale Einheiten mit der Pflege der Kundenbeziehung sowie der Kundenberatung zu beauftragen. Damit ist es Aufgabe der Kundenberater, den externen Faktor „Kunde" in den Leistungserstellungsprozeß zu integrieren. Dies impliziert, daß die dezentralen Einheiten über private Informationen verfügen, da sie spezifische Informationen des Kunden im Rahmen des Kundenkontakts und der Problemlösung erhalten. Exemplarisch dafür seien die Preissensitivität, die Präferenzstruktur oder das Ertragspotential des einzelnen Kunden angeführt. Daraus resultiert eine asymmetrische Informationsverteilung zwischen Kundenberater und Bank, die (unter Annahme konfligierender Ziele) eine vertikale Steuerung der dezentralen Vertriebs- und Beratungseinheiten notwendig macht.[27] Eine zentrale Vorgabe für das Beratungsverhalten wäre der

---

[27] In [Wilt96, 990] werden „zwei Bedingungen für die Akkumulation von Markt- und Kundeninformation auf der hierarchisch niedrigeren, marktnäheren Ebene" genannt: „Erste Bedingung ist, daß die Kundenanforderungen heterogen sind, denn bei homogenen Kundenanforderungen können diese leicht innerhalb der Vertriebsorganisation kommuniziert werden. Eine Informationsasymmetrie entsteht dann nicht. Zweite Bedingung ist eine intensive Interaktion zwischen Außendienstmitarbeitern und Kunden."

Beratungsqualität sowie der kundenindividuellen Leistungserstellung abträglich und würde keinerlei Anreize zur bankzielorientierten Nutzung der privaten Informationen bieten. Wegen der Interaktionsintensität mit dem Kunden wäre eine zentrale Vorgabe auch kaum möglich, „da keine Produktionsfunktion für Beratung abgeleitet werden kann, die es erlauben würde, Verhaltensvorgaben zu formulieren, die mechanisch eine 'gute Beratung' herstellen" [Bülo95, 191]. Doch selbst bei der Vorgabe expliziter Verhaltensnormen wäre deren Einhaltung kaum oder nur zu prohibitiv hohen Kosten beobachtbar und kontrollierbar: Zum einen bietet der hohe Individualisierungsgrad der Finanzdienstleistung umfangreiche Möglichkeiten, opportunistisches Verhalten zu verdecken [Mill90, 36]. Zum anderen verteuert bzw. erschwert die (aus der Marktnähe resultierende) geographische Verteilung der Kundenschnittstellen im Filialbanking die Verhaltenskontrolle [BrDa91, 30ff.].

Aus den genannten Gründen erscheint die Einschränkung der Handlungsspielräume der Kundenberater wenig geeignet, um die Verfolgung des Bankziels sicherzustellen. Es gilt vielmehr, den Beratern weitgehende Entscheidungskompetenzen zu übertragen, um den individuellen Bedürfnissen der Kunden gerecht zu werden [Bülo95, 233]. Um die opportunistische Ausnutzung dieses Entscheidungsspielraumes der Berater zu Lasten der Bank zu vermeiden, müssen (finanzielle) Anreize gesetzt werden (vgl. Abschnitt 2.2.1.2). Aufgrund der geschilderten Probleme bei der Outputmessung ergeben sich jedoch Schwierigkeiten bei der Bestimmung einer geeigneten Bemessungsgrundlage für die Gewährung von Prämien. Während der konkrete Absatz von Finanzprodukten relativ einfach ermittelbar ist, lassen sich Beratungsleistungen nur schwer quantifizieren, solange sie keinen expliziten Marktpreis besitzen. In der Praxis führt dies vielfach dazu, daß aufgrund der einfachen Meßbarkeit lediglich der Absatzerfolg als Bemessungsgrundlage für die Gewährung leistungsabhängiger Belohnungen herangezogen wird (z.B. Provisionierung des Abschlusses einer Lebensversicherung im Versicherungsaußendienst). Es läßt sich allerdings leicht zeigen, daß der Berater bei einem solchen Anreizsystem alle Anstrengungen in den Absatz von Finanzprodukten lenkt und die Beratungsleistung auf das Minimum beschränkt. Nichts anderes drückt in allgemeiner Form das „Equal Compensation Principle" aus [MiRo92, 228]: „If an employee's allocation of time or attention between two different activities cannot be monitored by the em-

---

Entprechend der obigen Darstellungen sind beide Bedingungen im Falle der kundenorientierten Allfinanzangebotserstellung erfüllt.

ployer, then either the marginal rate of return to the employee from time or attention spent in each of the two activities must be equal, or the activity with the lower marginal rate of return receives no time or attention.“

Die unmittelbare Folge ist, daß sich der Berater keineswegs am eigentlichen Kundenbedürfnis orientiert, sondern vielmehr den Absatz bestimmter (hochprovisionierter) Finanzprodukte forciert. Dies erhöht das Fehlkaufrisiko des Kunden und führt langfristig zu einem Vertrauens- und Reputationsverlust innerhalb der Beziehung Kunde - Bank. Dem Berater fehlen jegliche Anreize, Investitionen in die Kundenbeziehung zu tätigen. Den Schaden trägt letztendlich die Bank als Eigentümer des Vermögensgegenstands „Kundenbeziehung“ (vertikaler externer Effekt).

Falls Beratungsleistung nicht zu quantifizieren ist, verbleiben der Bank zwei Alternativen, eine effizienzschädigende, einseitige Unterinvestition in Beratungsleistung zu reduzieren: Zum einen kann sie auf die vertikale Steuerung der Kundenberater durch Anreize verzichten und stattdessen eine fixe Vergütung der Berater wählen. Dieser Lösungsansatz überwiegt gegenwärtig in der Bankpraxis, besitzt aber den gravierenden Nachteil, keinerlei Leistungsanreize zu bieten [Radn92, 1406] (vgl. Abschnitt 2.2.1.2). Zum anderen kann der Berater weitgehende Eigentumsrechte an der Kundenbeziehung übertragen bekommen, um sein Interesse an deren „Wertsteigerung“ zu induzieren [HoMi91]. Auf diese Weise kann der Berater als Eigentümer der Kundenbeziehung an der erhöhten Zahlungsbereitschaft vertrauender bzw. von Entscheidungsunsicherheit befreiter Kunden partizipieren und damit „seine riskanten Vorleistungen, die er zur Bildung des Vertrauens erbringen mußte, amortisieren“ [Bülo95, 224]. Zur Operationalisierung dieses Lösungsansatzes muß allerdings die „erhöhte Zahlungsbereitschaft“ bestimmt und bankintern abgegrenzt werden. Werden beispielsweise dem Berater Preise für abgesetzte Finanzprodukte in Rechnung gestellt, so ergibt sich dessen Akquisitions- und Beratungsleistung als Differenz zwischen dem Marktpreis der Finanzdienstleistung, der mit dem Kunden erzielt wurde und der Summe interner Produktpreise.

Bevor wir die Konsequenzen der angestellten Überlegungen für die organisatorische Gestaltung näher untersuchen und erläutern, wollen wir einen weiteren wichtigen Aspekt der Prinzipal-Agenten-Beziehung zwischen Bank und Kundenberater - die Risikoverteilung - beleuchten.

3.1.4 Vertriebsformen unter Prinzipal-Agent-Gesichtspunkten: Modellvergleich zwischen Allfinanz- und Produktvertrieb

Da die tatsächlichen Aktivitäten des Kundenbetreuers nicht oder nur mit unverhältnismäßig hohen Kosten beobachtbar sind, können sie nicht zur Grundlage eines Entlohnungsvertrages werden. Die Entlohnung des Agenten muß vielmehr an seinem Output, d.h der erzielten Marktleistung ausgerichtet werden. Der von einem Kundenbetreuer erzielte Markterfolg hängt aber nicht allein von dessen Anstrengungen ab, sondern auch von den realisierten Umweltzuständen, auf die der Agent keinen Einfluß hat. Damit unterliegt die Bemessungsgrundlage für die Entlohnung des Agenten und somit die Entlohnung selbst einem Erfolgsrisiko.

Für die Übernahme eines solchen Erfolgsrisikos muß der risikoaverse Agent durch die Zahlung einer Risikoprämie kompensiert werden. Sie ist um so größer, je höher das Erfolgsrisiko einzuschätzen ist. Das Erfolgsrisiko beim Vertrieb von Finanzdienstleistungen rührt z.B. von Veränderungen des Zinsniveaus [Büsc94, 521], Entwicklung des Volkseinkommens oder der Immobilienpreise her.[28] Darüber hinaus haben Modifikationen des Steuersystems sowie der steuerlichen Behandlung bestimmter Finanzprodukte wesentlichen Einfluß auf deren Absatzerfolg. Wird die Vertriebstätigkeit des Agenten auf wenige Produkte beschränkt, so beinhaltet das Erfolgsrisiko einen großen unsystematischen Anteil. Negative Entwicklungen auf Teilmärkten (z.B. allgemeine Zinserhöhungen lassen die Kreditnachfrage sinken) wirken sich erheblich auf die Entlohnung des Agenten aus, wenn er nur Produkte an diesen Teilmärkten handelt (z.B. Kredite). Wäre er indessen dahingehend diversifiziert, daß sein Angebotssortiment auch Anlageprodukte umfaßt, so würde der negative Effekt eines Teilmarktes durch einen möglicherweise positiven Effekt eines anderen Teilmarktes kompensiert werden.[29]

---

[28] Diese vom Vertriebsmitarbeiter sowohl unbeeinflußbaren wie schwer prognostizierbaren Determinanten haben wesentlichen Einfluß auf den Absatz bestimmter Finanzprodukte, wie beispielsweise Immobilienfinanzierungsprodukte.

[29] Gegenläufige Effekte treten auch bei anderen Finanzprodukten auf und können mithin zur Diversifikation genutzt werden. In [Seum88, 164f.] wird beispielsweise empirisch nachgewiesen, daß in Phasen niedriger Zinsen vermehrt Bausparverträge abgeschlossen werden, während bei hohem Zinsniveau das Kontensparen bei Banken an Attraktivität gewinnt.

Diese Überlegungen werfen die Frage auf, welche Vertriebsform die Bank unter Agency-Aspekten wählen sollte. Zur Beantwortung dieser Frage werden wir im folgenden die Alternativen Allfinanz- und Produktvertrieb modellanalytisch miteinander vergleichen, um abschließend Gestaltungsaussagen hinsichtlich eines optimalen Vertriebskonzepts der Bank ableiten zu können.

Eine Bank, die zwei unterschiedliche Produkttypen (z.B. Anlage- und Finanzierungsprodukte) erstellt, kann prinzipiell zwischen zwei alternativen Vertriebsformen wählen. Eine Möglichkeit besteht darin, jeweils Produktspezialisten einzusetzen und beispielsweise Kredit- und Anlageberatung von verschiedenen Bankeinheiten durchführen zu lassen. Die andere Möglichkeit ist der Einsatz von Generalisten, die dem Kunden die gesamte Produktpalette anbieten und in der Lage sind, seine Finanzprobleme unter Einsatz aller Finanzprodukte zu lösen. Im letzteren Fall werden hohe Anforderungen an die Qualifikation solcher Allfinanzberater gestellt, da sie jeweils über das Know-how aller angebotenen Produkte verfügen müssen. Die Berater müssen größere Anstrengungen zu ihrer Qualifizierung unternehmen; sie besitzen ein entsprechend höheres Anspruchsniveau im Hinblick auf ihre Vergütung [Hahn88, 194]. Im ersteren Fall sind zwar geringere Produktkenntnisse erforderlich, allerdings ist der Absatzerfolg der Spezialisten tendenziell mit einem höheren Risiko behaftet, da keine Risikodiversifikationseffekte durch den Absatz unterschiedlicher Produkte existieren. Sie fordern demzufolge eine höhere Risikoprämie von der Bank.

Wir verwenden zur Analyse der unterschiedlichen Vertriebsformen von Finanzdienstleistungen unter Risiko- und Qualifikationsaspekten das Standard-Agency-Modell in der Variante des LEN-Modells [Spre87]. Es setzt vereinfachende Annahmen, um eine explizite Lösung zu ermöglichen und eignet sich daher sehr gut für die weiterführende Analyse.[30] Dem LEN-Modell liegen ein lineares Kompensationsschema (L), eine exponentielle Nutzenfunktion des Agenten (E) und eine normalverteilte Ergebnisgröße (N) zugrunde.[31] Wir werden zunächst den allgemeinen Annahmenrahmen des

---

[30] Vgl. u.a. die weiterführenden Analysen und die unterschiedlichen Anwendungsfelder in [Hart89, 716ff.], [Neus89, 81ff.], [Blic90, 26ff.], [Ewer90, 107ff.], [Ruhl90, 58ff.], [Neus96], [Klei96], [Wage96] und [GiVe97].

[31] Vgl. zu Annahmen und Lösung des LEN-Modells [Spre87, 17ff.] sowie [Laux90, 88ff.]. Vgl. zur Problematik eines linearen Kompensationsschemas und dessen Rechtfertigung [HoMi87], [WaEw93a,b], [Breu93] und [Pfin95].

LEN-Modells aufspannen, um diesen im Anschluß zur Ableitung von Vorteilhaftigkeitsaussagen hinsichtlich beider Vertriebsformen zu nutzen. Abschließend diskutieren wir alternative Bemessungsgrundlagen zur Optimierung der Vertriebsformen im Hinblick auf eine effiziente Risikoteilung zwischen Bank und Vertriebseinheit.

3.1.4.1 Modellannahmen

(B1) Linearität des Kompensationsschemas und der Produktionsfunktion

Der Agent erhält eine Kompensation $s(x) = F + m \cdot x$ (mit $x = (e, \Theta)$), die aus einem fixen Bestandteil F und einem variablen Bestandteil $m \cdot x$ besteht. x bezeichnet hierbei das durch die Anstrengung e (> 0) des Agenten generierte Ergebnis und m den Satz der Ergebnisbeteiligung. Das Ergebnis x wird durch den unsicheren Umweltzustand Θ beeinflußt und ist linear in den Anstrengungen e und der Zufallsgröße Θ. Der Einfachkeit halber gelte $x = X(e, \Theta) = e + \Theta$.

(B2) Nutzenfunktionen von Prinzipal und Agent

Der Prinzipal ist risikoneutral und besitzt die Nutzenfunktion $G(x) = x - s(x)$. Der Agent ist risikoavers und besitzt die von seiner Kompensation s sowie seiner Anstrengung e abhängige, multiplikativ separierbare exponentielle Nutzenfunktion

$$H(s, e) = -e^{-rs} \cdot e^{rC(e)} = -e^{-r(s-C(e))},$$

wobei r den absoluten Risikokoeffizienten und C(e) die (privaten) Kosten der Anstrengungen des Agenten repräsentieren. Die Kostenfunktion C(e) sei streng monoton steigend und streng konvex, d.h. $\frac{dC(e)}{de} > 0$ und $\frac{d^2C(e)}{de^2} > 0$. Zur Anschaulichkeit spezifizieren wir die Kostenfunktion mit $C(e) = e^2$.

(B3) Normalverteilung der Umweltzustände

Die Zufallsgröße Θ ist normalverteilt mit Erwartungswert 0 und Varianz σ^2, d.h. $\Theta \sim N(0,\sigma^2)$.

3.1.4.2 Absolute Leistungsbewertung

Entsprechend Annahme (B1) betrachten wir zunächst den Fall eines Kompensationsschemas, dessen Bemessungsgrundlage auf dem individuell erzielten Ergebnis eines Agenten fußt (absolute Leistungsbewertung bzw. Ergebnisbeteiligung).

Aufgrund der getroffenen Annahmen ist der Maximierung der Nutzenfunktion des Agenten die Maximierung des Sicherheitsäquivalents äquivalent [Freu56, 255]. Dieses ist definiert als

$$SÄ_A = E\left[s(x) - e^2\right] - \frac{r}{2} Var\left[s(x) - e^2\right] = F + m \cdot e - e^2 - m^2 \cdot \sigma^2 \cdot \frac{r}{2} \ .$$

Das Sicherheitsäquivalent besteht aus dem Erwartungswert der Kompensation abzüglich des Disnutzens und abzüglich einer Risikoprämie.

Bei einer asymmetrischen Informationsverteilung resultiert unter den aufgestellten Annahmen folgende Formulierung des Optimierungsproblems des Prinzipals: Der Prinzipal maximiert das erwartete Nettoergebnis (Ergebnis nach Abzug der Kompensation an den Agenten)

(3-1) $\Pi = E[x - s(x)] = e \cdot (1 - m) - F$

unter den Nebenbedingungen

(3-2) $F + m \cdot e - e^2 - m^2 \cdot \sigma^2 \cdot \frac{r}{2} \geq H_0$

und

(3-3) $e = \arg\max_{e'} \left(F + m \cdot e' - e'^2 - m^2 \cdot \sigma^2 \cdot \frac{r}{2} \right).$

Durch die Bedingung (3-3) antizipiert der Prinzipal das individuell nutzenmaximierende Verhalten des Agenten. Durch Bedingung (3-2) stellt der Prinzipal sicher, daß der Agent das angebotene Kompensationsschema akzeptieren und das Delegationsverhältnis eingehen wird. Die Realisierung des Anspruchsniveaus H_0 des Agenten wird durch die Beachtung von (3-2) gewährleistet. H_0 entspricht dem Reservationsnutzen des Agenten. Die Ermittlung der optimalen Lösung vereinfacht sich, da die Bedingung (3-2) im Optimum als Gleichung erfüllt sein muß. Wäre das Sicherheitsäquivalent des Agenten für die optimale Lösung echt größer als sein Anspruchsniveau H_0, so könnte der Prinzipal in diesem Fall den fixen Bestandteil der Kompensation verringern, bis Bedingung (3-2) als Gleichung erfüllt ist. Durch eine geeignete Substitution der Bedingungen (3-2) und (3-3) in die Zielfunktion können der optimale Prämiensatz m^*, das optimale Fixum F^* und die optimale induzierte Anstrengung des Agenten e^* berechnet werden:

$$\text{(3-4)} \quad m^* = \frac{1}{1+2r\sigma^2},$$

$$\text{(3-5)} \quad F^* = H_0 - \frac{1-2r\sigma^2}{4\left(1+2r\sigma^2\right)^2},$$

$$\text{(3-6)} \quad e^* = \frac{1}{2\left(1+2r\sigma^2\right)}.$$

Eingesetzt in die Zielfunktion des Prinzipals ergibt sich das maximale erwartete Nettoergebnis als

$$\text{(3-7)} \quad \Pi^* = \frac{1}{4\left(1+2r\sigma^2\right)} - H_0.$$

Wir werden im folgenden den skizzierten LEN-Modellrahmen nutzen, um unterschiedliche Vertriebsformen von Finanzdienstleistungen zu analysieren und Vorteilhaftigkeitsaussagen abzuleiten: Die Bank als Prinzipal bietet ein gegebenes Produktsortiment, das sowohl Anlage- als auch Finanzierungsprodukte umfaßt, am Kundenmarkt an. Sie delegiert die eigentliche Vertriebstätigkeit an ihre Kundenberater (Agenten). Aufgrund der bereits beschriebenen Informationsasymmetrie und den konfligierenden Zielen von Beratern und Bank besteht die Notwendigkeit, die Entscheidungen und Anstrengungen der Berater im Sinne der Bank mittels ergebnisbezogenen Anreizen zu steuern. Das Gesamtergebnis der Bank setzt sich aus den Produkteinzelergebnissen zusammen. Sie hat demzufolge die Wahl, das Gesamtergebnis über den Einsatz von Allfinanzberatern (Generalisten) oder (Produkt-) Spezialisten zu realisieren. Wir betrachten der Einfachheit halber eine Bank, die zwei Vertriebseinheiten einsetzt. Das Gesamtergebnis der Bank (x_A, x_F) kann durch zwei Spezialisten generiert werden, die jeweils die Produkteinzelergebnisse x_A (z.B. Anlageprodukte) bzw. x_F (z.B. Finanzierungsprodukte) realisieren. Die andere Möglichkeit besteht darin, die zwei Vertriebseinheiten als Allfinanzvertriebe operieren zu lassen. Sie liefern jeweils das Ergebnis x_G. Weiterhin soll gelten, daß die aggregierten Ergebnisse zweier Generalisten bzw. zweier Spezialisten identisch sind: $2 \cdot x_G = x_A + x_F$, d.h. $x_G = \frac{x_A + x_F}{2}$, und sich die Vertriebsanstrengungen der Generalisten gleichmäßig auf beide Produktarten verteilen.[32] Zusammenfassend läßt sich die betrachtete Situation folgendermaßen veranschaulichen:

$$\overbrace{\begin{pmatrix} x_A \\ x_F \end{pmatrix}}^{\text{Gesamtergebnis}} = \overbrace{\underbrace{\begin{pmatrix} x_A \\ 0 \end{pmatrix}}_{x_A} + \underbrace{\begin{pmatrix} 0 \\ x_F \end{pmatrix}}_{x_F}}^{\text{Spezialisten}} = \overbrace{\underbrace{\begin{pmatrix} \frac{1}{2} x_A \\ \frac{1}{2} x_F \end{pmatrix}}_{x_G} + \underbrace{\begin{pmatrix} \frac{1}{2} x_A \\ \frac{1}{2} x_F \end{pmatrix}}_{x_G}}^{\text{Generalisten}}$$

Die Ergebnisse x_A und x_F sind jeweils normalverteilte Zufallsgrößen mit den Erwartungswerten $E[x_A]$ bzw. $E[x_F]$. Wir nehmen an, daß die Varianzen identisch sind, d.h. $\sigma_A^2 = \sigma_F^2 = \sigma^2$.[33]

[32] Diese Einschränkung dient der Anschaulichkeit der folgenden Analyse sowie der Vergleichbarkeit der alternativen Vertriebsformen.

[33] Auch diese Annahme dient lediglich einer anschaulichen Darstellung und erleichtert die Interpretation der nachfolgenden Ergebnisse.

Dann ergibt sich die Varianz von x_G als

(3-8) $\sigma_G^2 = \frac{1}{2}\sigma^2 + \frac{1}{2}\rho\sigma^2 = \left(\frac{1}{2} + \frac{1}{2}\rho\right) \cdot \sigma^2$,

wobei $\rho \in [-1,1]$ den Korrelationskoeffizienten zwischen den beiden Einzelergebnissen aus dem Absatz von Anlage- bzw. Finanzierungsprodukten angibt. Sind beide Produkttypen nicht vollständig positiv miteinander korreliert ($\rho < 1$), so weist das Ergebnis des Generalisten eine geringere Varianz auf als das Ergebnis des Spezialisten: $\sigma_G^2 < \sigma^2$.

Wir sind nun in der Lage, die beiden Vertriebsformen aus Sicht der Bank zu vergleichen. Der maximale Banknutzen bei Einsatz von Produktspezialisten für Beratung und Vertrieb ergibt sich aus Gleichung (3-7):[34]

(3-9) $\Pi_{Spez}^{*} = \frac{1}{4\left(1 + 2r\sigma^2\right)} - H_0$.

Der Vertrieb der gesamten Produktpalette durch einen Berater verlangt von diesem zusätzliche Anstrengungen zum Erwerb des erforderlichen Produkt- und Beratungs-Know-hows. Der Berater hat sich regelmäßig Schulungen, Seminaren und anderen Weiterbildungsmaßnahmen zu unterziehen. Darüber hinaus steht ihm die dafür aufgewendete Zeit nicht zur unmittelbaren Einkommenserzielung durch Vertriebsaktivitäten zur Verfügung. Die genannten Anstrengungen verursachen ihm zusätzliche (fixe) „Kosten“ γ (als Disnutzen seiner Qualifikationsanstrengungen), so daß sich das Sicherheitsäquivalent ergibt zu

(3-10) $SÄ_{Gen} = F + m \cdot e - e^2 - \gamma - m^2 \cdot \sigma_G^2 \cdot \frac{r}{2}$.

Setzen wir (3-10) in (3-2) bzw. (3-3) ein und lösen das Entscheidungsproblem der Bank erneut, so ergibt sich der maximale Banknutzen bei Einsatz von Generalisten:

---

34 Betrachtet wird hier und im folgenden der Banknutzen, der pro eingesetzter Vertriebseinheit generiert wird.

$$(3\text{-}11)\quad \Pi^*_{Gen} = \frac{1}{4\left(1+2r\sigma^2_G\right)} - H_0 - \gamma\ .$$

Der Einsatz von Generalisten generiert einen höheren optimalen Banknutzen als der Einsatz von Spezialisten, wenn gilt:

$$(3\text{-}12)\quad \Pi^*_{Gen} > \Pi^*_{Spez}\ .$$

bzw.

$$(3\text{-}13)\quad \Pi^*_{Gen} = \frac{1}{4\left(1+2r\sigma^2_G\right)} - H_0 - \gamma > \Pi^*_{Spez} = \frac{1}{4\left(1+2r\sigma^2\right)} - H_0\ .$$

Setzen wir $\sigma^2_G = \left(\frac{1}{2}+\frac{1}{2}\rho\right)\cdot\sigma^2$ ein, so ergibt sich

$$(3\text{-}14)\quad \gamma < \frac{1}{4\left(1+2r\sigma^2\left(\frac{1}{2}+\frac{1}{2}\rho\right)\right)} - \frac{1}{4\left(1+2r\sigma^2\right)}\ .$$

Durch geeignetes Umformen erhalten wir die Bedingung für die Vorteilhaftigkeit des Allfinanzvertriebs aus Sicht der Bank:

$$(3\text{-}15)\quad \rho < \frac{\dfrac{1+2r\sigma^2}{4\gamma\left(1+2r\sigma^2\right)+1} - 1}{r\sigma^2} - 1\ .$$

Diese Bedingung gibt an, in welchem Verhältnis die positiven Effekte einer Risikominderung - der Berater verlangt eine geringere Riskoprämie für die Übernahme von Erfolgsrisiken - zu den erhöhten Aufwendungen für eine zusätzliche Qualifizierung der Allfinanzberater stehen müssen, um einen Allfinanzvertrieb aus Sicht der Bank vorteilhaft zu machen. Dabei steigt die Vorteilhaftigkeit einer „Alles aus einer Hand" - Strategie mit abnehmender positiver Korrelation der insgesamt angebotenen Finanzprodukte. Umgekehrtes gilt für steigende Qualifikationskosten.

Aus der Vorteilhaftigkeitsbedingung für den Allfinanzvertrieb (3-15) ist zunächst folgendes unmittelbar ersichtlich: Existieren keine Qualifikationskosten ($\gamma = 0$), so ist ein Allfinanzvertrieb für die Bank immer dann vorteilhaft, wenn die einzelnen Ergebnisgrößen der zu vertreibenden Finanzprodukte nicht vollständig positiv miteinander korreliert sind ($\rho < 1$). Umgekehrt bedeutet dies für den Fall vollständig positiver Korrelation der zu vertreibenden Produkte bzw. deren zufallsabhängigen Ergebnisgrößen ($\rho = 1$), daß die Bank zwischen den betrachteten Vertriebsformen nur dann indifferent ist, wenn die Qualifikationskosten null sind. Sind die Qualifikationskosten echt positiv, ist der Spezialvertrieb bei perfekter Korrelation aus Sicht der Bank günstiger.

Betrachten wir den Fall unkorrelierter Ergebnisgrößen der Finanzprodukte ($\rho = 0$), dann wird Ungleichung (3-14) zu:

$$(3\text{-}16) \quad \gamma < \frac{1}{4} \cdot \frac{r\sigma^2}{1 + 3r\sigma^2 + 2r^2\sigma^4} \quad .$$

Sie stellt die Vorteilhaftigkeitsbedingung für Allfinanzvertrieb im Falle unkorrelierter Finanzprodukte dar. Wir fassen $r\sigma^2$ zu einer Variable y zusammen ($y = r\sigma^2$) und untersuchen den rechten Ausdruck von (3-16) als Funktion k von y ($y \geq 0$) : $k(y) = \frac{y}{4 + 12y + 8y^2}$. Diese Funktion erreicht an der Stelle $y = \frac{1}{\sqrt{2}}$ ihr Maximum. Dies bedeutet, daß der rechte Ausdruck in Ungleichung (3-16) maximal den Wert von $\frac{1}{4} \cdot \left(3 - 2\sqrt{2}\right)$ annehmen kann, der damit eine obere Schranke für die Höhe der Qualifikationskosten γ in folgendem Sinne darstellt: Gilt

$$(3\text{-}17) \quad \gamma > \frac{1}{4} \cdot \left(3 - 2\sqrt{2}\right) \quad ,$$

so müssen die Ergebnisgrößen der betrachteten Finanzprodukte in jedem Fall negativ korreliert sein, um die Vorteilhaftigkeit des Allfinanzvertriebs aus Sicht der Bank bewirken zu können. Umgekehrt bedeutet die Gültigkeit von (3-17) im Falle unkorrelierter bzw. positiv korrelierter Finanzprodukte, daß der Allfinanzvertrieb nicht vorteilhaft sein kann. Damit existiert eine hinreichende Bedingung, anhand derer die Bank ohne explizite Kenntnis der Risikoeinstellung der Berater bzw. des Ergebnisrisikos in der Lage ist, abzuschätzen, ob sich der Allfinanzvertrieb für ein gegebenes Produktsortiment und gegebene Qualifikationskosten überhaupt lohnen *kann*.

Betrachten wir noch den Fall vollständig negativ korrelierter Ergebnisgrößen ($\rho = -1$), so wird Ungleichung (3-14) zu

$$(3\text{-}18) \quad \gamma < \frac{1}{2} \cdot \frac{r\sigma^2}{1 + 2r\sigma^2} \quad .$$

Der rechte Ausdruck stellt in Abhängigkeit von r und σ^2 eine obere Schranke für die Qualifikationskosten γ insgesamt dar, da die positiven Effekte der Risikominderung aus Sicht der Bank im Falle vollständig negativ korrelierter Finanzprodukte maximal sind. Ist die (hinreichende) Bedingung (3-18) nicht erfüllt, so kann der Allfinanzvertrieb für die Bank nicht vorteilhaft sein. Dies gilt unabhängig von der herrschenden Korrelation zwischen den vertriebenen Finanzprodukten.

Wir wollen im folgenden untersuchen, welche Gestaltungsempfehlungen sich für die Bank aus den obigen Ergebnissen ableiten lassen. Zunächst wäre es möglich, Vertriebseinheiten gezielt mit Produktportfolios auszustatten, um einen gewünschten Grad der Risikodiversifikation zu erreichen. Dieses Vorgehen findet allerdings Grenzen in einem (zumindest mittelfristig) gegebenen Produktsortiment der Bank und weiteren Determinanten außerhalb des Modells. Eine weitere Möglichkeit bestünde in der gezielten Personalauswahl für Vertriebsaufgaben. Zur Erfüllung von Vertriebsaufgaben wäre ein Mitarbeiter mit geringerer Risikoaversion einem anderen mit größerer Risikoscheu bei ansonsten identischer Qualifikation vorzuziehen. Die geschilderten Maßnahmen können aber allenfalls begleitend sein.

Einen wesentlich wirksameren Gestaltungseinfluß hat die Bank auf die Höhe der Qualifikationsanforderungen und -kosten, die mit dem Allfinanzvertrieb einhergehen. Hierzu ist noch einmal herauszustellen, daß der obige Vergleich auf Basis des pro Vertriebseinheit bzw. Berater generierten optimalen Banknutzen erfolgte. Dies bedeutet, daß Qualifikationskosten pro Berater berücksichtigt sind. Es ist offensichtlich, daß die Bank durch geeigneten IKS-Einsatz in der Lage ist, diese Qualifikationskosten zu senken. Anstatt der Schulung einzelner Berater und Durchführung entsprechender Qualifikationsmaßnahmen kann die Bank das zum Allfinanzvertrieb notwendige Produkt-Know-how auch zu einem wesentlichen Teil mittels IKS-

Unterstützung den Beratern an der Kundenschnittstelle verfügbar machen. Der Einsatz wissensbasierter Beratungssysteme ermöglicht dabei die (kostengünstige) Multiplikation sowie eine zentral vorgenommene Pflege und Aktualisierung des erforderlichen Produkt- und Problemlösungswissens (vgl. Abschnitt 2.3.1).

3.1.4.3 Relative Leistungsbewertung

Der Vorteilhaftigkeitsvergleich zwischen Spezialisten und Generalisten wurde auf Basis eines Kompensationsschemas durchgeführt, dessen Bemessungsgrundlage das jeweils individuell erzielte Ergebnis war (individuelle Leistungsbewertung und absolute Ergebnisbeteiligung). Die Zusammenfassung und Bündelung der Vertriebsaktivitäten bewirken eine Reduktion des Entlohnungsrisikos bei den Agenten, so daß diese eine geringere Risikoprämie von der Bank für die Übernahme von Erfolgsrisiken verlangen. Hieraus resultiert ein Wohlfahrtsgewinn für die risikoneutrale Bank. In Prinzipal-Agenten-Situationen mit mehreren Agenten besteht allerdings auch die Möglichkeit, über eine vergleichende Leistungsbewertung (und relativer Ergebnisbeteiligung) Entlohnungsrisiken zu reduzieren [Holm82]. Sind die Umwelteinflüsse, denen die Agenten in ihrer Vertriebstätigkeit unterliegen, geeignet korreliert, so kann ein „Vergleich ihrer jeweils produzierten Outputs geeignet sein, die Umweltunsicherheit bei der Bewertung ihrer Leistung zu reduzieren" [Wint96b, 898]. Kompensationsschemata auf Basis einer relativen Ergebnisbeteiligung ermöglichen dann auch Wohlfahrtsgewinne in Prinzipal-Agenten-Beziehungen, „da die an den Agenten zu zahlende Risikoprämie gegenüber einem Vertrag mit absoluter Outputbeteiligung reduziert werden kann" [Wint96b, 898]. Während die Risikoreduktion im Falle des Generalisten durch Zusammenfassung von Vertriebstätigkeiten bzw. der Portfoliobildung unter Nutzung von Risikodiversifikationseffekten erfolgt, wird durch den Leistungsvergleich versucht, die tatsächlich erbrachte Leistung des Agenten trotz zufallsabhängiger Umwelteinflüsse meßbar zu machen.

Durch die Anwendung der relativen Ergebnisbeteiligung können auch im Falle des spezialisierten Produktvertriebs Risikoreduktionseffekte erzielt werden, indem die Kompensation der Produktspezialisten an den Vergleich der Produkteinzelergebnisse gekoppelt wird. Wir werden im folgenden die beiden Formen der Risikoreduktion miteinander vergleichen, indem wir den

Spezialvertrieb (Spezialisten) mit relativer Ergebnisbeteiligung dem Allfinanzvertrieb (Generalisten) bei absoluter Ergebnisbeteiligung gegenüberstellen.

Während die abgeleiteten Ergebnisse für den Generalisten weiterhin Bestand haben, ist der Spezialistenfall entsprechend der relativen Ergebnisbeteiligung zu modifizieren. Die Modifikation betrifft im wesentlichen die Gestalt des Kompensationsschemas; ansonsten gelten weiterhin die oben getroffenen Annahmen.

Wir nehmen an, daß die Vergütung eines Spezialisten bei relativer Ergebnisbeteiligung eine stetige Funktion der Ergebnisdifferenz zwischen seinem erzielten Ergebnis und demjenigen eines anderen Spezialisten ist.[35] Für den Anlagespezialisten A bzw. Finanzierungsspezialisten F ergibt sich in der betrachteten Bank mit je einem A- und F-Spezialisten die Entlohnung

$$\text{(3-19)}\quad \hat{s}_i(x_i, x_j) = \hat{F} + \hat{m} \cdot (x_i - \lambda x_j) \text{ mit } i, j \in \{A, F\} \text{ und } i \neq j,$$

wobei λ einen Parameter darstellt, der in Abhängigkeit von der Korrelation der Umwelteinflüsse gewählt werden kann [BrSm96, 275f.].

Für den Spezialisten A ergibt sich dann ein Sicherheitsäquivalent von

$$\text{(3-20)}\quad \hat{S}_A = E\left[\hat{s}_A(x_A, x_F) - \hat{e}_A{}^2\right] - \frac{r}{2}\mathrm{Var}\left[\hat{s}_A(x_A, x_F) - \hat{e}_A{}^2\right].$$

Durch Umformen und Berücksichtigung der obigen Annahmen hinsichtlich der Varianzen und der Korrelation der Ergebnisgrößen erhalten wir

$$\text{(3-21)}\quad \hat{S}_A = \hat{F} + \hat{m}(\hat{e}_A - \lambda\hat{e}_F) - \frac{r}{2}\hat{m}^2 \cdot (1 + \lambda^2 - 2\lambda\rho)\sigma^2 - \hat{e}_A{}^2 .$$

Durch geeignete Wahl von λ läßt sich der Ausdruck $1 + \lambda^2 - 2\lambda\rho$ bzw. das Entlohnungsrisiko minimieren. Das Minimum liegt an der Stelle $\lambda^* = \rho$ vor. Eingesetzt in (3-21) ergibt sich

[35] Sogenannte Tournaments (Kompensationsschemata, bei denen die Entlohnung vom Rang des realisierten Ergebnisses abhängt) sollen hier nicht betrachtet werden. Zu Tournaments vgl. z.B. [LaRo81], [BhGu88] und [EhBo90].

(3-22) $\hat{S}_A = \hat{F} + \hat{m}(\hat{e}_A - \rho\hat{e}_F) - \frac{r}{2}\hat{m}^2(1-\rho^2)\sigma^2 - \hat{e}_A{}^2$.

Die Maximierung des Sicherheitsäquivalentes ergibt einen Optimalwert für die Anstrengung des Spezialisten A von

(3-23) $\hat{e}_A^* = \frac{\hat{m}}{2}$.[36]

Da die beiden Spezialisten A und F annahmegemäß gleiche Charakteristika aufweisen, ergibt sich für beide die gleiche optimale Anstrengung $\hat{e}_A^* = \hat{e}_F^*$. Auf dieser Grundlage können wir das Optimierungsproblem der Bank (Prinzipal) in analoger Weise wie durch (3-1), (3-2) und (3-3) formulieren und lösen. Wir erhalten den optimalen Prämiensatz $\hat{m}^*$, das optimale Fixum $\hat{F}^*$ und die optimale induzierte Anstrengung $\hat{e}^*$:

(3-24) $\hat{m}^* = \frac{1}{1+2r(1-\rho^2)\sigma^2}$,

(3-25) $\hat{F}^* = H_0 - \frac{1-2\rho-2r(1-\rho^2)\sigma^2}{4\left(1+2r(1-\rho^2)\sigma^2\right)^2}$,

(3-26) $\hat{e}^* = \frac{1}{2\left(1+2r(1-\rho^2)\sigma^2\right)}$.

Eingesetzt in die Zielfunktion der Bank ergibt sich das maximale erwartete Nettoergebnis als

(3-27) $\hat{\Pi}_{Spez}^* = \frac{1}{4\left(1+2r(1-\rho^2)\sigma^2\right)} - H_0$.

Wir betrachten zunächst den Wohlfahrtsgewinn einer relativen Leistungsbewertung im Vergleich zu einer absoluten Ergebnisbeteiligung. Hierzu

---

[36] Dies entspricht im übrigen der optimalen Anstrengung im Falle des Standard-LEN-Modells (vgl. (3-4) und (3-6)).

vergleichen wir den maximalen Banknutzen, der sich jeweils durch den Einsatz von Produktspezialisten bei unterschiedlichen Kompensationsschemata ergibt. Für eine relative Ergebnisbeteiligung gilt (3-27), während sich der maximale Banknutzen bei absoluter Ergebnisbeteiligung aus (3-7) ergibt. Eine relative Ergebnisbeteiligung ist dann vorteilhaft, wenn gilt:

$$(3\text{-}28)\quad \hat{\Pi}^*_{Spez} > \Pi^*_{Spez}$$

bzw.

$$(3\text{-}29)\quad \frac{1}{4\left(1+2r(1-\rho^2)\sigma^2\right)} - H_0 > \frac{1}{4\left(1+2r\sigma^2\right)} - H_0$$

$$\Leftrightarrow \frac{r\sigma^2\rho^2}{2\left(1+2r\sigma^2-2r\sigma^2\rho^2\right)\left(1+2r\sigma^2\right)} > 0 \ .$$

Aus der Bedingung (3-29) wird folgendes sofort ersichtlich: Sind die Ergebnisgrößen zweier Spezialisten unkorreliert ($\rho = 0$), so ist die Bank indifferent zwischen einer relativen und einer absoluten Ergebnisbeteiligung ihrer Vertriebseinheiten. Dies ist wenig verwunderlich, da in diesem Fall keinerlei Rückschlüsse von einem Produktergebnis auf ein anderes Produktergebnis gezogen werden können und mithin die relative Leistungsbewertung keinerlei Vorteile bietet. Sind die Ergebnisgrößen der beiden Produkte bzw. Spezialisten hingegen korreliert ($\rho \neq 0$), so führt die relative Ergebnisbeteiligung immer zu einem höheren Banknutzen als die die absolute Ergebnisbeteiligung.

Wir wollen nun aus Sicht der Bank die Vorteilhaftigkeit des Einsatzes von Spezialisten bei relativer Belohnung mit dem Einsatz von Generalisten bei absoluter Vergütung vergleichen. Hierzu lassen wir zunächst die Qualifikationskosten im Falle der Generalisten außer acht, um allein die Risikoreduktionseffekte unterschiedlicher Herkunft zu analysieren. Während im Falle der Generalisten die geringere Forderung nach einer Risikoprämie durch Diversifikation erreicht wird, dient im Falle der relativen Leistungsbewertung ein Referenzergebnis als Indikator für die Umwelteinflüsse und damit zu einer Reduzierung des Entlohnungsrisikos.

Unter Nichtberücksichtigung von Qualifikationskosten generiert der Einsatz von Generalisten genau dann einen höheren Banknutzen als der Einsatz von

Spezialisten mit relativer Ergebnisbeteiligung, wenn - unter Verwendung von (3-7) mit $\sigma_G^2 = \left(\frac{1}{2}+\frac{1}{2}\rho\right)\cdot\sigma^2$ und (3-27) - gilt:

$$(3\text{-}30)\quad \frac{1}{4\left(1+2r\sigma^2\left(\frac{1}{2}+\frac{1}{2}\rho\right)\right)} > \frac{1}{4\left(1+2r\sigma^2\left(1-\rho^2\right)\right)}$$

bzw.

$$(3\text{-}31)\quad \frac{1}{2}+\frac{1}{2}\rho < 1-\rho^2 \quad .$$

Wir können die Bedingung (3-31) auch durch $1-\rho^2-\frac{1}{2}\rho-\frac{1}{2}>0$ (bzw. $\rho^2+\frac{1}{2}\rho-\frac{1}{2}<0$) ausdrücken. Unter Nutzung der Lösungsformel für quadratische Gleichungen lassen sich die Nullstellen des rechten Terms mit $\rho_1=-1$ und $\rho_2=\frac{1}{2}$ bestimmen. Da der rechte Term bei $\rho=-\frac{1}{4}$ ein Maximum annimmt, läßt sich folgende Aussage treffen: Ohne Berücksichtigung von Qualifikationskosten ist der Einsatz von Generalisten (bei absoluter Ergebnisbeteiligung) für alle $\rho\in\left(-1,\frac{1}{2}\right)$ aus Sicht der Bank vorteilhaft gegenüber dem Einsatz von Produktspezialisten mit relativer Ergebnisbeteiligung. Bei $\rho=-1$ und $\rho=\frac{1}{2}$ ist die Bank beiden Alternativen gegenüber indifferent. Für $\rho>\frac{1}{2}$ zieht sie den Spezialvertrieb mit relativer Leistungsbewertung vor. Dies bedeutet, daß für Korrelationen aus dem Intervall $\left(-1,\frac{1}{2}\right)$ die Wohlfahrtsgewinne für die Bank aus Risikodiversifikation durch Bündelung der Vertriebsaktivitäten größer sind als die Wohlfahrtgewinne in Folge von besserer Meßbarkeit der Leistung durch relative Leistungsbewertung. Die „Asymmetrie“ des Vorteilhaftigkeitsintervalls läßt sich leicht interpretieren: Während die risikoreduzierende Indikatorwirkung der relativen Leistungsbewertung unabhängig von dem Vorzeichen der Korrelation ist, nimmt die Risikoreduktion durch Diversifikation im Falle der Vertriebsbündelung mit geringerer Korrelation der Ergebnisgrößen zu.

Berücksichtigen wir nun positive Qualifikationskosten im Falle des gebündelten Allfinanzvertriebs, so ergibt sich die folgende Vorteilhaftigkeitsbedingung für den Allfinanzvertrieb gegenüber dem Spezialvertrieb bei relativer Leistungsbewertung:

$$(3\text{-}32)\quad \gamma < \frac{1}{4\left(1+2r\sigma^2\left(\frac{1}{2}+\frac{1}{2}\rho\right)\right)} - \frac{1}{4\left(1+2r\sigma^2\left(1-\rho^2\right)\right)} .$$

Kann die Bank durch geeigneten IKS-Einsatz die Qualifikationskosten auf null senken, so gelten die obigen Ergebnisse. Sind die Qualifikationskosten indessen echt positiv, so wird das Intervall der Korrelationen, für das die Vorteilhaftigkeit des Allfinanzvertriebs gilt, entsprechend kleiner.

Da der Einsatz unterschiedlicher Bewertungsformen (absolut / relativ) unabhängig von der gewählten Vertriebsform erfolgen kann, können allerdings die Risikoreduktionseffekte durch den Einsatz relativer Leistungsbewertung auch im Falle des Allfinanzvertriebs genutzt werden. Neben die Risikoreduktion durch Diversifikation tritt dann zusätzlich die risikoreduzierende Indikatorwirkung der relativen Leistungsbewertung. Die Kombination beider Effekte steigert damit die relative Vorteilhaftigkeit des Allfinanzvertriebs gegenüber der optimierten Spezialvertriebslösung. Darüber hinaus sind im Falle des Allfinanzvertriebs die Zufallseinflüsse der Vertriebseinheiten vollständig korreliert (Vertrieb des identischen Produktportfolios), so daß unter bestimmten Bedingungen[37] ein First-best-Vertrag mit optimaler Risikoallokation möglich ist, da sich durch „die relative Leistungsbewertung jegliches Risiko aus dem Vergütungsvertrag eliminieren läßt" [Wint96b, 898]. Die Wohlfahrtsgewinne infolge optimaler Risikoteilung sind dann den erforderlichen Qualifikationskosten zur Implementierung des Allfinanzvertriebs gegenüber zu stellen.

Allerdings können mit dem Einsatz der relativen Leistungsbewertung zur Steuerung der Vertriebseinheiten auch erhebliche Probleme verbunden sein, die vor allem im produktorientierten Spezialvertrieb nachteilig wirken: Basiert die Vergütung der Vertriebseinheiten auf einem Ergebnisvergleich, so können aus Sicht der Bank unerwünschte Verhaltensweisen der Ver-

---

[37] Vgl. zu der zu treffenden Annahme fehlender Budgetrestriktionen der Agenten [Mook84].

triebseinheiten induziert werden. Hierzu zählen vor allem Absprachen (kollusives Verhalten)[38] [Dye84, 148] und Sabotage [Laze89].[39]

Durch interne Absprachen, besondere Anstrengungen zu unterlassen, können sich alle Produktspezialisten besser stellen. Der gemeinsame Verzicht auf besondere Anstrengungen, verringert die individuellen Kosten der Anstrengung ohne die relative Position des einzelnen zu verschlechtern. Da die Überwachung der Einhaltung derartiger Absprachen innerhalb einer Bankfiliale verhältnismäßig leicht fällt, wäre ein derartiges „Kartell" durchaus stabil [GiMu90]. Relative Leistungsbewertung beinhaltet aber auch den Anreiz, negativ auf das Ergebnis anderer Vertriebseinheiten - beispielsweise über die Zurückhaltung von Informationen etc. - einzuwirken, da dadurch die eigene relative Leistung verbessert würde [Wint96a, 155]. Besitzt ein Kunde je nach Problemstellung mehrere bankseitige Ansprechpartner, wie es beim Produktvertrieb der Fall ist, so werden die Produktspezialisten versucht sein, ihre Kollegen bzw. deren Produkte beim Kunden gezielt abzuwerten und Geschäftsabschlüsse zu verhindern.

Problematisch ist die relative Leistungsbewertung auch dann, wenn externe Effekte zwischen den Aktivitäten der Vertriebseinheiten existieren, wie es vor allen Dingen im Produktvertrieb der Fall ist: Beispielsweise entsteht ein Anreiz, Beratungsanstrengungen zu reduzieren, wenn der Produktberater davon ausgehen muß, daß seine Anstrengungen zu erhöhter Kundenzufriedenheit und möglicherweise zu einer weiteren Produktinanspruchnahme durch den Kunden bei einem anderen Kollegen führt. Neben die Kosten der eigenen Beratungsanstrengungen tritt dann noch die relative Ergebnisverschlechterung durch die Steigerung des Referenzergebnisses einer anderen Vertriebseinheit.

Die genannten Effekte können mithin die Vorteile der Risikoreduktion gerade im Produktvertrieb konterkarieren und wirken tendenziell gegen die Vorteilhaftigkeit des optimierten Produktvertriebs.

---

[38] Obwohl kollusives Verhalten in der Literatur überwiegend als schädlich für den Prinzipal eingeschätzt wird [vgl. z.B. Borl92, 150f.], zeigt [Krap97], daß Absprachen unter Agenten unter bestimmten Umständen auch für den Prinzipal vorteilhaft sein können.

[39] Zu einer formalen Analyse der Wirkungen dieser negativen Effekte vgl. [Wint96b, 907ff.].

3.1.4.4 Zusammenfassung

Wir können festhalten: Der Allfinanzvertrieb wird unter Risikoaspekten auch einem bezüglich des Kompensationsschemas optimierten Spezialvertrieb mit relativer Leistungsbewertung häufig überlegen sein. Die Vorteilhaftigkeit kann darüber hinaus mit der Senkung von Qualifikationskosten durch den Einsatz von geeignet gestalteten Beratungsunterstützungssystemen weiter gesteigert werden.

Demzufolge stellt die Bündelung von Vertriebsaufgaben eine geeignete Maßnahme zur Reduzierung von Agency-Kosten dar, die aus vertikaler Dezentralisierung resultieren. Das Ergebnis der Analyse unter Agency-Gesichtspunkten zeigt darüber hinaus einen weiteren Erklärungsansatz für die in der Praxis zunehmend beobachtbaren Allfinanz- (vertriebs)strategien vieler Anbieter auf: Neben einer verbesserten Befriedigung von Kundenbedürfnissen und der Realisierung von Cross-Selling-Effekten sowie einer wirtschaftlicheren Nutzung bestehender Absatzkanäle bildet der aufgezeigte Steuerungsaspekt ein weiteres Argument für die Vorteilhaftigkeit eines Allfinanzkonzepts.

3.1.5 Anforderungen an eine marktorientierte Angebotserstellung

3.1.5.1 Allfinanzvertrieb

Die Analyse vertikaler Agency-Probleme zwischen Bank und Vertriebseinheit hat die häufige Vorteilhaftigkeit einer kundenbezogenen gegenüber einer produktorientierten Vertriebsform verdeutlicht. Die Bedeutung der Kundenbeziehung für den Bankerfolg sowie der Aspekt der Risikoteilung zwischen Bank und Vertriebseinheit erfordern es, den Kunden bzw. seine Bedürfnisse in den Mittelpunkt der Vertriebsanstrengungen zu stellen. Idealerweise besitzt daher der Kunde einen Ansprechpartner auf Anbieterseite, der in der Lage ist, unter Berücksichtigung aller Finanzprodukte eine kundenindividuelle Problemlösung zu erarbeiten. Durch die Form des Allfinanzvertriebs werden darüber hinaus solche externe Effekte zwischen Vertriebseinheiten ausgeschlossen, die aus Marktinterdependenzen bzw. für den Fall resultieren, daß in Beziehung stehende Absatzobjekte von getrennten Entscheidungseinheiten angeboten und vermarktet werden (vgl. Abschnitt 2.2.2.1). Substitutive und komplementäre Beziehungen zwischen Finanzprodukten werden vielmehr genutzt (bzw. berücksichtigt), um komplexe Finanzprobleme eines Kunden besser zu lösen.

Wird der Kunde vornehmlich von einem Kundenberater betreut und werden geeignete Anreize gesetzt, so reduzieren sich auch die Unterinvestitionen in die Kundenbeziehung. Honoriert der Kunde im Verlauf der Geschäftsbeziehung erbrachte Vorleistungen wie hohe Beratungsqualität, preisliche Flexibilität, entgegenkommende Vertragsauslegung (Kulanz), Akquisitionsbemühungen, individuelle Ansprache - insgesamt spezifische Investitionen in die Kundenbeziehung, so kommen diese Erträge in der Regel dem Berater zugute, der die entsprechenden Anstrengungen geleistet hat.

Der Allfinanzvertrieb und die damit einhergehende Erweiterung des Entscheidungsspielraumes der Vertriebseinheiten können allerdings nur dann vorteilhaft sein, wenn es gelingt, das gestiegene Anforderungsprofil der Vertriebsentscheidungen mit der Qualifikation der Vertriebsmitarbeiter in Übereinstimmung zu bringen. Auf den Aufbau von Qualifikation als wesentliche Voraussetzung für die Delegation von Entscheidungskompetenzen wurde bereits in Abschnitt 2.3.1 hingewiesen. Wenngleich in den vorangegangenen Abschnitten die dezentrale Verfügbarkeit von lokalen Vor-Ort- und Kundeninformationen als ein Argument für eine Verlagerung der Entscheidungskompetenz an dezentrale Einheiten betont wurde, bleibt dennoch die Frage offen, inwieweit die dezentralen Entscheidungseinheiten im Einzelfall tatsächlich in der Lage sind, diese Informationen zieladäquat zu nutzen bzw. den Anforderungen der ihnen übertragenen Aufgaben zu genügen.[40] Neben der Berücksichtigung von Kundeninformationen muß der Kundenberater im Rahmen des Allfinanzvertriebs auch die umfangreiche Angebotsbreite der Bank und ihrer Kooperationspartner beherrschen. Der von ihm zu vertretende und auszuwertende Lösungsraum für Finanzprobleme, bestehend aus einer Vielzahl von Anlagefonds, Anleihen, Aktien, Kredit- und Leasingvarianten, Bausparverträgen, Lebens-, Sach- und Krankenversicherungen etc. und deren mögliche Kombinationen, verdeutlicht die Komplexität des involvierten Produktwissens. Im Hinblick auf das Kriterium der Anforderungskompatibilität als „Ausmaß der Übereinstimmung zwischen den Anforderungen an den einzelnen Aufgabenträger und deren jeweiligen Qualifikationen und objektiven Verfügungsmöglichkeiten über Ressourcen"

---

[40] Zu einer möglichen Überforderung der Kundenberater durch eine Ausweitung des Sortiments vgl. [Sche92, 109ff.] und [Reic92, 105].

[LaLi93, 257], muß den Vertriebseinheiten das erforderliche Produktwissen dezentral an der Kundenschnittstelle *verfügbar* gemacht werden. Neben der klassischen Schulung und Qualifikation der Mitarbeiter kommt hierfür zunehmend der Einsatz intelligenter IKS in Betracht [SaRo94].

3.1.5.2 Objektive Beratung und Kundenorientierung

Der Allfinanzvertrieb im Sinne des Produktangebots „aus einer Hand" und korrespondierende Kenntnisse des Kundenberaters hinsichtlich der gesamten Produktpalette sind somit notwendige Bedingungen für die Etablierung einer vertrauensvollen Kundenbeziehung sowie einer effizienten Risikoteilung zwischen Berater und Bank. Sie sind aber keineswegs hinreichend. Erst die Erstellung einer kundenindividuellen Problemlösung unter Nutzung der zur Verfügung stehenden Produktbausteine durch den Berater erzeugt letztlich die Bedürfnisbefriedigung, die dem Kunden als Beurteilungsmaßstab der Leistungserstellung dient. Die Güte der Problemlösung(en) gemessen mit dem Beurteilungskriterium des Kunden ist demnach ausschlaggebend für den Aufbau von Vertrauen und Reputation innerhalb der Kundenbeziehung und letztlich für den Bankerfolg. Diesen Zusammenhang zwischen Angebotsqualität und Bankerfolg weisen [NaJo96] auch empirisch nach. Sie kommen zu dem Ergebnis, daß eine hohe Qualität der Produkte und (Beratungs-)Leistungen zu einer hohen Kundenzufriedenheit und als Folge zu einer höheren Kundenloyalität führt. Die damit einhergehende Bereitschaft der Kunden, wiederholt Leistungen bei ein und derselben Bank nachzufragen, „führt zu einem vermehrten wirtschaftlichen Erfolg" [NaJo96, 708].

Die Generierung von (vermittel- und vermarktbarem) Kundennutzen kann allerdings nur dann gelingen, wenn der Kundenberater auch in der Lage ist, das verfügbare Produktwissen entsprechend zu nutzen. Schon die Gestaltung individueller Problemlösungen, die jeweils nur einzelne Finanzprodukte umfassen, ist durch den erforderlichen Einsatz komplexen Problemslösungswissens gekennzeichnet (vgl. Abschnitt 3.2.2.2). Beispielhaft sei die vorteilhafte Gestaltung von Leasingverträgen genannt [BuEr91, WiBu93]. Da ein wesentlicher Einflußfaktor auf die Vorteilhaftigkeit verschiedener Finanzproduktvarianten in ihrer steuerlichen Behandlung besteht, kommt auch der zieladäquaten Nutzung steuerlicher Gestaltungsspielräume große Bedeutung zu. Die hieraus resultierenden Anforderungen an die Nutzung von Produkt- und Problemlösungswissen werden weiterhin erhöht, wenn man berücksichtigt, daß die Güte von Problemlösungen durch eine ökonomisch begründete Kombination verschiedener Finanzprodukte in vielen Situationen erheblich gesteigert werden kann [Buhl92, WiBu93, BuSa93].

Zur Erstellung „guter" Problemlösungen ist es daher nicht ausreichend, lediglich einen größeren Lösungsraum an der Kundenschnittstelle verfügbar zu machen, sondern es gilt darüber hinaus, den Kundenberater bei der Selektion, Konfiguration und Kombination von Lösungsbausteinen zu unterstützen, d.h vielfältiges Produkt- und Problemlösungswissen an der dezentralen Kundenschnittstelle *nutzbar* zu machen.

3.1.6 Fazit: IKS-Unterstützung zur Realisierung einer marktorientierten Allfinanzangebotserstellung

Die Ergebnisse der Analyse des Angebotserstellungsprozesses unter besonderer Berücksichtigung agency- und dienstleistungstheoretischer Aspekte lassen sich in Abbildung 3-1 veranschaulichen und zusammenfassen:

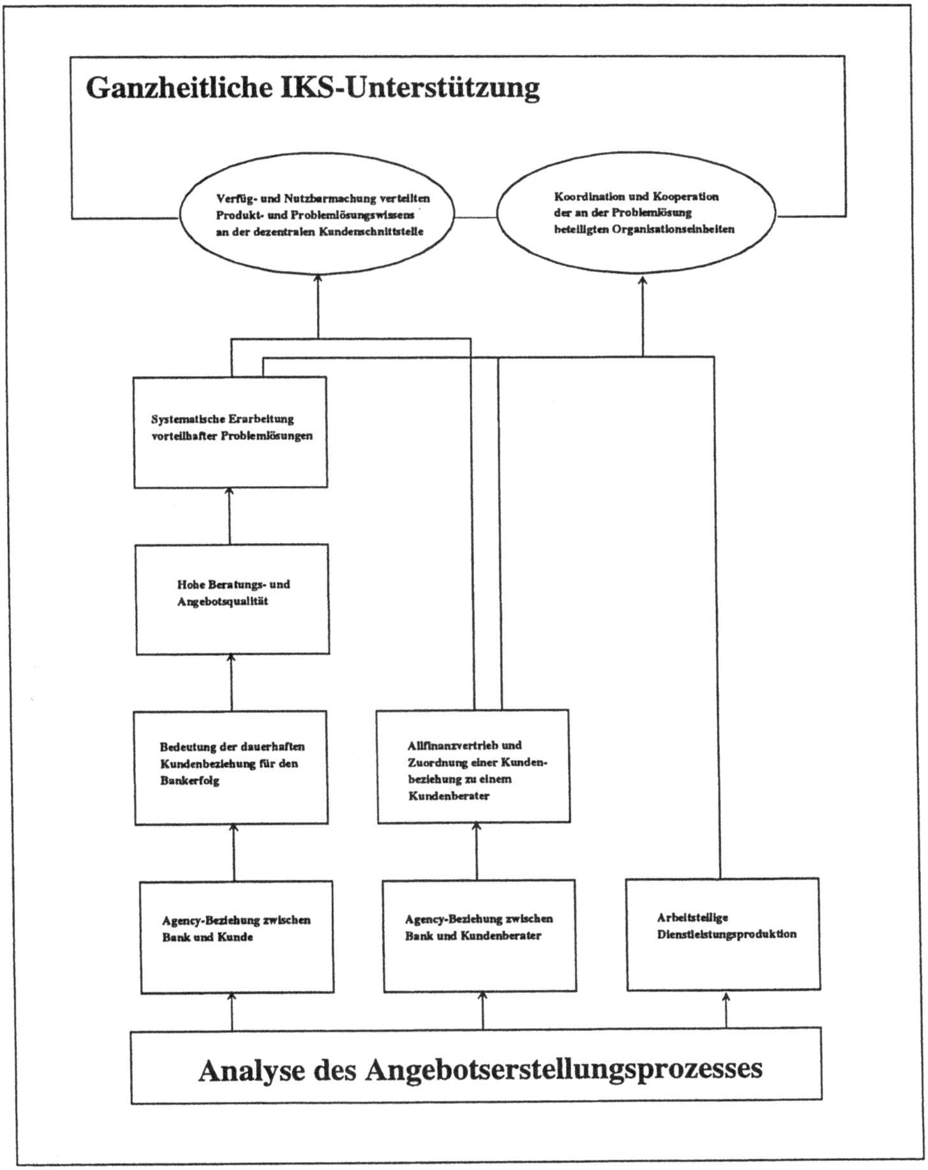

Abb. 3-1: Notwendigkeit der IKS-Unterstützung zur Erstellung marktorientierter Allfinanzangebote

Die angestellten Überlegungen und Modellanalysen erlauben den folgenden Schluß: Zur Operationalisierung einer Strategie der Kundenorientierung sowie zur verbesserten Internalisierung vertikaler Externalitäten liegt es nahe, die Kundenschnittstelle als Allfinanzvertrieb zu gestalten und die Verantwortung für eine Kundenbeziehung einer Vertriebseinheit ungeteilt zuzuordnen. Das verantwortliche Management einer Kundenbeziehung impliziert, daß der Kundenbetreuer als „Kundenmanager" [FrWe89, 20] idealtypisch

- (direkt oder indirekt) über alle kunden- und produktrelevanten Informationen verfügt,
- in der Lage ist, sämtliche Finanzprobleme seiner Kunden zu erkennen und unter Zuhilfenahme des Finanzproduktangebots der Bank zu lösen sowie
- über autonome Entscheidungskompetenzen bezüglich der Preisgestaltung verfügt[41] [FrWe89, 20].

Es ist offensichtlich, daß diese Anforderungen nur dann zugleich erfüllt werden können, wenn der „Kundenmanager" in seinem Problemlösungsprozeß durch Informations- und Kommunikationssysteme unterstützt wird.

Aufgrund der Tatsache, daß immer weniger zwischen Produktgestaltung und Vertrieb unterschieden werden kann [Schm91, 29], hat eine solche Systemunterstützung allerdings auch den bereits herausgearbeiteten Charakteristika des Leistungserstellungsprozesses sowie den beteiligten Einheiten der Bank bzw. externen Kooperationspartnern Rechnung zu tragen: Arbeitsteilige Leistungserstellung und zeitnahe Erarbeitung von Problemlösungen an der Kundenschnittstelle erfordern die Unterstützung der Kooperation und Koordination der an der Problemlösung beteiligten Organisationseinheiten.

---

[41] Die Delegation von Preissetzungskompetenz als Voraussetzung für ein verantwortliches Management der Kundenbeziehung wurde bislang nur kurz skizziert. Eine ausführliche Begründung liefert z.B. [Lal86]. Er kommt in seinen Modellüberlegungen zu dem Schluß, „[...] that, in environments where the salesperson has more precise information than the management about the local conditions and the customers needs, it can be in the best interest of the firm to delegate the pricing responsibility to the salesperson" [Lal86, 164]. In [StCr79] wird darauf hingewiesen, daß die Delegation von Preiskompetenz an Vertriebseinheiten vor allem in jenen Fällen angezeigt erscheint, „where the product service offering is complex, such as in systems selling" und „where customer classes and sizes vary widely" [StCr79, 21]. Diese Attribute charakterisieren auch den kundenorientierten Vertrieb von Finanzdienstleistungen.

Neben dem primären Ziel, vorteilhafte Lösungen zu Finanzproblemen der Kunden zu generieren, bestimmen daher auch organisatorische Aspekte der Leistungserstellung sowie deren Arbeitsteiligkeit die Gestaltung einer ganzheitlichen Systemunterstützung.

3.2 Dezentrale IKS-Unterstützung der marktorientierten Allfinanzangebotserstellung

Die betriebswirtschaftlich fundierte Gestaltung einer Systemunterstützung der marktorientierten Allfinanzangebotserstellung sowie deren informationstechnisch überzeugende Realisierung sind Gegenstand der folgenden Abschnitte.

Ausgehend von den zwei wesentlichen Anforderungen (vgl. Abb. 3-1)

- Unterstützung der Erarbeitung vorteilhafter Problemlösungen sowohl aus Sicht des Kunden als auch der Bank sowie
- Unterstützung der Kooperation und Koordination der an der Problemlösung beteiligten Organisationseinheiten,

untersuchen wir zunächst den derzeitigen Realisierungsstand von Systemen zur Unterstützung des Allfinanzangebotsprozesses. Die Analyse wird zeigen, daß weder in Bezug auf den Problemlösungsaspekt noch hinsichtlich der Koordinationserfordernisse befriedigende Lösungen in der Praxis existieren.[42] Wesentliche Ursache hierfür ist, daß zur Unterstützung innovativer dezentraler Organisationskonzepte weiterhin zentralistische und monolithische Informatikansätze zur Anwendung gelangen, die oftmals dezentrale Entscheidungsstrukturen nur unzureichend unterstützen und die angestrebte Flexibilität bzw. die Entscheidungsautonomie dezentraler Einheiten erheblich einschränken. Daraus resultiert die Notwendigkeit, neue verteilte Gestaltungsansätze zur Konzipierung und Realisierung unterstützender IKS zu

---

[42] Diese Aussage gilt vor allem für „traditionelle" filialgestützte Bankunternehmungen, wie Großbanken, Sparkassen etc. Für die jüngsten Neugründungen im Direktbankenbereich muß die Aussage allerdings eingeschränkt bzw. abgeschwächt werden: Aufgrund der Möglichkeit, unabhängig von historischen gewachsenen Strukturen Organisations- und Systemstrukturen auf der „grünen Wiese" zu entwickeln bzw. zu realisieren, finden dort bereits überwiegend dezentrale Informatikkonzepte (Client-Server-Systeme etc.) Anwendung.

wählen. Vor diesem Hintergrund analysieren wir dann den marktorientierten und arbeitsteiligen Allfinanzangebotsprozeß mit dem Ziel, Charakteristika und Anforderungen abzuleiten, denen eine verteilte Systemunterstützung Rechnung zu tragen hat. Den beiden obigen Anforderungen folgend arbeiten wir die zwei elementaren Rollen der Systemunterstützung innerhalb des Allfinanzangebotsprozesses heraus: Die Nutzung verteilt vorliegenden Produkt- und Problemlösungswissens zur Erarbeitung vorteilhafter Problemlösungen verlangt den Einsatz eines verteilten Problemlösungssystems. Die Koordination der an der Problemlösung beteiligten dezentralen Einheiten erfordert die Unterstützung durch ein verteiltes Koordinationssystem.

Unter Verwendung von Gestaltungsalternativen der Verteilten Künstlichen Intelligenz erfolgt die Integration beider Funktionalitäten, indem zunächst der verteilte Problemlösungsprozeß systemnah modelliert und anschließend um ein marktorientiertes Koordinationskonzept erweitert wird. Die prototypische Realisierung des verteilten Problemlösens erfolgt schließlich durch ein blackboardbasiertes Agentensystem, dessen Konzeption kurz dargestellt wird. Abschließend werden die Möglichkeiten diskutiert, den Prototyp zu einem Elektronischen Markt für Problemlösungen zu erweitern und auf diese Weise die Koordination der beteiligten Organisationseinheiten zu unterstützen.

3.2.1 Der „State of the Art“ der IKS-Unterstützung

Im Hinblick auf die wesentliche Rolle einer adäquaten Systemunterstützung zur Realisierung der skizzierten Vorteile eines Allfinanzvertriebs und der erweiterten Entscheidungskompetenz marktnaher Vertriebseinheiten werden in [BuHa93] der derzeitige Realisierungs- und Einsatzstand derartiger Systeme in der Bankpraxis untersucht.[43]

Es wird deutlich, daß das einleitend beschriebene Nutzenpotential von Beratungsunterstützungssystemen im Finanzdienstleistungsbereich derzeit bei weitem nicht ausgeschöpft ist. Die Qualität der Finanzberatung und deren IKS-Unterstützung können demzufolge sowohl aus der Sicht der Praxis als auch bezüglich ihrer wissenschaftlichen Fundierung noch nicht befriedigen.

---

[43] Dieser Abschnitt basiert auf Kap. 3 der Arbeit [BuHa93].

Dies zeigen auch weitere empirische Untersuchungen, die die Qualität der Finanzberatung zum Gegenstand hatten [BrHe90, ReVo92]. So kommen [ReVo92] für die Anlageberatung[44] zu dem Schluß, daß „die weitgehende Unterstützung durch Informationstechnologien nicht in befriedigendem Maße ihren Niederschlag in der Qualität des Beratungsprozesses und der resultierenden Anlageempfehlungen findet". Dieses Ergebnis läßt sich auf den gesamten Finanzdienstleistungsbereich übertragen: Die Dominanz konventioneller Beratungsunterstützungssysteme, deren Funktionalitäten sich in der Hauptsache auf die Berechnung und Darstellung von Zahlungsflüssen finanzieller Entscheidungen beschränken, verdeutlicht, daß die angestrebte Kundenorientierung und eine entsprechend produktübergreifende Finanzberatung derzeit keine adäquate IKS-Unterstützung erfährt und mithin vom einzelnen Berater kaum geleistet werden kann.

Für die eingesetzten Systeme gilt überwiegend, daß sie statt der notwendigen *Auswahlentscheidungs-* lediglich *Rechen*unterstützung leisten [vgl. auch BrBü90, 34]. Gespeicherte Kundendaten, formale Produktbeschreibungen und Tarife, verbunden mit Variantenrechnungen, sind indessen lediglich die Basis einer kundenorientierten Beratung. Die Komplexität der Erstellung kundenindividueller Leistungsbündel erfordert darüber hinaus eine aktive Unterstützung bei der Generierung adäquater Problemlösungen. Eine kundenindividuelle Finanzberatung hat damit den Punkt erreicht, an dem die Beherrschung wachsender Komplexität nicht mehr durch die Verfügbarmachung von Informationen, sondern von deren effektiver Nutzung determiniert wird [KlMe89].

Die derzeit in der Hauptsache eingesetzten, traditionellen DV-Systeme sind mit diesem Anspruch in der Regel überfordert. Sie basieren überwiegend auf dem konventionellen Problemlösungsmodell, das dann geeignet ist, wenn es gilt, gut strukturierbare Problemstellungen mit Hilfe von Algorithmen zu lösen. Die Problematik der Erstellung ganzheitlicher, kundenorientierter Finanzdienstleistungsangebote weist indessen eine wenig strukturierte Form auf: Neben der Abwesenheit eines exakten Zielsystems des Kunden ist sie weiterhin durch das Fehlen einer vordefinierten, einheitlichen Vorgehensweise zur Problemlösung gekennzeichnet [RoSa92, 4]. Die kundenindividuelle Lösung finanzieller Probleme erfordert daher die Einbeziehung von Heuristiken und die Verarbeitung unsicheren oder vagen Wissens.

---

[44] Der Schwerpunkt dieser Untersuchung lag bei der Anlageberatung für Privatkunden.

Der Einsatz wissensbasierter Systeme (WBS) eröffnet hier neue Perspektiven, den Finanzberater bei der Lösung komplexer, kundenspezifischer Problemstellungen informationstechnisch angemessen zu unterstützen. Neben der skizzierten Fähigkeit zur Lösung komplexer und schlecht strukturierter Probleme,[45] beinhaltet der Einsatz von wissensbasierten Systemen vor allem die Möglichkeit, trotz dezentraler Vertriebsstrukturen einen ähnlich hohen Stand der Beratungsqualität sowohl in der Zentrale als auch in den Zweigstellen sowie im Außendienst zu gewährleisten.[46] Gerade hier wurden im Rahmen empirischer Untersuchungen [BrHe90] gravierende Defizite festgestellt, so daß es keineswegs verwundert, wenn Banken in der Wissensmultiplikation den größten Nutzeffekt der WBS-Technologie sehen [ScDo93]. Dennoch gibt es bisher in Banken immer noch sehr wenige WBS-Anwendungen verglichen zu anderen Anwendungstypen [ScDo93], wobei die Anwendungsbereiche *Finanzierungs-* und *Anlageberatung* immerhin deutliche Schwerpunkte bilden [MeBo93, 249].

Unabhängig von der zur Beratungsunterstützung eingesetzten Technologie sind die Organisationsstrukturen und Kompetenzverteilungen innerhalb der Finanzdienstleistungsunternehmungen infolge einer in der Vergangenheit vorherrschenden Spartenorientierung entsprechend produktbezogen ausgerichtet. Dementsprechend sind Beratungsunterstützungssysteme derzeit überwiegend als lediglich „nebeneinanderliegende, wenig verknüpfte Spartensysteme" [Penz91, 8] realisiert, die die angestrebte Kundenorientierung und Verbesserung des Leistungsangebotes insofern kaum ermöglichen können, als eine Bündelung der Gesamtkompetenz an der Kundenschnittstelle sowie eine kundenspezifische Konfigurierung bzw. Kombination von Finanzdienstleistungen auf diese Weise kaum zu verwirklichen sind. Aus wettbewerbsorientierter Sicht ist es deshalb erforderlich, neue, querschnittsfunktionale Ansätze zur Konzipierung von Beratungsunterstützungssystemen zu wählen. Erst eine produktübergreifende und „bedarfsorientierte" Finanzberatung ist in der Lage, im Wettbewerb vermittel- und vermarktbaren Kundennutzen zu generieren und auf diese Weise eine Differenzierung vom Wettbewerber zu erreichen. Die hierzu erforderliche Beherrschung der Angebotsbreite (Vielzahl von Anlagefonds, Anleihen, Aktien, Kreditge-

---

[45] D.h. Probleme, die nicht eindeutig durch Algorithmen darstell- bzw. lösbar sind [FeSi94].

[46] Zu weiteren Nutzeffekten des betriebswirtschaftlichen Einsatzes von wissensbasierten Systemen vgl. [MeBo93].

schäftssparten, Leasingvarianten, Bausparverträgen, Lebens-, Sach- und Krankenversicherungen ...) sowie der Angebotstiefe (z.B. rechtliche Zusammenhänge bei gemischten Angeboten, steuerliche Implikationen, Interpretation finanzmathematischer Analysen) legen eine IKS-Unterstützung in Form verteilter (wissensbasierter) Systeme nahe. Betriebswirtschaftlich determinierte, verteilte institutionelle Strukturen sowie aus der Daten- und Wissensdynamik des Finanzdienstleistungsbereichs resultierende Wartungsgründe [RoSa92, 6] verlangen schließlich zwingend verteilte Anwendungen zur Unterstützung der Allfinanzberatung [Buhl92, 742].

3.2.2 Die Erstellung vorteilhafter Lösungen zu Finanzproblemen: Verteilte IKS-Unterstützung als Problemlösungssystem

Die Erstellung vorteilhafter Lösungen zu Finanzproblemen bedingt den Einsatz und die Nutzung betriebswirtschaftlich fundierten Problemlösungswissens. Dabei eröffnet die IKS-Unterstützung des Beratungs- bzw. Problemlösungsprozesses die Möglichkeit, insbesondere finanzwirtschaftlich-steuerliche Erkenntnisse - die aufgrund ihrer Komplexität im herkömmlichen Angebotserstellungsprozeß häufig unbeachtet bleiben [BuWi93, 43] - zur Steigerung der Angebotsqualität nutzbar zu machen. Es ist daher wenig sinnvoll, bekannte standardisierte Problemlösungen „in Code zu gießen", sondern es gilt vielmehr, Ergebnisse der finanzwirtschaftlichen Forschung bei der Systementwicklung integrativ zu berücksichtigen. Damit stellt sich die Frage der Auswahl und Zahlungsstromgestaltung von Finanzprodukten zur vorteilhaften Lösung von Finanzproblemen. Im Mittelpunkt der folgenden Überlegungen stehen daher die Erhebung bzw. Erarbeitung finanzwirtschaftlich fundierten Wissens und dessen Umsetzung in Finanzangebote mit betriebswirtschaftlichen, insbesondere steuerlichen Vorteilen gegenüber Standardlösungen sowohl für den Kunden als auch für die Bank. Am Beispiel langfristiger Anlageprobleme werden unter Nutzung steuerlicher Gestaltungsspielräume optimale Zahlungsstromgestaltungen für den Kunden, die Bank sowie deren Koalition ermittelt und die notwendigen Voraussetzungen spezifiziert. Die resultierenden Vorteilhaftigkeitsregeln sowie deren wissensbasierte Darstellung und Verarbeitung ermöglichen es, noch im Beratungsprozeß Produkte bzw. Produktmerkmale problemspezifisch und individuell zu gestalten. Die damit erzielbare Individualisierung des Allfinanzangebotsprozesses - zu vertretbaren Kosten - bietet dann für Bank und

Kunde die Möglichkeit, solche Problemlösungen auszuwählen, die bezüglich ihrer Ziele und Kalkulationsgrundlagen „optimiert“ sind.

3.2.2.1 Vorteilhafte Problemlösungen aus betriebswirtschaftlicher Sicht

Bereits in Abschnitt 3.1.1 wurden Finanzprobleme und deren Lösungen als Nachfrage bzw. Angebot von Zahlungsströmen charakterisiert. Im Zusammenhang mit der betriebswirtschaftlich fundierten Lösung von Finanzproblemen rückt mithin die Frage der Auswahl und Zahlungsstromgestaltung von Finanzprodukten und deren Bewertung durch die Vertragspartner (Kunde / Bank) in den Vordergrund (vgl. Abb. 3-2).

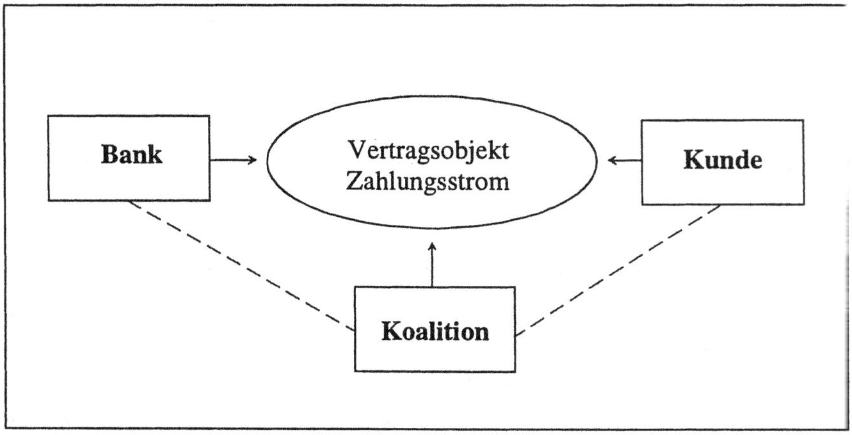

Abb. 3-2: Zahlungsstromgestaltung und -bewertung

Die Inanspruchnahme eines Finanzprodukts basiert auf einer bilateralen Vertragsbeziehung zwischen Produktanbieter und Kunde. Mit Hilfe der individuellen Konfiguration von Vertragsmustern werden Höhe und Form der überlassenen Kapitalnutzung sowie das hierfür zu entrichtende Entgelt geregelt. Damit kann die Vertragsbeziehung durch einen Zahlungs-strom abgebildet werden, der Zahlungshöhen und -zeitpunkte beschreibt. Das Objekt Zahlungsstrom umfaßt sowohl das durch ein Finanzprodukt verkörperte, abstrakte Zahlungs-strommuster als auch dessen konkrete Ausprägung in Form bestimmter Zahlungshöhen. Die Nachfrage des Kunden richtet sich demnach auf ein Zahlungsstrommuster, das auf Anbieterseite durch ein Finanzprodukt repräsentiert wird.

Im Rahmen der Preis- bzw. Vertragsverhandlungen zwischen Anbieter und Kunde werden dann die Ausprägungen einzelner Zahlungen spezifiziert. Als Gestaltungsparameter bzw. Verhandlungsobjekte dienen hierzu Zins- und Auszahlungshöhen, Entgelte, Provisionen und andere Konditionenbestandteile. Damit beeinhaltet ein Zahlungsstrom (als Abbild der Vertragsvereinbarungen) sowohl die primär nachgefragte/angebotene Leistung der Kapitalnutzung als auch deren Preis.

a) Der Kunde

Aufgrund der unterschiedlichen Konditionenbestandteile und deren Ausprägungen erschließt sich dem Kunden die Güte einer bestimmten Problemlösung (im Vergleich zu Alternativen einschließlich der Unterlassungsalternative) auf Basis des Zahlungsstromes. Der Zahlungsstrom stellt daher aus Sicht des Kunden die Grundlage zur Beurteilung der Güte einer Lösung seines Finanzproblems dar. Sie kann mit Hilfe eines geeigneten finanzwirtschaftlichen Bewertungskriteriums gemessen und beurteilt werden. Ein entsprechendes Beurteilungskriterium (unter Berücksichtigung der Konsumpräferenz) ist der Barwert eines Zahlungsstromes, bei dem künftige Zahlungen mit heutigen vergleichbar gemacht werden, indem sie verzinslich auf den heutigen Zeitpunkt bezogen werden. Ein solchermaßen angewendeter Kalkulationszins stellt aus Sicht des Kunden die alternative Verwendung/Herkunft der betrachteten Zahlungsmittel bzw. seine Konsumpräferenzrate dar. Die Lösung eines Finanzproblems - gemessen anhand des Bewertungskriteriums - ist vorteilhaft, wenn der Wert der Bewertungsfunktion positiv ist. Sie ist im Alternativenvergleich überlegen, wenn der Wert der Lösung höher als der Wert einer anderen (Referenz-)Lösung ist.

b) Die Bank

Als Kontraktpartner des Kunden betrachtet die Bank den identischen Zahlungsstrom. Allerdings besitzen sämtliche Zahlungen das umgekehrte Vorzeichen. Empfangene Einzahlungen aus Sicht des Kunden stellen Auszahlungen aus Sicht der Bank dar und vice versa. Auch die Bank beurteilt die Vorteilhaftigkeit des angebotenen Zahlungsstromes anhand ihrer alternativen Verwendungs- bzw. Herkunftsmöglichkeiten der im Vertrag spezifizierten Zahlungsmittel. In der Bankpraxis erfolgt dies in der Regel durch den Einsatz der Marktzinsmethode: Aus Sicht der Bank verdrängt ein Kundenaktivgeschäft eine alternative Form der Kapitalverwendung sowie ein Kundenpassivgeschäft eine opportune Form der Kapitalbeschaffung am Geld- und Kapitalmarkt. Demzufolge werden als Opportunitäts- bzw. Kalkulationszinsen die herrschenden Zinssätze am Geld- und Kapitalmarkt verwandt. Dort liegt in der Regel eine laufzeitabhängige Zinsstruktur vor, so daß je nach Laufzeit unterschiedliche Kalkulationszinssätze Anwendung finden. Wir wollen im folgenden aus Vereinfachungsgründen eine flache Zinsstruktur unterstellen, so daß die Bank einen einheitlichen Kalkulationszins verwendet, anhand dessen sie den aus einem Kundengeschäft resultierenden Zahlungsstrom bewertet. Die Begriffe der Vorteilhaftigkeit bzw. Überlegenheit bestimmter Zahlungsstromvereinbarungen können für die Bank ebenfalls Verwendung finden.

c) Die Koalition

Das Ziel beider Kontraktpartner ist es jeweils, eine vorteilhafte Zahlungsstromvereinbarung zu treffen. Aufgrund der diametralen Wirkung einer Zahlungsmodifikation auf beide Vertragspartner, kommt dann in vielen Fällen[47] ein Geschäftsabschluß zwischen rational handelnden Parteien in der Vor-Steuer-Welt nur bei unterschiedlichen (Vor-Steuer-) Kalkulationszinsen zustande.

Wesentlich zur Beurteilung der Vorteilhaftigkeit finanzieller Vertragsvereinbarungen ist allerdings die Berücksichtigung von Steuern. Bei der Vertragsausgestaltung sind deshalb nicht nur diejenigen Zahlungen zu bewerten, die zwischen den beiden Vertragsparteien fließen, sondern auch Steuerzahlungen an Dritte, sofern sie in einem Wirkungszusammenhang stehen. Während Kunde und Bank lediglich explizite Vertragsvereinbarungen treffen können, die den beiderseitigen Zahlungsmitteltransfer im Zeitablauf regeln (Vor-Steuer-Zahlungsstrom), muß die *Bewertung* auch die induzierten Steuerzahlungen erfassen (Nach-Steuer-Zahlungsstrom). Dabei ist zu berücksichtigen, daß steuerliche Regelungen nicht unmittelbar an den Vor-Steuer-Zahlungsstromelementen, sondern vielmehr an konkreten Finanzprodukten ansetzen. Daraus folgt, daß die zur Bewertung maßgeblichen Nach-Steuer-Zahlungsströme erheblich differieren können [Buhl93], obwohl die ihnen zugrundeliegenden bilateralen Vertragsgestaltungen zu äquivalenten Kapi-

---

47 Vgl. beispielsweise [Buhl94b] zur Unwirtschaftlichkeit von Kreditverträgen zwischen Kreditgebern und -nehmern mit identischen Kalkulationsgrundlagen oder [BuSa93] zur Unwirtschaftlichkeit der Emission bzw. Zeichnung von Couponanleihen bei identischen Vor-Steuer-Kalkulationszinsen.

talnutzungs- bzw. -verwendungsverhältnissen führen. Neben einer asymmetrischen Behandlung von in ihrer Zweckerfüllung äquivalenten Finanzkontrakten, eröffnet auch die asymmetrische steuerliche Behandlung bei den Kontraktpartnern steuerliche Gestaltungsspielräume, deren Nutzung die Vorteilhaftigkeit der angebotenen/nachgefragten Finanzlösungen in erheblichem Maße mitbestimmt.

Im Gegensatz zur Vor-Steuer-Welt können sich unter Berücksichtigung von Steuern vorteilhafte Geschäfte für beide Kontraktpartner (Kunde und Bank) auch im Falle gleicher Kalkulationszinsen ergeben. Insgesamt gilt, daß sich durch unterschiedliche Wirkungen der Vertragsvereinbarungen auf die jeweiligen Kontraktpartner größere Einigungsintervalle für die Gestaltungsparameter dergestalt ergeben, daß die Wahl eines Parameters aus diesem Intervall für beide Seiten zu vorteilhaften Nach-Steuer-Zahlungsströmen führt.

Wie die aufgezeigten Gestaltungsspielräume von der Bank im Rahmen des Allfinanzangebotsprozesses zur Steigerung der Beratungsqualität genutzt werden können, wird im folgenden am Beispiel langfristiger Anlageprobleme der Kunden dargestellt.

3.2.2.2 Betriebswirtschaftlich fundiertes Problemlösungswissen: Ein Modell zur Auswahl von Sparbriefen

Wir wollen im folgenden am Beispiel eines praxisrelevanten Anlageproblems des Kunden vorteilhafte Lösungen sowohl aus Kunden- als auch aus Banksicht modellanalytisch bestimmen. Vor dem Hintergrund der vorliegenden Arbeit wird damit zum einen der Nachweis erbracht, daß die fundierte Nutzung steuerlicher und finanzwirtschaftlicher Gestaltungsspielräume bei der Erstellung finanzieller Problemlösungen zu einer - wie in Abschnitt (3.1.5.2) gefordert - meß- und vermittelbaren Steigerung des Kundennutzen führen, ohne daß dies zu Lasten der anbietenden Bank erfolgen muß.

Zum anderen wird deutlich, wie aus finanzwirtschaftlicher Perspektive „für ein komplexes Problem allgemeingültiges Wissen mit ökonomischen Methoden hergeleitet und in weiterverwendbarer Form modelliert werden kann“ [Wein95, 67]. Dieser Aspekt ist wichtig, wenn die systematische Erarbeitung solchermaßen fundierter Problemlösungen an der Kundenschnittstelle durch ein verteiltes Problemlösungssystem unterstützt werden muß und soll.

Vor dem Hintergrund anhaltender Diskussion über die Zukunft der Renten und Pensionen stellt sich für den Privatkunden in zunehmendem Maße die Frage nach alternativen Formen der (privaten) Altersvorsorge. Das korrespondierende Anlageproblem zeichnet sich durch seine Langfristigkeit sowie in der Regel durch einen bestimmten, vorher bekannten Anlagehorizont aus.

Zur Lösung von Anlageproblemen bietet die Bank - neben kurzfristigen und in diesem Fall wenig geeigneten Anlageprodukten wie Festgeldern, geldmarktnahen Anlagen oder Spareinlagen - langfristige Anlageformen an. Aus Sicht der Bank kann dabei die angebotene Finanzdienstleistung aus der Vermittlung von langfristigen Anlagemöglichkeiten in Form von Wertpapieren bestehen, wobei sich die Finanzdienstleistung der Bank in der Hauptsache aus der Problemlösungsleistung (Beratung) zusammensetzt (vgl. Abschnitt 3.1.1.3).[48] Die Bank ist aber auch in der Lage, *direkte* Anlageleistungen auf der Basis eigener Wertpapieremissionen anzubieten [Eile90, 220ff.]. Die erbrachte Finanzdienstleistung umfaßt dann neben der Problemlösungsleistung auch die Erstellung der zugrundeliegenden Anlageprodukte als Lösungsbausteine. Zu den selbstemittierten Wertpapieren gehören vor allen Dingen börsengängige Bankschuldverschreibungen und nichtbörsennotierte Sparbriefe, deren Laufzeiten zwischen einem Jahr und zehn Jahren liegen. Gegenüber der reinen Vermittlung von Wertpapieren kann die eigene Produktion von langfristigen Anlageleistungen in Form der Selbstemission sowohl für die Bank als auch den Kunden Vorteile aufweisen. Aus Sicht der Bank dienen selbstemittierte Wertpapiere neben der unmittelbaren Befriedigung der Kundenbedürfnisse nach Anlagemöglichkeiten zugleich auch der Refinanzierung des Aktivgeschäftes.[49] Für den Kunden ergeben sich Transaktionskostenvorteile, da in der Regel von Seiten der Bank auf Provisionen und Depotgebühren verzichtet wird. Darüber hinaus existiert im Rahmen der (genehmigungsfreien) Daueremission von Sparbriefen Kondi-

[48] Existiert die Kooperation mit einer Lebensversicherungsunternehmung, so kann die Vermittlung langfristiger Anlagemöglichkeiten auch die Vermittlung von Kapitallebensversicherungen umfassen.

[49] Gegenüber der Refinanzierung durch kurzfristige Spareinlagen etc. besitzen längerfristige Refinanzierungsinstrumente wie Sparbriefe (ab einer Laufzeit von 4 Jahren) den Vorteil, nicht der Mindestreservepflicht zu unterliegen (vgl. auch [Schi90]).

tionenflexibilität in dem Sinne, daß Ausgabekonditionen kundenindividuell vereinbart werden können. Der Kundenberater besitzt dann einen Entscheidungsspielraum bezüglich der Konditionen, den er kundenindividuell zur Abgabe wettbewerbsfähiger Anlageangebote nutzen kann.

Da Sparbriefe bei gegebenem, langfristigen Anlagehorizont grundsätzlich geeignet sind, das eingangs skizzierte Anlageproblem zu lösen[50] und für beide Seiten die genannten Vorteile aufweisen können, wollen wir im folgenden das Finanzprodukt Sparbrief in seinen unterschiedlichen Ausprägungen näher analysieren. Nach Art der Zinszahlung lassen sich vor allem normalverzinsliche und auf- bzw. abgezinste Sparbriefe unterscheiden, die in ihrer steuerlichen Behandlung und somit in ihrer relativen Vorteilhaftigkeit erhebliche Abweichungen aufweisen.[51]

Bislang fehlt es in der Literatur sowohl an methodisch fundierten Untersuchungen über die Vorteilhaftigkeit und Vorteilhaftigkeitsursachen einzelner Anlageformen als auch an der Ableitung von entsprechenden Indifferenzbedingungen.[52] Dementsprechend ist das Ziel der nachfolgenden Untersuchungen - abhängig von den Zielen und Kalkulationsgrundlagen der Beteiligten und unter Berücksichtigung von Steuern - vorteilhafte Finanzprodukte aus Sicht des Kunden, der Bank sowie deren „Koalition" am Beispiel unterschiedlicher Sparbriefvarianten zu bestimmen.

---

[50] Bei gegebenem Anlagehorizont entfällt die Notwendigkeit der Fungibilität wie sie börsennotierte Papiere in der Regel bieten. Daher kommen auch Sparbriefe grundsätzlich für die Problemlösung in Frage, obwohl eine Rückgabe vor Fälligkeit nicht vorgesehen ist.

[51] In ihrer Zahlungswirkung und ihrer steuerlichen Behandlung entsprechen *normalverzinsliche bzw. auf-/abgezinste Sparbriefe* den börsengängigen festverzinslichen Wertpapieren *Couponanleihen bzw. Zerobonds*. Für den Fall, daß letztere bis zu ihrer Fälligkeit gehalten werden, sind die nachfolgend abgeleiteten Vorteilhaftigkeitsaussagen unmittelbar übertragbar [vgl. hierzu BuSa97]. Das hergeleitete Problemlösungswissen kann demzufolge von der Bank auch dann genutzt werden, wenn ihre Finanzdienstleistung lediglich in der Vermittlung von langfristigen Anlagemöglichkeiten in Form von „fremdemittierten" Wertpapieren bzw. in der damit verbundenen Anlageberatung besteht.

[52] Als Ausnahmen sind uns die Arbeiten von [Kraw90] und [Bent96] bekannt. In der erstgenannten Arbeit wird die *relative* Vorteilhaftigkeit von Zerobonds gegenüber der Referenzalternative Couponanleihe aus Anlegersicht untersucht. Für diesen Spezialfall gelangt [Kraw90] zu ähnlichen Ergebnissen, wie sie in den folgenden Abschnitten für den Anleger, den Emittenten sowie die „Koalition" der beiden zusammengenommen abgeleitet werden.

a) Modellannahmen[53]

Zunächst werden die für die Anlage-/Emissions-Entscheidung relevanten Annahmen bezüglich Laufzeit, Steuersätzen, Kalkulationszinsen und Bewertungskriterien für die nachfolgende Finanzanalyse dargestellt.

(C1) Die *Laufzeit* beginnt in t = 0 und endet nach n Perioden in t = n.

(C2) Die zeitkonstanten[54] *Einkommen-* bzw. *Ertragsteuersätze*[55] des Kunden und der Bank bezeichnen wir mit s_K, s_B ε [0,1). Alle Steuern werden nachschüssig in t = 1,..., n auszahlungswirksam.[56]

(C3) Die ebenfalls zeitkonstanten *Kalkulationszinsen*[57] (nach Steuern) des Kunden und der Bank bezeichnen wir mit i_K, i_B ε $(0,\infty)$. Sie stellen exogene Größen dar und lassen sich im Falle des Kunden z.B. als Konsumpräferenzrate oder im Falle der Bank als langfristig geforderte Eigenkapitalverzinsung interpretieren.

(C4) Als *Bewertungs-* bzw. *Entscheidungskriterium* verwenden wir den auf t = 0 bezogenen Barwert der jeweiligen Cash-Flow-Wirkungen inkl. Investitionsauszahlungen nach Steuern, der durch Diskontieren mit der jeweili-

---

53 Die Teilabschnitte a)-d) sind eine modifizierte und überarbeitete Fassung des Kapitels 2 der Arbeit [BuSa97]. Statt unterschiedlicher Sparbriefvarianten werden dort allerdings die konkurrierenden Anlageformen Couponanleihe und Zerobond miteinander verglichen.

54 Im Falle der Einkommensteuer wird hiermit von einem konstanten Grenzsteuersatz ausgegangen, wie er in Deutschland ab einem zu versteuernden Einkommen von 120/240 TDM p.a. generell vorliegt. Im Zuge der aktuell diskutierten „Jahrtausendsteuerreform" spielt die Erweiterung dieses Falles auch auf niedrigere Einkommen eine wesentliche Rolle (zur Wirkung eines linear-progressiven Einkommensteuertarifs auf die Anlageentscheidung bei festverzinslichen Wertpapieren vgl. [Will95, 81ff.] und [BuSa97]). Im Falle der Körperschaftsteuer wird implizit von permanenter Gewinnsituation mit (prozentual) konstanter Ausschüttungspolitik ausgegangen, da die Analyse zeitweiliger Verlustsituation und variabler Ausschüttungspolitik wesentlich komplizierter wäre.

55 Neben der Körperschaftsteuer kann dieser Steuersatz auch die Gewerbeertragsteuer umfassen.

56 Zur Vereinfachung der Analyse wird im folgenden generell angenommen, daß sowohl der Sparer-Freibetrag des Anlegers als auch sämtliche gewerbesteuerlichen Freibeträge bereits anderweitig ausgeschöpft sind.

57 Vgl. zum Kalkulationszinssatz z.B. [Schn94, 99f.] und [Buhl94a, 224ff.].

gen Zeitpräferenzrate ermittelt wird und im folgenden kurz Cash-Flow-Barwert genannt wird.[58]

In Teilabschnitt b) werden zunächst die zwei konkurrierenden Anlageformen normalverzinslicher und auf-/abgezinster Sparbrief einzeln aus der Sicht des (Privat-) Kunden betrachtet und anschließend miteinander verglichen, um in Abhängigkeit von den jeweiligen Konditionen Vorteilhaftigkeitsaussagen ableiten zu können. In Teilabschnitt c) wird die Analyse um die Sicht der Bank erweitert, um schließlich in Teilabschnitt d) die Alternativen angeben zu können, welche für die „Koalition" aus Bank und Kunde finanzwirtschaftlich/steuerlich vorteilhaft sind.

b) Konkurrierende Anlageformen aus Kundensicht

In diesem Abschnitt wollen wir aus einer gegebenen Menge von Anlagealternativen in Form unterschiedlicher Sparbriefvarianten diejenige bestimmen, die für einen privaten Anleger bzw. Kunden bezüglich seiner Ziele und Kalkulationsgrundlagen sowie unter Berücksichtigung von Steuern optimal ist.[59] Hierzu betrachten und vergleichen wir den Barwert einer einmaligen heutigen Einzahlung ($t = 0$) in Höhe von 1 [DM] in die zwei Anlageformen normalverzinslicher und auf-/abgezinster Sparbrief.

i) Normalverzinslicher Sparbrief

Der normalverzinsliche Sparbrief (N) ist ein festverzinsliches (nichtbörsennotiertes) Wertpapier, bei dem die Zinsen periodisch gezahlt werden. Nach dem Zuflußprinzip sind diese Zinserträge periodengerecht zu versteuern. Da eine Rückgabe des Sparbriefes vor Fälligkeit nicht vorgesehen ist, gehen wir von einer endfälligen Halteperiode aus, d.h. der Kunde behält den normalverzinslichen Sparbrief bis zur Fälligkeit. Die Vor-Steuer-Rendite entspricht dann dem Coupon c.

---

[58] Vgl. zur Verwendung dieser Bewertungsfunktion aus Banksicht [Kümm94].

[59] Da Kapitaleinkünfte im Privatvermögen nicht der Gewerbesteuer unterliegen, kann deren Berücksichtigung in diesem Abschnitt entfallen.

Der Barwert eines zum Nennwert ausgegebenen normalverzinslichen Sparbriefes mit jährlichem Coupon c über n Perioden errechnet sich für den privaten Kunden zu

$$
\begin{aligned}
BW_N^K &= -1 + \sum_{t=1}^{n} c(1-s_K)(1+i_K)^{-t} + (1+i_K)^{-n} \\
&= c(1-s_K)\cdot\frac{1}{i_K}\left[1-(1+i_K)^{-n}\right] + (1+i_K)^{-n} - 1 \qquad (3\text{-}33) \\
&= \frac{\left[(1+i_K)^n - 1\right]\cdot\left[\frac{c(1-s_K)}{i_K} - 1\right]}{(1+i_K)^n}\ .
\end{aligned}
$$

Beispiel 3-1: Durch den Erwerb eines normalverzinslichen Sparbriefes mit einem jährlichen Coupon von 7,5 % p.a. (c = 0,075) erzielt der private Anleger K mit einem Kalkulationszins nach Steuern von 4 % und einem Einkommensteuersatz von 50 % bei 10 Jahren Laufzeit einen negativen Barwert von 2,03 % des Anlagebetrags. Somit ist der Erwerb des normalverzinslichen Sparbriefes für K unwirtschaftlich.

Dieses Ergebnis werden wir nach der folgenden Analyse von auf-/abgezinsten Sparbriefen aufgreifen, wenn wir die beiden konkurrierenden Anlageformen hinsichtlich ihrer Vorteilhaftigkeit vergleichen.

ii) Auf-/abgezinster Sparbrief

Im Gegensatz zu normalverzinslichen handelt es sich bei auf-/abgezinsten Sparbriefen (A) um festverzinsliche Wertpapiere, deren Verzinsung aus dem Unterschiedsbetrag zwischen Emissions- und Einlösungskurs besteht (vgl. auch [BMF85]).[60] Befindet sich der aufgezinste Sparbrief im Privatvermögen, so erfolgt der Zufluß dieses Kapitalertrags im Zeitpunkt der Einlösung und ist erst dann zu versteuern. Vor allem bei langen Laufzeiten führt dies

---

[60] Es können in dieser Hinsicht zwei Typen unterschieden werden: die Abzinsungsvariante (mit Ausgabe-Disagio) und die Aufzinsungsvariante (mit Rückzahlungs-Agio). Beide Formen haben allerdings die gleichen wirtschaftlichen und steuerlichen Auswirkungen. Zur besseren Vergleichbarkeit (mit konkurrierenden Anlageformen) wird in der folgenden Analyse die formale Darstellung des Aufzinsungstyps verwendet. Wir sprechen im folgenden vereinfachend nur noch von aufgezinsten Sparbriefen.

zu einem erheblichen Steuerstundungseffekt.[61] Bei Emission eines aufgezinsten Sparbriefes ist demnach die Vor-Steuer-Rendite festgelegt, die sich für einen Anleger ergibt, wenn er das Wertpapier bis zur Einlösung hält. Sie entspricht der Emissionsrendite z, die durch den internen Zinsfuß der entsprechenden Zahlungsreihe repräsentiert wird und sich mit Laufzeit n, Emissionskurs EMK sowie Einlösungskurs EK wie folgt berechnet:

$$(3\text{-}34) \qquad z = \sqrt[n]{\frac{EK}{EMK}} - 1 \quad .$$

Der Barwert einer solchen Anlage in aufgezinste Sparbriefe mit Emissionsrendite z über n Perioden errechnet sich für den privaten Anleger zu

$$(3\text{-}35) \qquad \begin{aligned} BW_A^K &= \frac{(1+z)^n - s_K\left[(1+z)^n - 1\right]}{(1+i_K)^n} - 1 \\ &= \frac{(1-s_K)(1+z)^n + s_K}{(1+i_K)^n} - 1 \quad . \end{aligned}$$

Beispiel 3-2: Der Erwerb eines aufgezinsten Sparbriefes mit einer Emissionsrendite von 7,5 % p.a. (z = 0,075) verschafft dem privaten Kunden K aus Beispiel 3-1 einen Barwert i.H.v. 3,40 % des Anlagebetrags. Damit wird deutlich, daß bei identischen Kalkulationsgrundlagen die Alternative aufgezinster Sparbrief aufgrund des Steuerstundungseffekts wirtschaftlich sein kann, während gleichzeitig der Erwerb eines normalverzinslichen Sparbriefes mit identischer Vor-Steuer-Rendite *zu einem negativen Barwert führt.*

Nachfolgend wird allgemein abgeleitet, welche Vor-Steuer-Rendite ein normalverzinslicher Sparbrief erbringen muß, damit der (Privat-)Kunde indifferent zwischen dem Erwerb der normalverzinslichen und der aufgezinsten Variante eines Sparbriefes mit gegebener Emissionsrendite z ist. Ein Anleger ist genau dann indifferent zwischen den beiden Anlageformen, wenn gilt:

---

[61] Vgl. z.B. [WaWe86].

$$BW_A^K \stackrel{!}{=} BW_N^K$$

(3-36) $$\Leftrightarrow \frac{(1-s_K)(1+z)^n + s_K}{(1+i_K)^n}$$

$$= c(1-s_K)\cdot\frac{1}{i_K}\left[1-(1+i_K)^{-n}\right]+(1+i_K)^{-n}$$

$$\Leftrightarrow c = i_K \frac{(1+z)^n - 1}{(1+i_K)^n - 1} \quad .$$

Mit Hilfe dieser Indifferenzbedingung kann der private Anleger aus den unterschiedlichen Vor-Steuer-Renditen der von verschiedenen Banken angebotenen normalverzinslichen bzw. aufgezinsten Sparbriefe die für ihn vorteilhafte Alternative auf einfache Weise bestimmen.

Formel (3-36) hat die bemerkenswerte Eigenschaft, daß sie nicht direkt vom Steuersatz des (Privat-)Kunden abhängt. Alle Anleger mit identischem Nach-Steuer-Kalkulationszins i_K bewerten daher beide Sparbriefvarianten bei Gültigkeit von (3-36) gleich. Sie werden also - unabhängig von ihrem jeweiligen Steuersatz - den gleichen Coupon fordern, um zu einem gegebenem aufgezinsten Sparbrief indifferent zu sein.

Beträgt speziell die Laufzeit der Anlage eine Periode ($n = 1$), so folgt aus Formel (3-36) $c = z$. In diesem Fall gilt, daß bei identischer Vor-Steuer-Rendite der (Privat-)Kunde keiner der beiden Anlageformen den Vorzug gibt. Dies ist darauf zurückzuführen, daß im einperiodigen Fall kein Unterschied in der steuerlichen Behandlung zwischen normalverzinslicher und aufgezinster Variante existiert. Im Falle einer mehrperiodigen Laufzeit ($n > 1$) und wenn die Emissionsrendite der aufgezinsten Variante den Kalkulationszins übersteigt ($z > i_K$), muß indessen die normalverzinsliche Variante stets eine höhere Vor-Steuer-Rendite als der aufgezinste Sparbrief bieten, um für den Anleger barwertgleich zu sein. Es gilt also formal für $n > 1$ und $z > i_K$:

$$(3\text{-}37)\quad BW_N^K \overset{!}{=} BW_A^K \quad \Rightarrow c > z\ .$$[62]

Wie Formel (3-37) zusätzlich verdeutlicht, wird sogar der steuerbefreite Anleger ($s_K = 0$, d.h. kein Steuerstundungseffekt) bei identischen Vor-Steuer-Renditen (in diesem Fall gleich den Nach-Steuer-Renditen) $c = z$ und $n > 1$ stets die aufgezinste der normalverzinslichen Variante vorziehen, wenn die Rendite überhaupt zu einem positiven Barwert führt ($c = z > i_K$). Dieser Sachverhalt läßt sich ökonomisch leicht interpretieren: Aus Sicht des Anlegers ist eine Kapitalanlage nur wirtschaftlich, wenn ihre Nach-Steuer-Rendite über dem Kalkulationszins liegt. Wenn für den aufgezinsten Sparbrief und für die normalverzinsliche Variante die Vor- bzw. Nach-Steuer-Renditen identisch sind, lohnt es sich in diesem Fall für den Anleger nicht, periodische Zinszahlungen zu empfangen, die er nach der Wiederanlageprämisse zum niedrigeren Kalkulationzins i_K anlegt. Also ist aus Sicht des Anlegers eine Anlage um so günstiger, je geringer die Rückflüsse während der Laufzeit sind.

Beispiel 3-3: Wird dem Anleger aus Beispiel 3-1 ein aufgezinster Sparbrief mit $z = 7{,}5$ % und $n = 10$ [Jahren] angeboten, erhält man (aus Formel (3-36)) mit $c = 8{,}84$ % die Vor-Steuer-Rendite (bzw. den Coupon) eines normalverzinslichen Sparbriefes, bei der der Anleger indifferent zwischen beiden Anlageformen ist. Er würde also die normalverzinsliche Variante nur dann dem aufgezinsten Sparbrief vorziehen vorziehen, wenn ihm ein Coupon von $c > 8{,}84$ % angeboten würde.

Bislang haben wir die Wahl konkurrierender Anlageprodukte aus der Sicht eines (Privat-) Kunden betrachtet, der sich einem *gegebenem* Angebot von Sparbriefkonditionen auf dem Bankenmarkt gegenübersieht und daraus seine Auswahl trifft. Im folgenden Kapitel wird die Analyse um die Sicht der emittierenden Bank erweitert.

---

[62] Ungleichung (3-37) kann nachgewiesen werden, indem man über Äquivalenzumformungen der Bedingung $i_K < z$ zu dem Ausdruck $\frac{(1+i_K)^n - 1}{(1+i_K)-1} < \frac{(1+z)^n - 1}{(1+z)-1}$ gelangt und über Kehrwertbildung sowie weitere Äquivalenzumformungen das Ergebnis $z < i_K \cdot \frac{(1+z)^n - 1}{(1+i_K)^n - 1} = c$ erhält.

c) Vorteilhaftigkeit aus Banksicht

Wir betrachten im folgenden die Bank, die im Rahmen ihrer eigenen Geschäftstätigkeit die Möglichkeit besitzt, festverzinsliche Wertpapiere in Form von Sparbriefen zu emittieren.[63]

In analoger Vorgehensweise zur Kundensicht wollen wir aus einer gegebenen Menge von Kapitalaufnahmeformen diejenige bestimmen, die für die Bank bezüglich ihrer Ziele und Kalkulationsgrundlagen sowie unter Berücksichtigung von Steuern optimal ist. Wir betrachten und vergleichen also jeweils den Barwert einer einmaligen heutigen Kapitalaufnahme (t = 0) in Höhe von 1 [DM] durch die alternative Emission bzw. Ausgabe eines normalverzinslichen oder aufgezinsten Sparbriefes.

i) Normalverzinslicher Sparbrief

Mit der Ausgabe eines normalverzinslichen Sparbriefes geht die Bank die Verpflichtung ein, regelmäßige Zinszahlungen an den Erwerber des Sparbriefes zu leisten. Diesen periodischen Auszahlungen stehen auch periodengerechte Aufwands- und Steuerwirkungen gegenüber.

Der Barwert eines zum Nennwert ausgegebenen normalverzinslichen Sparbriefes mit jährlichem Coupon c über n Perioden errechnet sich somit für die Bank zu

$$(3\text{-}38)\qquad BW_N^B = 1 - \sum_{t=1}^{n} c(1 - s_B)(1 + i_B)^{-t} - (1 + i_B)^{-n}$$

---

[63] Die Bank wird in den praxisrelevanten Fällen in der Lage sein, das sog. "Bankprivileg" (vgl. § 19 GewStDV) in Anspruch zu nehmen und unterliegt somit nicht der gewerbesteuerlichen Hinzurechnungspflicht hinsichtlich der in diesem Zusammenhang relevanten Dauerschulden und Dauerschuldzinsen. In diesem Falle existieren bezüglich der Gewerbesteuer keine Hinzurechnungswirkungen, sondern es gilt lediglich, die gewerbesteuermindernden Auswirkungen der Zinszahlungen zu beachten. Damit ist es möglich, auf eine explizite Modellierung der Gewerbesteuern zu verzichten und die relevante Gewerbeertragsteuer im Rahmen des bereits eingeführten Ertragsteuersatzes s_B der Bank zu berücksichtigen.

$$= \frac{\left[(1+i_B)^n - 1\right] \cdot \left[1 - \frac{c(1-s_B)}{i_B}\right]}{(1+i_B)^n} \quad .$$

Beispiel 3-4: Die Ausgabe eines normalverzinslichen Sparbriefes mit einem jährlichen Coupon von 7,5 % verschafft der Bank B mit einem Kalkulationszins nach Steuern von 4 % und einem Ertragsteuersatz von 50 % bei 10 Jahren Laufzeit einen Barwert i.H.v. 2,03 % vom Emissionsvolumen. Dieser Barwert ist betragsmäßig genauso groß wie der (negative) Barwert des Kunden aus Beispiel 3-1. Wie ein Blick auf die Formeln (3-33) und (3-38) zeigt, muß dies bei gleichen Kalkulationsgrundlagen von Kunde und Bank immer gelten, da der normalverzinsliche Sparbrief symmetrische Steuerwirkungen bei Bank und Kunde hat. Die Ausgabe / der Erwerb eines normalverzinslichen Sparbriefes ist somit für identisch kalkulierende Vertragspartner ein Nullsummenspiel.

ii) Aufgezinster Sparbrief

Im Gegensatz zur normalverzinslichen Variante leistet die Bank bei einem aufgezinsten Sparbrief keine periodisch wiederkehrenden Zinszahlungen, sondern bezahlt als Gegenleistung für die Kapitalüberlassung einen gegenüber dem Emissionsbetrag erhöhten Rücknahmebetrag am Ende der vereinbarten Laufzeit. Zur Konkretisierung der steuerlichen Behandlung des aufgezinsten Sparbriefes ist zunächst dessen bilanzielle Auswirkung bei der emittierenden Bank zu klären: Aufgrund des Zerobondcharakters eines aufgezinsten Sparbriefes finden die Regelungen hinsichtlich der Bilanzierung von Zerobonds Anwendung. Nach der herrschenden Meinung ist ein Zerobond nach der Nettomethode auszuweisen.[64] Das bedeutet zunächst die Passivierung des Emissionsbetrags als Verbindlichkeit, wobei diesem Betrag dann jährlich die aufgrund einer kapitalabhängigen Effektivzinsberechnung

[64] Die ebenfalls denkbare Möglichkeit eines Bruttoausweises, bei dem die Verbindlichkeit zu ihrem vollen Rücknahmebetrag auszuweisen ist und die Differenz zwischen Emissions- und Rücknahmebetrag als Disagio unter den aktiven Rechnungsabgrenzungsposten aktiviert und planmäßig verteilt werden kann, wird in der Literatur nahezu einheitlich abgelehnt (vgl. z.B. [Böck86], [Bord86], [HFA86]). Steuerrechtlich wäre das Disagio in jedem Fall zu aktivieren und auf die Laufzeit zu verteilen, so daß sich eine Linearisierung der Zinsen ergibt.

ermittelte Zinsschuld zugeschrieben wird.[65] Dies hat zur Folge, daß die Zinsen beim Emittenten in dem Jahr aufwands- und steuerwirksam werden, auf das sie wirtschaftlich entfallen, während die jeweils korrespondierende Auszahlung erst am Laufzeitende mit Rücknahme des Zerobonds erfolgt. Gleiches gilt für die Bilanzierung und steuerliche Behandlung von aufgezinsten Sparbriefen.

Unter Anwendung der Nettomethode errechnet sich daher der Barwert eines aufgezinsten Sparbriefes mit Emissionsrendite z über die Laufzeit n für die Bank zu

$$BW_A^B = 1 + \sum_{t=1}^{n} s_B \frac{(1+z)^t - (1+z)^{t-1}}{(1+i_B)^t} - \frac{(1+z)^n}{(1+i_B)^n}$$

(3-39)
$$= \begin{cases} 1 - \dfrac{s_B \cdot z - \left(\dfrac{1+z}{1+i_B}\right)^n \cdot \left[i_B - z(1-s_B)\right]}{z - i_B} & \text{für } z \neq i_B \\ \dfrac{s_B \cdot i_B \cdot n}{1+i_B} & \text{für } z = i_B \end{cases}$$

Beispiel 3-5: Unter Anwendung der Nettomethode erzielt die Bank aus Beispiel 3-4 durch die Ausgabe eines aufgezinsten Sparbriefes mit einer Emissionsrendite von 7,5 % einen Barwert i.H.v. 2,80 % des Emissionsvolumens.[66] Im Gegensatz zur normalverzinslichen Variante steht diesem positi-

[65] Im gleichen Sinne ist die Behandlung von Zerobonds im Steuerrecht durch BMF-Schreiben vom 5.3.1987 [BMF87] geregelt worden.

[66] Unter Anwendung der Bruttomethode errechnet sich der Barwert eines aufgezinsten Sparbriefes mit Emissionsrendite z über die Laufzeit n für den Emittenten zu

$$BW_A^B = 1 + \sum_{t=1}^{n} s_B \frac{(1+z)^n - 1}{n}(1+i_B)^{-t} - \frac{(1+z)^n}{(1+i_B)^n}$$

$$= 1 + \frac{s_B\left[(1+z)^n - 1\right] \cdot \left[1 - (1+i_B)^{-n}\right]}{n \cdot i_B} - \left(\frac{1+z}{1+i_B}\right)^n \quad .$$

ven Barwert der Bank nicht ein gleich hoher negativer Barwert des identisch kalkulierenden Kunden gegenüber (vgl. Beispiel 3-2). Mithin ist die Ausgabe / der Erwerb eines aufgezinsten Sparbriefes selbst bei Vertragspartnern mit identischen Kalkulationsgrundlagen aufgrund der unterschiedlichen steuerlichen Behandlung in der Regel kein Nullsummenspiel.

Wir wollen im folgenden - analog zur Betrachtung aus Kundensicht - allgemein bestimmen, unter welcher Bedingung die Bank indifferent zwischen der normalverzinslichen und aufgezinsten Variante eines Sparbriefes ist. Es gilt für $z \neq i_B$:

$$BW_N^B \overset{!}{=} BW_A^B$$

(3-40)
$$\Leftrightarrow c = i_B \frac{(1+z)^n\left[z\left(1-s_B\right)-i_B\right]+z\left[s_B(1+i_B)^n-1\right]+i_B}{\left(1-s_B\right)\left(z-i_B\right)\left[(1+i_B)^n-1\right]} .$$

Vor einer allgemeinen Interpretation dieser Bedingung betrachten wir zwei Spezialfälle:

- Die Laufzeit beträgt eine Periode (n = 1). Formel (3-40) vereinfacht sich dann zu c = z. Wie für den Kunden, gibt es auch für die Bank im einperiodigen Fall keinen Unterschied in der steuerlichen Behandlung der beiden Alternativen, so daß die Bank bereit ist, die normalverzinsliche und die aufgezinste Variante mit gleich hoher Vor-Steuer-Rendite anzubieten.

Vergleicht man den Barwertvorteil eines aufgezinsten Sparbriefes für den Emittenten unter Verwendung der Nettomethode mit dem eines identischen Sparbriefes, welcher im Rahmen der Bruttobilanzierung ausgewiesen wird, so ergibt sich mit den Daten aus den Beispielen 3-4 und 3-5 ein Barwertvorteil bei der Bruttomethode von 3,79 % - ein Unterschied von 73,88 % gegenüber der Nettomethode. Das Beispiel illustriert, daß bei Anwendung der Bruttomethode eine erhebliche Aufwandsvorverlagerung durch die Linearisierung der Zinsen gegenüber der Nettomethode erfolgen würde.

- Der Emittent ist steuerbefreit ($s_B = 0$). Formel (3-40) vereinfacht sich dann zu $c = i_B \frac{(1+z)^n - 1}{(1+i_B)^n - 1}$. Für $n > 1$ und $z < i_B$ gilt stets $c < z$.[67] Das heißt, daß sogar der steuerbefreite Emittent unter diesen Bedingungen bereit ist, eine Emissionsrendite anzubieten, die über dem Coupon eines barwertgleichen normalverzinslichen Sparbriefes liegt. Dieser Sachverhalt läßt sich ökonomisch leicht interpretieren: Aus Sicht des Emittenten ist eine Kapitalaufnahme nur wirtschaftlich, wenn der Aufnahmezins nach Steuern unter dem Nach-Steuer-Kalkulationszins liegt. Gilt also $z < i_B$, so induziert dies für den Emittenten einen positiven Barwert, und zwar unabhängig von den Zinszahlungsmodalitäten. Wenn für Sparbriefe mit unterschiedlichen Zinszahlungsmodalitäten der Vor- bzw. Nach-Steuer-Aufnahmezins identisch sind, lohnt es sich in diesem Fall für den Emittenten nicht, zum Kalkulationszins i_B anlegbare/verwendbare Mittel zur Zinszahlung zu verwenden. Demnach ist aus Sicht des Emittenten eine Kapitalaufnahme um so günstiger, je geringer die Zins*zahlungen* während der Laufzeit sind, so daß dann die aufgezinste Variante gegenüber einer normalverzinslichen mit identischem Vor-Steuer-Schuldzins stets vorteilhaft wäre. Allgemein gilt: Wenn der Aufnahmezins nach Steuern unter dem Nach-Steuer-Kalkulationszins liegt und somit die Kapitalaufnahme für den Emittenten wirtschaftlich ist, dann ist aus Cash-Flow-Barwert-Sicht die Maximierung des Geschäftsvolumens optimal.

Es soll nun gezeigt werden, unter welcher Bedingung die Bank allgemein bereit ist, für einen aufgezinsten Sparbrief eine *höhere* Emissionsrendite als für eine barwertgleiche normalverzinsliche Variante zu zahlen. Zunächst überlegen wir uns dazu, daß die Bank für den aufgezinsten und den normalverzinslichen Sparbrief bei Indifferenz zwischen beiden Alternativen und für Laufzeiten $n > 1$ die *gleiche* Rendite zahlen wird, wenn folgende Bedingung erfüllt ist:[68]

---

[67] Der Nachweis dieser Aussage kann analog zur Argumentation in Fußnote 62 geführt werden.

[68] Man erhält diese Bedingung, indem man in Formel (3-40) $z = c$ setzt und entsprechend auflöst.

$$(3\text{-}41) \quad z = c = \frac{i_B}{1 - s_B} \quad .$$

Dieser Wert entspricht dem Vor-Steuer-Kalkulationszins der Bank und ist sowohl für den aufgezinsten als auch den normalverzinslichen Sparbrief gerade die maximale Rendite, die die Bank zu zahlen bereit ist, um keinen negativen Barwert aus dem Geschäft zu erwirtschaften.[69] Für jedes kleinere z gilt, daß die Bank für die normalverzinsliche Variante eine geringere Rendite als z bietet, um zwischen beiden Alternativen indifferent zu sein. Formal erhält man also für $n > 1$ und $z < \frac{i_B}{1 - s_B}$:[70]

$$(3\text{-}42) \quad BW_A^B = BW_N^B \Rightarrow z > c \quad .$$

Beispiel 3-6: Mit z = 7,5 % und n = 10 Jahren erhält man c = 7,31 % als die Vor-Steuer-Rendite, bei der die Bank aus Beispiel 3-5 indifferent zwischen der Ausgabe eines normalverzinslichen und eines aufgezinsten Sparbriefes ist.

d) Vorteilhaftigkeit aus Koalitionssicht

Nach der jeweiligen Analyse und dem Vergleich von normalverzinslichen und aufgezinsten Sparbriefen aus Kunden- und Banksicht erweitern wir nun in einem letzten Schritt die Betrachtung auf eine *Koalitionssicht*. Wir fragen zunächst, unter welcher Bedingung die Ausgabe / der Erwerb eines normalverzinslichen Sparbriefes für beide Beteiligte - Bank und Kunde - vorteilhaft ist. Anschließend dehnen wir diese Fragestellung auf die aufgezinste Variante aus, um schließlich eine einfache Bedingung abzuleiten, unter der sich zu jeder für beide vorteilhaften normalverzinslichen Variante ein aufgezinster Sparbrief finden läßt, der sowohl dem Kunden als auch der Bank einen höheren Barwert nach Steuern als die normalverzinsliche Variante liefert.

---

[69] Dies läßt sich zeigen, indem man in Formel (3-39) $BW_A^B = 0$ (bzw. in Formel (3-38) $BW_N^B = 0$) setzt und nach z bzw. c auflöst.

[70] Der Nachweis kann analog zu Fußnote 62 geführt werden.

Der Kunde erwirtschaftet durch den Erwerb eines *normalverzinslichen Sparbriefes* einen positiven Barwert, wenn für die Rendite c gilt:

(3-43) $$c > \frac{i_K}{1 - s_K} =: c_K^{min}$$.[71]

Für die Bank ist der Barwert aus der Emission der normalverzinslichen Variante dann positiv, wenn gilt (vgl. Formel (3-41)):

(3-44) $$c < \frac{i_B}{1 - s_B} =: c_B^{max}$$.

Damit erhalten wir als *Ergebnis*, daß sich ein Geschäft über Emission / Erwerb eines normalverzinslichen Sparbriefes für beide Beteiligte lohnt, wenn die folgende Bedingung erfüllt ist

(3-45) $$c_K^{min} < c_B^{max} \Leftrightarrow \underbrace{\frac{i_K}{1 - s_K}}_{\substack{\text{Vor-Steuer-}\\ \text{Kalkulationszins}\\ \text{des Kunden}}} < \underbrace{\frac{i_B}{1 - s_B}}_{\substack{\text{Vor-Steuer-}\\ \text{Kalkulationzins}\\ \text{der Bank}}}$$

und die Rendite des normalverzinslichen Sparbriefes aus dem (Einigungs-)Intervall $c \in \left(c_K^{min}; c_B^{max}\right)$ gewählt wird.

Aus Bedingung (3-45) geht im übrigen hervor, daß die Emission / der Erwerb eines normalverzinslichen Sparbriefes zwischen der Bank und solchen privaten Kunden nicht zustande kommt, die sich vor Steuern kalkulatorisch einheitlich z.B. am relevanten Gleichgewichts-Marktzins orientieren. Ebenfalls existiert dann kein Einigungsintervall, wenn ihre Nach-Steuer-Kalkulationszinssätze identisch sind und sie zudem gleicher Besteuerung unterliegen. Da aber die Gewerbesteuerpflicht in aller Regel eine höhere Besteuerung der Bank zur Folge hat ($s_K < s_B$), wird letzteres häufig nicht

---

[71] Man erhält diese Bedingung , indem man $BW_N^K > 0$ setzt (Formel (3-33)).

erfüllt sein, so daß ein Einigungsintervall positiver Länge auch bei einheitlichen Kalkulationszinsen nach Steuern existieren kann.

Bei dem Erwerb eines *aufgezinsten Sparbriefes* berechnet sich die geforderte Mindestrendite z_K^{min} aus Kundensicht, indem man in Formel (3-35) $BW_A^K = 0$ setzt und nach z auflöst. Der Kunde erwirtschaftet einen positiven Barwert, wenn gilt:

$$\text{(3-46)} \quad z > \sqrt[n]{\frac{(1+i_K)^n - s_K}{1-s_K}} - 1 =: z_K^{min} \quad .$$

Für die Bank als Emittenten eines aufgezinsten Sparbriefes wurde schon oben (Formel (3-41)) gezeigt, daß gilt:

$$\text{(3-47)} \quad z < \frac{i_B}{1-s_B} = z_B^{max} .$$

Damit erhält man als Ergebnis, daß sich ein Geschäft über Ausgabe / Erwerb eines aufgezinsten Sparbriefes für beide Beteiligte lohnt, wenn die Bedingung

$$\text{(3-48)} \quad z_K^{min} < z_B^{max} \Leftrightarrow \sqrt[n]{\frac{(1+i_K)^n - s_K}{1-s_K}} - 1 < \frac{i_B}{1-s_B}$$

erfüllt ist und die Emissionsrendite aus dem Einigungsintervall $z \in \left(z_K^{min}; z_B^{max}\right)$ gewählt wird.

Eine ökonomische Interpretation dieser Bedingung wird erleichtert, wenn man sich überlegt, daß die Mindestrendite eines aufgezinsten Sparbriefes für einen Kunden mit positivem Steuersatz s_K aufgrund des Steuerstundungseffekts für n > 1 stets *kleiner* als sein Vor-Steuer-Kalkulationszins ist; d.h. es gilt:[72]

(3-49) $$z_K^{min} < \frac{i_K}{1-s_K}.$$

Wenn daher die folgende hinreichende Vorteilhaftigkeitsbedingung

(3-50) $$\underbrace{\frac{i_K}{1-s_K}}_{\substack{\text{Vor-Steuer-}\\ \text{Kalkulationszins}\\ \text{des Kunden}}} \leq \underbrace{\frac{i_B}{1-s_B}}_{\substack{\text{Vor-Steuer-}\\ \text{Kalkulationzins}\\ \text{der Bank}}}$$

für beide Beteiligte erfüllt ist, gilt offensichtlich die (notwendige) Bedingung $z_K^{min} < z_B^{max}$ generell. In dieser Form können wir die Vorteilhaftigkeitsbedingung leicht interpretieren: Immer, wenn der Vor-Steuer-Kalkulationszins des Kunden nicht größer als der Vor-Steuer-Kalkulationszins der Bank ist, existiert für n > 1 und $s_K > 0$ eine Emissionsrendite $z \in \left(z_K^{min}; z_B^{max}\right)$, die beiden Beteiligten einen positiven Cash-Flow-Barwert aus der Emission / dem Erwerb des aufgezinsten Sparbriefes liefert.

Beispiel 3-7: Wenn der Kunde mit einem Kalkulationszins vor Steuern von 8% rechnet, die Bank dagegen mit 9%, bieten alle Emissionsrenditen $z \in (8\%;9\%)$ *beiden einen positiven Cash-Flow-Barwert. So kann die hin-*

---

[72] Ungleichung (3-49) kann nachgewiesen werden, indem man für z_K^{min} den Ausdruck aus Formel (3-46) einsetzt. Man erhält $\frac{\left[(1+i_K)-s_K\right]^n}{(1+i_K)^n - s_K} > (1-s_K)^{n-1}$. Für $s_K = 0$ gilt die Gleichheit beider Seiten; die Ungleichung ist also nicht erfüllt (kein Steuerstundungseffekt). Für $s_K > 0$ und $i_K = 0$ gilt ebenfalls die Gleichheit der beiden Seiten; die linke Seite wächst aber für n > 1 streng monoton in i_K, so daß die Ungleichung für $s_K > 0$, $i_K > 0$ und n > 1 stets erfüllt ist.

reichende Bedingung dazu dienen, schnell - in der Vor-Steuer-Welt - mögliche Emissionsrenditen zu bestimmen.

Aber auch wenn die hinreichende Bedingung nicht erfüllt ist, kann es ein Einigungsintervall positiver Länge geben, wie das folgende Beispiel zeigt:

Beispiel 3-8: Wenn der Kunde mit einem Kalkulationszins vor Steuern von 10% rechnet, die Bank dagegen mit 9%, ist die hinreichende Bedingung nicht erfüllt. Beträgt der Steuersatz des Kunden 50%, berechnet sich z_K^{min} *zu 8.48%. Somit erwirtschaften beide einen positiven Cash-Flow-Barwert, wenn sie eine Emissionsrendite aus dem Intervall (8,48%; 9%) wählen.*

Abschließend wollen wir aus *Koalitionssicht* die *normalverzinsliche und* die *aufgezinste Sparbriefvariante* miteinander *vergleichen*. Indem wir die in Teilabschnitt c) und d) durchgeführten Vergleiche zusammenführen, erhalten wir als *Ergebnis*: Wenn die Laufzeit n > 1 ist und $i_K < \frac{i_B}{1-s_B}$ gilt, liefert zu jedem aufgezinsten Sparbrief mit $z \in \left(i_K; \frac{i_B}{1-s_B} \right)$ die normalverzinsliche Variante mit einer Rendite c = z beiden Beteiligten einen niedrigeren Barwert! Umgekehrt läßt sich damit zu jedem normalverzinslichen Sparbrief mit einer Rendite aus diesem Intervall eine aufgezinste Variante finden, die sowohl dem Kunden als auch der Bank einen höheren Barwert liefert. Mithin scheidet der normalverzinsliche Sparbrief als vorteilhafte Anlagealternative in diesem Bereich aus.

Diese Ergebnisse des Teilabschnitts d) illustrieren wir zusammenfassend anhand des folgenden Beispiels:

Beispiel 3-9: Kunde und Bank kalkulieren einheitlich mit $i_K = i_B = 4\%$ *und* $s_K = s_B = 50\%$. *Deshalb existiert kein Einigungsintervall für normalverzinsliche Sparbriefe; bestenfalls erwirtschaften beide einen Barwert von* $BW_N^K = BW_N^B = 0$ *bei c = 8%. Nun zeigt der Vergleich von normalverzinslichen und aufgezinsten Sparbriefen, daß sowohl aus Kundensicht als aus Sicht der Bank ein Erwerb / eine Emission der aufgezinsten Variante mit einer Emissionsrendite von 7,5% für beide vorteilhaft ist, denn für den Kun-*

den ist die Bedingung (3-46) und für die Bank die Bedingung (3-47) erfüllt. Eine Berechnung ergibt dementsprechend einen Barwert für den Kunden in Höhe von 3,40% und für die Bank in Höhe von 2,80% (vgl. Beispiele (3-2) und (3-5)). Beide erzielen also mit der aufgezinsten Alternative Vorteile gegenüber dem normalverzinslichen Sparbrief.

Das Beispiel verdeutlicht zudem noch einmal, daß im Spezialfall identischer Kalkulationsgrundlagen der Erwerb / die Emission eines normalverzinslichen Sparbriefes Nullsummencharakter hat: Jedem positiven Barwert des einen Beteiligten steht ein gleich großer negativer Barwert des anderen gegenüber (und umgekehrt). Dies ist beim aufgezinsten Sparbrief nicht der Fall: Selbst bei identischen Kalkulationsgrundlagen können im Intervall $z \in \left(z_K^{min}; z_B^{max}\right)$ beide einen positiven Barwert zu Lasten des Fiskus erwirtschaften.

Die examplarische Analyse der Vorteilhaftigkeit alternativer Sparbriefvarianten zur Lösung langfristiger Anlageprobleme aus Kundensicht illustriert, wie - insbesondere steuerliche - Gestaltungsspielräume von der Bank zur Steigerung der Beratungsqualität genutzt werden können.[73] Die hergeleiteten Vorteilhaftigkeitsregeln sowie deren wissensbasierte Darstellung und Verarbeitung versetzen den dezentral agierenden Kundenbetreuer in die Lage, betriebswirtschaftlich fundierte und kundenindividuelle Problemlösungen zu erarbeiten und anzubieten.[74] Auf diese Weise kann der in Abschnitt 2.1.5.2 formulierten Anforderung einer objektiven und kundenorientierten Beratung Rechnung getragen werden.

Die Erweiterung der finanzwirtschaftlichen Analyse um die Sicht der Bank ermöglicht es darüber hinaus, jene Alternativen angeben zu können, die für die „Koalition" aus Bank *und* Kunde finanzwirtschaftlich / steuerlich vorteilhaft sind. Die explizite Angabe eines entsprechenden Einigungsintervalls, aus dem der Kundenbetreuer die Konditionen zum Vorteil beider Kontraktpartner wählen kann, unterstützt die Vergabe von Preissetzungs- und Verhandlungskompetenz an dezentrale Einheiten und mithin die gefor-

[73] Die Vorteilhaftigkeit weiterer Finanzprodukte, wie beispielsweise Immobilienleasing bzw. Kreditfinanzierung, wird in [WiBu93] bzw. [Buhl94b] analysiert. Die Zusammenführung der Ergebnisse erfolgt in Form einer Beispielrechnung in [BuSa93].

[74] Zur Implementierung der abgeleiteten Vorteilhaftigkeitsregeln in modifizierter Form in einem wissensbasierten Beratungsunterstützungssystem vgl. Abschnitt 3.2.5.3.

derte Dezentralisierung von Angebotsentscheidungen. Dies läßt sich auf einfache Weise verdeutlichen: Dem dezentralen Kundenbetreuer kann zum einen ein Entscheidungsspielraum bezüglich der Konditionen eingeräumt werden; zum anderen besitzt er sowohl verdichtete Informationen bezüglich der Vorteilhaftigkeit seiner Konditionenwahl aus Banksicht als auch - bei geeigneter Gestaltung des Entlohnungssystems[75] - den entsprechenden Anreiz, diese Vorteilhaftigkeit zu steigern. Auf diese Weise läßt sich dezentrale Konditionenflexibilität realisieren, die durch den Kundenbetreuer - in Abhängigkeit von der Verhandlungsmacht des individuellen Kunden - zur Abgabe wettbewerbsfähiger Angebote genutzt werden kann - bei gleichzeitiger Berücksichtigung der Bankziele im dezentralen Entscheidungskalkül. Letzteres gilt vor allem auch für die Berücksichtigung steuerlicher Wirkungen des Einzelgeschäfts, die - wie gezeigt - wesentlichen Einfluß auf die Vorteilhaftigkeit einzelner Finanzkontrakte aus Sicht der Bank haben.

Als ein Ergebnis der exemplarischen Modellanalyse konkurrierender Anlageformen läßt sich festhalten, daß die Erstellung vorteilhafter Lösungen zu Finanzproblemen den Einsatz und die Nutzung betriebswirtschaftlich fundierten Problemlösungswissens bedingt. Wie bereits ausgeführt, eröffnet die IKS-Unterstützung des Beratungs- bzw. Problemlösungsprozesses die Möglichkeit, insbesondere finanzwirtschaftlich-steuerliche Erkenntnisse, zur Steigerung der Angebotsqualität nutzbar zu machen. Wir wollen im folgenden diesen Beratungs- bzw. Problemlösungsprozeß einer nach Prozeßstufen differenzierten Betrachtung unterziehen und im Hinblick auf den geeigneten Methodeneinsatz im Rahmen einer IKS-Unterstützung analysieren.

3.2.2.3 Der Problemlösungsprozeß aus funktionaler Sicht[76]

Im Hinblick auf eine adäquate Modellierung des Allfinanzangebotsprozesses und hinsichtlich des geeigneten Methodeneinsatzes ist zunächst der zu unterstützende Prozeß in feiner granulierte Prozeßstufen bzw. -phasen zu untergliedern. Abbildung 3-3 verdeutlicht, daß zu Beginn die eigentliche finanzielle Problemstellung des Kunden unter Berücksichtigung seiner individuellen Zielvorstellungen sowie seiner Präferenzstruktur ermittelt und

---

[75] Beispielsweise durch die Wahl des Barwerts eines Kundengeschäfts aus Banksicht als Bemessungsgrundlage für einen variablen Vergütungsanteil.

[76] Dieser Abschnitt basiert auf Kap. 2 der Arbeit [BuRo96].

formuliert werden muß. Die nächste Stufe - der Kern des Angebotsprozesses - besteht in der Selektion, Konfiguration und Kombination geeigneter Finanzprodukte derart, daß der gegebenen Problemstellung des Kunden möglichst „gut" begegnet werden kann (Phase Problemlösung). Eine solchermaßen ermittelte Lösung muß schließlich in einer weiteren Phase dem Kunden präsentiert, begründet und vermittelt werden. Die erforderliche Bereitstellung von unterschiedlichen Finanzprodukten (die den möglichen Lösungsraum aufspannen) stellt die Basis des Problemlösungsprozesses dar.

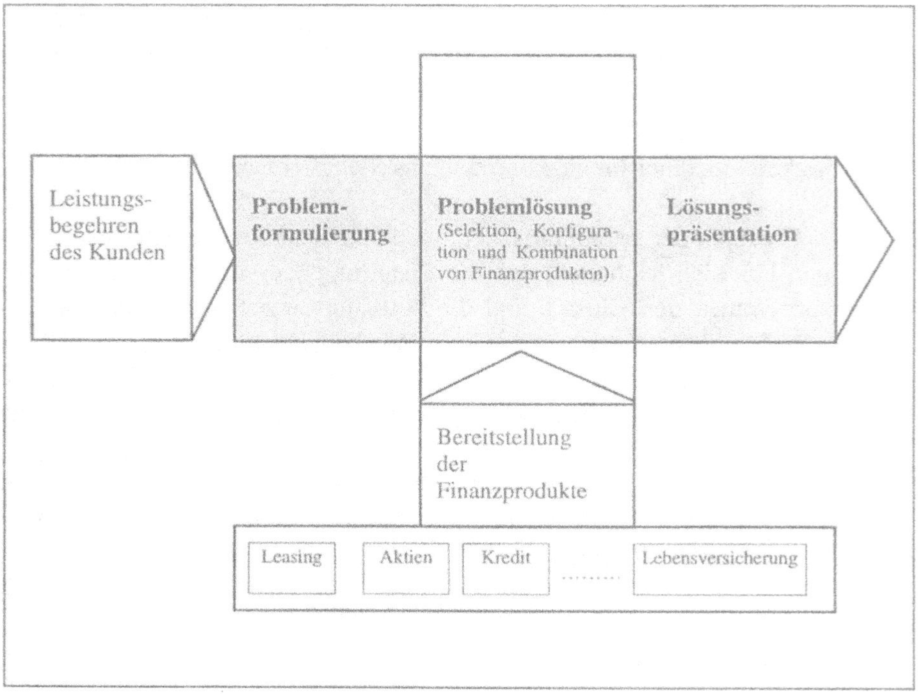

Abb. 3-3: Phasen des Allfinanzangebotsprozesses[77]

Aufgrund der Unterschiedlichkeit der skizzierten Phasen ist unmittelbar einsichtig, daß zu deren systemtechnischer Unterstützung sinnvollerweise speziell zugeschnittene Modellierungs- und Lösungstechniken Anwendung finden sollten, die die Besonderheiten der jeweiligen betriebswirtschaftlichen Problemstellung explizit berücksichtigen: Beispielsweise läßt sich die Ausgangsphase der Problemformulierung in der Regel nur schwer strukturieren. Ein wesentlicher Grund dafür liegt in der zumeist ungenügenden

[77] Nach [BuRo96, 19].

Spezifikation des eigentlichen Kundenproblems. Die meisten Kunden sind nicht in der Lage, ihr Problem zieladäquat selbst zu formulieren: Die geäußerten Zielsetzungen und Anforderungen an eine Problemlösung sind oftmals vage, unvollständig und z.T. sogar widersprüchlich. Als Beispiele können hier Risikopräferenzen oder Vorstellungen über die Ausgestaltung der Altersvorsorge genannt werden. Ebensowenig sind die Kundenberater dazu ausgebildet, die Kundenziele zu ermitteln und in eine konkrete, strukturierte Problemstellung zu transformieren [BuHa93, 268]. Bei der Ableitung der Kundenproblemstellung, deren Güte die Qualität des gesamten Lösungsprozesses determiniert, handelt es sich demnach um eine Aufgabe, bei der Fachwissen, berufliche Erfahrung, Heuristiken sowie die Verarbeitung von vagem Wissen in besonderem Maße erforderlich sind und mithin der Einsatz von Methoden der Künstlichen Intelligenz (KI) naheliegt. Demgegenüber kann die Lösung eines solchermaßen formulierten Finanzproblems in der nächsten Phase die Verwendung prozeduraler Ansätze erfordern, um beispielsweise mit Hilfe leistungsfähiger numerischer Optimierungsalgorithmen das optimale Aktienportfolio als Lösung des Anlageproblems des Kunden zu finden.

Neben diese strukturellen Unterschiede *zwischen* einzelnen Phasen tritt darüber hinaus die Heterogenität *innerhalb* der jeweiligen Phase des Allfinanzangebotsprozesses: Für das Auffinden von Angebotskombinationen als Lösung allgemeiner finanzwirtschaftlicher Problemstellungen existiert keine einheitliche algorithmische Vorgehensweise, die global optimierte Lösungen, d.h. optimale Allfinanzangebote (Kombinationen von Finanzprodukten), generieren könnte. Auf dieser Ebene ist „lediglich" *satisfizierendes Problemlösen* möglich; das bedeutet im vorliegenden Kontext, eine höherwertige Lösung zu finden, als sie derzeit über Standardprodukte angeboten wird. Während die Komplexität der Lösungsbausteine bzw. der Finanzprodukte sowie deren vielfältige Wechselwirkungen untereinander also einen zentralen Optimierungsansatz verhindern, können in Teilbereichen Optimierungsverfahren sehr wohl vorteilhaft zur Anwendung kommen. Die oben angesprochene Bildung von Aktienportfolios mittels Methoden der Portfolio Selection ist ein solcher Fall [Mark59]. In anderen Produktbereichen ist indessen der Einsatz anderer Problemlösungsmethoden vorteilhaft: Kreditverträge lassen sich durch mehrere Konditionenbestandteile wie Vertragsdauer, Disagio, Zins- und Tilgungsverlauf, etc. charakterisieren. Diese Zerlegbarkeit spricht für die Problemlösungsmethode der Konstruktion bzw. Konfiguration, bei der „verfügbare Basiselemente ausgewählt, parametrisiert und zu einem Lösungsobjekt zusammengesetzt werden, das gewünschte Eigenschaften erfüllt" [Pupp90, 129]. Ähnliche Eigenschaften weisen Versicherungs- und Leasingverträge auf. Für standardisierte, marktgehandelte Finanzprodukte wie festverzinsliche Wertpapiere gilt hingegen, daß sie (in der Regel) nicht zerlegt werden können, sondern als Einheit bewertet werden müssen. Somit stellt in diesem Fall die Klassifikation bzw. Selektion die geeignete Problemlösungsmethode dar, bei der die Lösung aus einer Menge vorgegebener Alternativen ausgewählt wird.

Die Analyse des Allfinanzangebotsprozesses zeigt, daß die einzelnen Stufen verschiedenartige Charakteristika aufweisen, die gänzlich unterschiedliche Methoden wie Optimierungsalgorithmen oder KI-Techniken erfordern. Jede Methodik besitzt naturgemäß komparative Vorteile für jene Problemstrukturen, auf die sie jeweils speziell zugeschnitten ist. Demzufolge wäre es wenig sinnvoll, den gesamten Allfinanzangebotsprozeß mittels eines monolithischen Systems zu unterstützen. Es ist vielmehr erforderlich, die verfügbaren Methoden *nebeneinander* dort zum Einsatz zu bringen, wo sie ihre komparativen Vorteile besitzen, und damit für ein Gesamtsystem nutzbar zu machen.

3.2.3 Die Koordination der beteiligten Organisationseinheiten: Verteilte IKS-Unterstützung als Koordinationssystem

Der Allfinanzangebotsprozeß ist in einen institutionellen Rahmen eingebettet, der die bereits skizzierten Phasen bzw. Aufgabenbereiche einer Phase unterschiedlichen Akteuren bzw. Institutionen zuordnet: In der Regel werden Anlage-, Kredit- und Versicherungsprodukte als Bestandteile eines Bündels von Finanzprodukten durch verschiedene und getrennt agierende Einheiten erstellt. In diesem Sinne ist die Erstellung von kombinierten Allfinanzangeboten als ein arbeitsteiliger Prozeß charakterisiert, dessen verteilte institutionelle Strukturen und Abläufe keineswegs nur „historisch" gewachsen, sondern vielmehr durch betriebswirtschaftliche und (aufsichts-) rechtliche Determinanten bestimmt sind [Buhl92, 741f.]. Neben dem Aspekt der Unterstützung des eigentlichen Problemlösungsprozesses, sollte eine ganzheitliche Systemunterstützung auch die (horizontale) Koordination der an der Problemlösung beteiligten Entscheidungsträger umfassen. Wir analysieren daher im folgenden das notwendige Zusammenwirken unterschiedlicher dezentraler Einheiten zur Erstellung von Allfinanzangeboten und leiten daraus Anforderungen an die Koordinationsfunktionaliät einer IKS-Unterstützung ab. Wir differenzieren dabei zwischen bankinternen und bankexternen Entscheidungsträgern, da als Folge unterschiedlicher Organisationsziele (Ziele der Bank bzw. Ziele externer Kooperationspartner) unterschiedliche Anforderungen an die Koordinationsfunktionalität resultieren.

3.2.3.1 Intraorganisatorische Aspekte

Die bereits skizzierte Zweistufigkeit des Finanzdienstleistungserstellungsprozesses in Form der Vor- und Endkombination legt eine interne Aufgabensegmentierung in Produkt- und Vertriebsbereiche nahe (vgl. Abb. 3-4).

Resultat der Vorkombination ist die Bereitstellung von Finanzprodukten in Form (quasi-) standardisierter Verträge und Vertragskomponenten sowie die Bereitstellung entsprechender Prozesse zur Vertragsabwicklung. Ein Finanzprodukt stellt in diesem Sinne eine Menge ihm zugeordneter Parameter wie Laufzeit, Kündigungsfrist oder Mindestbetrag dar [Stic94, 45; LaSe94]. Dabei gelten in der Regel für verschiedene Finanzprodukte, wie z.B. Leasingverträge oder festverzinsliche Wertpapiere voneinander abweichende finanzwirtschaftliche und steuerliche Rahmenbedingungen, so daß bestimmte Parameter nicht beliebig miteinander kombinierbar sind bzw. bestimmte Kombinationen komplexe steuerliche und andere Erfolgswirkungen beim Kunden haben. Insofern ist für eine vorteilhafte Produktgestaltung und -abwicklung Spezialwissen aus verschiedenen, voneinander abgrenzbaren Fachgebieten erforderlich.

In der Regel fallen die Gestaltung und Erstellung von Anlage- oder Finanzierungsprodukten auch in unterschiedliche Verantwortungsbereiche innerhalb der Bank. Die Produkt-Verantwortung sowie Produkt-Know-how bzw. Fachgebietswissen sind dementsprechend ebenfalls getrennt und damit verteilt. Die Herstellung der Leistungsbereitschaft als Resultat der Vorkombination erfolgt demnach durch unterschiedliche Produktbereiche, die als dezentrale Einheiten der Bank eigenverantwortlich agieren (können). Demzufolge ist die Produktionsstufe der Vorkombination durch eine *Produktorientierung* der beteiligten Einheiten gekennzeichnet (vgl. Abb. 3-4).

Im Rahmen der Endkombination werden die bereitgestellten Produkte und Produktkomponenten genutzt, um mit Hilfe des externen Faktors Kunde die eigentliche Problemlösungsleistung zu erbringen und die kundenindividuelle Finanzdienstleistung zu erstellen. Die Selektion, Konfiguration und Kombination der bereitgestellten Finanzprodukte erfolgt durch die dezentralen Vertriebsbereiche, die den erforderlichen synchronen Kontakt mit dem Kunden realisieren. Die Vertriebsbereiche als Träger der letzten Produktionsstufe „Endkombination" zeichnen sich durch eine *kundenorientierte* Struktur aus (vgl. Abb. 3-4).

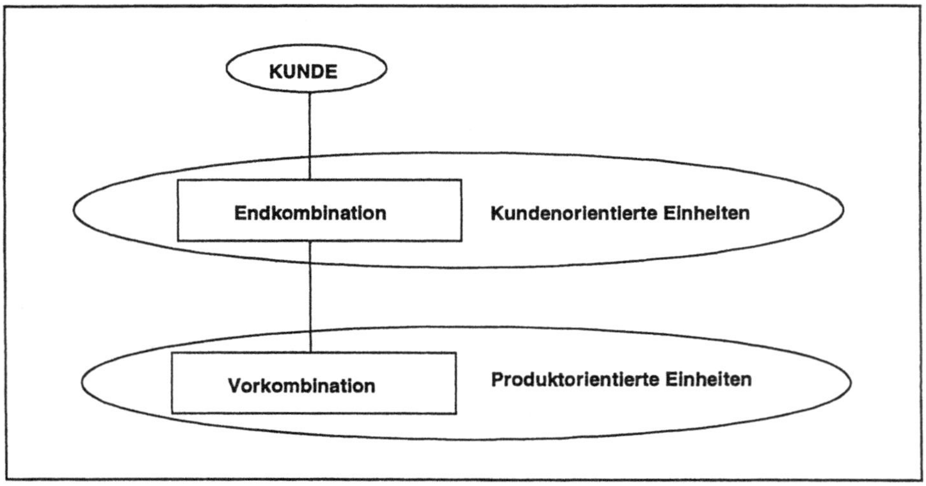

Abb. 3-4: Zweistufigkeit des Erstellungsprozesses

Die Schnittstelle zwischen produkt- und kundenorientierten Bankeinheiten ist dann einfach gestaltbar, wenn z.B. im Rahmen des Mengengeschäfts standardisierte Finanzdienstleistungen angeboten werden (können). Aufgrund der hierbei unterstellten Gleichartigkeit der Kundenbedürfnisse [Maie96, 208] können im Rahmen der Vorkombination standardisierte Finanzprodukte und Produktbündel durch die Produktbereiche bereitgestellt werden, die anschließend von den Vertriebseinheiten als standardisierte Problemlösungen angeboten werden. Die (eigentliche) Problemlösungsleistung wird dann im wesentlichen mit der Gestaltung des Produktprogramms durch die produktorientierten Einheiten erbracht. Das Koordinationserfordernis zwischen kunden- und produktorientierten Einheiten ist gering.[78] Die erforderliche Koordination erfolgt über Standardisierung und Programmierung [StSc95, 16f.].

78 Zum sinkenden Koordinationsbedarf bei zunehmender Standardisierung und abnehmender Kundennähe vgl. auch [Lass92, 118ff.].

Wie bereits gezeigt (vgl. Abschnitt 3.2.2.2) besteht eine wesentliche Eigenschaft vorteilhafter Lösungen für komplexere Finanzprobleme allerdings darin, daß sie die individuelle Situation des Kunden (Steuern, etc.) sowie dessen Präferenzen (Risikoeinstellung, etc.) berücksichtigen. Standardisierte Problemlösungen sind dann mit einem kundenorientierten Erstellungsprozeß nicht vereinbar.[79] Die Umsetzung eines marktorientierten Allfinanzkonzepts verlangt vielmehr einen „retrograden" Angebotsprozeß [Cayt92, 147] (vgl. Abb. 3-5), in dem ausgehend von individuellen Kundenproblemstellungen fortlaufend „maßgeschneiderte, innovative Produktkombinationen" erarbeitet und angeboten werden [SaRo94, 825].

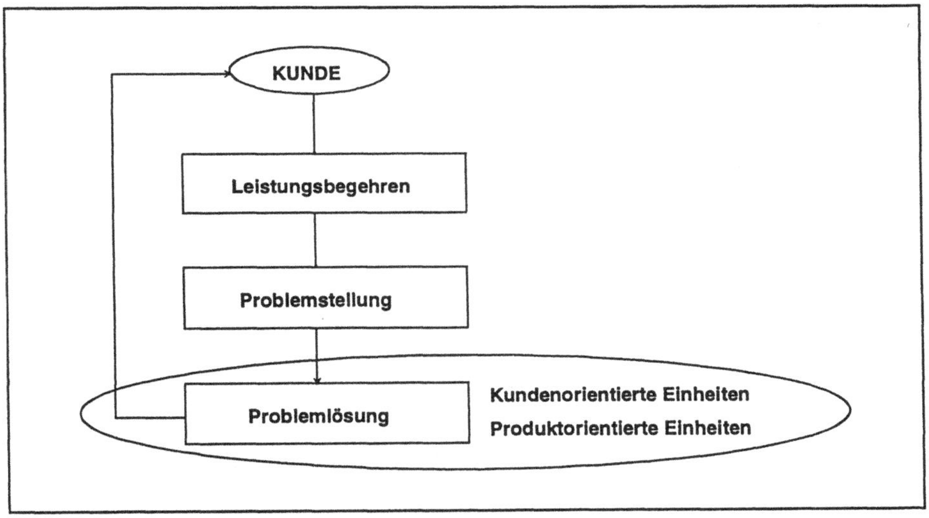

Abb. 3-5: Retrograder Angebotsprozeß

Die Leistungserstellung im Individualgeschäft trägt daher den Charakter der Einzelproduktion,[80] in deren Rahmen Produktgestaltung und Vertrieb zunehmend ineinandergreifen. Je weiter die Gestaltung der individuell ge-

---

79 „Ein Kunde, der sein Haus finanziert bekommen möchte, wird seine Finanzierung tendenziell eher dort vornehmen, wo er den Eindruck hat, daß seine individuelle Vermögens- und Einkommenssituation voll berücksichtigt wird und nicht dort, wo er zwischen zwei oder drei standardisierten Produktpaketen wählen kann" [Krön94, 328].

80 Vgl. [Maie96, 208] und die dort angegebene Literatur. Nach Ansicht von [SaRo94, 825f.] tragen die Aufgaben im Rahmen der Erstellung kundenindividueller Problemlösungen in hohem Maße Projektcharakter, „da sie weitgehend zeitlich befristete, einmalige und innovative Spezialaufgaben darstellen, die man gemeinhin als Projekte definiert".

wünschten Produktausprägung auf die letzte Produktionsstufe verschoben werden kann, desto besser können die kundenspezifischen Datenkonstellationen bei der Angebotserstellung berücksichtigt werden.

Durch die zunehmend erforderliche Integration von Vor- und Endkombination wächst allerdings der Koordinationsbedarf zwischen produkt- und kundenorientierten Einheiten. Beschränkt sich die produktorientierte Vorkombination auf die Bereitstellung standardisierter Vertragsbestandteile, die anschließend an der Kundenschnittstelle kundenindividuell konfiguriert und kombiniert werden, so erfordert dies den problemabhängigen Transfer von Fachwissen, „wie die einzelnen Bausteine zu kombinieren sind, um eine angestrebte Lösung auf der letzten Produktionsstufe zu erreichen“ [Maie96, 209].

Da die Vertriebsbereiche das Ergebnis der Vorkombination in Form bereitgestellter Vertragskomponenten nutzen, kann das Verhältnis von dezentralen Vertriebs- und Produktbereichen als interne Nachfrager-/Anbieter-Beziehung interpretiert werden.[81] Zur Erstellung der kundenindividuellen Problemlösung fragt der Kundenberater Produkte bzw. Produktkomponenten nach, die von den einzelnen Produktbereichen angeboten werden. Die Lieferbeziehung beschränkt sich allerdings nicht auf Produkte. Zur Erstellung einer kundenindividuellen Problemlösung ist vielmehr komplexes Problemlösungswissen erforderlich, das in der Regel weitgehend von den Lösungsbausteinen - den Produkten - abhängig ist: Die Produktgestaltung erfolgt ja gerade unter der Zielsetzung, bessere Beiträge zur Erfüllung der Kundenbedürfnisse zu leisten. Beispielsweise knüpfen steuerliche Regelungen an einzelnen Produkten an, so daß die Optimierung der steuerlichen Wirkungen eines Finanzprodukts beim Kunden zu bestimmten Produktausgestaltungen führt. Relevantes Problemlösungswissen ist dementsprechend an Produkte geknüpft und zunächst auf die Produktbereiche verteilt. Im Rahmen der Kundenberatung bzw. des Problemlösungsprozesses tritt demzufolge der Kundenberater weniger als Produktnachfrager, sondern als Nachfrager von Problemlösungsbeiträgen auf. Mit anderen Worten: Der Kundenberater fragt „interne Beratung“ durch Produktspezialisten nach.

---

81 [Töpf96, 10] spricht in diesem Zusammenhang von Kunden-Lieferanten-Beziehungen zwischen Business Units.

Die direkte Interaktion zwischen Kundenberater und Produktspezialisten ist allerdings unter Koordinations- und Wirtschaftlichkeitsaspekten in der Breite nicht realisierbar. Es gilt daher, den Koordinationsaufwand auf Systemebene zu verlagern [SaRo94] (vgl. Abb. 3.6), indem relevantes Problemlösungswissen der Bereiche in Informations- und Kommunikationssystemen abgebildet wird und dadurch nachfragenden Organisationseinheiten problemspezifisch angeboten werden kann. Die Aufgabe der Aktualisierung sowie der Wartung und Pflege des Problemlösungswissens obliegt den entsprechenden Produktspezialisten [HeMü94, 241] bzw. den produktorientierten Einheiten. Daraus ergibt sich zusätzlich die Anforderung der dezentralen bzw. verteilten Wart- und Entwickelbarkeit des Gesamtsystems.

Neben den geschilderten Interdependenzen zwischen produkt- und kundenorientierten Einheiten existieren aber auch Erfolgsabhängigkeiten zwischen den Bereichen, die den Trade-off von Individualisierung und Standardisierung auf Bankebene widerspiegeln[82] und ein weiteres Koordinationserfordernis begründen: Der am Markt erzielbare Erfolg der Vertriebseinheit hängt in starkem Maße von einer wettbewerbsfähigen bzw. kundenorientierten Produktgestaltung sowie dem entsprechenden „Angebot" von Problemlösungswissen durch die Produktbereiche ab. Eine adäquate Auswahl von Vertragsvarianten und Konfigurationsmöglichkeiten sind notwendig, um kundenindividuelle Problemlösungen - die (Zusatz)-Leistung der Kundenberatung - zu erstellen. Fokussieren die Produktbereiche primär auf eine produktionskostensenkende Standardisierung ihrer Produkte bzw. Reduzierung ihres Produktsortiments, ohne die Wirkung auf die individuelle Problemlösungsfähigkeit der Vertriebseinheiten zu berücksichtigen, so hat dies externe Effekte zur Folge.

Auf der anderen Seite können besonders erklärungsbedürftige und damit beratungsintensive Finanzprodukte nur durch die entsprechenden Anstrengungen der Vertriebseinheiten abgesetzt werden. Der Absatzerfolg eines Produkts und die Realisierung von Skaleneffekten in der Produktion ist entsprechend von den Verkaufsanstrengungen der Vertriebseinheiten abhängig.

---

82 „Der Trend zum 'Financial Engineering' (Erarbeitung maßgeschneiderter Anlage- und Finanzierungsalternativen für einen bestimmten Einzelkunden; Anm. d. Verf.) läuft den Bemühungen von Banken, ihre Abläufe zu vereinheitlichen und ihre Produktvielfalt zu begrenzen, entgegen" [Krön94, 328].

Der innerbetriebliche Leistungsaustausch zwischen Vertriebseinheiten und Produktbereichen ist demnach dergestalt zu koordinieren, daß die Produktbereiche einen Anreiz zur Produktinnovation und einer kundenorientierten Produktgestaltung erhalten.

Grundsätzlich bietet der Wettbewerb zwischen Produktbereichen eine Möglichkeit, solche Anreize zu setzen. Können die Vertriebseinheiten aus dem Angebot konkurrierender Problemlösungsbeiträge wählen, so bestehen für die anbietenden Produktbereiche beständige Anreize, das Produktsortiment, aber auch das Problemlösungswissen, im Hinblick auf den Kundennutzen zu gestalten bzw. zu erarbeiten.

Eine wesentliche Koordinationsaufgabe - die im Rahmen der Systemgestaltung zu berücksichtigen ist - besteht also in der „komplexen Abstimmung der Schnittstellen“ [Fres93, 1021] zwischen produkt- und kundenorientierten Bankeinheiten, „bei der unter großem Zeitdruck erhebliche Anforderungen an Qualität und Produktivität erfüllt werden müssen“ [Fres93, 1020f.]. In einer empirischen Untersuchung kommen [ClFu91, 247ff.] zu dem Ergebnis, daß eine hohe Prozeßeffizienz nur durch ein bereichsübergreifendes Produktmanagement-System gewährleistet werden kann. Im Allfinanzkontext tritt hierbei noch die Multiprodukt-Dimension hinzu. Im Rahmen der Systemgestaltung gilt es daher, ein „bereichsübergreifendes Integrationsmodell“ [Fres93, 1022] zu entwickeln, mit dessen Hilfe die problemspezifische Nutzung verteilter Ressourcen (wie Informationen und Wissen) für eine kundenindividuelle Problemlösung ermöglicht werden kann.

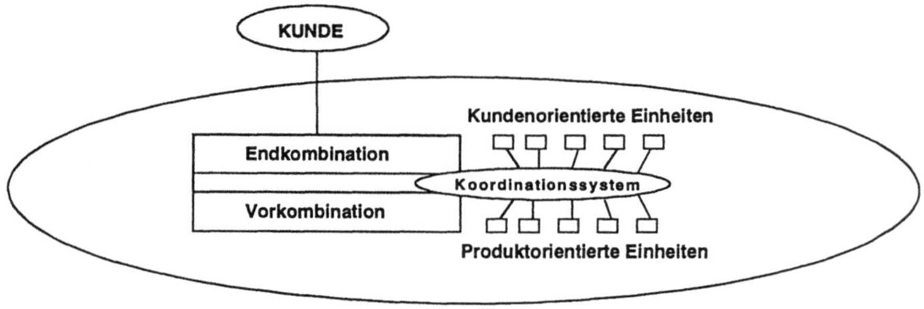

Abb. 3-6: Unterstützung der Leistungserstellung durch ein Koordinationssystem

3.2.3.2 Interorganisatorische Aspekte

Bank-, Bauspar- und Versicherungsgeschäfte müssen von rechtlich getrennten Unternehmen betrieben werden[83]. Zur Realisierung eines Allfinanzkonzepts und der korrespondierenden Ergänzung ihrer Angebotspalette werden daher von Banken neben der Konzernbildung vor allem Kooperationen mit anderen Finanzdienstleistern wie Bausparkassen und Versicherungen eingegangen.[84] Dabei bezeichnen Kooperationen eine mittel- bis langfristig ausgelegte Zusammenarbeit rechtlich selbständiger Unternehmungen auf vertraglicher Basis zur Verwirklichung gemeinsamer und / oder einzelner Ziele der Partner [Berg88, 22; Schr93].

Im Rahmen des Kooperationsmodells werden demzufolge „Fremdprodukte" bzw. Problemlösungen von rechtlich und wirtschaftlich selbständigen Unternehmungen bezogen. „Die Kooperationsstrategie bietet den Vorteil, daß durch die nach dem Subsidiaritäts- und Dezentralitätsprinzip organisierte Zusammenarbeit der Partner deren Flexibilität und Marktnähe erhalten bleibt" [Amel94, 42]. Darüber hinaus können die kooperierenden Finanzdienstleister „durch ihre Modularität und Heterogenität gleichzeitig eine Generalisierung im Auftreten nach außen (Leistungsangebot) und eine Ausnutzung von Kostenvorteilen durch Spezialisierung der Einzelkomponenten im Inneren erreichen" [PiRe96, 403].[85] Als Resultat erhält die Bank den Charakter eines „virtuellen" Allfinanzdienstleisters:[86] Ohne Errichtung einer eigenen Aufbauorganisation oder einer Hierarchie werden ergänzende Kompetenzgebiete auf Basis von IKS zusammengeführt (vgl. Abb. 3-7). „Im Gegensatz zu klassischen Unternehmenszusammenschlüssen fördert das Vir-

---

[83] Nach § 1 Abs. 1 KWG dürfen Kreditinstitute ausschließlich solche Bankgeschäfte betreiben, die im darauffolgenden unter den Nummern 1-9 explizit aufgeführt sind, während Versicherungsunternehmen nach § 7 Abs. 2 VAG nur Versicherungsgeschäfte und solche, die damit in unmittelbarem Zusammenhang stehen, betreiben dürfen.

[84] Das Entscheidungsproblem der Alternativenwahl *Eigengründung* oder *Kooperation* zur Operationalisierung eines Allfinanzkonzepts bewegt sich ebenfalls in dem Spektrum Zentralisation / Dezentralisation bzw. Hierarchie / Markt [PiRe96, 402]. Diese Fragestellung soll an dieser Stelle aber nicht weiter vertieft werden.

[85] Zur Kooperation von Dienstleistungsunternehmungen bzw. Banken im Rahmen einer Internationalisierungsstrategie vgl. [KuMö96].

[86] Zu virtuellen Unternehmen im allgemeinen und virtuellen Banken im besonderen vgl. [Mert94] und [Klei94]. bzw. [GeWi95]; zu den Vorteilen eines „Kompetenz-Netzwerkes" gegenüber einer Universalbank vgl. [Burc97].

tuelle Unternehmen eine Konzentration auf die wettbewerbsrelevanten Aktivitäten und die hierzu notwendigen Ressourcen“ [GeWi95, 532].

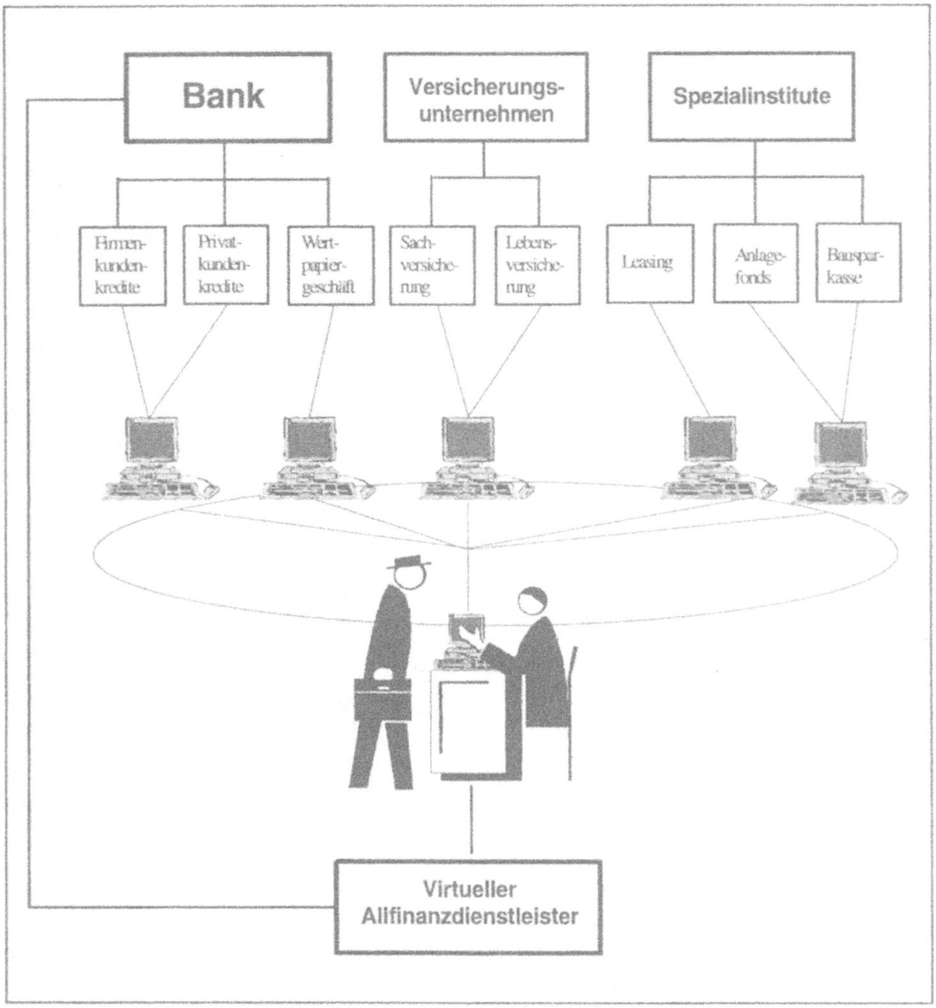

Abb. 3-7: Die Bank als virtueller Allfinanzdienstleister

Für die Gestaltung der Systemunterstützung bedeutet dies, daß neben der Berücksichtigung funktionaler und intraorganisatorischer Aspekte des Problemlösungsprozesses auch der Kooperation unternehmungs*übergreifender* Aufgaben- und Wissensträger Rechnung zu tragen ist. Ein Allfinanzberatungssystem wird damit zu einer Form von Interorganisationssystem: einem System, das mehrere Ressourcen „vereint“ und von zwei oder mehreren

Organisationen gemeinsam genutzt wird [BaKo82, 93]. Da zwischen unabhängigen Unternehmungen in der Regel keine expliziten Weisungs- und Kontrollbeziehungen existieren und darüber hinaus unterschiedliche Ziele verfolgt werden, kann die notwendige Integration des verteilten Problemlösungswissens im Rahmen eines zu gestaltenden Allfinanzberatungssystems nicht durch einen zentralistischen Ansatz erreicht werden. Erforderlich ist vielmehr ein verteiltes System, in dem die Produktanbieter ihr Problemlösungswissen an der Kundenschnittstelle verfügbar und nutzbar machen.

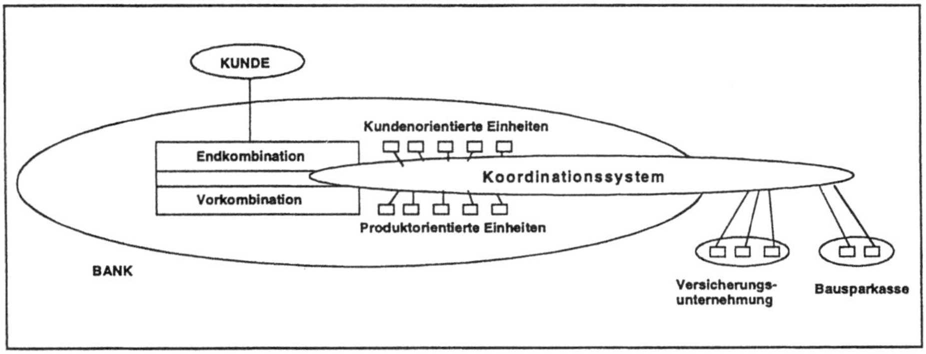

Abb. 3-8: Unternehmungsübergreifendes Koordinationssystem

Es liegt nahe, ein derartiges verteiltes Problemlösungssystem als elektronischen „Markt" für Problemlösungen zu konzipieren, auf dem die Entscheidungsautonomie der beteiligten Akteure gewahrt bleibt und der zugrundeliegende Nachfrage-/Angebotsprozeß (vgl. den vorhergehenden Abschnitt) auf natürliche Weise abgebildet werden kann. Dies umfaßt zum einen den Entscheidungsspielraum der Vertriebsbereiche, aus konkurrierenden Problemlösungsangeboten auswählen sowie dem Kunden eine für ihn vorteilhafte Alternative anbieten zu können. Das Ziel des Kundenberaters ist letztlich die entgeltfähige Steigerung des Kundennutzens. Zum anderen gewährt ein solches Konzept auch eine weitgehende Autonomie der bankinternen und -externen Produktbereiche. Deren Entscheidungsspielraum besteht dann in der Abgabe von Problemlösungsangeboten, die so kalkuliert sind, daß das Anspruchsniveau des Produktanbieters erfüllt ist, und die zugleich geeignet sind, Kundennutzen zu generieren bzw. durch den Kundenberater ausgewählt zu werden.[87]

Dies hat unmittelbare Auswirkungen auf die Systemgestaltung (vgl. Abb. 3-8): Während der Autonomiegrad der zu koordinierenden Organisationseinheiten beim Design eines Intraorganisationssystems den Charakter einer Gestaltungsvariablen besitzt und zentrale Koordinationsansätze grundsätzlich zulässig sind, gilt dies im Rahmen der Kooperation unternehmungsübergreifender Einheiten nicht mehr in gleichem Maße. Die Errichtung virtueller Organisationen stellt andere Anforderungen an die Koordination und Abstimmung zwischen dezentralen Einheiten [BaMe93]. Die Abwesenheit von vertikalen Weisungsbeziehungen erfordert die Abstimmung der Einzelaktivitäten unternehmungsübergreifender Entscheidungseinheiten durch dezentrale Koordinationsmechanismen. Schon im intraorganisatorischen Kontext wurde herausgearbeitet, daß die Beziehungen zwischen teilautonomen Organisationseinheiten zunehmend als interne Kundenbeziehungen bzw. Anbieter-/Nachfrager-Verhältnisse interpretiert und abgebildet werden können. Diese Beschreibung ist adäquat „for describing organizations composed of semi-autonomous organizational units that can create several links with other organizational units (as well as with other companies) through lateral mechanisms of coordination and communication" [FeMi96, 202]. Dies gilt um so mehr für (Austausch-) Beziehungen zwischen unternehmungsübergreifenden Einheiten. Die Charakterisierung als Anbieter-/Nachfrager-Beziehung trägt mithin sowohl intra- als auch interorganisatorischen Aspekten Rechnung und bildet das Bezugsobjekt für die Gestaltung von geeigneten Koordinationsmechanismen und deren Unterstützung durch IKS.

Auf der Grundlage der vorangestellten Überlegungen können wir abschließend für die organisatorische Gestaltung des Allfinanzkonzepts ein Soll-

---

[87] Die formalen Voraussetzungen hierfür wurden am Beispiel des Finanzprodukts *Sparbrief* in Abschnitt 3.2.2.2 hergeleitet: Mit der Angabe eines Einigungsintervalls zwischen Anbieter (Bank, Versicherungsunternehmen, etc.) und Nachfrager (Kunde) werden jene Vertragskonditionen bestimmt, die die Anspruchsniveaus der prospektiven Vertragspartner simultan erfüllen. Im Rahmen des Preisverhandlungsprozesses ist der Kundenberater dann in der Lage, geeignete Konditionen in Abhängigkeit von der Verhandlungsmacht des Kunden auszuwählen. Im Rahmen der *internen* Nachfrager-/Anbieterbeziehung zwischen Produktanbieter und Kundenberater kann letzterer durch eine Beteiligung am „Mehrerfolg" gegenüber der Realisierung des Anspruchsniveaus für seine Vertriebsleistung kompensiert werden.

Konzept entwerfen: Die dezentralen Kundenbetreuer sind über Nachfrager/Anbieterbeziehungen mit bankinternen sowie unternehmungsübergreifenden Produkteinheiten verbunden. Innerhalb der Bank übernehmen die Kundenbetreuer eine Brokerrolle (vgl. Abb. 3-9), die kundenproblemspezifisch Produkte und Problemlösungsleistungen von anderen Organisationseinheiten beziehen. „Through this new rule system, the brokers create the particular product required by the the clients“ [FeMi96, 203]. Damit wird der Gedanke des „dynamischen Netzwerkes“ mehrerer Unternehmungen [MiSn84, 86 und 92] auf die bankinterne Erstellung von Allfinanzangeboten übertragen und zugleich die Kooperation mit bankexternen Organisationseinheiten abgebildet.[88] Das Konzept trägt dem verteilt vorliegenden Problemlösungswissen sowie der Notwendigkeit dessen dynamischer Zusammenführung an der Kundenschnittstelle Rechnung. Analog zu [MeSn86] bilden auch hier marktliche Mechanismen eine angemessene Koordinationsbasis: Der Kundenberater leitet die Nachfrage seiner Kunden an die Produktbereiche weiter, indem er intern Problemlösungen und die entsprechenden Finanzprodukte nachfragt. In einer marktlichen Ausgestaltung bezieht der Kundenberater diese Leistungen zu einem bestimmten Preis und kann sie nach Zuschlag einer Marge an den Kunden weitergeben. Wird der Kundenberater im Rahmen eines korrespondierenden Anreizsystems an dieser Marge beteiligt, so besteht ein Anreiz, in Abhängigkeit von der Verhandlungsmacht des Kunden und unter Berücksichtigung der Kundenbeziehung den externen Angebotspreis im Sinne der Bank zu setzen.[89]

Eine alternative Ausgestaltung des Brokerkonzepts besteht in der expliziten Vergütung der Brokerleistung des Beraters durch den Kunden. Statt des Zuschlagens einer Marge auf die intern bezogenen Produkte kann vom Kunden

---

88 „Banks will transform themselves more and more into 'bundling specialists' who bundle input-services supplied by highly specialized firms via telecommunications links“ [Wiel93, 676].

89 Zu einem vergleichbaren Konzept vgl. [Wick96, 145f.]. Die Einzelgeschäftssteuerung im Rahmen der Marktzinsmethode stellt in gewissem Sinne eine Operationalisierung des dargestellten Konzepts dar: Als Differenz zwischen Zahlungen des Kundengeschäfts und der Opportunität am Geld- und Kapitalmarkt (GKM) wird ein sog. Konditionsbeitrag ermittelt [GaPf95, 10], der der geschäftsabschließenden Vertriebseinheit zugerechnet wird. Der interne Preis für Zahlungsströme bzw. Finanzprodukte, der der Vertriebseinheit in Rechnung gestellt wird, orientiert sich in diesem Fall am externen Marktpreis (GKM-Satz).

auch ein Beratungsentgelt erhoben werden,[90] an dem der Kundenberater beteiligt wird. Dieses Beratungsentgelt läßt sich erhöhen, indem der Kundennutzen der angebotenen Problemlösung gesteigert und vermittelt wird. Die Kundenberater besitzen dann den Anreiz, auf dem internen Markt für Problemlösungen jene Alternativen auszuwählen, die geeignet sind, den Kundennutzen zu erhöhen.

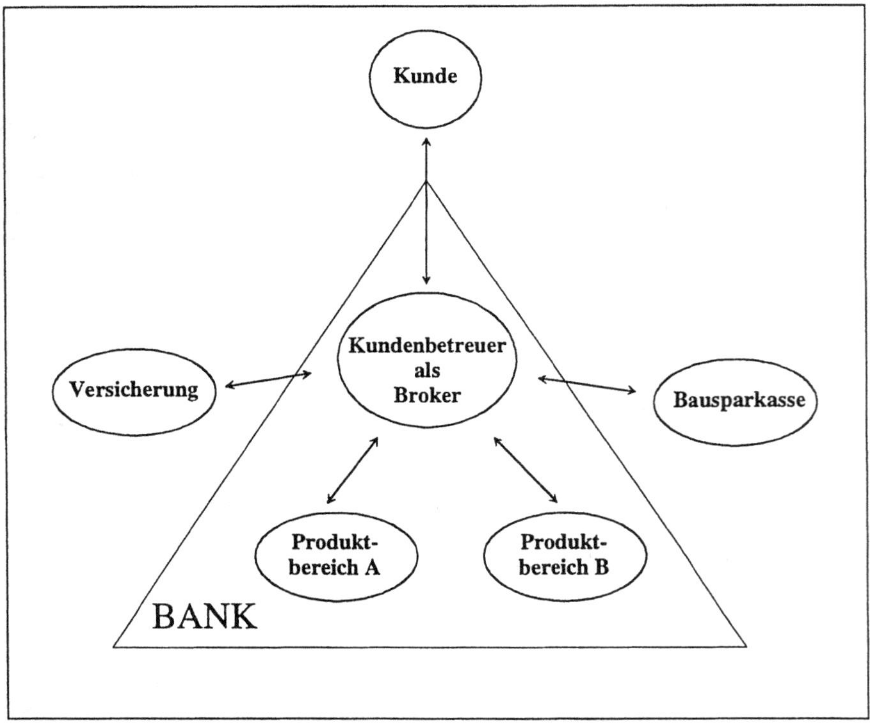

Abb. 3-9: Die „Brokerrolle" des Kundenberaters im Allfinanzangebotsprozeß

3.2.4 Gestaltung eines integrierten Problemlösungs- und Koordinationssystems

Die herausgearbeiteten Anforderungen an eine IKS-Unterstützung der marktorientierten Allfinanzangebotserstellung verlangen den Einsatz dezentraler Informatikkonzepte im allgemeinen und die Anwendung von Metho-

---

90 Beispielsweise erhebt die Advance Bank AG von ihren Vermögensberatungskunden ein „Beratungsentgelt" in Abhängigkeit von deren Depotvolumen.

den der Verteilten Künstlichen Intelligenz (VKI) im besonderen. Dies soll im folgenden verdeutlicht werden.

Das Grundkonzept dezentraler (bzw. verteilter) Informatikansätze besteht in der Modularisierung eines Gesamtsystems durch mehrere, weitgehend voneinander unabhängige Hard- und/oder Softwaresysteme, die über die Bereitstellung geeigneter Mechanismen in der Lage sind, durch den Austausch von Daten und Informationen koordiniert zusammenzuwirken.

Dieses Grundkonzept eröffnet die Möglichkeit der Realisierung einer Vielzahl von Nutzeffekten, von denen nur die im vorliegenden Kontext wesentlichen kurz skizziert werden sollen:[91]

- *Komplexitätsreduktion* durch die Möglichkeit, komplexe Aufgaben in Teilaufgaben zu zerlegen und zur Bearbeitung auf mehrere Module zu verteilen.
- *Optimierung des Methodeneinsatzes* im Rahmen des Gesamtsystems durch die individuelle Gestaltung von Modulen in Abhängigkeit von deren Teilfunktionalität.
- *Verbesserte Wart- und Entwickelbarkeit*, da mehrere kleine Module von unterschiedlichen Organisationseinheiten separat konzipiert, entwickelt und gewartet werden können.
- *Flexibilität*, da das Gesamtsystem durch die Hinzunahme neuer Module flexibel an sich ändernde Umweltzustände und Anforderungen angepaßt werden kann.
- *Skalierbarkeit*, da Teilfunktionen dynamisch und aufgabenabhängig durch Hinzufügen und Wegnahme von Modulen ergänzt oder eliminiert werden können.
- *Geschwindigkeitsgewinn*, da zur Bearbeitung von Teilaufgaben entsprechende Module nebenläufig bzw. gleichzeitig eingesetzt werden können.

Die genannten Nutzeffekte verteilter Systeme im allgemeinen treffen natürlich auch auf verteilte KI-Systeme zu. Die Analyse der Charakteristika des Angebotsprozesses von Finanzdienstleistungen begründete zudem die Notwendigkeit eines zunehmenden Einsatzes von Methoden der Künstlichen Intelligenz zur Konzipierung und Realisierung eines integrierten Problemlö-

---

[91] Einen umfassenden Überblick im Kontext verteilter KI-Systeme geben beispielsweise [BoGa88, 9f.].

sungs- und Koordinationssystems im Allfinanzkontext (vgl. Abschnitte 3.2.1 und 3.2.2.3). Wir wollen daher im folgenden die entsprechenden Gestaltungsalternativen der Verteilten Künstlichen Intelligenz näher beleuchten und zum Design einer angemessenen IKS-Unterstützung nutzen.

3.2.4.1 Gestaltungsalternativen der Verteilten Künstlichen Intelligenz

Während die klassische Forschungsdisziplin der Künstlichen Intelligenz (KI) die Entwicklung und Analyse intelligenten Problemlösungsverhaltens innerhalb *eines* KI-Systems in den Mittelpunkt stellt, fokussiert die Verteilte Künstliche Intelligenz (VKI) - als Teildisziplin der KI - auf *Gemeinschaften* von KI-Systemen [Mart92, 6].

Im wesentlichen beschäftigt sie sich mit der „*Entwicklung und Analyse intelligenter Gemeinschaften von interagierenden, koordinierten wissensbasierten Prozessen*[92]“ [Mart92, 6]. Dementsprechend besteht ein VKI-System aus einer Gemeinschaft zweier oder mehrerer derartiger Prozesse. Diese Prozesse werden in der VKI auch kurz als *Agenten* bezeichnet (vgl. z.B. [Mart92, 6; BoGa88, 3]). Agenten verfügen über individuelle Informationen sowie Kontrollautonomie und verhalten sich im Sinne eines KI-Systems; führen also beispielsweise Schlußfolgerungen durch oder planen.

„Die VKI stützt sich also auf das Konzept der Verteilung von Intelligenz auf eine Agentengesellschaft, wobei die Mitglieder bis zu einem gewissen Grad unabhängig sind“ [Müll93, 9]. Ausgangspunkt ist dabei die Auffassung, daß die Lösung komplexer Probleme das (koordinierte) Zusammenwirken verschiedener Experten erfordert.

Das koordinierte Interagieren von Agenten wird als *Kooperation* [StHa92, 60] bezeichnet. Der Begriff *Interaktion* [BoGa88, 16] bedeutet, daß Agenten eines VKI-Systems bei Bearbeitung einer Aufgabe zusammenwirken, z.B. indem sie eine komplexe Aufgabe in einfachere Teilaufgaben zerlegen, die Teilaufgaben lösen und anschließend die Teillösungen zu einer Gesamtlösung zusammenführen. Das Zusammenwirken von Agenten erfolgt dabei *koordiniert*, um eine *Kohärenz* des Gesamtsystems zu erreichen, also die ziel-

---

92 Der Begriff „Prozeß“ bezieht sich hier auf Rechenprozesse, also auf eine Folge von Bearbeitungsschritten zur Durchführung einer in sich geschlossenen Aufgabe auf einem Rechner.

gerichtete Bearbeitung der Aufgabe durch das Agentensystem sicherzustellen.

Im Gegensatz zu konventionellen verteilten System, in denen die einzelnen Prozesse weitgehend unabhängig voneinander Aufgaben bearbeiten, *interagieren* in VKI-Systemen die einzelnen Prozesse gezielt [DuLe87, 1275]. Die Möglichkeit zur Kooperation erlaubt es den Agenten, Aufgaben zu bearbeiten und zu lösen, deren Bearbeitung - vor allem aus Komplexitätsgründen - die Fähigkeiten einzelner Agenten nach Art und Umfang übersteigt.

Die Erläuterung der Grundbegriffe der VKI verdeutlicht bereits die Zweiteilung des Forschungsgebietes: Forschungs- und Systementwicklungsansätze werden durch eine problemorientierte Sicht einerseits oder durch eine agentenorientierte Sicht andererseits bestimmt [Müll93, 9]. Dies kommt besonders in der Definition von [BoGa88] zum Ausdruck, die zwei Ansätze - *Distributed Problem Solving* (verteilte Problemlösungssysteme - VPS) und *Multiagent Systems* (Multiagentensysteme - MAS) - als Hauptgebiete der VKI unterscheiden: Während im Rahmen der verteilten Problemlösungssysteme darauf fokussiert wird, *„how the work of solving a particular problem can be divided among a number of modules, or 'nodes', that cooperate at the level of dividing and sharing knowledge about the problem and the developing solution"*, beschäftigt sich der Multiagentenansatz im wesentlichen *„with coordinating intelligent behaviour among a collection of (possibly) preexisting autonomous intelligent 'agents' [...] how they can coordinate their knowledge, goals, skills, and plans jointly to take action or solve problems"* [BoGa88, 3].

Als wesentliches Differenzierungskriterium zwischen beiden Ansätzen kann demnach der Zweck eines VKI-Systems dienen: Ein verteiltes Problemlösungssystem ist speziell zur Lösung eines bestimmten komplexen Problems konzipiert und folgt in seiner Struktur der natürlichen Organisationsform des hierzu erforderlichen Wissens. Multiagentensysteme sind hingegen nicht auf die Lösung eines bestimmten Problems gerichtet, sondern vielmehr dahingehend konzipiert, Rahmenbedingungen zu schaffen, innerhalb derer unterschiedliche Klassen von Problemen durch autonome Agenten bearbeitet werden können.[93]

---

[93] Zur Unterscheidung von VPS und MAS vgl. [DuRo94].

Nicht zuletzt aufgrund dieser heterogenen Forschungsprogramme innerhalb der VKI existiert derzeit weder eine umfassende Theorie noch ein universelles, domänenunabhängiges Modell zur Konzeption und Entwicklung verteilter wissensbasierter Systeme [Mack92]. Es stehen vielmehr eine Vielzahl von Methoden und Ansätzen zur Verfügung, die jeweils Teilaspekte oder bestimmte Anwendungsgebiete behandeln [Durf91, 1301; BoGa88, 3f.]. Vor diesem Hintergrund ist es Ziel der folgenden Überlegungen, ausgehend von der bereits erfolgten Charakterisierung des verteilten Erstellungsprozesses von Finanzdienstleistungen, VKI-Methoden zu nutzen, um den zugrundeliegenden Problemlösungsprozeß unter besonderer Berücksichtigung der Koordinationsanforderungen geeignet zu modellieren und in eine Systemarchitektur zu überführen.

Die oben skizzierte Differenzierung zwischen VPS und MAS ist in diesem Kontext inadäquat, da beide Aspekte - Ausrichtung auf ein bestimmtes Problem und Schaffung von Rahmenbedingungen für eine zielgerichtete Interaktion - in der Modellierung des verteilten Erstellungsprozesses Berücksichtigung finden müssen. Schließlich sollen mit Hilfe des Systems sowohl vorteilhafte Lösungen zu Finanzproblemen generiert, als auch die Unterstützung des hierzu erforderlichen Zusammenwirkens unterschiedlicher Aufgaben- bzw. Interessenträger inner- sowie außerhalb der Bankunternehmung realisiert werden (vgl. Grundanforderungen in Abschnitt 3.1.6).[94]

Ausgehend von einem zu konzipierenden *verteilten Problemlösungssystem* zur vorteilhaften Lösung von Finanzproblemen (erste Grundanforderung), gilt es, dieses nachfolgend um die *Koordinationsfunktionalität* zur Unterstützung des erforderlichen Zusammenwirkens dezentraler Organisationseinheiten zu erweitern (zweite Grundanforderung). Ziel ist demzufolge die Konzeption eines *integrierten Problemlösungs- und Koordinationssystems*, welches wir nachfolgend allgemein als *Agentensystem* bezeichnen und das den dezentralen Allfinanzangebotsprozeß geeignet unterstützen soll. Motivation für diese Begriffsbildung ist der zweigeteilte Bedeutungsinhalt des Begriffs „Agent" in der englischen Sprache. Agent steht hier sowohl für „a person or a thing that works to produce a result" als auch für „a person who acts for another" [Long84]. Diese beiden Facetten des Agentenbegriffs spie-

---

94 Vgl. hierzu [ZlRo96, 197]: „The distinction between distributed problem solving and multiagent systems should really be seen primarily as a distinction between research agendas. Certainly it will not always be obvious to an outside observer whether a given distributed system falls into one category or the other".

geln genau die beiden bereits oben diskutierten Aspekte wider: Agenten als Subsysteme eines Agentensystems spielen dann sowohl die Rolle spezialisierter Problemlöser, die an einer gemeinsamen Problemlösung arbeiten, als auch die Rolle der Vertreter der beteiligten (autonomen) organisatorischen Einheiten, die interessegeleitet an einer Kooperation teilnehmen.

Der dargestellten Zielsetzung folgend werden in einem *ersten Schritt* bei der Modellierung des verteilten Angebotsprozesses - unter primär finanzwirtschaftlichen und problemorientierten Gesichtspunkten - die realen Beziehungen zwischen Problemlösern zunächst ausgeblendet: Die Agenten orientieren sich in ihren lokalen Problemlösungsaktivitäten an einem globalen Ziel. Die realen Beziehungen zwischen Problemlösern (Entscheidungsträger der Bank und anderer Organisationseinheiten bzw. Finanzdienstleistungsunternehmungen) hingegen „zeichnen sich durch Interaktion weitgehend autonomer Individuen aus, die sich interessegeleitet in der Erfüllung einer Aufgabe selbst koordinieren“ [Bech94, 37]. Wir werden in einem *zweiten Schritt* die zusätzliche Rolle der Agenten als Interessenvertreter der beteiligten Organisationseinheiten berücksichtigen. Im Vordergrund steht dann die Wahl einer geeigneten Organisationsform des Agentensystems als „framework for activity and interaction through the definition of roles, behavioral expectations, and authority relationships (e.g., control)“ [Gass92, 14].

Beim verteilten Problemlösen existiert ein globales Ziel, an dem sich die rationalen Agenten im Rahmen ihrer lokalen Problemlösungsaktivitäten ausrichten. Es wird von dem „Wohlwollen“ (benevolence) der Agenten ausgegangen [RoGe88, 118], so daß lokales Entscheidungsverhalten im Hinblick auf eine globale Lösung koordiniert erfolgt bzw. die Kohärenz des Gesamtsystems durch die Entwurfsentscheidung bestimmt wird. Ziel ist dabei, „that the system's goal is to solve the problem as best it can, thereby giving the agents shared, often implicit, global goals that they are all unselfishly committed to achieving“ [Krau96, 300]. Verfolgen die Agenten indessen Eigeninteressen, so ist die Kohärenz lokaler Entscheidungen durch die bereits angesprochenen Organisationsstrukturen des Agentensystems zu fördern. Wir konzentrieren uns dabei auf marktorientierte Organisationsformen, da Markt zum einen „one of the most prevalent methods for achieving coherence among multiple agents“ [Rose92, 219] darstellt und zum anderen den zu modellierenden Realweltauschnitt (teil-) autonomer Organisationseinheiten geeignet abbildet.

Die skizzierte Zweistufigkeit der Modellierung des Allfinanzangebotsprozesses - unter Berücksichtigung der Interdependenzen zwischen den Stufen - ermöglicht die Konzipierung eines Agentensystems, das von einem Intraorganisationssystem (ein Organisationsziel) in Form eines verteilten Problemlösungssystems schrittweise in ein Interorganisationssystem (Berücksichtigung divergierender Organisationsziele) überführt werden kann.

3.2.4.2 Modellierung und Konzeption eines verteilten Problemlösungssystems

Wir werden im folgenden zunächst eine problemorientierte Vorgehensweise verfolgen, da das wesentliche Ziel der Modellierung des verteilten Problemlösens die Erstellung satisfizierender Allfinanzangebote (vgl. Abschnitt 3.2.2.3) zum Beratungszeitpunkt ist. Damit ist *eine* Problemstellung gegeben, bei deren Lösung das verteilte kooperative Problemlösen im Vordergrund steht und durch ein verteiltes Problemlösungssystem unterstützt werden soll.

Wie Abbildung 3-10 verdeutlicht, erfolgt die hierfür erforderliche Modellierung und Konzeption eines verteilten Problemlösungssystems in drei Schritten:

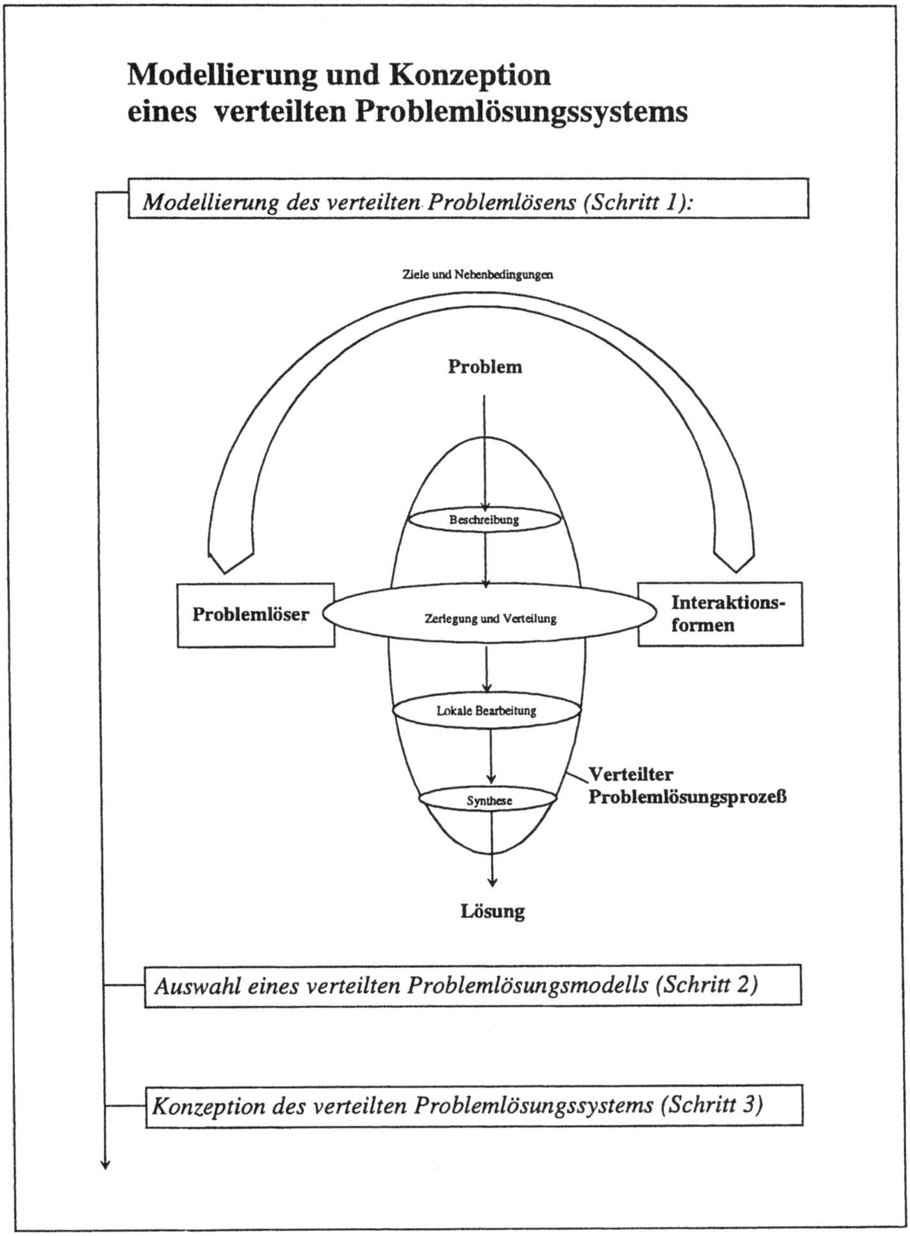

Abb. 3-10: Die Modellierung und Konzeption eines verteilten Problemlösungssystems

Unter Zuhilfenahme der Strukturierung des verteilten Problemlösungsprozesses in die Phasen Problembeschreibung, Problemzerlegung und verteilung, Problembearbeitung sowie Synthese der Teillösungen zu einer Gesamtlösung, wird ein Konzept für das verteilte Problemlösen im Rahmen der Allfinanzangebotserstellung entwickelt. Dieses Konzept beinhaltet die geeignete Abgrenzung von Agenten auf Grundlage der natürlichen Verteilung von Problemlösungswissen sowie erforderliche Interaktionsformen von Agenten zur kohärenten Nutzung des verteilten Problemlösungswissens. Ergebnis ist der Entwurf eines verteilten Problemlösungsprozesses aus Anwendungssicht (Schritt 1). Im Hinblick auf die Entwicklung eines Agentensystems zur Unterstützung des Allfinanzangebotsprozesses besteht nun der nächste Schritt in der Auswahl eines verteilten Problemlösungsmodells (Schritt 2), auf dessen Basis die Architektur des Agentensystems entwickelt werden kann (Schritt 3).

a) Modellierung des verteilten Problemlösens zur Erstellung kundenorientierter Allfinanzangebote

Ausgehend von der betriebswirtschaftlichen Zielsetzung wird ein Konzept des verteilten Problemlösens entworfen, das die geeignete Abgrenzung der Agenten als Problemlöser, deren Interaktionsformen sowie die Modellierung des verteilten Problemlösungsprozesses in seinen unterschiedlichen Phasen umfaßt (vgl. Abb. 3-3). Im Mittelpunkt steht vor allem die geeignete Gestaltung der Interaktionsregeln der Agenten, denn „it is essential that the *interaction environment* be conducive to the aims of their designers. These designers might, for example, wish their machines to behave efficiently, and with a minimum of overhead required by the coordination mechanism itself. The rules of interaction should satisfy these needs, and others“ [ZlRo96, 195].

a1) Ziel und Nebenbedingungen des verteilten Problemlösens

Das Ziel des verteilten Problemlösens besteht in der Erarbeitung guter bzw. vorteilhafter Lösungen zu kundenindividuellen Finanzproblemen sowohl aus Sicht des Kunden als auch aus Sicht der Bank. Ergebnis des verteilten Problemlösens soll eine „ganzheitliche Problemlösung sein, die unter Umständen viele Produkte umfaßt und aus auf den Einzelfall zugeschnittenen Produktkombinationen besteht“ [Herr88, 63]. Die Qualität der Problemlösungen bestimmt sich aus den jeweiligen Bewertungsfunktionen von Kunde und Bank.

Wir können das Ziel des verteilten Problemlösens weiter präzisieren als Überführung eines Ausgangszustandes - den vom Kunden gewünschten Zahlungsverlauf - in Zielzustände bestimmter Güte. Zielzustände sind Zahlungsströme, die dem vom Kunden gewünschten Zahlungsmuster entsprechen und die in der Regel durch Kombinationen von Finanzprodukten erzeugt werden. Daraus ergibt sich als Nebenbedingung des verteilten Problemlösens die Zulässigkeit einer Problemlösung. Zulässigkeit ist dann gegeben, wenn sich gewünschter Zahlungsverlauf und angebotenes Zahlungsmuster decken.

a2) Problemlöser: Akteure des verteilten Problemlösens

Als Akteure des verteilten Problemlösens fungieren die Agenten. Sie repräsentieren Problemlösungswissen aus einem abgegrenzten Produktbereich und sind grundsätzlich in der Lage, aus diesen Bereichen Finanzprodukte als Lösungen von Finanzproblemen anzubieten. Das gesamte Problemlösungswissen innerhalb des Agentenverbundes ist insofern nach Produktbereichen disjunkt partitioniert, auf einzelne Agenten verteilt und stellt mithin lokal verfügbares Wissen dar. Trotz dieser Spezialisierung können sich die Problemlösungsfähigkeiten der Agenten teilweise oder ganz überschneiden: Mit Hilfe des spezialisierten Problemlösungswissens sind die Agenten jeweils in der Lage, Finanzprobleme durch die Erstellung von Finanzprodukten ihres Bereichs zu lösen.[95] Diese Aufgabe können sie unabhängig und ohne Unterstützung anderer Agenten leisten. Zur Erfüllung ihrer Aufgabe bedienen sich die Agenten jeweils der Problemlösungsmethode, die ihrem Produktbereich angemessen ist. Ein Leasingagent konfiguriert Finanzprodukte in Form von Leasingverträgen, während ein Aktienagent Wertpapiere selektiert.

Durch den Zusammenschluß unabhängiger, mit Spezialkenntnissen - aber ähnlichen Problemlösungsfähigkeiten - ausgestatteter Agenten, lassen sich

---

95 Beispielsweise repräsentieren Leasing- und Kreditagent disjunktes Problemlösungswissen jeweils aus dem Leasing- bzw. Kreditbereich. Beide sind jedoch in der Lage, Probleme gleichen Typs - in diesem Fall Finanzierungsprobleme - zu lösen. Sie besitzen trotz überschneidungsfreiem Wissen überlappende Problemlösungsfähigkeiten.

die Synergieeffekte eines konstruktivistischen Ansatzes realisieren [Mack92, 4]: Aufgrund der individuellen Sichten der Agenten auf eine gegebene Problemstellung können alternative Zerlegungen und Lösungen zu Problemen entwickelt werden.

a3) Verteilter Problemlösungsprozeß und Interaktionsformen

Der verteilte Problemlösungsprozeß durchläuft folgende Phasen:

- *Problembeschreibung* (task description)
- *Zerlegung* des Problems in Teilprobleme (decomposition)
- *Verteilung* der Teilprobleme auf vorhandene Problemlöser (task allocation)
- *lokale Bearbeitung* der Teilprobleme
- *Synthese* der Teillösungen zu einer Gesamtlösung.

Eine geeignete Modellierung des so strukturierten Problemlösungsprozesses erfolgt im folgenden unter Nutzung von VKI-Methoden und -techniken, wobei vor allem die Verteilung und Organisation von Wissen, die Fähigkeiten der Problemlöser, die Interaktionsformen zwischen den Problemlösern sowie die Steuerung des Problemlösungsprozesses zu berücksichtigen sind. Sie bestimmen und charakterisieren im wesentlichen die oben genannten Phasen der Zerlegung, Verteilung, Bearbeitung und Synthese von Problemen und Lösungen.

1) Problembeschreibung

Die Zerlegung eines Gesamtproblems in Teilprobleme und deren Verteilung auf mehrere Agenten bedingen eine Problemformulierung und -repräsentation, die der verteilten Bearbeitung durch Agenten Rechnung trägt. Eine einheitliche Beschreibung ist erforderlich, um Probleme, Teilprobleme und Lösungen in einer allen Agenten verständlichen Form darstellen zu können.

Entsprechend der obigen Zielsetzung des verteilten Problemlösens ist eine zahlungsstrombasierte Darstellung geeignet, da sich sowohl Finanzprobleme als auch einzelne Finanzprodukte (als deren Lösungen) einheitlich als (gewünschte bzw. angebotene) Zahlungsströme repräsentieren lassen. Die

Zahlungsstromeigenschaft verbindet Probleme und Lösungen. Sie kann damit auch als Grundlage für eine „Sprache" dienen, die den Agenten eine koordinierte Interaktion ermöglicht.

Auf der Basis von Zahlungsströmen wird in [SaWe92] eine formale Repräsentation von Finanzproblemen und -lösungen als Problem- bzw. Lösungsvektoren dargestellt, die in [Will95] zu einer universalen „Sprache" verteilter finanzwirtschaftlicher Agenten weiterentwickelt wird. Diese Sprache ermöglicht neben der Repräsentation auch die geeignete Abbildung der skizzierten Zulässigkeitsbedingung.

2) Problemzerlegung und -verteilung

Wir werden im folgenden die allgemeinen Konzepte der Problemzerlegung und -verteilung kurz herausarbeiten und nutzen, um für den speziellen Fall der Erstellung kundenorientierter Allfinanzangebote die erforderlichen Interaktionsformen finanzwirtschaftlicher Agenten abzuleiten. Die Wahl der Interaktionsformen hängt dabei entscheidend von der Verfügbarkeit von Wissen im Anwendungsgebiet ab. Die Möglichkeit der Abbildung der als geeignet identifizierten Interaktionsformen ist dann eine wesentliche Anforderung an die Konzeption des Agentensystems.

Unter der Problemzerlegung und -verteilung ist die Zerlegung des Ausgangsproblems in (weniger komplexe) Teilprobleme und deren Verteilung auf die vorhandenen Agenten zu verstehen. Hierbei sind grundsätzlich in jedem Anwendungsfall die folgenden Fragen zu beantworten:

- Wer zerlegt das Problem?
- Nach welchen Kriterien wird das Problem zerlegt?
- Wer verteilt die resultierenden Teilprobleme?
- Nach welchen Kriterien werden die Teilprobleme verteilt?

Die einzelnen Fragen lassen sich in der Regel nicht isoliert voneinander beantworten, da bestimmte Dekompositionsansätze wiederum bestimmte Verteilungsverfahren implizieren können. Erfolgt beispielsweise die Zerlegung des Gesamtproblems durch eine zentrale Instanz im Hinblick auf die Problemlösungsfähigkeiten der Agenten, so ist es sinnvoll, die entsprechende Verteilung durch die gleiche Instanz vornehmen zu lassen.

Grundsätzlich lassen sich sowohl für das Zerlegungs- als auch für das Verteilungsproblem zentrale und dezentrale Ansätze unterscheiden. Sie determinieren insofern den verteilten Problemlösungsprozeß und dessen Ergebnis, als sie bestimmen, *welches* Problemlösungswissen *wann* zur Anwendung kommt, um Ausgangszustände in Zielzustände zu überführen.

Der *zentrale Ansatz* ist durch eine explizite ex ante Zerlegung des Ausgangsproblems in Teilprobleme gekennzeichnet. Es handelt sich dabei um eine *Top-down*-Vorgehensweise, die erfordert, daß ein Agent über globales Wissen verfügt und in der Lage ist, eine bestimmte (kombinierte) Lösung zu einem Problem als vorteilhaft zu erkennen. Setzt sich diese Lösung aus mehreren, von unterschiedlichen Agenten zu erstellenden Teillösungen zusammen, so initiiert der zentrale Agent das verteilte Problemlösen, indem er das Ausgangsproblem (explizit) in Teilprobleme zerlegt, die dann von entsprechend befähigten Agenten bearbeitet werden können. Der Problemlösungsprozeß ist *zielgetrieben*, da von einem als gut erkannten Zielzustand ausgegangen wird und *rückwärtsverkettend* die erforderlichen Teillösungen bei den entsprechenden Agenten nachgefragt werden. Die Arbeitsweise des Agentenverbunds ist demnach *analytisch und dekomponierend* [Bech94, 36].

Die skizzierte Vorgehensweise stellt einen *Erkennungsprozeß* (recognition) dar, da die Entwicklung einer Gesamtlösung auf dem Erkennen einer bestimmten vordefinierten Situation beruht, der ein geeigneter Lösungspfad im Lösungsraum zugeordnet werden kann.

Der *dezentrale Ansatz* zur Problemzerlegung und -verteilung ist dadurch charakterisiert, daß die Zerlegung durch mehrere oder alle Agenten vorgenommen wird. Ausgehend von einer dem Problem inhärenten Zerlegung und Verteilung erfolgt die Zerlegung hierbei implizit und dezentral durch die lokalen Problemlösungsaktivitäten der Agenten. Dies ist beispielsweise dann der Fall, wenn sich Agenten (implizite) Teilprobleme auswählen, die ihren individuellen Problemlösungsfähigkeiten am besten entsprechen.

Aufgrund seiner lokalen Sicht auf das zu lösende Problem entscheidet sich ein Agent zur Problembearbeitung. Kann er das Problem nicht vollständig lösen bzw. ist eine von ihm entwickelte Lösung in obiger Terminologie nichtzulässig, so verbleibt ein zu lösendes Teil- bzw. Restproblem, welches wiederum von einem anderen Agenten zur Bearbeitung ausgewählt werden kann. Der Problemlösungsprozeß ist datengetrieben, da vom Ausgangszustand (Gesamtproblem) ausgehend Teillösungen generiert und zur Vervollständigung anderen Agenten weitergegeben bzw. angeboten werden. Die Arbeitsweise ist somit *synthetisch und konstruktiv* [Bech94, 36]. Es handelt sich hierbei um eine *Bottom-up*-Vorgehensweise, da die Problemzerlegung (und -bearbeitung) inkrementell und durch lokale Sichten geleitet erfolgt.

Die dargestellte Vorgehensweise läßt sich als *Suchprozeß* (search) auffassen, der aus Hypothese-Test-Zyklen besteht. Agenten können durch „lokale Optimierung" und unter Vernachlässigung der Zulässigkeitsbedingung vorteilhafte Lösungen erarbeiten (Hypothesen), die dann schrittweise von anderen Agenten durch Bearbeitung der Restprobleme zu zulässigen kombinierten Lösungen ergänzt werden (Test).

Denkbar ist auch die Kombination zentraler und dezentraler Ansätze zu einer *opportunistischen* Vorgehensweise. Der Zerlegungs- und Bearbeitungsmodus wird dann in Abhängigkeit von der jeweiligen Situation dynamisch gewählt.

Unabhängig von der gewählten Vorgehensweise (top-down, bottom-up, opportunistisch) führt der verteilte Problemlösungsprozeß zu einem dynamisch aufgebauten Problem-/Lösungsbaum, dessen Wurzel das Gesamtproblem repräsentiert. Jeder einzelne Knoten stellt eine Problem-Agent- bzw. Lösung-Agent-Zuordnung dar [Mack92, 9]. Verfügen die Agenten über ähnliche Problemlösungsfähigkeiten, so können in jedem Knoten grundsätzlich alternative Zerlegungen in Teilprobleme und alternative Lösungen zu gleichen Teilproblemen auftreten. Das verteilte Problemlösen führt dann zur Konstruktion eines speziellen UND/ODER-Graphen [Kain89, 18ff.] (vgl. Abb. 3-11).

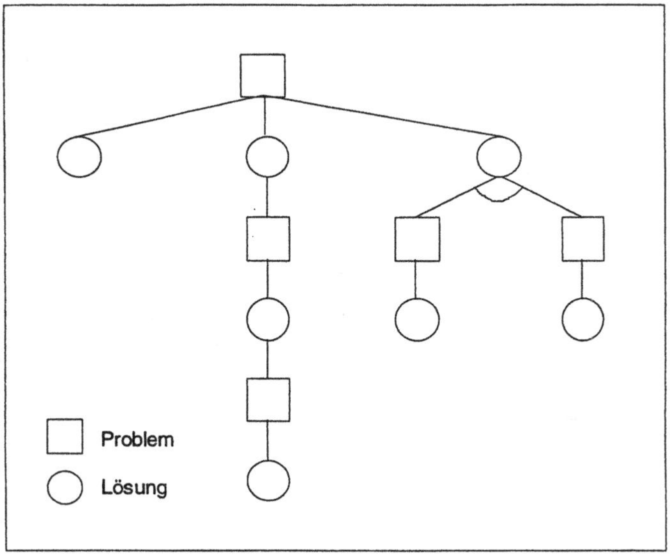

Abb. 3-11: Ein Problem-/Lösungsbaum als UND/ODER-Graph

Wir werden im folgenden die allgemeinen Konzepte der Problemzerlegung und -verteilung nutzen, um für den speziellen Fall der Erstellung kundenorientierter Allfinanzangebote die erforderlichen Interaktionsformen finanzwirtschaftlicher Agenten abzuleiten.

Die generelle Darstellung der Zerlegungs- und Verteilungsmöglichkeiten im Rahmen des verteilten Problemlösens führt zur Unterscheidung zweier Konzepte verteilter Problemlösungsprozesse: Erkennungs- und Suchprozesse [Nii89, 70ff.]. Wie gesehen, besteht eine enge Wechselwirkung zwischen Zerlegungsmechanismus und Interaktionsformen der Agenten. Dies wird durch die Definition der *Interaktion* verdeutlicht: „We shall use *interaction* to mean some type of collective action [...] wherein one agent takes action or makes a decision that has been influenced by the presence or knowledge of another agent“ [BoGa88, 16].

Die Vorteilhaftigkeit zentraler bzw. dezentraler Zerlegungsformen ist abhängig von der Verfügbarkeit globalen Wissens hinsichtlich der Güte kombinierter Lösungen bzw. der Bedeutung lokalen Wissens bei der Erarbeitung kombinierter Lösungen. Globales Wissen wird durch einen zentralen Agenten repräsentiert und zur expliziten Zerlegung des Gesamtproblems genutzt. Die nachfolgenden Problemlösungsaktivitäten von Agenten werden mithin von dem globalen Wissen des zentralen Agenten beeinflußt. Bei der dezentralen Zerlegung resultieren Teilprobleme aus der Anwendung lokalen Wissens einzelner Agenten. Werden diese Teilprobleme durch andere Agenten weiterbearbeitet, so sind deren Aktionen durch das Wissen eines anderen Agenten beeinflußt. In beiden Fällen resultieren nach der obigen Definition Interaktionen zwischen Agenten.

Die Wahl der Interaktionsformen hängt dabei entscheidend von der Verfügbarkeit von Wissen im Anwendungsgebiet ab: „The design is highly sensitive to the domain in which the interaction is taking place" [ZlRo96, 195]. Der Verfügbarkeit von Wissen zur Erstellung von Allfinanzangeboten stellt daher den Ausgangspunkt der folgenden Überlegungen dar.

Wie bereits in Abschnitt 3.2.2.3 ausgeführt, existiert kein vollständiges globales produktübergreifendes Kombinationswissen, welches eine methodische Zusammensetzung einzelner Finanzprodukte aus verschiedenen Bereichen so erlaubt, daß für jedes Finanzproblem eine aus Kundensicht optimale Allfinanzlösung generiert wird. Für das Erkennen von Angebotskombinationen als Lösung allgemeiner finanzwirtschaftlicher Problemstellungen liegt keine einheitliche algorithmische Vorgehensweise vor, die global optimierte Lösungen erzeugen könnte. Demzufolge ist es nicht generell möglich, das finanzwirtschaftliche Ausgangsproblem ex ante und explizit so in weniger komplexe Teilprobleme zu zerlegen, daß die Synthese der entsprechenden Teillösungen zu einem optimalen Allfinanzangebot führt.

Aus diesem Grund ist die Anwendung von Heuristiken zur Problemzerlegung und -verteilung erforderlich. Dabei kann ausgenutzt werden, daß in vielen einzelnen Produktbereichen Methodenwissen zur vorteilhaften Ausgestaltung von Finanzprodukten als Lösungen existiert (vgl. Abschnitt 3.2.2.2 und [WiBu93], [BuSa93], [Buhl94]). Solchermaßen lokal verfügbares Problemlösungswissen kann durch die dezentrale Zerlegung des Ausgangsproblems im Rahmen des verteilten Problemlösens zur Anwendung gebracht werden. Die Anwendung ist dann denkbar einfach, wenn der Agent durch Erstellung eines Finanzproduktes seines Bereichs genau den vom Kunden gewünschten Zahlungsverlauf herstellen kann. In diesem Fall ist das Ausgangsproblem vollständig gelöst und eine Zerlegung somit überflüssig. Die Lösung umfaßt genau ein Finanzprodukt.

Beispiel 3-10:[96] *Ein Kunde möchte heute eine Immobilie zur gewerblichen Nutzung erwerben; er verfügt über Eigenmittel in Höhe des halben Kaufpreises. Er sieht sich dem folgenden Finanzproblem gegenüber: Wie soll er die Immobilie am günstigsten finanzieren?*[97] *Ein Agent für (Hypotheken-) Kredite bietet einen Kredit zur Finanzierung der fehlenden Mittel an. Damit ist das Kundenproblem vollständig gelöst (vgl. Abb. 3-12).*

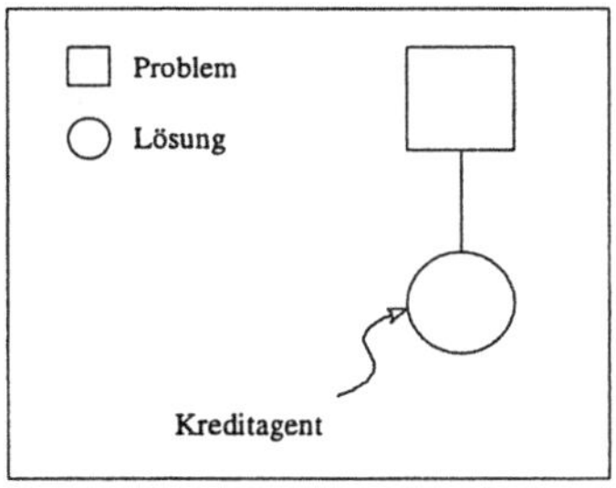

Abb. 3-12: Problemlösung durch einen Agenten

Da eine Kombination optimierter Finanzprodukte einem einzelnen Produkt häufig überlegen ist (vgl. Abschnitt 3.1.5.2), sollen Agenten lokal optimierte Finanzprodukte mit hoher Güte auch dann anbieten können, wenn deren Zahlungsströme zunächst nicht dem gewünschten Muster entsprechen. In diesem Fall wird eine dezentrale Zerlegung erforderlich: Die Agenten entscheiden aus lokaler Sicht über eine Problembearbeitung und bieten lokal optimierte bzw. aus lokaler Sicht gute Lösungen an, auch wenn diese das Ausgangsproblem nicht vollständig lösen. Wird das Problem nicht vollständig gelöst, so resultiert aus dem Vergleich zwischen Problem und unvollständiger Lösung ein Restproblem. Dieses Problem kann wiederum von einem weiteren Agenten aus dessen lokaler Sicht unter Nutzung lokalen Problemlösungswissens bearbeitet werden. Daraus ergibt sich eine Interaktion zwischen dem Agenten, der das Restproblem bearbeitet und dem Agenten, der das ursprüngliche Problem nur unvollständig gelöst hat. Wir nennen diese Form der Interaktion *implizite Kollaboration* [SaWe92], da die auslösende Problemzerlegung implizit erfolgt.

Beispiel 3-10 (Forts.): Der Agent für Sparbriefe bietet an, die Eigenmittel in abgezinsten Sparbriefen anzulegen. Dabei erhält der Anleger sämtliche

---

96 In Anlehnung an [SaWe92], [BuSa93] und [BuRo96].

97 Er bewertet die Angebote anhand des Barwertkriteriums.

Zinszahlungen erst am Ende der Sparbriefaufzeit mit i.d.R. erheblichen steuerlichen Vorteilen gegenüber konventionellen normalverzinslichen Sparbriefen. Es verbleibt das Restproblem der Immobilienfinanzierung - jetzt über den vollen Kaufpreis, da die Eigenmittel bereits angelegt sind. Der Problemlöser fügt dieses Restproblem der Datenbasis hinzu. Für dieses Restproblem bietet der Leasingagent einen steuerlich lokal optimierten Leasingvertrag mit einer Leasing-Einmalzahlung zu Beginn der Laufzeit an. Nun verbleibt noch die Finanzierung dieser Einmalzahlung. Auf dieses Restproblem reagiert der Kreditagent und bietet einen - ebenfalls steuerlich optimierten - Kreditvertrag mit Zins- und Tilgungszahlung am Ende der Laufzeit an (die abgezinsten Sparbriefe können hier zusätzlich als Sicherheit dienen). Das kundenindividuelle Allfinanzangebot besteht somit aus abgezinsten Sparbriefen, einem Leasing- und einem Kreditangebot, die in Kombination das Kundenproblem vollständig lösen (vgl. Abb. 3-13).

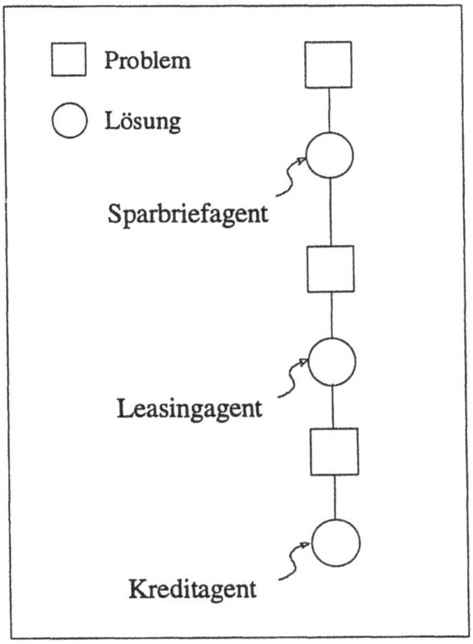

Abb. 3-13: Implizite Kollaboration[98]

Die heuristische Vorgehensweise, die in dieser Interaktionsform der Aufeinanderfolge lokaler Problemlösungsaktivitäten zum Ausdruck kommt, basiert

98 Nach [SaWe92].

auf den folgenden Grundannahmen [Will95, 126]: Zum einen muß davon ausgegangen werden, daß es Agenten gibt, die auch in der Lage sind, Restprobleme vollständig zu lösen. Zum anderen ist die implizite Kollaboration nur dann erfolgversprechend, wenn die lokale Vorteilhaftigkeit von Teillösungen auch zu einer globalen Vorteilhaftigkeit der Gesamtlösung führt.

Die letztere Voraussetzung ist vor allem dann erfüllt, wenn Zahlungen deterministisch sind oder wenn der Kunde risikoneutral ist. In diesen Fällen sind die Eigenschaften der Zahlungsstromadditivität und der Wertadditivität gegeben [Will95, 111ff.]. Teillösungen und ihre Zahlungsströme können ohne globales Wissen erarbeitet und anschließend einfach aggregiert werden [DeRo94, 7].

Im Falle unsicherer Zahlungen und bei Risikoaversion des Kunden sind diese Eigenschaften allerdings nicht gegeben. In Risikosituationen treten Verbundeffekte zwischen Teillösungen auf, die gerade aufgrund solchermaßen erzielbarer Risikoreduktion die Vorteilhaftigkeit kombinierter Lösungen begründen. Das in Risikosituationen von einem risikoaversen Kunden gewählte Bewertungskriterium des Erwartungsnutzens [BaCo94] zukünftiger unsicherer Zahlungen weist keine Wertadditivität auf. Infolge von Risikodiversifikationseffekten kann eine kombinierte Lösung einen höheren Erwartungsnutzen besitzen als die Summe der Erwartungsnutzenwerte der einzelnen Teillösungen.

Für diese Fälle ist die Anwendung globalen Wissens erforderlich, das Aussagen über die Verknüpfung von Teillösungen erlaubt. Gute Produktkombinationen müssen dann durch die Auswertung produktübergreifenden Wissens analytisch bestimmt werden.

Die Anwendung von globalem Wissen ist auch dann erforderlich, wenn vordefinierte Produktkombinationen als Lösungen angeboten werden sollen. Dies kann der Fall sein, wenn vor dem Hintergrund der Mischpreiskalkulation einzelne Produkte in einem Gesamtpaket angeboten werden sollen [MaWe93].

In den skizzierten Fällen ist die Bottom-up-Vorgehensweise der impliziten Kollaboration und eine implizite Zerlegung des Ausgangsproblems durch lokale Problemlösungsaktivitäten nicht geeignet, um vorteilhafte Allfinanzlösungen zu erstellen. Durch die Anwendung globalen Wissens ist vielmehr zu gewährleisten, daß solche Lösungen erkannt und die einzubeziehenden Agenten zur Leistung ihrer Lösungsbeiträge veranlaßt werden. Dies kann durch die explizite Zerlegung des Ausgangsproblems durch einen zentralen und über globales Wissen verfügenden Agenten geschehen. Aus der zentralen Zerlegung resultierende Teilprobleme werden an die „zuständigen" Agenten verteilt und von ihnen bearbeitet. Wir nennen diese Interaktionsform zwischen Agenten *explizite Kollaboration*, da die Agenten an assoziierten Teilproblemen arbeiten, die durch explizite Zerlegung generiert wurden.

Beispiel 3-10 (Forts.): Aufgrund der steuerlichen Situation des Kunden kann für das Ausgangsproblem von vorneherein erwartet werden, daß die Kombination der Anlage der Eigenmittel in abgezinste Sparbriefe mit einem endfälligen Darlehen zur Finanzierung der Immobilie das Problem gut löst. Durch explizite Zerlegung des Ausgangsproblems in die entsprechenden Teilprobleme wird die Erarbeitung der kombinierten Lösung zentral initiiert (vgl. Abb. 3-14).

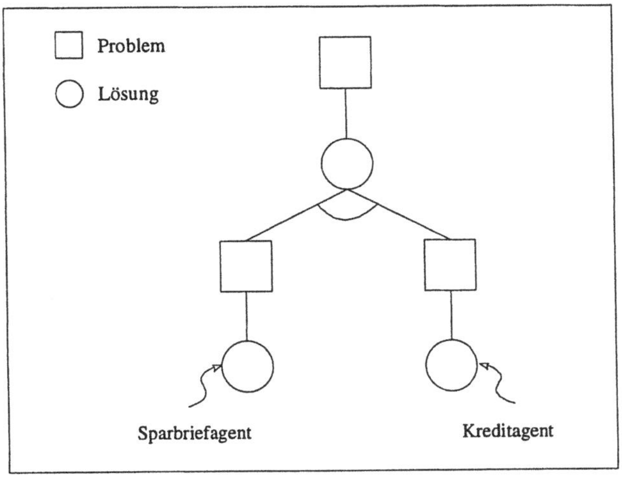

Abb. 3-14: Explizite Kollaboration[99]

Neben kollaborativen Interaktionsformen existiert eine weitere mögliche Beziehung zwischen Agenten: die *Konkurrenz*. Sie berührt weniger den Aspekt der Zerlegung, sondern vielmehr den der Verteilung von Problemlösungsaufgaben auf Agenten. Aufgrund ähnlicher Problemlösungsfähigkeiten

---

[99] Nach [SaWe92].

werden sich häufig zu einem gestellten Problem mehrere Agenten in der Lage sehen, eine Lösung zu liefern. Beispielsweise wird ein Finanzierungsproblem sowohl durch einen Kredit- als auch durch einen Leasingvertrag lösbar sein (vgl. Abb. 3-15). Da in der Regel a priori die Überlegenheit einer bestimmten Lösung nicht bekannt ist, sollten mehrere alternative Lösungen verfolgt werden, um sie nach abgeschlossener Ausarbeitung bewerten und vergleichen zu können. Demzufolge sind die Voraussetzungen dafür zu schaffen, daß eine Problemlösungsaufgabe an mehrere Agenten verteilt werden kann. Agenten, die auf dieser Grundlage an alternativen Lösungen zu einem Problem arbeiten, konkurrieren miteinander.

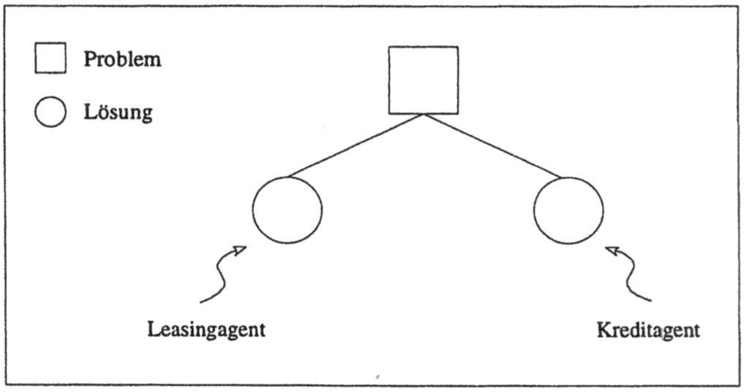

Abb. 3-15: Konkurrenz[100]

Die skizzierten Interaktionsformen sind Ausdruck für alternative Problemzerlegungs- und -verteilungskonzepte. Je nach Ausgangssituation sind diese Konzepte unterschiedlich geeignet, vorteilhafte kombinierte Lösungen zu erarbeiten. Aus diesem Grund ist das Agentensystem dergestalt zu konzipieren, daß beide Kollaborationsformen sowie die Konkurrenz von Agenten unterstützt werden. Die Kollaborationsform wird dann in Abhängigkeit von der jeweiligen Situation dynamisch gewählt.

---

[100] Nach [SaWe92].

3) Lokale Bearbeitung

Nach der Zerlegung und Verteilung von Problemen erfolgt die Bearbeitung jeweils lokal durch die entsprechenden Agenten. Die verwendeten Problemlösungsmethoden können dabei von Agent zu Agent differieren.
Zur Problembearbeitung verwenden die Agenten [Will95, 131]

- Wissen über vorteilhafte Vertragsgestaltungen aus dem von ihnen vertretenen Produktbereich,
- die problemspezifische Bewertungsfunktion des Kunden sowie den gewünschten Zahlungsverlauf
- die Bewertungsfunktion der Bank,
- die Kalkulationsgrundlagen (Steuer- und Kalkulationszinssätze) von Bank und Kunde

4) Synthese

Zum Ende des verteilten Problemlösungsprozesses sind die lokal erarbeiteten Teillösungen zu Gesamtlösungen zu synthetisieren. Hierzu ist der durch Kollaboration und Konkurrenz entstandene Problem-/Lösungsbaum zu durchlaufen, wobei zusammengehörige Teillösungen zu Gesamtlösungen synthetisiert werden.

Zusammenfassend läßt sich festhalten: Unter Zuhilfenahme der Strukturierung des verteilten Problemlösungsprozesses in die Phasen Problembeschreibung, Problemzerlegung und -verteilung, Problembearbeitung sowie Synthese der Teillösungen zu einer Gesamtlösung, wurde ein Konzept für das verteilte Problemlösen im Rahmen der Allfinanzangebotserstellung entwickelt. Dieses Konzept beinhaltet die geeignete Abgrenzung von Agenten auf Grundlage der natürlichen Verteilung von Problemlösungswissen sowie erforderliche Interaktionsformen von Agenten zur kohärenten Nutzung des verteilten Problemlösungswissens. Ergebnis ist der Entwurf eines verteilten Problemlösungsprozesses aus Anwendungssicht. Im Hinblick auf die Entwicklung eines Agentensystems zur Unterstützung des Allfinanzangebotsprozesses besteht nun der nächste Schritt in der Auswahl eines verteilten Problemlösungsmodells, auf dessen Basis die Architektur des Agentensystems entwickelt werden kann.

b) Der Blackboardansatz als verteiltes Problemlösungsmodell

Verteilte Problemlösungsmodelle sind Schemata zur Organisation und Verteilung von Wissen sowie zur Organisation der Anwendung des Wissens auf eine Problemstellung in einem verteilten System. Im Rahmen der VKI-Forschung sind solche Schemata entwickelt worden, so daß sie zur Abbildung des im jeweiligen Anwendungsgebiet entworfenen Problemlösungsprozesses genutzt werden können. Auf Basis des entworfenen Konzepts zum verteilten Problemlösen in der Allfinanzangebotserstellung und der korrespondierenden Eigenschaften der zur Auswahl stehenden Problemlösungsmodelle ist jenes auszuwählen, daß die Modellierung der Agenten und ihrer Interaktionsformen bestmöglich unterstützt.

Eine geeignetes Problemlösungsmodell ist der Blackboardansatz. Wir beschränken uns im folgenden auf dessen kurzer Darstellung und verdeutlichen dessen Eignung zur Unterstützung des verteilten Problemlösens zur Erstellung von Allfinanzangeboten.[101]

Das Blackboard-Modell

Dem Blackboard-Modell und seinen Anwendungen liegt folgende einfache Metapher zugrunde [Newe62]:

"Metaphorically we can think of a set of workers, all looking at the same blackboard: each is able to read everything that is on it, and to judge when he has something worthwile to add to it. This conception is just that of Selfridge's Pandemonium: a set of demons, each independently looking at the total situation and shrieking in proportion to what they see that fit their natures."

Anders formuliert beschreibt die Metapher eine Gruppe von Experten bzw. Problemlösern, die gemeinsam eine Tafel betrachten, auf dem der jeweilige Problemlösungszustand aufgezeichnet ist (im Anfangszustand sind das die initialen Daten und das zu erfüllende Ziel) [AlBu93, 67]. Jeder Problemlöser entscheidet selbständig in Abhängigkeit von seiner individuellen Problemlösungsfähigkeit, inwiefern er einen Problemlösungsbeitrag leisten kann. Ist dies der Fall, so führt er die entsprechenden Problemlösungsaktivitäten

---

[101] Die Auswahl des Blackboardmodells als geeignetes Problemlösungsmodell im Allfinanzkontext sowie deren Begründung erfolgen in [RoSa92] und [BuRo96], so daß an dieser Stelle auf eine ausführliche Diskussion alternativer verteilter Problemlösungsmodelle verzichtet werden kann.

durch, trägt die Ergebnisse auf der Tafel ein und verändert dadurch den Problemlösungszustand. Der veränderte Problemlösungszustand ist wiederum Anlaß für die Problemlöser, erneut Entscheidungen über die Lieferung von Problemlösungsbeiträgen zu treffen und gegebenenfalls Problemlösungsaktivitäten durchzuführen. Auf diese Weise überführen sie gemeinsam und inkrementell den Ausgangszustand in einen Zielzustand.

Entsprechend der Grundidee besteht ein Blackboardsystem aus einem zentralen Blackboard (einem gemeinsamen globalen Speicherbereich) und einer Zahl unabhängiger Agenten, die über das Blackboard kooperativ Probleme lösen. Die hierzu erforderliche Kommunikation und Interaktion zwischen Agenten finden lediglich indirekt über den globalen logischen Speicher statt (Shared-Memory-Konzept).

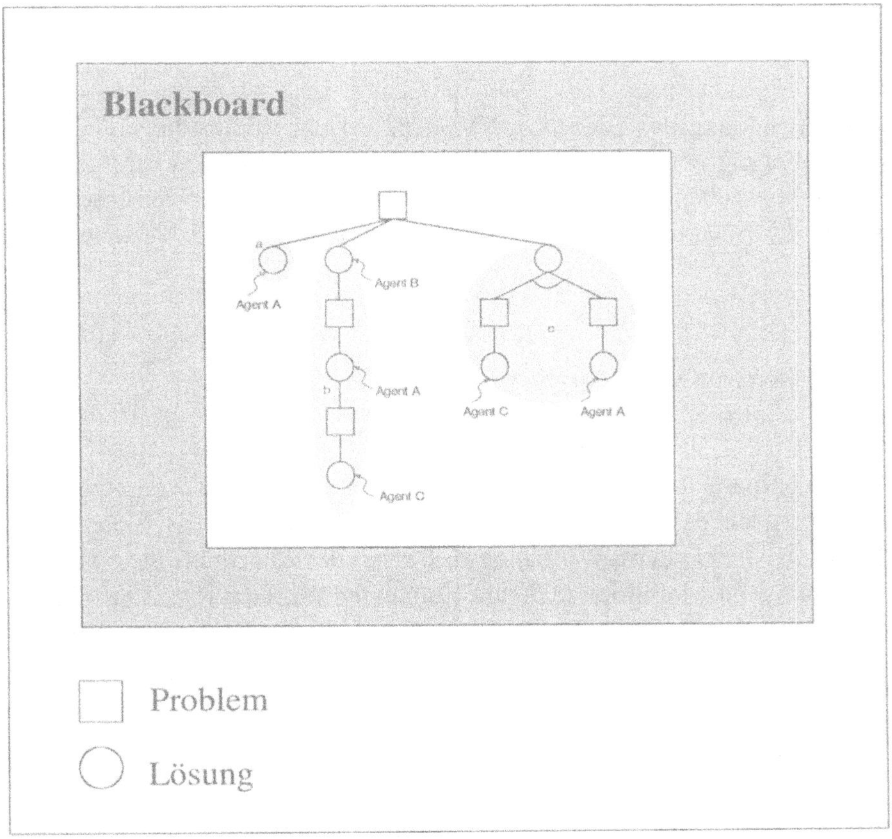

Abb. 3-16: Inkrementeller Aufbau des Problem-/Lösungsbaumes auf dem Blackboard

Die skizzierten Eigenschaften des Blackboards ermöglichen die angemessene Abbildung und Realisierung der vorstehend abgeleiteten Interaktionsformen zwischen Agenten (vgl. Abb. 3-16). Durch den Eintrag des Ausgangsproblems in einen zentralen Datenspeicher erhält jeder Agent Kenntnis von den Problemlösungsanforderungen. Die Agenten sind dann in der Lage, mit Hilfe ihres lokalen Problemlösungswissens (Teil-)Lösungen zu generieren, eventuell verbleibende Restprobleme erneut auf dem Blackboard auszuschreiben und damit die *implizite Kollaboration* zu initiieren. Gleiches gilt für die explizite Zerlegung des Ausgangsproblems mittels globalen Wissens durch einen zentralen Agenten: Solchermaßen explizit formulierte Teilprobleme werden erneut ausgeschrieben und von den „zuständigen" Agenten bearbeitet (*explizite Kollaboration*). Schließlich erlauben die Charakteristika des Blackboards die Verfolgung alternativer Lösungspfade, die „mitprotokolliert" und abschließend hinsichtlich ihrer Güte verglichen werden können. Auf diese Weise wird *Konkurrenz* zwischen Agenten ermöglicht.

Die Anwendung des Blackboard-Modells erlaubt mithin die einfache Implementierung der diskutierten Interaktionsformen und demzufolge die situative wie nebenläufige Verfolgung unterschiedlicher Problemlösungsstrategien als Ausdruck alternativer Problemzerlegungs- und Verteilungskonzepte.

3.2.4.3 Konzeptionelle Erweiterung zu einem verteilten Koordinationssystem

Aufbauend auf der Modellierung des Verteilten Problemlösens wollen wir im folgenden den verteilten Problemlösungsansatz um die Koordinationsperspektive erweitern: Wir hatten zu Beginn des Abschnitts die zwei Facetten der Agentendefinition erläutert. Zum einen kann ein Agent als Problemlöser („handelnde Einheit") fungieren. Zum anderen kann er als Interessenvertreter wirken. Im Rahmen des verteilten Problemlösens stand der erstgenannte Aspekt im Vordergrund. Die Kohärenz der lokalen Aktionen - beispielsweise gemessen durch die Qualität der gemeinsam erarbeiteten Lösung (solution quality [BoGa88, 19]) - wird unterstützt, indem sich die Agenten in ihren lokalen Handlungen (Problemlösungsaktivitäten) an einem globalen

Ziel orientieren.[102] Im Rahmen des verteilten Problemlösens stellt die Modellierung der Agenten sowie deren Interaktionsformen eine Entwurfsentscheidung dar, die im Hinblick auf eine globale Zielsetzung (z.B. das Bankziel) und die Realisierung einer entsprechenden Problemlösung getroffen werden kann.

Die in Abschnitt 3.2.3 diskutierte Beteiligung unterschiedlicher Organisationseinheiten der Bank sowie anderer Unternehmungen am Angebotserstellungsprozeß läßt die Rolle eines Agenten als Interessenvertreter in den Vordergrund treten. Neben der Unterstützung des finanzwirtschaftlichen Problemlösungsprozesses sollte das Agentensystem auch der Koordination der beteiligten Einheiten dienen. Damit ist die Agentenmodellierung keine Entwurfsentscheidung mehr [Sund93, 25], sondern sie ist kontextabhängig. Im Rahmen der rollenorientierten Modellierung [Müll93, 14] kommt den Agenten neben ihrer bereits skizzierten Rolle, Spezialisten für einen bestimmten Produktbereich zu sein, auch die Rolle als Repräsentanten verschiedener Produktanbieter zu. Erweitern wir die Sicht auf den Kunden bzw. dessen Berater, so läßt sich eine solche rolleninduzierte Differenzierung der Agenten zwischen Anbieter und Nachfrager vornehmen. Die Rollen des Agenten prägen „seine Ziele und Verhaltensweisen“ [Sund93, 33]. Während beim verteilten Problemlösen die alleinige Rolle als Produktspezialist (der Bank) die Verfolgung eines globalen Zieles erlaubt, begründet die Rolle als Repräsentant von bankinternen und -externen Entscheidungsträgern die Existenz mehrerer, eventuell konfligierender Ziele innerhalb des Agentensystems. „These agents must represent the desires of their designers in an environment that includes other intelligent agents with potentially conflicting goals“ [GeGi86, 52]. Soll das verteilte Problemlösungssystem zu einem Koordinationssystem dezentraler Organisationseinheiten bzw. zu einem Interorganisationssystem erweitert werden, so gilt es, innerhalb des Agentensystems geeignete Organisationsstrukturen zu etablieren, die trotz Fehlen eines globalen Zieles zu Kohärenz und koordinierter Interaktion führen: „The primary difficulty in establishing coherence and coordination is the attempt to achieve them *without centralized control or viewpoints*“ [BoGa88, 19].

---

[102] Beispielsweise die Maximierung der Zielfunktion der Bank unter der Nebenbedingung der Sicherstellung eines Mindestnutzenniveaus des Kunden oder vice versa.

Die rollenorientierte Modellierung ist das „Bindeglied von einem Agenten zur Organisation von Agenten" [Sund93, 34]. Durch die Rollendefinition werden bestimmte Interaktions- bzw. Koordinationsformen festgelegt oder von vorneherein ausgeschlossen. Repräsentieren beispielsweise zwei Agenten zwei rechtlich und wirtschaftlich selbständige Unternehmungen, so ist eine zentrale hierarchische Koordination der Agentenaktionen über Weisungs- und Kontrollbeziehungen wenig sinnvoll oder sogar ausgeschlossen.

Neben dem Rollenkonzept der Agentenmodellierung dienen vor allem das Rationalitäts- sowie das Autonomiekonzept der Abbildung der Ziele und Interessen unabhängiger Organisationseinheiten. Die Begriffe der Autonomie und der Rationalität eines Agenten sind eng miteinander verknüpft. Man spricht von autonomem Verhalten, wenn der Agent „ohne direkte menschliche Anleitung und ohne Anleitung durch andere Agenten" operiert [Sund93, 27]. Er verfolgt mithin eigene Ziele. In der Literatur findet man hierfür Begriffe wie „durch Eigeninteresse geleitete Problemlöser" [DuLe88, 33] oder „Softwarestruktur, die über ein Zielsystem verfügt" [Bond89, 469]. Im Falle des verteilten Problemlösens sind die Agenten „centrally designed to find a solution to a given problem" [Krau96, 299]. Ihnen wird per Entwurfsentscheidung ein globales Ziel vorgegeben, das sie im Rahmen der Problemlösungsaktivitäten verfolgen. „Using economic terms, agents have a common preference profile which yields an identical utility function" [EpRo96, 23f.] Repräsentieren die Agenten allerdings unabhängige Organisationseinheiten, so ist eine Orientierung an einem globalen Ziel nicht mehr gegeben: „agents are not necessarily benevolent in their dealings with another" [RoGe88, 118]. Die Autonomie der Agenten ist eine wesentliche Voraussetzung für die adäquate Berücksichtigung der organisatorischen Rahmenbedingungen. Durch die Modifikation der Zielsysteme der Agenten können die unterschiedlichen Interessen der beteiligten Organisationseinheiten abgebildet und im Rahmen des automatisierten Angebotserstellungsprozeß berücksichtigt werden. „We consider multiagent societies that consist of heterogeneous agents that been manufactured by *different* designers. Therefore we take the point of view that each agent acts in the best interests of its own designer, i.e., each agent acts rationally to maximize its own subjective expected utility" [EpRo96, 24]. Auf diese Weise kann der Heterogenität der involvierten Organisationseinheiten und deren Interessen systemseitig Rechnung getragen werden. Dies umfaßt zum einen den Entscheidungsspielraum der Vertriebsbereiche, aus konkurrierenden Problemlösungsangeboten auswählen sowie dem Kunden eine für ihn vorteilhafte Alternative anbieten zu können. Das Ziel des Kundenberaters ist schließlich die entgeltfähige Steigerung des Kundennutzens. Zum anderen gewährt ein solches Konzept auch eine weitgehende Autonomie der bankinternen und -externen Produktbereiche. Deren Entscheidungsspielraum besteht dann in der Abgabe von Problemlösungsangeboten, die so kalkuliert sind, daß das Anspruchsniveau des Produktanbieters erfüllt ist und die zugleich geeignet sind, Kundennutzen zu generieren bzw. durch den Kundenberater ausgewählt zu werden.

Die einzelnen Agenten (als Repräsentanten der Produktanbieter- und nachfrager) richten dann ihre Handlungen an diesen Zielen aus. Dies schließt nicht aus, daß Agenten Ziele von anderen Agenten übernehmen bzw. zu ihren eigenen Zielen machen, solange dies ihren jeweils übergeordneten Zielen entsprechend geschieht: „...individually motivated agents might be seen sharing information and helping one another, because they have determined that it is in their own best interest to act that way“ [ZlRo96, 197]. Im Kontext der Allfinanzangebotserstellung orientieren sich die Agenten der Produktanbieter z.B. an den Zielen des Kunden, um mit ihrem Angebot den Zuschlag zu erhalten.

Neben der Autonomieeigenschaft - der Fähigkeit zur Zielverfolgung - können Agenten auch durch ihre Rationalität charakterisiert werden. Ein Agent handelt rational, wenn er Handlungsalternativen anhand einer Bewertungsfunktion wählt, die die Alternativen ordnet und mit einem Zielwert versieht. Der Agent ist rational, „if it behaves in a manner that is optimal with respect to its goals“ [RoKa86]. Die Agentenrationalität - als optimales Verhalten im Hinblick auf eine Bewertungsfunktion [Sund93, 27] - verdeutlicht den engen Zusammenhang zwischen Modellen der klassischen Entscheidungstheorie und dem Agentenkonzept der VKI. Darüber hinaus ist die Analogie des rationalen und autonomen Agenten mit Wirtschaftssubjekten in mikroökonomischen Rationalmodellen unübersehbar (vgl. auch [Will95, 119]).

Diese Analogie legt es nahe, ökonomische Koordinationskonzepte zu nutzen, um innerhalb des Agentensystems geeignete Organisationsstrukturen zu etablieren, die trotz Abwesenheit eines globalen Zieles zu Kohärenz und koordinierter Interaktion führen.[103] Wir konzentrieren uns dabei auf markt-

---

103 „...economic principles extend to decision-making agents in general and hence to software objects as well“ [MiDr88, 134].

orientierte Organisationsformen, da „the ability of trade and price mechanisms to combine local decisions by diverse parties into globally effective behavior suggests their value for organizing computation in large systems" [MiDr88, 133]. Darüber hinaus bildet ein marktliches Koordinationskonzept den zu modellierenden Realweltauschnitt (teil-) autonomer Organisationseinheiten geeignet ab.

Agenten als Wirtschaftssubjekte

Bereits bei der Modellierung des verteilten Problemlösens wurde deutlich, daß die Agenten aufgrund kooperativer Arbeitsteilung in vielfältigen Anbieter-/Nachfrager-Beziehungen zueinander stehen. Im Rahmen des Problemlösungsprozesses tauschen sie untereinander Leistungen aus. Dabei handelt es sich um (Teil-)Lösungen zu ausgeschriebenen (Teil- bzw. Rest-)Problemen. Diese Leistungen haben den Charakter individualisierter Dienstleistungen [Bech94, 142]. Sie können erst erbracht werden, wenn das Problem spezifiziert und eine Lösung nachgefragt wird. In der Dienstleistungstheorie hat sich ein Leistungsverständnis entwickelt, das an den klassischen Problemlösungsbegriff anknüpft: „Das Wesen einer Dienstleistung besteht darin, den Problemzustand eines Empfängers in einen von diesem erwünschten Zielzustand zu überführen" [Bech94, 144]. Vor diesem Hintergrund können wir die auszutauschenden Leistungen der Agenten als *Problemlösungsbeiträge* definieren.

Über die Definition der Leistungsobjekte von Agenten als Problemlösungsbeiträge erfolgt die Verknüpfung des (modellierten) verteilten Problemlösens mit der Erweiterung um ein marktliches Koordinationskonzept, das die unterschiedlichen Interessen der beteiligten Organisationseinheiten berücksichtigt. Betrachten wir die Agenten als Repräsentanten realer Leistungsanbieter, so korrespondieren die Problemlösungsbeiträge mit der Erstellung realer Finanzprodukte aus deren Leistungsbereich. Das verteilte Problemlösen läßt sich so in ein Schema von Nachfrage und Angebot einordnen. Die Ausschreibung des initialen Kundenproblems stellt die Nachfrage nach einer Problemlösung dar; die Agenten liefern entsprechende Angebote in Form von Problemlösungsbeiträgen. Kann ein Agent die Nachfrage nicht allein befriedigen, so besitzt er die Möglichkeit, seinerseits als Nachfrager von Teilproblemlösungen aufzutreten. Auf diese Weise können Anbieterkoalitionen entstehen, die Allfinanzangebote erstellen. Der grundsätzliche Unterschied zum verteilten Problemlösen besteht nun in der Ausgestaltung von Anreizen, Problemlösungsbeiträge zu liefern bzw. entsprechende Auftragsverhältnisse einzugehen. Während beim verteilten Problemlösen - aufgrund der Annahme des „Wohlwollens" - hierzu keine expliziten Anreize notwendig sind,[104] müssen im erweiterten Fall Problemlösungsbeiträge entgolten werden, um deren Erstellung und Angebot zu induzieren.

Das Entgelt bzw. die Bemessung von Leistung und Gegenleistung ergibt sich in Abhängigkeit von der Bewertung durch einzelne Agenten. Hinsichtlich der Bewertungsfunktionen der rationalen nachfragenden/anbietenden Agenten tragen die Problemlösungsbeiträge bestimmte Werte. Aus Sicht des Kunden bzw. des Kundenberaters werden sie hinsichtlich ihrer Eigenschaft, den Kundennutzen zu steigern, beurteilt. Die Produktanbieter hingegen kalkulieren Produkte (Problemlösungsbeiträge) aus ihrer individuellen Sicht. Da es sich bei den Leistungsobjekten um Zahlungsströme handelt, erfolgt die Bewertung anhand finanzwirtschaftlicher Bewertungskriterien unter Verwendung unterschiedlicher Kalkulationsgrundlagen. Ein (rationales) Auftragsverhältnis kommt letztlich zustande, wenn der angebotene Zahlungsstrom sowohl aus Sicht des Produktanbieters als auch des Nachfragers vorteilhaft ist.

Das Angebots- und Nachfrageverhalten der Agenten bei unterschiedlichen Zielsetzungen läßt sich über Marktbeziehungen modellieren. Wesentlich ist dabei die Realisierung eines Marktplatzes, über den Leistungen (Problemlösungen) nachgefragt und angeboten, Preise ermittelt bzw. gebildet und schließlich Auftragsverhältnisse eingegangen werden. Grundsätzlich sind unterschiedliche Anbieter- und Nachfragerstrukturen sowie Preisbildungsverfahren denkbar.

Im Hinblick auf die Anbieter- und Nachfragerstruktur existiert bei Redundanz der Problemlösungsfähigkeiten der einzelnen Produktagenten keine Monopolsituation. In der Regel werden mehrere Agenten in der Lage sein, Lösungsbeiträge für ein gegebenes Problem zu liefern. Ein ausgeschriebenes Anlageproblem kann sowohl durch einen Aktien-, einen Festgeld- oder ei-

---

[104] „The provision of incentives is in general not essential in cooperative distributed problem solving systems. It is assumed that it is in the agents' interests to help one another" [Krau96, 300].

nen Kapitallebensversicherungsagenten gelöst werden.[105] Aus diesem Grund herrscht eine Konkurrenzsituation unter den Lösungsanbietern.

Hinsichtlich des Preisbildungsverfahrens gilt es, Regeln und Verfahren zu bestimmen, nach denen die Marktteilnehmer Preise ermitteln. Die einfachste Lösung besteht in einem „Ansage-/Zuschlagsverfahren“, bei dem die Anbieter Preise festsetzen, die die Nachfrager akzeptieren können. Die oben skizzierte Konkurrenzsituation zwingt dabei die Anbieter, konkurrenzfähige Preise zu stellen. Neben einem solchen einseitig fixierten Markt [Lang94, 96] sind auch verschiedene Auktionsverfahren[106] sowie bilaterale Verhandlungen denkbar. Letztere stellen allerdings hohe Anforderungen an die Kommunikationsfähigkeit der Agenten.

Das Blackboard als zentraler Marktplatz für Problemlösungsbeiträge

Auf Basis dieser Überlegungen wollen wir nun das verteilte Problemlösen als das marktkoordinierte Anbieten und Nachfragen von Problemlösungsbeiträgen durch Agenten konkretisieren. Als Ausgangspunkt dienen zwei grundlegende Charakteristika der Kooperation unternehmungsübergreifender bzw. autonomer Organisationseinheiten:

- Die Ausbildung der Kooperation erfolgt zweckorientiert. In unserem Fall dient das Zusammenwirken der gemeinsamen Erstellung wettbewerbsfähiger Allfinanzangebote vor dem Hintergrund, daß das isolierte Angebot von Einzelprodukten (d.h. ohne Kooperation) am Kundenmarkt weniger erfolgreich wäre.
- Die Autonomie der Kooperationspartner bleibt dabei erhalten, d.h die Teilnahme an der Kooperation erfolgt interessegeleitet und nur dann, wenn das kooperative Zusammenwirken einer besseren Erreichung individueller Ziele dient.

Aus der ersten Eigenschaft ergibt sich unmittelbar, daß das entwickelte Konzept des verteilten Problemlösens in seinen wesentlichen Teilen wei-

---

105 Darüber hinaus ist denkbar, daß verschiedene Anbieter konkurrierend Produkte aus einem Bereich anbieten, so daß innerhalb des Systems mehrere Agenten für einen Produktbereich existieren können. Die Konkurrenz ist dann offensichtlich.

106 Zu alternativen Auktionsverfahren im allgemeinen vgl. [McMc87]. Zum Einsatz und zur Fortentwicklung der „Vickrey auction“ [Vick61] im Rahmen eines Multiagentensystems vgl. auch [GoSc96].

terhin Bestand hat und lediglich im Hinblick auf die zweite Eigenschaft erweitert werden muß: Ausgangspunkt der Modellierung des verteilten Problemlösungsprozesses war letztlich das Ziel, „gute bzw. vorteilhafte Lösungen zu kundenindividuellen Finanzproblemen sowohl aus Sicht des Kunden als auch aus Sicht der Anbieter zu erarbeiten" (vgl. Abschnitt 3.2.4.2a1). Die hierfür abgeleiteten Interaktionsformen beteiligter Agenten als Ausdruck erforderlicher Problemzerlegungs- und -verteilungskonzepte müssen auch weiterhin abgebildet werden können. Demzufolge stellt der Blackboardansatz als geeignetes Problemlösungsmodell den Ausgangspunkt für die Abbildung marktlicher Nachfrager-/Anbieterbeziehungen zwischen Agenten dar.[107]

Wie bereits in Abschnitt 3.2.3.2 skizziert, nimmt der Kundenberater im Rahmen der Anbieter-/Nachfrager-Beziehung zunehmend die Rolle eines Brokers ein, der kundenproblemspezifisch Produkte und Problemlösungsleistungen bezieht und zu einer Lösung des Kundenproblems bündelt: Ein die Interessen des Kundenberaters vertretender Agent tritt mit seiner Problemlösungsnachfrage an die Produktagenten heran. Sein Ziel ist es, eine Problemlösung für ein Finanzproblem des Kunden zu erhalten, die z.B. aufgrund steuerlicher Vorteile einen möglichst hohen Kundennutzen generiert

---

[107] Im Rahmen der VKI existieren bereits marktliche Ansätze zur Verteilung von Problemen auf bestgeeignete Agenten: „There have been several attempts to consider market mechanisms as a way of efficiently allocating resources in a distributed system" [ZlRo96, 200]. Zu diesen Ansätzen zählt vor allen Dingen das Kontrakt-Netz-Modell [Smit80, SmDa81, DaSm81] und entsprechende Variationsformen [MaFi88, WaUn97]. Im Rahmen der Problemverteilung werden Marktmechanismen genutzt, um Teilprobleme auf bestgeeignete Agenten zur Problemlösung zu verteilen: Das Ausgangsproblem wird zunächst von einem Agenten („Manager") in Teilprobleme zerlegt. Für jedes Teilproblem, das er nicht selbst zu lösen vermag, erfolgt eine Ausschreibung („task announcement"). Andere Agenten prüfen die Ausschreibung und reagieren in Abhängigkeit von ihrer Problemlösungsfähigkeit mit einem entsprechenden Angebot („bid"), in dem ihre Problemlösungskompetenz spezifiziert wird. Auf der Grundlage der eingehenden Angebote wählt der „Manager" den geeignetsten Anbieter aus und erteilt ihm den Zuschlag („announced award"). Dieser Auftragnehmer („Contractor") verpflichtet sich damit zur Lösung des Teilproblems und deren Übermittlung an den „Manager". Angewendet auf unseren Fall der kooperativen - aber interessegeleiteten - Erarbeitung von Allfinanzangeboten durch autonome Produktagenten ist allerdings die Eignung des Kontrakt-Netz-Ansatzes zur Unterstützung der Marktaustauschbeziehungen in Frage zu stellen, da der verteilte Problemlösungsprozeß nicht adäquat abbildbar ist: Aufgrund des bereits herausgearbeiteten Mangels an globalem Wissen bzgl. der Güte kombinierter Lösungen wird weder der Kundenberateragent noch eine andere Instanz ex ante in der Lage sein, das Ausgangsproblem explizit in geeignete Teilprobleme zu zerlegen und auszuschreiben. Auch ist eine isolierte Bewertung von Teillösungen als Grundlage der Zuschlagsgewährung nicht sinnvoll möglich.

und zugleich zu einem niedrigen Preis von den Produktanbietern bezogen werden kann. Als Vertreter der Produktanbieter sind die Produktagenten an dem Absatz ihrer Finanzprodukte zu einem möglichst hohen Preis interessiert. Das Blackboard dient den beteiligten Agenten als zentraler Marktplatz für Problemlösungsbeiträge: Die Problemlösungsnachfrage wird durch den Kundenberateragenten zentral auf dem Blackboard formuliert. Im Rahmen der bereits diskutierten Interaktionsformen bilden sich Anbieterkoalitionen inkrementell (implizite Kollaboration) und konkurrieren mit ihren Problemlösungen um den Zuschlag des Kundenberaters. Dieser bewertet nach Abschluß des Problemlösungsprozesses die alternativen Lösungen in Abhängigkeit von den geforderten Produktpreisen und dem generierbaren Kundennutzen. Über einen solchermaßen einseitig fixierten Markt - die Produktanbieter stellen feste Produktpreise - lassen sich die Marktbeziehungen mit Hilfe des Blackboards einfach modellieren. Aufwendige direkte Kommunikationsbeziehungen zwischen Agenten, wie sie bei Verhandlungslösungen notwendig wären, entfallen und werden durch eine indirekte Kommunikation über das Blackboard ersetzt. Die Konkurrenz alternativer Problemlösungsangebote kann trotz Abwesenheit eines Verhandlungsmechanismus dennoch für einen ausreichenden Marktdruck sorgen, der die Anbieter „zwingt", konkurrenzfähige Preise zu stellen.

3.2.5 Realisierung eines verteilten Problemlösungssystems zur Erstellung marktorientierter Allfinanzangebote

Im folgenden soll die prototypische Konzeption und Realisierung eines verteilten Problemlösungssystems auf Basis des Blackboardansatzes vorgestellt werden. Im Vordergrund der Systemgestaltung stand die Konzipierung und Realisierung eines Beratungsunterstützungssystems, das die neue Rolle der marktnahen Einheiten in der dezentralisierten Bankunternehmung unterstützt und das zu einer kundenorientierten Angebotserstellung notwendige Produkt- und Problemlösungswissen dezentral an der Kundenschnittstelle verfügbar *und* nutzbar macht. Der derzeitige Realisierungsstand umfaßt vor allem die Berücksichtigung des funktionalen Aspekts der Angebotserstellungsprozesses und erlaubt die Erstellung kundenindividueller Finanzdienstleistungen an der Kundenschnittstelle unter Berücksichtigung finanzwirtschaftlich fundierten Wissens über vorteilhafte Finanzprodukte, wie es in Abschnitt 3.2.2.2 exemplarisch anhand unterschiedlicher Anlageformen abgeleitet und dargestellt wurde. Das System schafft damit die unmittelbare Voraussetzung für die erfolgreiche Implementierung des Allfinanzvertriebs bei gleichzeitiger Realisierung einer hohen Beratungs- bzw. Problemlösungsqualität.

Der im Rahmen des Forschungsprojektes ALLFIWIB[108] konzipierte und realisierte Prototyp ist ein Verbund verteilter wissensbasierter Systeme. Entsprechend den dargestellten Stufen des Allfinanzangebotsprozesses und der Modellierung des verteilten Problemlösens besteht das System ALLFIWIB aus den folgenden Komponenten (vgl. Abb. 3-17):

- Eine *Kundenanalyse* dient zur interaktiven Ermittlung, Erfassung und Formalisierung des zu lösenden Finanzproblems dergestalt, daß es nachfolgend im Rahmen des verteilten Problemlösungsprozesses bearbeitet werden kann.
- Ein *Blackboard* fungiert als globaler logischer Speicher, in dem der jeweils aktuelle Zustand des Problem-/Lösungsbaumes abgebildet wird und damit als Kooperations- und Kommunikationsmedium dient.
- *Agenten* stellen die verteilten Problemlöser dar und bearbeiten nebenläufig die ausgeschriebenen Finanzprobleme.
- Eine *Steuerungskomponente* dient der Koordination der Systemaktivitäten.
- Ein Modul zur *Ergebnisdarstellung* dient der Aggregation zusammengehöriger Teillösungen, der Bewertung von Gesamtlösungen sowie deren Präsentation.

---

108 ALLFIWIB (Unterstützung von **Allfinanz**-Angebotsprozessen mit verteilten **wissens**-**basierten** Systemen) ist ein Kooperationsprojekt der Wirtschaftsinformatik-Lehrstühle der Universitäten Gießen bzw. Augsburg und Marburg, das von der Deutschen Forschungsgemeinschaft im Rahmen des Schwerpunktprogramms „Verteilte DV-Systeme in der Betriebswirtschaft" (vgl. [KöWe94]) von 3/1992 bis 3/1996 gefördert wurde. Einen Überblick über die Projektarbeit geben die Arbeiten [Buhl92], [SaWe92], [RoSa92], [BuHa93], [BuWi93], [Köni93], [BuSa94], [KöRo94], [Roem94], [DeRo94], [DeRo95], [Roßb95], [Will95], [BuRo96] [EiRo96] und [EiWi96]. Eine detaillierte Beschreibung des im Rahmen des Projektes entwickelten Prototyps ist in [Roem94] sowie [EiRo96] zu finden. Im folgenden Abschnitt werden lediglich die für diese Arbeit relevanten Aspekte des prototypischen Systems herausgegriffen.

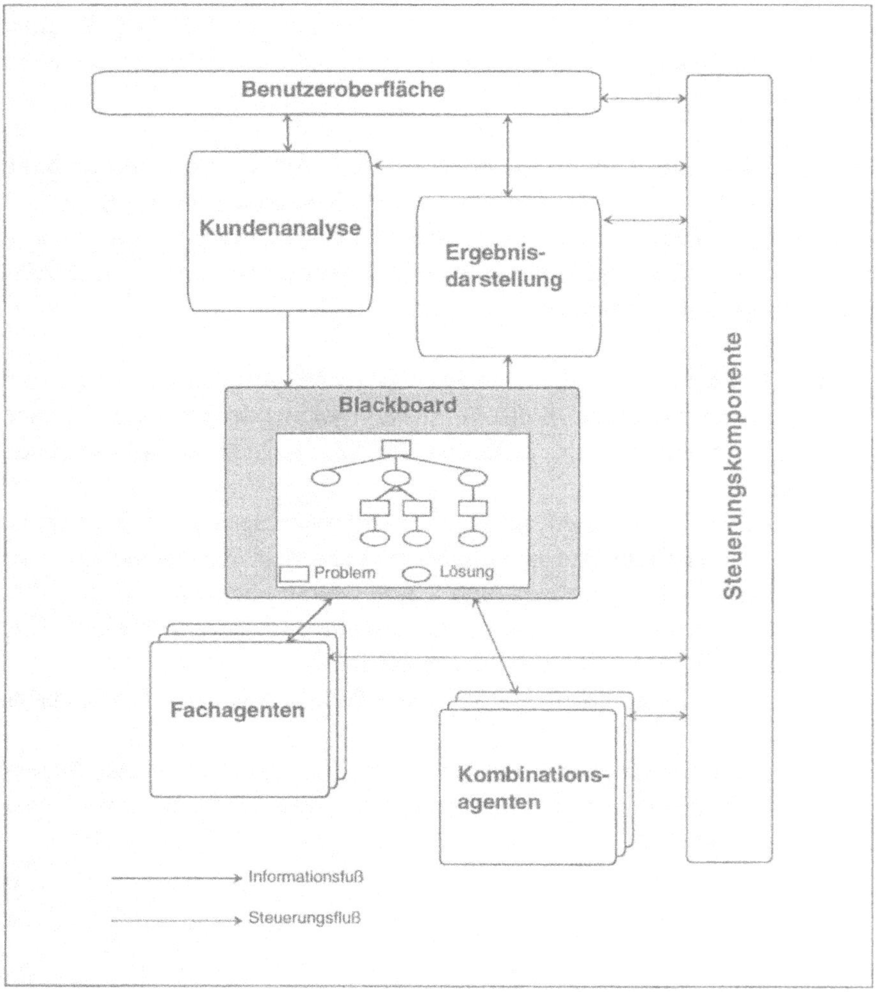

Abb. 3-17: Systemkonzeption des ALLFIWIB-Prototyps[109]

Mit Hilfe der aufgeführten Systemkomponenten wird der Allfinanzangebotsprozeß über alle Phasen durchgängig unterstützt. Sie sollen im folgenden in ihrer Funktionalität näher beschrieben werden.

---

109 In Anlehnung an [BuWi93, 48].

3.2.5.1 Kundenanalyse

Die Kundenanalyse[110] unterstützt den Kundenberater bei der Ermittlung, der Erfassung und der Formalisierung des zu lösenden Finanzproblems. Die Phase der Problemformulierung sowie die Ermittlung des Zielsystems des Kunden ist insofern von wesentlicher Bedeutung, als eine inadäquate Ermittlung der Kundenbedürfnisse von vorneherein eine unbefriedigende Güte der Problemlösung aus Sicht des Kunden zur Folge hätte. Deshalb ist eine strukturierte dialogorientierte Vorgehensweise erforderlich, um möglichst die wesentlichen problemrelevanten Daten zu ermitteln und im Rahmen des Problemlösungsprozesses verfügbar zu machen. Der Erfassungsvorgang wird dabei durch eine graphische Benutzeroberfläche unterstützt. Wesentliches Ziel der Kundenanalyse ist demzufolge die zieladäquate Transformation einer natürlich-sprachlichen und gegebenenfalls uneindeutigen Problembeschreibung in eine zahlungsstromorientierte formale Darstellung, die ein verteiltes Problemlösen ermöglicht.

Die zur Problembeschreibung wesentlichen Daten umfassen vor allem den gewünschten Zahlungsstromverlauf, die Bewertungsfunktion des Kunden[111] sowie dessen Kalkulationsgrundlagen wie Steuersatz und Konsumpräferenzrate bzw. Kalkulationszins. Darüber hinaus werden weitere problemrelevante Daten wie Konsultationszweck, Kundentyp (privat - gewerblich), Vermögensverhältnisse, laufende Ein- und Auszahlungen ermittelt und den Problemlösern verfügbar gemacht. Auf bereits erhobene Kundendaten kann über datenbank- und rechnerübergreifende (Fachdomänen-) Schemata zugegriffen werden [Köni93], um den Erhebungsprozeß möglichst kurz zu gestalten.

Das formalisierte Finanzproblem wird abschließend auf dem Blackboard eingetragen bzw. zur Lösung ausgeschrieben.

---

110 Zu einer ausführlichen Darstellung der Konzeption der Kundenanalyse vgl. [Roßb93].

111 Für den Fall deterministischer Finanzierungsprobleme wird die Bar- bzw. Endwertfunktion verwendet. Im Falle von Problemstellungen, die sich durch die Auswahl risikobehafteter Anlagealternativen auszeichnen, ermittelt die Kundenanalyse eine quadratische Risikonutzenfunktion des Kunden (vgl. [DeRo94].

3.2.5.2 Blackboard

Das Blackboard dient den Agenten als Kooperations- und Kommunikationsmedium im Rahmen der bereits dargestellten Interaktionsformen.

Das Blackboard fungiert als globaler logischer Speicher,[112] auf den die Agenten - als nebenläufige Softwareprozesse - lesend und schreibend zugreifen können. In der Folge des verteilten Problemlösens auf der Grundlage der abgeleiteten Interaktionsformen baut sich der Problem-/Lösungsbaum mit seinen alternativen Lösungsästen inkrementell auf dem Blackboard auf.

Da auf dem Blackboard jeweils der aktuelle Zustand des Lösungsbaumes abgebildet und explizit gespeichert wird, erfolgt auf diese Weise eine Protokollierung der Lösungsaktivitäten bzw. der alternativen Lösungspfade. Dies erleichtert die pfadweise Aggregation am Ende des Problemlösungsprozesses und die Synthese von Teillösungen zu Gesamtlösungen bzw. zu Allfinanzangeboten, die dem Kunden zur Befriedigung seiner Bedürfnisse offeriert werden können. Darüber hinaus ist ein jederzeitiger Zugriff auf Teillösungsknoten des Lösungsbaumes möglich, so daß auf die zugehörigen Finanzkontrakte bzw. -produkte in einfacher Weise zugegriffen werden kann. Auf dieser Grundlage läßt sich ein komplexes Allfinanzangebot dem Kunden insofern leichter vermitteln, als die „Funktion" einzelner Produkte innerhalb der Gesamtlösung unmittelbar nachvollziehbar wird. Beispielsweise kann im Rahmen einer kombinierten Immobilienfinanzierungslösung ein Kreditprodukt nur mittelbar zur Finanzierung der Immobilie (Teillösung) dienen, wie es die Mittel zur Bestreitung der Einmalzahlung aus der originären Leasingfinanzierung zur Verfügung stellt. Dies geht direkt aus dem Lösungsbaum hervor. Da gerade die hohe Erklärungsbedürftigkeit komplexer Allfinanzbündel grundsätzlich deren Absatz erschwert, stellt die skizzierte Blackboardeigenschaft eine geeignete Unterstützung des Kundenberaters dar. Darüber hinaus kann auf dieser Grundlage eine zusätzliche Erklärungskomponente konzipiert werden, die im Hinblick auf den Erklärungsprozeß weitere Informationen (steuerliche Regelungen u.ä.) bezüglich der vorgenommenen Produktwahl liefern kann.

---

[112] Zur Implementierung des Blackboards wurde das relationale Datenbanksystem IBM OS/2 Database Manager genutzt.

3.2.5.3 Agenten

Die Agenten stellen die verteilten Problemlöser des Systems dar und bearbeiten nebenläufig die ausgeschriebenen Finanzprobleme. Sie werden daher auch als Problemlösungsagenten bezeichnet. In Abhängigkeit von der Eigenschaft des „verkörperten" Wissens (fachübergreifend oder fachbezogen) unterscheiden wir Kombinations- und Fachagenten.

Letztere sind auf je einen Produktbereich spezialisierte Problemlöser. Damit wird die funktionale Verteilung von Produktwissen in den Fachagenten abgebildet. Derzeit sind je ein Agent für festverzinsliche Wertpapiere, Kredite, Kapitallebensversicherungen, Aktien, Immobilien- und Mobilienleasing[113] im Rahmen der prototypischen Systementwicklung realisiert.

Die Agenten lesen das ausgeschriebene Finanzproblem aus dem Blackboard, entscheiden über die Kompatibiliät ihrer individuellen Problemlösungsfähigkeiten mit den Problemanforderungen, lösen in Abhängigkeit davon das Problem partiell oder vollständig und schreiben schließlich ihre (Teil-) Lösungen zurück ins Blackboard. Zur Realisierung dieser Vorgehensweise sind die Agenten in einen Konditionen- und einen Aktionenteil [Velt92, 18f.] untergliedert, die jeweils autonome Teilsysteme darstellen und als eigenständige Rechnerprozesse nebenläufig Probleme prüfen bzw. lösen.

Die Konditionenteile aller Agenten sind ständig aktiv. Nach einem Problemeintrag ins Blackboard prüfen sie, inwieweit die individuellen Problemlösungsfähigkeiten des Agenten den Problemanforderungen entsprechen und die Problembearbeitung einen erfolgversprechenden Lösungsbeitrag erwarten läßt. Beispielsweise prüft der Konditionenteil des Agenten für festverzinsliche Wertpapiere, ob es sich bei einem vorliegenden Problem um den Wunsch nach einer Anlage von Zahlungsmitteln handelt. Neben diesem einfachen Kompatibilitätsvergleich können auch andere Vergleichskriterien zur Unterstützung der Bewerbungsentscheidung eines Agenten angewendet werden. Der Konditionenteil des Kapitallebensversicherungsagenten prüft z.B. darüber hinaus, ob die Bedingungen für die Steuerfreiheit der Ablaufleistung erfüllt sind. Bei Nichterfüllung sieht er von vorneherein von einer Bewerbung ab, da eine Unterlegenheit des eigenen Angebots gegenüber alternativen Anlageprodukten zu erwarten wäre [Will95, 156].

---

[113] Vgl. zum Immobilienleasingagenten [Will95, 157].

Mit Hilfe ihrer Konditionenteile entscheiden demzufolge die Agenten grundsätzlich selbständig über ihre Teilnahme am Problemlösungsprozeß bzw. über die Bearbeitung eines Problems; sie sind selbstselektierend. Es existiert kein Triggermechanismus, der einzelne Probleme bestimmten Agenten zu Bearbeitung zuweist.

Die Problembearbeitung selbst erfolgt durch den Aktionenteil, der genau dann ausgeführt wird, wenn die im Konditionenteil des Agenten spezifizierten Bewerbungsbedingungen erfüllt sind. In diesem Fall wendet der Agent sein spezialisiertes und produktspezifisches Problemlösungswissen auf die im Blackboard repräsentierte Problemstellung an und löst sie mittels geeigneter Selektion, Konfiguration und/oder Kombination von Produkten seines Bereichs. In Abhängigkeit von der Produktart kommen innerhalb der Aktionenteile individuelle Problemlösungsmethoden zur Anwendung: Während der Wertpapieragent geeignete festverzinsliche Wertpapiere selektiert bzw. der Leasingagent einen individuellen Leasingvertrag konfiguriert, kombiniert der Aktienagent unterschiedliche Aktien zu einem kundenindividuellen Portfolio. Durch die Partitionierung von produktspezifischem Problemlösungswissen in Produktagenten lassen sich demzufolge die verfügbaren Methoden *nebeneinander* dort zum Einsatz zu bringen, wo sie ihre komparativen Vorteile besitzen, und damit für ein Gesamtsystem nutzbar machen.

Exemplarisch sei der ***Agent für festverzinsliche Wertpapiere***[114] kurz vorgestellt. Seine Funktionalität umfaßt die betriebswirtschaftlich fundierte Auswahl von börsennotierten festverzinslichen Wertpapieren zur Lösung eines gegebenen Anlageproblems. Im Vordergrund stehen Anlageprobleme, die sich durch einen festen Anlagehorizont auszeichnen. Somit ist der Agent in der Lage, sowohl Anlageprobleme im Rahmen der bereits skizzierten Altersvorsorge (vgl. Abschnitt 3.2.2.3) zu lösen als auch geeignete Anlagealternativen zur „Deckung" von Krediten im Kontext kombinierter Lösungen zu generieren.

---

114 Zur Entwicklung und Implementierung des Agenten wurde das hybride Expertensystem-Werkzeug Trinzic Aion Development System 6.20 (ADS 6.20) verwendet. Solche Werkzeuge erweitern existierende Programmiersprachen um Daten- und Kontrollstrukturen, die bei der Expertensystementwicklung häufig benutzt werden [Pupp94, 77]. ADS kombiniert Regeln und Frames und bietet entsprechende Kontrollstrukturen wie Regelverkettung, Pattern-Matching und Vererbung. Darüber hinaus existieren Schnittstellen zu verschiedenen Datenbanksystemen (z.B. IBM OS/2 Database Manager).

Wesentlichen Einfluß auf die Zielerreichung des Anlegers bzw. auf die Güte der Problemlösung haben die steuerliche Behandlung von Zinserträgen sowie Zinsänderungsrisiken. Das im Agenten abgebildete Problemlösungswissen umfaßt daher zum einen die in Abschnitt 3.2.2.2 abgeleiteten Ergebnisse bezüglich der steuerlich optimierten Auswahl alternativer Sparbriefvarianten. Die dort hergeleiteten Vorteilhaftigkeitsaussagen sind auf den Fall börsengängiger festverzinslicher Wertpapiere übertragbar, da die Wertpapiertypen *Couponanleihe* bzw. *Zerobond* in ihrer Zahlungswirkung sowie in ihrer steuerlichen Behandlung den *normalverzinslichen* bzw. *auf-/abgezinsten Sparbriefen* im wesentlichen entsprechen.[115] Zum anderen verfügt der Agent über Methoden zum Management von Zinsänderungsrisiken auf Basis des Durationskonzepts.[116]

Zu Problemlösungsbeginn werden die Problembeschreibung sowie die Kundenziele und Kalkulationsgrundlagen aus dem Blackboard gelesen. Die aktuelle Zinsstruktur sowie Stamm- und aktuelle Kursdaten der zur Auswahl stehenden Wertpapiere werden einer Zins- bzw. Wertpapierdatenbank entnommen. Auf der Grundlage dieser Informationen können in Abhängigkeit vom Zielsystem des Kunden sowie der fallspezifischen Problemstellung zwei alternative Strategien im Hinblick auf das Zinsänderungsrisiko verfolgt werden.

Im Falle extremer Risikoaversion des Kunden oder zur Sicherstellung eines gewünschten Endvermögens am Planungshorizont - beispielsweise zur Bedienung eines zins- und tilgungsfreien Kredits - erarbeitet der Agent ein gegenüber Zinsänderungsrisiken nahezu „immunisiertes“ Portfolio.[117] Die Auswahl der entsprechenden Wertpapiere erfolgt unter Berücksichtigung

---

115 Das hergeleitete Problemlösungswissen kann demzufolge von der Bank auch dann genutzt werden, wenn ihre Finanzdienstleistung lediglich in der Vermittlung von langfristigen Anlagemöglichkeiten in Form von „fremdemittierten“ Wertpapieren bzw. in der damit verbundenen Anlageberatung besteht.

116 Sehr vereinfacht formuliert, stellt die Duration eines festverzinslichen Wertpapiers jenen Zeitpunkt dar, zu dem der Wert des entsprechenden Zahlungsstromes (bestehend aus einer Zins- und einer Kurskomponente) unabhängig vom Eintritt einer Zinsänderung ist. Die Übereinstimmung der Duration eines Wertpapiers mit dem Planunghorizont des Anlegers bewirkt die Elimination des Zinsänderungsrisikos. Zum Durationskonzept und seinen Anwendungen im Rahmen alternativer Anlagestrategien siehe z.B. [Bier87], [UhSt94, 71ff.], [Kemp90], [Holz90] oder [Haus92].

117 Die zugrundeliegende, heuristische Vorgehensweise wird in [Gräf94] ausführlicher beschrieben..

von Transaktionskosten, Ganzzahligkeitsbedingungen, steuerlichen Aspekten[118] sowie des sog. „Immunisierungsrisikos"[119] [FoVa84].

Liegt eine extreme Risikoaversion des Anlegers nicht vor oder ist die Sicherstellung eines Mindestendvermögens am Planungshorizont nicht erforderlich, so verfolgt der Agent eine aktive Anlagestrategie unter Berücksichtigung der individuellen Risikoeinstellung des Anlegers (die im Rahmen der Kundenanalyse erhoben wurde) und einer Zinsprognose in Form einer Wahrscheinlichkeitsverteilung der zukünftigen Zinsstruktur. Auch hier findet das Durationskonzept Verwendung, da sich bei gegebener Wahrscheinlichkeitsverteilung zukünftiger Zinssätze zu jeder Duration die entsprechende Rendite- / Risikokombination des zugrundeliegenden Wertpapiers angeben läßt [Bier87]. Auf dieser Grundlage wird schließlich ein bezüglich der Risikonutzenfunktion des Kunden vorteilhaftes Portfolio von festverzinslichen Wertpapieren zusammengestellt. Die Abbildung des Portfolios durch eine (μ,σ)-Kombination erlaubt darüber hinaus die produktübergreifende Zusammenstellung von Anlageportfolios im Rahmen des verteilten Problemlösens.

Neben den Fachagenten sind in dem System ALLFIWIB derzeit zwei Kombinationsagenten (jeweils für Finanzierungs- und Anlageprobleme) realisiert. Vom grundsätzlichen Aufbau her unterscheiden sie sich im wesentlichen nicht von der Struktur der Fachagenten. Auch sie verfügen jeweils über einen Konditionen- und einen Aktionenteil. Der wesentliche Unterschied besteht in der Rolle, die sie in dem Gesamtsystem einnehmen. In den Kombinationsagenten wird im Gegensatz zu den Fachagenten globales fachübergreifendes Kombinationswissen repräsentiert. Im Rahmen eines Erkennungsprozesses (recognition) ordnen sie auf Basis von Heuristiken vordefinierte Situationen oder Konstellationen im Lösungsraum bestimmten Lösungspfaden zu [Mack92] und ermöglichen so die schnelle und effiziente Auswertung von a-priori-Kombinationswissen.

---

118 Die steuerlichen Aspekte umfassen neben den hergeleiteten Vorteilhaftigkeitsregeln auch die Berücksichtigung von Steuerzahlungen in der Durationsberechnung (vgl. hierzu [HeHu81].

119 Das Immunisierungsrisiko resultiert aus der Unsicherheit hinsichtlich *der Art* des möglichen Zinsänderungsprozesses (additive, multiplikative oder gemischt-additive Verschiebung der Zinsstrukturkuve).

3.2.5.4 Steuerungskomponente

Durch die Implementierung der Kooperationsregeln auf die geschilderte Weise bedarf es keiner (weiteren globalen) Instanz zur Koordination der Agenteninteraktionen auf Problemlösungsebene. Da allerdings kein Agent Wissen über die Anzahl und die Aktivitäten anderer Agenten besitzt, verbleiben letztlich drei globale Steuerungsaufgaben, die durch eine zentrale Steuerungskomponente[120] wahrgenommen werden (vgl. Abb. 3-18):

- Information der Konditionenteile über einen erfolgten Problemeintrag im Blackboard,
- Festlegung der Reihenfolge der auszuführenden Aktionenteile zur Problembearbeitung,
- Ausführung der Aktionenteile.

Entsprechend dieser Aufgabengliederung besteht die Steuerungskomponente aus einem

- Event-Manager,
- Agenda-Manager,
- Load-Manager.

Nachdem die Kundenanalyse ein Ausgangsproblem bzw. die Aktionenteile der Agenten Restprobleme auf dem Blackboard ausgeschrieben haben, informieren sie den *Event-Manager* über den Blackboardeintrag unter Angabe einer Problemidentifikation. Daraufhin übermittelt der Event-Manager diese Nachricht an alle Konditionenteile, die nun in der Lage sind, das entsprechende Problem zu prüfen und bezüglich ihrer eigenen Problemlösungsfähigkeit zu beurteilen. Die Rolle des Event-Managers als aktive Komponente ist erforderlich, da es sich bei dem Blackboard zunächst um ein passives Speichermedium handelt. Die direkte Benachrichtigung der Konditionenteile bezüglich einer aktuellen Ausschreibung entlastet die Agenten von einer laufenden Überwachung der Blackboardereignisse („-events"). Damit übernimmt der Event-Manager im Gesamtsystem eine zentrale Dienstleistungsfunktion.

---

[120] Eine ausführliche Darstellung der Konzeption der Steuerungskomponente erfolgt in [Roem94, 21f.].

Fällt die Beurteilung der Übereinstimmung von Problemanforderungen und -lösungsfähigkeit durch den Konditionenteil positiv aus, so sendet er eine Bewerbung für die Problembearbeitung an den *Agenda-Manager*. Der Agenda-Manager sammelt die eingegangenen Bewerbungen in einer Liste (Agenda) und steuert die Bearbeitungsreihenfolge, indem er Bewerbungen nach bestimmten Kriterien priorisiert. Ein Kriterium besteht beispielsweise in der aktuellen Tiefe des Problem-/Lösungsastes, dem ein aktuell zu bearbeitendes Rest- oder Teilproblem entstammt. Aufgrund der heuristischen Vorgehensweise im Rahmen der impliziten Kollaboration ist nämlich keineswegs gesichert, daß ein derartiger Lösungspfad immer zu einer zulässigen Lösung führt. Besonders tiefe Äste deuten auf einen solchen Lösungspfad hin und sind auch aus finanzwirtschaftlicher Sicht infolge von Transaktionskosten in der Regel nicht sinnvoll. Die Bearbeitung von Rest- oder Teilproblemen, die solchen Lösungspfaden entstammen, kann dementsprechend niedrig priorisiert oder ganz unterbunden werden. Weiterhin erlaubt die Priorisierungsmöglichkeit von Bewerbungen, den Kombinationsagenten bei der Problembearbeitung Vorrang einzuräumen und dadurch die etwaige Bestimmung von globalen Optimallösungen, Standardlösungen oder Referenzlösungen sicherzustellen.

Der *Load-Manager* schließlich liest ständig die aktualisierte Agenda, entnimmt die Bewerbung mit höchster Priorität, startet den Aktionenteil des entsprechenden Agenten und übermittelt die notwendigen Informationen zur Identifikation des zu bearbeitenden Problems. Zur gleichmäßigen Ressourcenauslastung im lokalen Rechnernetz (LAN) und zur Steigerung der Laufzeiteffizienz berücksichtigt der Load-Manager dabei die aktuelle Lastverteilung im Netz und startet Aktionenteile jeweils auf den am geringsten ausgelasteten Rechnern. Wenn alle Bewerbungen im Rahmen einer Konsultation abgearbeitet sind, terminiert der Agenda-Manager die Konsultation und ruft die Ergebnisdarstellung auf.

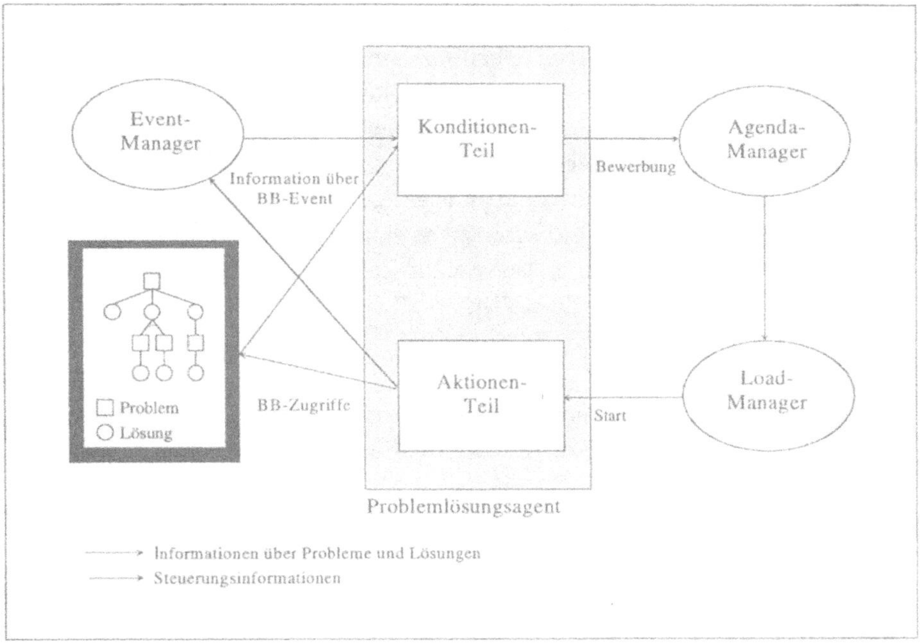

Abb. 3-18: Koordination und Steuerung des verteilten Problemlösens[121]

Die explizite Trennung von Problemlösungswissen (in den Agenten abgebildet) und Steuerungswissen (in der Steuerungskomponente repräsentiert) ermöglicht die flexible Einbindung weiterer Agenten in den Problemlösungsverbund.

3.2.5.5 Ergebnisdarstellung

Nach Abschluß der Problemlösungsaktivitäten der Agenten wird die Ergebnisdarstellung aufgerufen. Die im Verlauf der Konsultation erzeugten alternativen Lösungen des Ausgangsproblems sind als Menge zusammengehöriger Teillösungen im Problem-/Lösungsbaum auf dem Blackboard repräsentiert. Jede Teillösung entspricht einem Finanzprodukt. Im Rahmen der Ergebnisdarstellung wird der Baum von der Wurzel zu den Blättern durchlaufen. Dabei werden die zusammengehörigen Teillösungen zu einer Lösung des Ausgangsproblems aggregiert. Im Rahmen der Aggregation wird eine Addition der Nach-Steuer-Zahlungsströme vorgenommen, die aus Kunden-

121 Nach [Roem94, 21].

sicht aus dem Finanzprodukt resultieren. Darüber hinaus erfolgt bei Wertadditivität der Zahlungsströme ebenfalls eine Addition der einzelnen Nach-Steuer-Barwerte der Finanzprodukte (Teillösungen). Auf dieser Grundlage läßt sich eine Rangfolge von Allfinanzangeboten - als konkurrierende Lösungen des Ausgangsproblems - erstellen, die dann dem Kunden als Übersicht präsentiert wird. Sie dient als Ausgangspunkt für weitere Analysen der zu einem Allfinanzangebot kombinierten Finanzprodukte. So lassen sich bei Bedarf sowohl die einzelnen Vor-Steuer-Zahlungsreihen als auch die konkreten Vertragsvorschläge darstellen.

3.2.6 Ausblick: Von einem verteilten Problemlösungssystem zu einem „Elektronischen Markt" für Problemlösungen

Mit dem verteilten Problemlösungssystem ALLFIWIB wurde ein Beratungsunterstützungssystem realisiert, das dem eingangs modellierten verteilten Problemlösungsprozeß zur Erstellung wettbewerbsfähiger Allfinanzangebote Rechnung trägt. Es versetzt den einzelnen Kundenberater in die Lage, betriebswirtschaftlich fundierte Problemlösungen zum Beratungszeitpunkt an der dezentralen Kundenschnittstelle anzubieten. Auf diese Weise ist eine wesentliche Voraussetzung für die Implementierung des aus Banksicht vorteilhaften Allfinanzvertriebs geschaffen. Durch die Unterstützung des Systems wird darüber hinaus dem Berater umfangreiches Produkt- und Problemlösungswissen verfüg- und nutzbar gemacht, so daß die ganzheitliche Betreuung eines Kunden durch einen Berater ermöglicht wird und ihm die Verantwortung für eine Kundenbeziehung ungeteilt zugeordnet werden kann. Neben der systematischen Erstellung wettbewerbsfähiger Problemlösungen erwächst demzufolge aus dem Einsatz des Systems ALLFIWIB ein erhebliches organisatorisches Gestaltungspotential hinsichtlich der Bildung kleiner, eigenverantwortlich agierender Organisationseinheiten. Ein weiterer Aspekt der Leistungserstellung - die marktliche Koordination der beteiligten Organisationseinheiten - wird in dem gegenwärtigen Realisierungsstand allerdings noch nicht abgebildet. Vor allen Dingen die interorganisatorische Koordinationserfordernis ist in der Systementwicklung nicht berücksichtigt. Wir werden daher im folgenden in Form eines Ausblicks auf die Integration eines marktlichen Koordinationskonzepts in das Problemlösungssystem ALLFIWIB eingehen.

Diesem Entwicklungsschritt soll das in Abschnitt 3.2.3.2 entwickelte und in Abschnitt 3.2.4.3 systemnah modellierte marktliche „Brokerkonzept“ zugrundegelegt werden. Hierin nimmt der Kundenberater die Rolle eines „Brokers“ ein, der intern einzelne Problemlösungsbeiträge nachfragt, um sie - problemspezifisch gebündelt - externen Kunden anzubieten. Die Integration der Koordinationsfunktionalität in ALLFIWIB kann als dessen Erweiterung zu einem Elektronischen Markt für finanzielle Problemlösungen konkretisiert werden.

Die Erweiterung von ALLFIWIB zu einem Elektronischen Markt wird durch dessen modularen Aufbau unterstützt. Die einzelnen Komponenten wurden bereits im vorangegangenen Abschnitt vorgestellt. Deren geeignete Modifikation ist Gegenstand der nachfolgenden Betrachtung.

Die Formulierung der internen Problemlösungsnachfrage durch den Kundenberater läßt sich mit Hilfe der bisherigen *Kundenanalyse* unterstützen. Die Problemlösungsnachfrage richtet sich dabei auf ein bestimmtes, vom Kunden gewünschtes Zahlungsmuster und wird auf dem *Blackboard* - als zentralem Marktplatz[122] für Problemlösungsbeiträge - ausgeschrieben. Die Zahlungsstromdarstellung dient als Marktsprache, in der Problemlösungsnachfragen und -angebote formuliert und einheitlich repräsentiert werden können.

Angebots- und Nachfragebeziehungen werden auf Basis der bereits skizzierten Interaktionsformen mit Hilfe des Blackboards realisiert. Ist ein Problemlösungsangebot nicht vollständig, so wird das verbleibende Restproblem erneut als Problemlösungsnachfrage formuliert und am „Markt“ ausgeschrieben. Auf diese Nachfrage hin können wiederum von anderen Anbietern Angebote abgegeben werden. Im Rahmen des Problemlösungsprozesses können also Anbieter- und Nachfragerrolle wechseln. Der Anbieter einer Teillösung wird zugleich Nachfrager nach der Lösung des verbleibenden Restproblems. Auf diese Weise bilden sich dynamisch und inkrementell Anbieterkoalitionen, die letztlich kooperativ kombinierte Problemlösungen erarbeiten und anbieten. Die skizzierten Angebots- und Nachfrageprozesse werden allesamt über das Blackboard als zentralen Marktplatz abgewickelt und über den Problem-/Lösungsbaum miteinander verknüpft. Die problemspezifische Bündelung einzelner Problemlösungsbeiträge zu einem

---

[122] Als Ort, an dem sich Nachfrage und Angebot treffen [Schu92b, 23].

kundenindividuellen Allfinanzangebot erfolgt demnach nicht explizit durch eine zentrale Instanz, sondern implizit über die Interaktionen der nachfragenden bzw. anbietenden Agenten.

Nachfrager und Anbieter von Problemlösungsbeiträgen sind die *Agenten.* Über ihre Rolle als spezialisierte Problemlöser hinaus, fungieren sie nun zusätzlich als Repräsentanten ihrer Organisationseinheiten und „vertreten" die Interessen des Kundenberaters bzw. der einzelnen Produktanbieter. Demzufolge sind die Autonomie- und Zielverfolgsungseigenschaften der Agenten im Hinblick auf ihre zusätzliche Rolle als Interessenvertreter geeignet zu modifizieren. Im Unterschied zu den ALLFIWIB-Agenten gilt es nun zusätzlich, autonom und in Abhängigkeit der Anbieterinteressen zu entscheiden, *wie* und *wann* das Problemlösungswissen zum Einsatz gebracht bzw. ein Problemlösungsbeitrag angeboten wird. Diese Modifikation wird durch die Untergliederung der ALLFIWIB-Agenten in Konditionen- und Aktionenteil (vgl. Abschnitt 3.2.5.3) erleichtert: Als eigenständige und fortwährend aktive Rechnerprozesse dienten die Konditionenteile in ALLFIWIB dem Abgleich der individuellen Problemlösungsfähigkeiten mit dem ausgeschriebenen Problem und - bei Übereinstimmung - der Abgabe einer Bewerbung. Im Rahmen eines Elektronischen Marktes wird die Bewerbungsentscheidung unter Berücksichtigung weiterer, interessenabhängiger Kriterien erfolgen. Erachtet beispielsweise ein Anbieter die Erstellung einer Problemlösung unterhalb eines bestimmten Mindestanlage- bzw. -finanzierungsbetrages als unvorteilhaft oder bewertet er die Sicherheiten des Kunden im Falle einer nachgefragten Finanzierung als zu gering, so wird er - ungeachtet seiner Problemlösungsfähigkeit - nicht bereit sein, ein Problemlösungsangebot abzugeben. Die Abbildung dieser Anbieterinteressen kann in den Konditionenteilen erfolgen und ermöglicht so deren Berücksichtigung bei der Bewerbungsentscheidung.

Die Angebotserstellung selbst erfolgt durch den Aktionenteil, der genau dann ausgeführt wird, wenn die im Konditionenteil des Agenten spezifizierten Bewerbungsbedingungen erfüllt sind. Demnach sind im Aktionenteil des Agenten die Bewertungsfunktion des von ihm vertretenen Anbieters sowie dessen spezifische Kalkulationsgrundlagen abzubilden. Darüber hinaus können zeitlich variante Angebotsstrategien implementiert werden, die dann von Bedeutung sind, wenn beispielsweise der Absatz eines neueingeführten Produkts gefördert werden soll. Auf dieser Grundlage und unter Berücksichtigung der Kundeninteressen[123] erarbeitet der Agent je nach Zielsetzung des Produktanbieters „konkurrenzfähige“ Problemlösungsangebote, die geeignet sind, am Markt für Problemlösungen vom Kundenberater(-agenten) ausgewählt zu werden. Im Gegensatz zu ALLFIWIB muß die Konkurrenz von Agenten hier nicht auf das Angebot substitutiver Produkte beschränkt bleiben, sondern sie kann auch zwischen unterschiedlichen Anbietern gleicher Produkte auftreten.

Die offene Architektur von ALLFIWIB ermöglicht es schließlich, den darauf aufsetzenden Markt für Problemlösungen um beliebig viele Marktteilnehmer bzw. Produktanbieter zu erweitern. Da Angebots- und Nachfrageprozesse „anonym“ über das Blackboard abgewickelt werden, brauchen die einzelnen Agenten nicht von neuen Marktteilnehmern in Kenntnis gesetzt zu werden. Die Aufnahme neue Anbieter bedarf weder einer Modifikation der bereits bestehenden Agenten noch einer Änderung von Fluß oder Inhalt der Steuerungsinformationen; es ist lediglich das Skript der *Steuerungskomponente* anzupassen.

Abschließend kann die Funktionalität des ALLFIWIB-Moduls der *Ergebnisdarstellung* genutzt werden, um die Auswahlentscheidung des Kundenberater(-agenten) zu unterstützen. Die angebotenen und über den Problem-/Lösungsbaum verknüpften (Teil-)Problemlösungsbeiträge werden jeweils aggregiert und mit Hilfe der Bewertungsfunktion des Kundenberaters in eine Rangfolge von Allfinanzangeboten gebracht, so daß abschließend eine Auswahl der entsprechenden Produktanbieter bzw. -koalitionen auf einfache Weise erfolgen kann.

Die kurzen Ausführungen illustrieren, daß das blackboardbasierte Agentensystem ALLFIWIB infolge seiner modularen Struktur und der Abbildbarkeit vielfältiger Kooperations- und Koordinationsformen geeignet ist, in einen Elektronischen Markt für Problemlösungen überführt zu werden. Wenngleich im Zuge der Implementierung eines solchen Marktes in der Bankunternehmung noch eine Vielzahl weiterer Fragestellungen zu klären ist, wird dennoch deutlich, daß die gezielte Nutzung verteilter Informatikkonzepte

---

[123] Die Bestimmung vorteilhafter Produktgestaltungen sowohl aus Sicht des Anbieters als auch aus Sicht des Kunden kann durch die explizite Ermittlung von Einigungsintervallen unterstützt werden, wie sie in Abschnitt 3.2.2.2 am Beispiel alternativer Sparbriefvarianten erfolgt ist.

den Einsatz dezentraler wie marktlicher Formen der Leistungserstellung in Banken ermöglichen und fördern kann.

3.3 Alternative Vertriebswege im Rahmen der marktorientierten Allfinanzangebotserstellung: Direct Banking

Der Nutzen einer Finanzdienstleistung aus Sicht des Kunden wird nicht nur durch die Qualität und Güte der Lösung seines Finanzproblems bestimmt, sondern auch durch die Art und Weise ihrer Inanspruchnahme.[124] Hierzu zählen vor allem Kriterien wie Bedienungsschnelligkeit, Verfügbarkeit und Bequemlichkeit, die vornehmlich durch den Charakter des Vertriebsweges determiniert werden. Eine marktorientierte Allfinanzangebotserstellung umfaßt demnach nicht nur das Angebot kundenindividueller Problemlösungen, sondern auch individuelle Wege zum Kunden (vgl. Abb. 3-19).

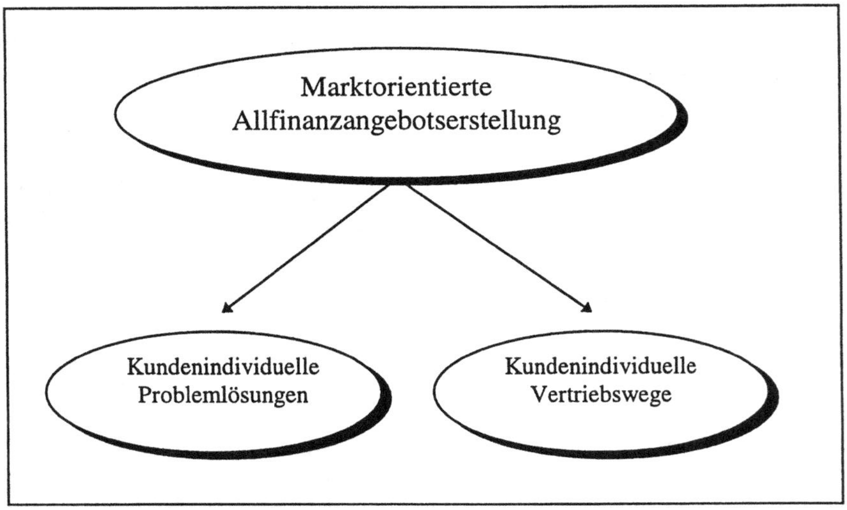

Abb. 3-19: Komponenten einer marktorientierten Angebotserstellung

Während in den vorangegangenen Abschnitten die Gestaltung des Allfinanzangebotsprozesses hinsichtlich der Erstellung vorteilhafter Problemlösungen und die hierzu erforderliche Koordination der beteiligten Organisati-

124 Nach [BaZe85] wird die Qualität einer Dienstleistung durch zwei Dimensionen bestimmt: Zum einen, was der Kunde erhält und zum anderen, wie er es erhält.

onseinheiten im Vordergrund standen, sollen im folgenden alternative Vertriebswege zur räumlichen / zeitlichen Synchronisation der Leistungserstellung zwischen Anbieter und Kunde betrachtet werden.

Da individuelle Finanzdienstleistungen erst zum Vertriebszeitpunkt durch Interaktion mit dem Kunden entstehen, besteht die Aufgabe des Vertriebs nicht nur in der Intermediationsleistung zwischen der Problemlösungsnachfrage des Kunden und dem Produktangebot der Bank, sondern auch in der notwendigen Herstellung des synchronen Kontakts zwischen Anbieter und Nachfrager. Die Notwendigkeit des synchronen Kontakts resultiert aus der informationsbedingten Integration des externen Faktors „Kunde" in den Leistungserstellungsprozeß, wie sie in Abschnitt 3.1.2.2 bereits dargestellt wurde. Im Mittelpunkt der Integration steht die Überwindung zeitlicher und räumlicher Distanzen zwischen Bank und Kunde.

Bislang dominierte das Filialsystem als Vertriebsweg zur Integration des Kunden. Infolge verbesserter Telekommunikationsinfrastrukturen bieten sich aber zunehmend moderne Übertragungsmedien (Telefon, T-Online, Internet/WWW[125]) zur Überwindung zeitlicher und räumlicher Distanzen an [Krup96]. Solche Formen des Direktvertriebs von Finanzdienstleistungen ermöglichen nicht nur der Bank

- Kostenersparnisse durch die Rationalisierung des Filialsystems sowie
- die Umsetzung einer Internationalisierungsstrategie [SaWi97b],

sondern bieten auch den Kunden Vorteile wie

- Preisersparnisse,
- Zeitflexibilisierung durch höhere Unabhängigkeit von Öffnungszeiten und räumlichen Entfernungen [Lehm93, 220],
- Zeiteinsparungen sowie
- höhere Bequemlichkeit, da der „Beschaffungsvorgang" von zu Hause aus durchführbar ist.

Die Inanspruchnahme von Finanzdienstleistlungen über Direct Banking kann also für den Kunden über die Erfüllung seiner originären Problemlösungsnachfrage hinaus Zusatznutzen generieren. In Abhängigkeit von der

---

125 Vgl. zur Nutzung des WWW als Vertriebsweg für Finanzdienstleistungen [RoBu96].

Erklärungsbedürftigkeit nachgefragter Problemlösungen kann dieser Zusatznutzen allerdings variieren, so daß der persönliche Kontakt (face-to-face) im Rahmen des Filialvertriebs im Falle sehr komplexer Finanzprobleme[126] aus Kundensicht weiterhin den Vorzug erhalten kann.

Da mit unterschiedlichen Vertriebswegen (Formen der Herstellung des Kundenkontakts) alternative Nutzenaspekte beim Kunden verbunden sind, läßt sich festhalten, „daß Banken vom nahezu ausschließlichen Filialvertrieb zu einer gewissen Vielfalt ihrer Vertriebswege kommen müssen" [Wick95, 46], um den heterogenen Bedürfnisstrukturen ihrer Kunden Rechnung zu tragen. Neben ein individuelles Problemlösungsangebot tritt dann ergänzend ein individuelles Vertriebswegeangebot.

„Organisatorisch heißt das vor allem, daß das *Koordinationssystem* der Bank verschiedene und sicherlich auch in Teilbereichen konkurrierende Vertriebsorganisationen handhaben muß" [Wick95, 46]. Die Erfüllung dieser Anforderung wird dabei im wesentlichen durch die beschriebene Dezentralisierung des Allfinanzangebotsprozesses und die korrespondierende Modularisierung der Bankorganisation unterstützt. Die Bildung (teil-)autonomer Bankeinheiten sowie deren (marktähnliche) Interaktionen über definierte Schnittstellen begründen ein skalierbares Organisationssystem, das nicht nur die flexible Hinzunahme neuer Geschäftsfelder (Produkte, Regionen) ermöglicht, sondern auch die Konkurrenz alternativer Vertriebswege erlaubt. Gerade der Direktvertrieb von Finanzdienstleistungen erlaubt es der Bank, ihre Geschäftstätigkeit zu vertretbaren Kosten auf interessante Auslandsmärkte und Regionen auszudehnen.

Wir wollen im folgenden Direct Banking als alternativen Vertriebsweg näher analysieren und dabei dessen Entwicklungsstufen vom Discount-Banking zur Vollbank aufzeigen. Der Entwicklungstrend verdeutlicht, daß der Direktvertrieb von Finanzdienstleistungen zunehmend ein vollbankähnliches Produktangebot umfaßt [Raab96, 281] und dementsprechend auch vermehrt erklärungsbedürftige Finanzprodukte beinhaltet. Damit rücken auch im Direct Banking entsprechende Beratungs- bzw. Problemlösungsleistungen in den Vordergrund. Der damit einhergehende erweiterte Entscheidungsspielraum der Telefonberater führt allerdings zu Anreizproblemen, wie sie bereits in Abschnitt 2.2.1.1 diskutiert wurden. Die Charakteristika des

---

126 Beispielsweise die Finanzierung einer sowohl privat als auch gewerblich genutzten Immobilie.

Direct Banking - vor allem die Anforderung der permanenten Verfügbarkeit bankseitiger Ansprechpartner - begründen vertikale und horizontale externe Effekte, die wir nachfolgend kurz skizzieren. Abschließend untersuchen wir im Rahmen einer Modellanalyse alternative Anreizschemata zur Internalisierung der externen Effekte. Wir erhalten Gestaltungsaussagen über Entlohnungsschemata, die geeignet sind, den Interessenkonflikt zwischen Bank und Telefonberater aufzulösen und dadurch den Nettoerfolg der Bank zu maximieren.

3.3.1 Direct Banking: Vom Discounter zur Vollbank

Die Etablierung des alternativen Vertriebsweges Direct Banking zeichnet sich durch mehrere Entwicklungsstufen aus, die zugleich unterschiedliche Strategien der Anbieter abbilden. Als Ausgangspunkt der Einführung von Direktbanken steht die Einsparung eines kostspieligen Filialsystems, die zu Kostensenkungen im Bereich des Leistungserstellungsprozesses führen und über die Weitergabe als „Discountpreise“ für eine höhere Attraktivität der Bank bei preisbewußten Kunden sorgen soll. Dies gilt vor allen Dingen für standardisierte Bankdienstleistungen. Demzufolge läßt sich die „erste Generation“ von Direktbanken als Direktvertrieb von einfachen Geldanlagen und Ratenkrediten mit begrenztem Service charakterisieren.

Auf der zweiten Entwicklungsstufe stehen die sogenannten „Discount Broker“,[127] deren Produktangebot vor allem Aktien, Renten, Optionsscheine und Fonds umfaßt. Im „Discount Brokerage“ wird weitgehend auf zeit- und kostenintensive Beratung verzichtet, so daß den Kunden im Wertpapiergeschäft günstige Konditionen geboten werden können. Auf das Angebot einer Problemlösungsleistung wird indessen verzichtet. „Vielmehr sind die Geschäftsbemühungen auf den informierten Anleger ausgerichtet, der keine Beratung seitens der Bank, sondern lediglich eine kostengünstige und professionelle Abwicklung seiner Wertpapiertransaktionen wünscht“ [Pisc96, 14]. Der alternative Vertriebsweg des „Discount Brokerage“ zeichnet sich demnach durch ein engdefiniertes Zielgruppenkonzept aus und stellt daher lediglich in einem kleinen Teilsegment eine konkurrierende Alternative zum Filialvertrieb dar. Die große Zahl der Kunden, die im Rahmen ihrer Anlageentscheidungen nicht nur Produkte, sondern auch Problemlösungs- bzw.

---

[127] Hierzu zählen beispielsweise Comdirect oder die Direkt Anlage Bank (DAB).

Beratungsleistungen nachfragen, bleiben in diesem Konzept unberücksichtigt.

Vor diesem Hintergrund entstehen derzeit die ersten Direktbanken mit einem vollbankähnlichen Produktangebot. Darunter befinden sich vermehrt erklärungsbedürftige Finanzprodukte, so daß auch im Direct Banking korrespondierende Beratungs- bzw. Problemlösungsleistungen zunehmend in den Vordergrund rücken. Steigenden Kundenansprüchen an „Problemlösungskompetenz, Produktqualität und attraktive Preis-/Leistungsverhältnisse, aber vor allem auch an den Service" [Raab96, 281] soll gerade durch die jederzeitige (räumliche und zeitliche) Verfügbarkeit kompetenter Ansprechpartner (z.B. via Telefon) adäquat begegnet werden. Dies gilt im besonderen für erklärungsbedürftige Bankdienstleistungen wie die individuelle Vermögensberatung.[128] Der wesentliche Unterschied zum Filialvertrieb besteht dann in dem Verzicht auf den persönlichen Kontakt zum Vermögensberater. Das vollbankähnliche Direktbankkonzept verbindet ein breites Angebot an Produkten und korrespondierenden Problemlösungsleistungen mit den Faktoren Bequemlichkeit sowie Erreichbarkeit und stellt daher die weitestgehende Umsetzung des alternativen Vertriebs durch Direct Banking dar.

3.3.2 Vertikale und horizontale externe Effekte im beratungsorientierten Direct Banking

Ungeachtet der Besonderheiten des Vertriebsweges Direct Banking wird auch bei dieser Form der Herstellung des Kundenkontakts die Integration des Kunden in den Leistungserstellungsprozeß von der Bank an das Vertriebspersonal - in diesem Fall an die Telefonberater - delegiert. Die erfolgreiche Umsetzung einer Direct Banking-Strategie erfordert daher ebenfalls - wie im Filialsystem - den Einsatz geeigneter Instrumente, um die Vertriebsaktivitäten im Sinne der Bankziele zu steuern und vertikale externe Effekte zu internalisieren. Art und Umfang der Vertriebsaktivitäten und mithin die Entscheidungspielräume der Telefonberater variieren allerdings stark mit dem verfolgten Direktvertriebskonzept.

---

128 Mit der jüngsten Neugründung im Bereich der Direktbanken, der Advance Bank AG, wird primär diese Zielsetzung verfolgt. Im Mittelpunkt stehen neue Produktentwicklungen, Serviceangebote und eine individuelle Vermögensberatung („an sieben Tagen in der Woche - 15 Stunden am Tag").

Beschränkt sich der Direktvertrieb auf das Angebot weniger, standardisierter und beratungsloser Finanzprodukte, so besteht die wesentliche Aufgabe des Vertriebspersonals in der effizienten Annahme von Kundenaufträgen und -orders. Der Handlungsspielraum der Telefonberater ist mithin eng begrenzt; die Informationsasymmetrie zwischen Bank und Telefonberater ist gering und weitgehend vernachlässigbar, da die Berater über keine nennenswerten „privaten" Vor-Ort-Informationen verfügen. Im Mittelpunkt steht vielmehr aus Sicht der Bank die Etablierung und Aufrechterhaltung eines gewünschten Servicestandards z.B. hinsichtlich Telefongesprächsführung, Bedienungsschnelligkeit oder Freundlichkeit. Zur Sicherstellung des gewünschten Mindeststandards werden von der Bank bestimmte Verhaltensweisen vorgegeben und kontrolliert (*Monitoring*, vgl. Kapitel 2). Die hierzu erforderliche Beobachtbarkeit des Verhaltens der Telefonberater ist im Rahmen des Telefonbanking im wesentlichen gegeben, da alle Vertriebsaktivitäten zentral in einem sogenannten „Call Center" durchgeführt werden. Mehrere Telefonberater sind jeweils zu sog. „Service Teams" zusammengefaßt, die jeweils von einem „Service Team Manager" geleitet werden. Er „beobachtet" die Berater während ihrer Kundengespräche und kontrolliert die Einhaltung des vorgegebenen Servicestandards.[129]

Mit der Erweiterung des Angebots um erklärungsbedürftige Produkte im Zuge des aktuellen Trends zur vollbankähnlichen Direktbank [oV96, 12] tritt die Problemlösungs- und Beratungsleistung als Vertriebstätigkeit in den Vordergrund. Die Integration des Kunden in den Leistungserstellungsprozeß beschränkt sich dann nicht mehr auf eine serviceorientierte Auftragsannahme, sondern umfaßt vielmehr die adäquate Erfassung der Kundenbedürfnisse und die anschließende Erarbeitung individueller Problemlösungen. Damit wird die Kundenzufriedenheit über den Servicegrad hinaus vor allem durch die Beratungsqualität determiniert, die wiederum von den Anstrengungen des einzelnen Telefonberaters abhängt. Hierdurch verfügt der Telefonberater über „private" Kundeninformationen, deren dezentrale

---

129 Dieser monitoring-orientierte Steuerungsansatz kann auch Anreizelemente enthalten: Das Entlohnungsschema der Telefonberater der Advance Bank AG sieht beispielsweise neben einem Fixgehalt auch einen Leistungsbonus vor. Bemessungsgrundlage für den Leistungsbonus ist der Erreichungsgrad, der im Rahmen einer Zielvereinbarung definierten Zielgrößen. Diese werden zwischen dem Service Team Manager und dem Berater vereinbart. Beispiele hierfür sind die Reduzierung der durchschnittlichen Nachbearbeitungszeit und Verbesserung der Telefongesprächsführung. Die Messung des Erreichungsgrades erfolgt durch den Service Team Manager. Er „kontrolliert" die Berater während der Kundengespräche.

Nutzung für die beratungsorientierte Direktbank erfolgsentscheidend ist. Daher ist es angezeigt, die Telefonberater im Rahmen ihrer Aufgaben mit weitergehenden Entscheidungskompetenzen auszustatten als im Falle der beratungslosen Auftragsannahme im Discount Banking.

Die Aufgaben des Telefonberaters im beratungsorientierten Direct Banking umfassen ein breites Spektrum. Hierzu gehören u.a. die

- Akquisition von Neukunden durch sog. „outbound calls",
- Kundenberatung und Produktverkauf im Rahmen von „inbound calls",
- Pflege von Kundenbeziehungen durch aktive Hinweise, etc.
- „Presales" Planung, d.h. Vorbereitung von „outbound calls" sowie
- Nachbearbeitung von Kundengesprächen z.B. durch die Pflege einer „Kundenkontakthistorie" (die bei Bedarf jedem Berater per Bildschirm zur Verfügung steht).

Dieses Spektrum verdeutlicht, daß die Anstrengungen der Telefonberater sowie deren Entscheidungen (Auswahl der anzurufenden Kunden nach Ertragspotential, Aufteilung der eigenen Arbeitszeit auf die skizzierten Aufgabengebiete) wesentlichen Einfluß auf die Profitabilität der Bank haben. Dies gilt sowohl für unmittelbare Geschäftsabschlüsse als auch für zukünftige Abschlüsse infolge erhöhter Kundenzufriedenheit. Die Bank steht dementsprechend vor dem Problem, Arbeitszeit- und Entlohnungssystem so zu gestalten, daß durch die resultierende Verteilung der Anstrengungen der Telefonberater auf die verschiedenen Aktivitäten die Gesamtbankziele bestmöglich erreicht werden.

Aufgrund der Unbeobachtbarkeit maßgeblicher Tätigkeiten und Entscheidungen der Telefonberater erscheint die zentrale Vorgabe bestimmter Aktivitäten und Anstrengungsniveaus sowie deren Kontrolle (*monitoring*) wenig geeignet, eine effiziente Verhaltens- und Entscheidungssteuerung im beratungsorientierten Direct Banking herbeizuführen. Es sind vielmehr von der Bank *Anreize* dergestalt zu setzen, daß die Telefonberater zu bankzielkonformen Entscheidungen motiviert werden.

Bereits in Abschnitt 3.1.3 konnte mit Hilfe von agencytheoretischen Überlegungen herausgearbeitet werden, daß es für die Bank vorteilhaft ist, die Verantwortung für eine Kundenbeziehung möglichst ungeteilt einem Kundenberater - dem sog. „Kundenmanager" zuzuordnen.

Diese Überlegungen besitzen natürlich auch im anspruchsvollen Telefonbanking ihre Gültigkeit. Die spezifischen Rahmenbedingungen erschweren allerdings deren konsequente Umsetzung. Für das beratungsorientierte Direct Banking ist ein derartiges Konzept zu modifizieren. Durch die 24-Stunden-Verfügbarkeit der Bank einerseits bei begrenzter Arbeitszeit des einzelnen Betreuers andererseits sind Kundenkontakte mit mehreren Betreuern unvermeidlich. Die Folge sind horizontale externe Effekte zwischen Beratern, die z.B. dann entstehen, wenn ein Kunde nach erfolgter Beratung durch einen Betreuer den Geschäftsabschluß zu einem späteren Zeitpunkt bei einem anderen, verfügbaren Berater tätigt. Es gilt daher, geeignete Mechanismen der Ergebniszurechnung zu entwickeln, die langfristige Investitionen in die Kundenbeziehung trotz wechselnder Ansprechpartner fördern.

Vor diesem Hintergrund widmet sich der folgende Abschnitt der Frage, wie Vergütungssysteme im beratungsorientierten Direct Banking vorteilhaft gestaltet werden können. Dabei stellen die zentrale Vorgabe von Anstrengungsniveaus und deren Überwachung auf der einen Seite und dezentrale Entscheidungsautonomie der Betreuer mit geeigneten Anreizen auf der anderen Seite zwei Extremformen dar. Unter Verwendung der First-best-Referenzlösung (die Bank verfügt über vollständige Information) wird gezeigt, daß die zentrale Vorgabe von Investitionsniveaus bei steigender Informationsasymmetrie zwischen Bank und Kundenbetreuern zunehmend ineffizient wird. Bei geeigneter Wahl von Anreizen durch die Bank hingegen führen Ansätze der dezentralen Steuerung zur Realisierung von First-best-Investitionsniveaus. Ferner können durch die Einführung von „Eigentumsrechten an Kundenbeziehungen“ bzw. durch kundenorientierte Anreize horizontale Externalitäten (zwischen Kundenbetreuern) so internalisiert werden, daß gleichzeitig First-best-Investitionsniveaus erreicht werden und Interessenidentität zwischen Bank und Kundenbetreuern herrscht.

3.3.3 Anreizschemata für Kundenbetreuer im beratungsorientierten Direct Banking

3.3.3.1 Die Annahmen

Wir modifizieren den bereits in Abschnitt 2.4 entwickelten Annahmenrahmen im Hinblick auf die Besonderheiten des Direct Banking und legen unserem Modell[130] die folgenden Annahmen zugrunde:

(D1) Wir betrachten eine Direktbankunternehmung, die aus einer zentralen Leitungsinstanz (im folgenden als Bank bezeichnet) und k (Telefon-)Beratern $i = 1,...,k$ besteht.

(D2) Die Direktbank erstellt verschiedene Finanzdienstleistungen, die durch die (Telefon-)Berater direkt an den Kunden vertrieben werden. r repräsentiert den streng positiven Ergebnisbeitrag pro Einheit Geschäftsvolumen (z.B. Kreditvolumen). Zur Vereinfachung und Anschaulichkeit der Analyse unterstellen wir einen identischen Ergebnisbeitrag r für jedes Produkt. Jeder Berater i erhält ein Festeinkommen $G_i > 0$ zur Deckung seines Reservationsnutzens. Die von der Bank geleisteten fixen Zahlungen betragen daher insgesamt $G = \sum_{i=1}^{k} G_i$. Alle Zahlungen werden als deterministisch angenommen.

(D3) Der Berater i leistet die Anstrengung e_i, um Geschäftsvolumen zu generieren. Das Anstrengungsniveau e_i bewegt sich innerhalb des Intervalls $[\underline{e},\bar{e}]$. Demzufolge stellen $\underline{e}$ und $\bar{e}$ die niedrigst- bzw. höchstmöglichen Anstrengungsniveaus dar. e_i bildet jene Aktivitäten ab, die mittel- und unmittelbar notwendig sind, um Geschäftsabschlüsse mit Kunden zu erzielen bzw. Geschäftsvolumen zu generieren. Hierzu zählen beispielsweise die Akquisition von Neukunden durch sog. „outbound calls“, die Kundenberatung im Rahmen von „inbound calls“, die „Presales“ Planung sowie die Nachbearbeitung von Kundengesprächen.

---

130 Die nachfolgende Modellanalyse basiert auf der Arbeit [SaWi97a].

Die Gesamtanstrengung innerhalb der Bankunternehmung wird durch den Anstrengungsvektor $\vec{e} = (e_1, e_2, ..., e_k)$ repräsentiert.

(D4) Wir verwenden die Funktion $C(e_i)$ zur Darstellung der Kosten, die aus der Anstrengung e_i des Beraters i resultieren. Die Bank besitzt vollständige Information hinsichtlich dieser Kosten.[131] Die Beobachtbarkeit der Kosten, die durch die Anstrengung des Beraters entstehen (wenngleich nicht die Anstrengung selbst) ermöglicht der Bank, über einen Kostenanteil zu entscheiden, den der Berater zu tragen hat. Der Kostenanteil n sei jener Teil der Kosten, der dem verursachenden Berater zugerechnet wird ($n \in [0,1]$). Damit sind die gesamten Kosten, die der Berater i zu tragen hat: $n C(e_i)$. Die restlichen Kosten (1-n) $C(e_i)$ werden von der Bank übernommen. Die Anstrengungen aller Telefonberater der Direktbank generieren Gesamtkosten $C(\vec{e}) = \sum_{i=1}^{k} C(e_i)$.

(D5) Die Grenzkosten der Anstrengung seien streng positiv und identisch für alle Berater; die Kostenfunktion sei streng konvex:

$$\frac{dC(e_i)}{de_i} > 0 \ , \quad \frac{d^2C(e_i)}{de_i^{\,2}} > 0 \quad , \quad e_i \in [\underline{e}, \overline{e}], \ i = 1, \ldots, k \ .$$

Sie sei darüber hinaus so geformt, daß die Differenzfunktion aus Erlös- und Kostenfunktion innerhalb des Definitionsbereichs $[\underline{e}, \overline{e}]$ ein inneres Maximum besitzt.

Zur Einführung und Analyse des Konzepts der „Eigentumsrechte an Kundenbeziehungen“ (Ownership of Customers - OoC) sowie dessen Vergleich

---

131 Im Gegensatz zum Filialsystem arbeiten die Berater nicht geographisch verteilt, sondern zentral in einem sog. „Call Center“. Alle entstehenden Kosten - die sie sich hauptsächlich aus Personal- und Telefonkosten zusammensetzen, lassen sie sich auf Basis der informationstechnischen Infrastruktur eines Call Centers dem verursachenden Berater zuordnen bzw. zurechnen. Kosten für eingehende Anrufe sowie für „outbound calls“ können dem gesprächsführenden Berater leicht zugeordnet werden. Gleiches gilt für die Kontrolle der Anwesenheit bzw. Arbeitszeit von Beratern. Die Besetzung des Telefonarbeitsplatzes ist beobachtbar, so daß das Mengengerüst der Personalkosten (incl. Überstunden) für die Bank einfach zu ermitteln ist.

mit alternativen Lösungen benötigen wir weitere Annahmen (vgl. die Annahmen D3 und D4 in [NaDe94]):

(D6) Jeder Kunde ist einem Berater zugeordnet, der im folgenden Stammberater genannt werden soll. Darüber hinaus kann der Kunde aber auch Geschäftsabschlüsse mit anderen Beratern tätigen, die im folgenden Fremdberater genannt werden sollen. Aus diesem Grund lassen sich pro Berater i drei Arten von Geschäftsvolumina unterscheiden:

Stammvolumen:	$V_i^D(\vec{e})$,	Geschäftsvolumen aus Abschlüssen mit eigenen Kunden,
Exportvolumen:	$V_i^E(\vec{e})$,	Geschäftsvolumen aus Abschlüssen eigener Kunden mit Fremdberatern,
Importvolumen:	$V_i^I(\vec{e})$,	Geschäftsvolumen aus Abschlüssen mit Fremdkunden.

(D7) Stamm- und Exportvolumen wachsen mit der Anstrengung des Beraters i und sind streng konkav; sie bleiben unbeeinflußt von der Anstrengung anderer Berater $e_{\backslash i}$:

$$\frac{\partial V_i^j(\vec{e})}{\partial e_i} > 0 \;,\quad \frac{\partial^2 V_i^j(\vec{e})}{\partial e_i^{\,2}} < 0 \quad \text{und} \quad \frac{\partial V_i^j(\vec{e})}{\partial e_{\backslash i}} = 0 \quad e_i \in \left[\underline{e}, \bar{e}\right],\; i = 1, \ldots, k$$

und $j \in \{D, E\}$.

(D8) Das Importvolumen ist unabhängig von der Anstrengung des importierenden Beraters, wächst aber mit der Anstrengung aller anderen Berater:

$$\frac{\partial V_i^I(\vec{e})}{\partial e_i} = 0 \quad \text{und} \quad \frac{\partial V_i^I(\vec{e})}{\partial e_{\backslash i}} > 0 \quad e_i \in \left[\underline{e}, \bar{e}\right],\; i = 1, \ldots, k \;.$$

Die getroffenen Annahmen werden in Abb. 3-20 noch einmal veranschaulicht:

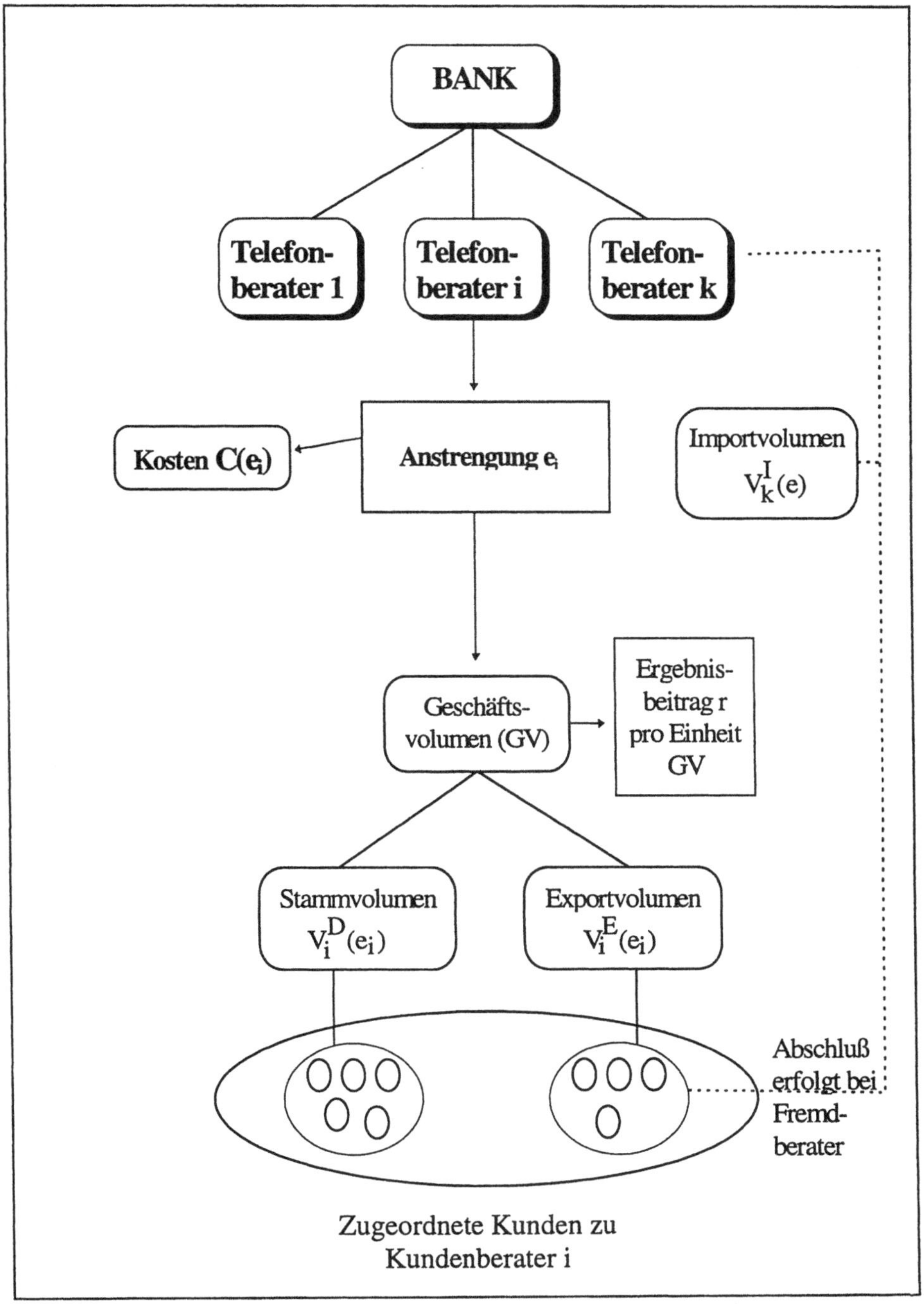

Abb. 3-20: Annahmenübersicht

3.3.3.2 Die First-best-Lösung

In diesem Abschnitt wollen wir zunächst jene optimalen Anstrengungsniveaus bestimmen, die sich unter „Idealbedingungen" - also bei Abwesenheit vertikaler Steuerungsprobleme - ergeben würden. Diese Anstrengungsniveaus dienen dann im folgenden als Referenzlösung zur Beurteilung alternativer Steuerungssysteme bei Informationsasymmetrie.

Wir treffen daher die folgende Annahme:

(D9) Die Bank verfüge über vollständige Information bzgl. des funktionalen Zusammenhangs zwischen Anstrengung der Berater und dem generierten Geschäftsvolumen. Damit ist die Bank in der Lage, die aus Gesamtsicht optimalen Anstrengungsniveaus der Berater zu bestimmen. Die Bank soll weiterhin in der Lage sein, die Berater kostenlos anzuweisen, diese Anstrengungsniveaus zu wählen. Die Kosten der Anstrengungen werden vollständig von der Bank getragen.

Die Gewinnfunktion der Bank ergibt sich dann als

$$(3\text{-}51)\quad \Pi^{FB}(\vec{e}) = \sum_{i=1}^{k} \left\{ r\left[V_i^D(\vec{e}) + V_i^E(\vec{e}) \right] \right\} - C(\vec{e}) - G \quad .$$

Aufgrund der Unabhängigkeit der Kosten, die durch die Anstrengungen der Berater verursacht werden (vgl. Annahme (D4)) ergeben sich k Optimalitätsbedingungen 1. Ordnung für ein Maximum

$$(3\text{-}52)\quad \frac{\partial \Pi^{FB}(\vec{e})}{\partial e_i} = r\left[\frac{\partial V_i^D(\vec{e})}{\partial e_i} + \frac{\partial V_i^E(\vec{e})}{\partial e_i} \right] - \frac{dC(e_i)}{de_i} \overset{!}{=} 0 \quad ,$$

$$e_i \in \left[\underline{e}, \bar{e}\right], \; i = 1, \ldots, k \quad .$$

Ordnet man Kunden überschneidungsfrei einzelnen Beratern zu, so führt eine Gewinnmaximierung pro Berater zu einer Maximierung des Gesamtgewinns. Die First-best-Lösung wird demnach durch k Optimalitätsbedingungen 1. Ordnung beschrieben, weil aufgrund der Annahmen (D5) und (D7) die Bedingungen 2. Ordnung für die Existenz eines Maximums für $e_i \in \left[\underline{e}, \bar{e}\right]$ erfüllt sind.

In der bankbetrieblichen Praxis werden in der Regel die in (D9) formulierten „Idealbedingungen“ nicht erfüllt sein. Wir ersetzen daher in der folgenden Analyse (D9) durch die realitätsnahe Annahme

(D9') Es existiert asymmetrische Informationsverteilung zwischen der Bank und den Telefonberatern. Die Berater besitzen perfekte Information über die (funktionale) Beziehung zwischen ihrer Anstrengung und des generierbaren Geschäftsvolumens. Die Bank hingegen besitzt lediglich unvollständige Information über diesen Zusammenhang.

Die skizzierte Informationsasymmetrie führt zu vertikalen Steuerungsproblemen (vgl. Abschnitt 2.2.1.1) zu deren Lösung sich die Bank alternativer Steuerungsinstrumente bedienen kann (vgl. Abschnitt 2.2.1.2). Die mit der First-best-Lösung gegebenen optimalen Anstrengungsniveaus dienen uns im folgenden als Referenzlösung zur Beurteilung alternativer Steuerungsansätze (Monitoring und Anreizsysteme) bei Informationsasymmetrie.

3.3.3.3 Vertikale Steuerung durch Anweisung und Kontrolle (Monitoring)

Die Bank kann das vertikale Steuerungsproblem lösen, indem sie den Telefonberatern im Rahmen eines Systems aus Anweisung und Kontrolle (Monitoring) die aus ihrer Sicht optimalen Anstrengungsniveaus sowie die Verteilung der Arbeitszeit auf bestimmte Aktivitäten vorgibt und deren Einhaltung sicherstellt.[132] Wie bereits in Abschnitt 2.4 skizziert, sieht sich die Bank bei der Wahl und Vorgabe optimaler Anstrengungsniveaus dem Problem der asymmetrischen Informationsverteilung gegenüber (Annahme (D9')). Sie besitzt lediglich unvollständige Information über die geeignete Allokation knapper Beraterarbeitszeit auf verschiedene Kunden und Aktivitäten. Ihr fehlen Informationen über Kundenbedürfnisse und -potentiale. Zentral vorgegebene Aktivitäten führen daher nur zu einem Teil des Geschäftsvolumens, welches durch selbstgewählte Aktivitäten der „informierten“ Berater realisierbar wäre. Wir treffen daher die abschnittsspezifische Annahme

---

[132] Letzteres kann beispielsweise durch Zielvereinbarungen geschehen: Es werden explizite Verhaltensnormen vereinbart, an deren Einhaltung bzw. Erfüllung Bonuszahlungen am Jahresende gekoppelt sind. Unter Einsatz dieses Instrumentariums versucht die Bank, bestimmte, von ihr gewählte Anstrengungsniveaus durchzusetzen.

(D10) Das mit einem zentral vorgegebenen Anstrengungsniveau verbundene Geschäftsvolumen ist nur ein Teil dessen, was durch ein von den Beratern selbst gewähltes Anstrengungsniveau realisierbar wäre. Die relative Produktivität zentral vorgegebener Aktivitäten im Vergleich zu dezentral gewählten Aktionen wird mit einer multiplikativen Konstante $\alpha \in [0,1]$ - bezogen auf das Geschäftsvolumen - bezeichnet. Repräsentieren wir das Geschäftsvolumen, das sich aus zentral vorgegebenen Anstrengungen pro Berater i ergibt, durch $\hat{V}_i^j(\cdot)$, so gilt folgender multiplikativer Zusammenhang:

$$(3\text{-}53)\quad \hat{V}_i^j(\vec{e}) = \alpha V_i^j(\vec{e}) \ , \quad j \in \{D, I, E\} \ .$$

Da der dargestellte Produktivitätsunterschied aus der unvollständigen Information der Bank resultiert, kann α auch als ein Maß für die existierende Informationsasymmetrie angesehen werden.

Im Falle des Monitorings (Mon) bestimmt die Bank die auszuführenden Anstrengungsniveaus. Die Berater verfügen über keinerlei Entscheidungskompetenzen bezüglich ihrer Aktivitäten. Sie agieren weisungsgebunden. Die Bank trägt alle entstehenden Kosten $C(\vec{e})$. Die Kontrolle der Durchführung der vorgegebenen Handlungen verursacht zusätzliche Monitoringkosten M > 0, die unabhängig von der Höhe der Anstrengungsiveaus anfallen. Die Gewinnfunktion der Bank ist damit gegeben durch:

$$(3\text{-}54)\quad \Pi_{Bank}^{Mon}(\vec{e}) = \sum_{i=1}^{k} \left\{ r\left[\hat{V}_i^D(\vec{e}) + \hat{V}_i^E(\vec{e})\right]\right\} - C(\vec{e}) - G - M$$
$$= \sum_{i=1}^{k} \left\{ r\alpha\left[V_i^D(\vec{e}) + V_i^E(\vec{e})\right]\right\} - C(\vec{e}) - G - M \ .$$

Die Gewinnfunktion im Monitoring-Fall unterscheidet sich von der First-best-Zielfunktion nur durch eine verringerte Produktivität der zentral vorgegebenen Anstrengung (ausgedrückt durch $\hat{V}_i^j$) und die zusätzlichen Monitoringkosten M. Es ergeben sich die k Bedingungen 1. Ordnung für ein Optimum:

$$(3\text{-}55)\quad \frac{\partial \Pi_{Bank}^{Mon}(\vec{e})}{\partial e_i} = r\alpha\left[\frac{\partial V_i^D(\vec{e})}{\partial e_i} + \frac{\partial V_i^E(\vec{e})}{\partial e_i}\right] - \frac{dC(e_i)}{de_i} \overset{!}{=} 0 \ ,$$

$$e_i \in \left[\underline{e}, \bar{e}\right], \; i = 1, \ldots, k \quad .$$

Der Vergleich mit den Bedingungen für die First-best-Lösung (Gleichung (3-52)) zeigt sofort, daß im Falle von Monitoring niedrigere Anstrengungsniveaus gewählt werden als im Falle der First-best-Lösung (vgl. Abschnitt 2.4.3). Mit sinkendem α bzw. steigender Informationsasymmetrie sinkt die Höhe der Anstrengungsniveaus im Monitoring-Fall und weicht zunehmend von der Höhe der First-best-Anstrengungsniveaus ab. In dem Maße, in dem Direktbanken zunehmend ihre Produktpalette über das Discountbanking hinaus erweitern und damit zusätzliche Kundengruppen ansprechen wächst die Komplexität der Aufgabe der Kundenberater und eröffnet ihnen weitere Handlungsalternativen. Für den Fall des Discountbankings wird α nahe bei 1 liegen und mit zunehmender Produkt- und Beratungskomplexität sinken. Mit steigender Informationsasymmetrie und der entsprechend zunehmenden Ineffizienz zentraler Vorgaben sinkt die Vorteilhaftigkeit von Monitoring und damit dessen Eignung zur Steuerung von Vertriebsaktivitäten im beratungsorientierten Direct Banking.

Das Gegenteil gilt für dezentrale Steuerungsinstrumente wie ergebnisorientierte Anreizsysteme, die den Kundenberater zur Nutzung seiner privaten Informationen zu Gunsten der Bank anreizen sollen. Dies wird im folgenden dargestellt und analysiert.

3.3.3.4 Vertikale Steuerung durch Anreize

Im Rahmen eines Anreizsystems werden zwei Entscheidungen getroffen. Zunächst setzt die Bank die Anreize für die Berater. Daraufhin wählen die Berater die aus ihrer Sicht optimalen Anstrengungsniveaus. Im Falle einer dezentralen Vertriebssteuerung über erfolgsorientierte Anreize treffen wir daher alternativ zu (D10) folgende Annahme[133]

(D10') Die Bank zahlt den Beratern eine streng positive Marge m für jede generierte Einheit Geschäftsvolumen, wobei zur Vereinfachung der Modellanalyse m für alle Produkte identisch sein soll. Darüber hinaus entscheidet die Bank über den Kostenanteil n, den der Berater i zu tragen hat. Die An-

---

[133] Annahmen (D1) bis (D8) sowie (D9') behalten ihre Gültigkeit.

reizparameter m und n stellen somit die Entscheidungsvariablen der Bank dar.

a) Abschlußorientierte Anreize (AA)

Im Falle abschlußorientierter Anreize wird in Analogie zu Umsatzprovisionen die Marge jenem Berater gutgeschrieben, der den Geschäftsabschluß getätigt hat. Die Entlohnung des Beraters besteht damit aus einem leistungsabhängigen Margeneinkommen auf sein Stamm- und Importvolumen sowie einem Fixgehalt abzüglich der von ihm zu tragenden Kosten seiner Aktivitäten:

$$(3\text{-}56)\quad \Pi_i^{AA}(\vec{e}) = m\left[V_i^D(\vec{e}) + V_i^I(\vec{e})\right] - n \cdot C(e_i) + G_i \quad , \quad i = 1,\dots,k \ .$$

Zur Bestimmung des optimalen Anstrengungsniveaus des Beraters i erhalten wir die folgenden Bedingungen 1. Ordnung:

$$(3\text{-}57)\quad \frac{\partial \Pi_i^{AA}(\vec{e})}{\partial e_i} = m\frac{\partial V_i^D(\vec{e})}{\partial e_i} - n \cdot \frac{dC(e_i)}{de_i} \overset{!}{=} 0 \quad , \ e_i \in \left[\underline{e}, \bar{e}\right], \ i = 1,\dots,k \ .$$

Aufgrund der Unabhängigkeit des Importvolumens von der eigenen Anstrengung wird das Importvolumen im Optimierungskalkül des Beraters nicht berücksichtigt. Die Optimalbedingung ist dann erfüllt, wenn der Anteil des Beraters am Grenzerlös seiner Anstrengungen - bezogen auf das von ihm generierte Stammvolumen - genau gleich der von ihm zu tragenden Grenzkosten ist. Mit einer streng positiven Marge m sind alle zweiten Ableitungen negativ, so daß die Bedingungen 2. Ordnung für ein Maximum erfüllt sind.

Es resultiert ein Gleichgewichtsvektor der Anstrengungsniveaus $\vec{e}(m,n)$ als Funktion der Marge und des Kostenanteils.[134]

---

[134] Die Wahl der Anstrengungsniveaus der Berater bildet ein supermodulares Spiel, da die jeweiligen Zielfunktionen supermodular sind. Es existiert daher ein reines Nash-Gleichgewicht, welches durch die Menge der e_i aus $\left[\underline{e}, \bar{e}\right]$, die simultan Gleichung (3-57) erfüllen, beschrieben wird [MiRo90].

Die Anwendung der Regel über implizite Funktionen ergibt für m > 0

$$(3\text{-}58)\quad \frac{\partial e_i(m,n)}{\partial m} > 0 \quad \text{und} \quad \frac{\partial e_i(m,n)}{\partial n} < 0 \quad , \; i = 1,\dots,k \;.$$

Dies bedeutet, daß die optimale Anstrengung des Beraters i mit steigender Marge m und sinkendem Kostenanteil n steigt.

Ein Vergleich der Optimalitätsbedingungen 1. Ordnung im First-best-Fall mit jenen, die sich im Rahmen des Einsatzes geschäftsabschlußorientierter Anreize ergeben, zeigt folgendes: Während positive externe Effekte - in Form des generierten Exportvolumens eines Beraters i - im First-best-Optimierungskalkül der Bank berücksichtigt werden, trifft dies für das dezentrale Entscheidungskalkül des Beraters bei der Wahl seiner optimalen Anstrengungsniveaus im Anreizfall nicht zu. Der Berater berücksichtigt hierbei lediglich jene Wirkungen seiner Anstrengungen, die in die Bemessungsgrundlage seiner erfolgsabhängigen Entlohnung eingehen. Aus diesem Grund führt der Einsatz geschäftsabschlußorientierter Anreize im beratungsorientierten Direct Banking tendenziell zu geringeren Anstrengungsniveaus bzw. zu Unterinvestitionen im Vergleich zur First-best-Situation. Wie allerdings (3-58) zeigt, kann die Bank durch Gewährung einer höheren Marge m oder durch die Reduzierung des Kostenanteils die Berater grundsätzlich zur Wahl höherer Anstrengungsniveaus motivieren.

Durch geeignete Vorgabe von m und n können die Berater sogar zur Wahl der First-best-Anstrengungsniveaus angereizt werden: Vergleicht man Gleichung (3-52) und (3-57), so ergibt sich als entsprechende Bedingung $m > n \cdot r$, deren Erfüllung zum Erreichen der First-best-Anstrengungsniveaus notwendig, aber nicht hinreichend ist.

Wenngleich also trotz horizontaler externer Effekte First-best-Anstrengungsniveaus durch entsprechend höhere Margen bzw. niedrigere Kostenbeteiligungen induziert werden können, soll im folgenden ein kundenorientiertes Anreizschema entwickelt und analysiert werden, bei dem die effizienzmindernden externen Effekte durch eine modifizierte Bemessungsgrundlage internalisiert werden und First-best-Anstrengungsniveaus aus Banksicht zu „geringeren Kosten“ induziert werden können.

b) Kundenorientierte Anreize (Ownership of Customers - OoC)

Beim Einsatz einer geschäftsabschlußorientierten Belohnung wird der Erfolgsbeitrag eines Kundengeschäfts - ungeachtet einer möglichen Kundenzuordnung - jenem Berater zugerechnet, der den Geschäftsabschluß getätigt hat. Aufgrund der 24-Stunden-Verfügbarkeit der Direktbanken auf der einen Seite und der beschränkten Arbeitszeit des einzelnen Beraters auf der anderen Seite sind Kontakte des einzelnen Kunden mit mehreren Beratern unvermeidbar. In dieser Situation existieren positive horizontale Externalitäten. Der Berater wird für seine Investitionen in die Kundenbeziehung nicht entlohnt, wenn der Kunde nach erfolgter Beratung den Geschäftsabschluß zu einem späteren Zeitpunkt bei einem anderen, dann verfügbaren Berater tätigt. Diese Externalitäten können zu Unterinvestitionen in die Kundenbeziehung führen, wenn die Kosten und Erlöse der Anstrengung auseinanderfallen.

Durch den Einsatz kundenorientierter Anreize kann den aus horizontalen externen Effekten resultierenden Unterinvestitionen entgegengewirkt werden. Mit Hilfe des Konzepts des „Ownership of Customers“ (vgl. [NaDe94] und [Naul96b]) kann das Anreizsystem entsprechend modifiziert werden: Jeder Kunde wird einem bestimmten Berater fest zugeordnet, dem alle mit diesem Kunden getätigten Geschäftsabschlüsse zunächst zugerechnet und vergütet werden; unabhängig davon, wer tatsächlich den Kundenauftrag entgegengenommen hat. Es besteht dann die Möglichkeit, Teile der Marge an den geschäftsabschließenden Fremdberater zu transferieren.

Das skizzierte Konzept bedarf der Unterstützung durch IKS (vgl. Abschnitt 2.3.2), da alle Geschäftsabschlüsse detailliert erfaßt werden müssen, um sie dann einzelnen Kunden bzw. ihren Stammberatern zuordnen zu können. Gleiches gilt für die interne Verrechnung von Margen bzw. eventuellen Transfers zwischen Beratern.

Zusätzlich zu der skizzierten Verfeinerung des Anreizsystems besitzt die Einführung des OoC-Konzepts im Telefonbanking einen weiteren Vorteil: In Analogie zur Strategie des „one face to the customer“, wie sie im traditionellen Filialbankensystem verfolgt wird, kann eine feste Kunde-Berater-Zuordnung die Kundenbeziehung und -loyalität stärken sowie den Aufbau von Vertrauen und Reputation unterstützen (vgl. Abschnitt 3.1.3.1). Mittels der Strategie des „one voice to the customer“ gewinnt der Kunde den Eindruck, individuell beraten zu werden und erhält darüber hinaus die Möglichkeit, ein Vertrauensverhältnis zu seinem Stammbetreuer aufzubauen.

Im Falle kundenorientierter Anreize maximiert jeder Berater i die folgende Zielfunktion

$$(3\text{-}59)\quad \Pi_i^{OoC}(\vec{e}) = mV_i^D(\vec{e}) + (m-t)V_i^E(\vec{e}) + tV_i^I(\vec{e}) - n \cdot C(e_i) + G_i \quad ,$$

wobei $t \in [0, m]$ die Transferzahlung repräsentiert, die vom Stammbetreuer pro Einheit Exportvolumen an den geschäftsabschließenden Fremdbetreuer zu leisten ist bzw. auf das Importvolumen empfangen wird. Die Marge m, der Kostenanteil n sowie die Höhe des Transfers t werden von der Bank gewählt und vorgegeben.

Der einzelne Berater maximiert sein Einkommen über die Wahl seines eigenen Anstrengungsniveaus e_i. Die k Bedingungen 1. Ordnung für ein Optimum sind

$$(3\text{-}60)\quad \frac{\partial \Pi_i^{OoC}(\vec{e})}{\partial e_i} = m\frac{\partial V_i^D(\vec{e})}{\partial e_i} + (m-t)\frac{\partial V_i^E(\vec{e})}{\partial e_i} - n \cdot \frac{dC(e_i)}{de_i} \overset{!}{=} 0 \quad ,$$
$$e_i \in [\underline{e}, \bar{e}], \; i = 1, \ldots, k \quad .$$

Die jeweiligen Bedingungen 2. Ordnung sind für eine echt positive Marge m erfüllt. Wie bei dem Einsatz von geschäftsabschlußorientierten Anreizen definiert auch hier die Menge der simultan erfüllten Bedingungen 1. Ordnung für $[\underline{e}, \bar{e}]$ ein Nash-Gleichgewicht über die Anstrengungsniveaus der Berater. Der resultierende Gleichgewichtsvektor der Anstrengungen ist jetzt allerdings eine Funktion der Marge, des Kostenanteils sowie des Tranfers t, also $\vec{e} = \vec{e}(m, n, t)$.

Bei gegebenem n führt das kundenorientierte Anreizsystem im Falle von t = m (d.h. die Marge wird komplett zum geschäftsabschließenden Fremdbetreuer transferiert) zu den gleichen Optimalitätsbedingungen wie das geschäftsabschlußorientierte Anreizsystem (vgl. (3-57) und (3-60)). Wird die Marge nicht vollständig transferiert ($0 \leq t < m$), so induzieren kundenorientierte Anreize höhere Anstrengungsniveaus des Beraters i, da

$$(3\text{-}61) \quad \frac{\partial e_i}{\partial t} < 0 \quad , \quad i = 1,\ldots,k \quad ,$$

gilt, was leicht gezeigt werden kann. Vergleicht man Gleichung (3-52) und (3-60), so werden für $t = 0$ und $m = n \cdot r$ darüber hinaus von den Beratern die First-best-Anstrengungsniveaus gewählt. In diesem Fall ist die Bedingung $t = 0$ und $m = n \cdot r$ hinreichend zur Realisierung von First-best, aber nicht notwendig: Zur Realisierung von First-best-Anstrengungsniveaus können die Parameter auch so gewählt werden, daß $t > 0$ and $m > n \cdot r$ gilt. Ein geringeres Anstrengungsniveau aufgrund der Erhöhung von t kann durch einen stärkeren Anreiz zur Steigerung der Anstrengung mittels Erhöhung von m und/oder Senkung von n kompensiert werden.

Wir können nun die alternativen Steuerungsinstrumente - Monitoring, geschäftsabschluß- und kundenorientierte Anreizsysteme - hinsichtlich iher Eigenschaft, First-best-Anstrengungsniveaus herbeiführen zu können, miteinander vergleichen und erhalten folgendes Ergebnis: Bei Informationsasymmetrie ($\alpha < 1$) führt Monitoring niemals zur Realisierung von First-best-Anstrengungsniveaus, während sich mittels der beiden Anreizsysteme durch geeignete Wahl der Anreizparameter First-best-Anstrengungsniveaus induzieren lassen.

3.3.3.5 Alternativenvergleich hinsichtlich des Nettogewinns der Bank

In den vorangegangenen Abschnitten stand die Bestimmung der First-best-Anstrengungsniveaus im Mittelpunkt der Betrachtungen, während die Gewinnmaximierung der Bank bislang nicht betrachtet wurde. Wir haben Monitoring und zwei alternative Anreizsysteme im Hinblick auf ihre Fähigkeit, First-best-Anstrengungsniveaus zu induzieren, untersucht. Im Falle der geschäftsabschlußorientierten Anreize wurde die Bedingung $m > n \cdot r$ als notwendig ermittelt, um die Wahl von First-best-Anstrengungsniveaus zu induzieren. Für das kundenorientierte Anreizsystem haben wir gezeigt, daß durch die Wahl von $t = 0$ und $m = n \cdot r$ die Berater First-best-Anstrengungen wählen, um ihr erfolgsabhängiges Einkommen zu maximieren. Dabei ist es wichtig festzuhalten, daß diese Bedingung lediglich hinreichend ist, während die entsprechende Gültigkeit der Bedingung im Falle geschäftabschlußorientierter Anreize notwendig ist. Wenn also diese Anreizstrukturen gegeben sind, generiert die dezentrale Entscheidungsfindung die maximal mögliche Gesamtwohlfahrt (den „größten Kuchen"). Durch die Wahl von t = 0 und $m = n \cdot r$ (im Falle kundenorientierter Anreize) werden sowohl die horizontalen als auch die vertikalen Externalitäten vollständig internalisiert. Wie bereits oben skizziert, resultieren horizontale externe Effekte aus der Tatsache, daß die Anstrengungen des Stammbetreuers auch zu einem Volumenszuwachs bei dem geschäftsabschließenden Fremdbetreuer führen können. Wird die darauf gezahlte Marge vollständig vom dem Stammbetreuer vereinnahmt, ist also t = 0, so findet diese Volumenssteigerung im Entscheidungskalkül des Stammbetreuers vollständige Berücksichtigung.

Vertikale Externalitäten treten auf, wenn der Betreuer zwar den Anteil n der durch seine Anstrengung verursachten Kosten trägt, aber lediglich Teile der daraus resultierenden Erlöse erhält ($m < n \cdot r$). Bei der Wahl seiner optimalen Anstrengungsniveaus stellt er seinen privaten Grenzkosten nicht die sozialen, sondern seine privaten Grenzerlöse gegenüber, d.h. die Marge, die er von der Bank erhält. Im Falle $m = n \cdot r$, berücksichtigt der Berater auch den Nutzenzuwachs bei der Bank. Daher bedeutet die Wahl von $m = n \cdot r$ und t = 0 die Realisierung der maximal möglichen Gesamtwohlfahrt. Wir wollen uns im folgenden der Fragestellung widmen, wie die Bank ihren Anteil an der Gesamtwohlfahrt, d.h. ihren Nettogewinn, maximieren kann.

Die Nettogewinnfunktion der Bank bei Einsatz kundenorientierter Anreize hat folgende Gestalt:

$$(3\text{-}62)\quad \Pi_{Bank}^{OoC}(\vec{e}) = \sum_{i=1}^{k} \left\{ (r-m)\left[V_i^D(\vec{e}) + V_i^E(\vec{e}) \right] \right\} - (1-n)C(\vec{e}) - G \quad .$$

Die Bank ist in der Lage ihre realisierbaren Zielfunktionswerte indirekt durch die Wahl der Anreizparameter m, n und t - die bestimmte Anstrengungsniveaus der Berater $\vec{e}(m,n,t)$ induzieren - zu beeinflussen.

Wir betrachten zunächst die Optimalitätsbedingung 1. Ordnung der Bank bzgl. $\vec{e}$

$$(3\text{-}63)\quad \frac{\partial \Pi_{Bank}^{OoC}(\vec{e})}{\partial e_i} = (r-m)\left[\frac{\partial V_i^D(\vec{e})}{\partial e_i} + \frac{\partial V_i^E(\vec{e})}{\partial e_i} \right] - (1-n)\frac{dC(e_i)}{de_i} \stackrel{!}{=} 0 \quad ,$$

$$e_i \in \left[\underline{e}, \bar{e} \right], \; i = 1, \ldots, k \quad .$$

Die Bedingung 1. Ordnung der Bank bzgl. $\vec{e}$ ist identisch mit der Bedingung 1. Ordnung des Beraters für $m = n \cdot r$ und $t = 0$. Wählt also die Bank die Anreizparameter m, n und t so, daß die Gesamtwohlfahrt maximiert wird bzw. First-best-Anstrengungsniveaus realisiert werden, dann entsprechen die induzierten Anstrengungsniveaus genau jenen Anstrengungsniveaus, die auch den Gewinn der Bank maximieren. Mit der Wahl von $m = n \cdot r$ und $t = 0$ herrscht demzufolge Interessenidentität zwischen Bank und Beratern: Die dezentrale Einkommensmaximierung der Berater ist kompatibel mit der Gewinnmaximierung der Bank.

Betrachten wir Gleichung (3-62) und die Identität der Bedingungen 1. Ordnung für die Berater und der First-best-Lösung (3-59) und (3-52), so können wir folgende Aussage treffen: Es existiert ein Gleichgewichtsanstrengungsvektor $\vec{e}^*$, so daß die First-best-Lösung erreicht wird und gleichzeitig sowohl die Zielfunktion der Bank als auch die der Berater maximiert werden.

Für gegebenen Anreizparameter n ist die Anreizstruktur $t = 0$ und $m = n \cdot r$ lediglich eine Parameterkonstellation (m,t), die geeignet ist, First-best-Anstrengungsniveaus herbeizuführen. Die geeignete gleichzeitige Erhöhung von t and m würde ebenfalls zur Wahl der First-best-Anstrengungsniveaus führen. Wir wollen im folgenden untersuchen, wie die Bank durch geeignete Wahl der Anreizparameter m, n, und t ihren Anteil am Gesamtgewinn maximieren kann unter der Bedingung, daß die First-best-Lösung erreicht wird. Mit anderen Worten: Wie kann die Bank ihr „Stück" des maximal möglichen „Gesamtkuchens" maximieren?

1) Die Variation des Transfers t ist nicht geeignet, da $t = 0$ und $m = n \cdot r$ notwendige Bedingungen für das simultane Erreichen der First-best-Lösung und der Zielkongruenz von Bank und Beratern ist, wie folgendermaßen verdeutlicht werden kann: Beginnend bei $t = 0$ und $m = n \cdot r$ erhöhen wir t und veranlassen dadurch die Berater ihre Anstrengungsniveaus zu senken. Um die First-best-Anstrengungsniveaus aufrechtzuerhalten, müßte der anstrengungsmindernde Effekt einer Transfererhöhung durch eine anstrengungssteigernde Erhöhung von m bzw. Senkung von n kompensiert werden. Die Erhöhung der Marge m bzw. eine Senkung des Kostenanteils der Berater reduziert allerdings den Ziefunktionswert der Bank. Der optimale Nettogewinn sinkt im Vergleich zur Ausgangssituation mit $t = 0$ bei gleichbleiben-

den Anstrengungsniveaus. Als erstes Ergebnis können wir daher festhalten, daß jeder Transfer $t > 0$ aus Sicht der Bank nicht optimal ist.

Auf der Grundlage dieses Ergebnisses können wir nun geschäftabschlußorientierte Anreize mit dem kundenorientierten Anreizsystem hinsichtlich des Nettogewinns der Bank vergleichen: Die notwendige Bedingung, um im Falle geschäftsabschlußorientierter Anreize First-best-Anstrengungsniveaus zu induzieren war $m > n \cdot r$. Mit kundenorientierten Anreizen kann die Bank das gleiche Ziel aber schon mit einer geringeren Margenvorgabe ($m = n \cdot r$) erreichen und deshalb einen höheren Nettogewinn realisieren.

2) Da $t = 0$ also für die Bank mit $m = n \cdot r$ optimal ist, verbleibt als Variationsmöglichkeit der Parameter nur die gleichzeitige Variierung von m und n. Ersetzt man in der Zielfunktion der Bank m durch $n \cdot r$ so erhält man:

$$(3\text{-}64) \quad \Pi_{Bank}^{OoC}(\vec{e}) = (1-n)\left\{\sum_{i=1}^{k}\left[r\left(V_i^D(\vec{e}) + V_i^E(\vec{e})\right)\right] - C(\vec{e})\right\} - G \ .$$

Mit dieser Form der Zielfunktion läßt sich folgende Aussage treffen: Ist der Gesamtgewinn, der aus den First-best-Anstrengungen resultiert, vor Abzug der Fixeinkommen echt positiv $\left(\sum_{i=1}^{k}\left[r\left(V_i^D(\vec{e}) + V_i^E(\vec{e})\right)\right] > C(\vec{e})\right)$, so steigt der Nettogewinn der Bank bei sinkendem n. Als zweites Ergebnis können wir deshalb festhalten: Lassen wir n gegen Null gehen - unter gleichzeitiger Einhaltung der Bedingung $m = n \cdot r$ - so maximiert die Bank ihren Nettogewinn. Aus Sicht der Bank ist es demnach optimal, die Kosten der Beraterantrengungen möglichst vollständig zu übernehmen ($n \rightarrow 0$). Läßt die Bank den Kostenanteil der Berater gegen Null gehen (mit $m = nr$), so ist sie in der Lage, den Gesamtgewinn bei First-best-Anstrengungsniveaus (bis auf die Zahlung der Fixgehälter) nahezu vollständig zu vereinnahmen.

Zur Optimierung der Steuerung über Anreize wird also die Bank stets $t = 0$ (d.h. kundenorientierte Anreize) sowie n nahe null (d.h. nahezu vollständige Kostenübernahme) wählen.

Hieraus folgt unmittelbar, daß die Bank mit Hilfe des optimierten Anreizsystems immer einen höheren Nettogewinn erzielen kann als durch Monitoring. Sogar wenn keine Informationsasymmetrie zwischen Bank und Beratern existiert ($\alpha = 1$), ist der Nettogewinn - aufgrund der echt positiven Monitoringkosten - im Falle von Anweisung und Kontrolle geringer.

3.3.3.6 Zusammenfassung und Diskussion der Modellergebnisse

Bereits in Abschnitt 2.4 konnte im Rahmen einer Modellanalyse herausgearbeitet werden, daß bei steigender Informationsasymmetrie zwischen Bank und dezentralen Einheiten eine zentrale Planung und Vorgabe von Geschäftsaktivitäten Effizienzeinbußen hinsichtlich der Gesamtwohlfahrt sowie des Nettogewinns der Bank zur Folge hat. Da sich das beratungsorientierte Direct Banking - im Gegensatz zum Discount Banking - durch eine ungleiche Verteilung entscheidungsrelevanter Informationen auszeichnet, erscheint der Einsatz anreizorientierter Steuerungsmechanismen im anspruchsvollen Direktvertrieb individueller Finanzdienstleistungen sinnvoll, um Telefonberater zur bankzielkonformen Nutzung ihrer lokalen Informationen und Expertise anzureizen. Die damit einhergehende dezentrale Entscheidungsfindung offenbart allerdings Schwächen bei der Berücksichtigung von horizontalen Interdependenzen zwischen Telefonberatern. Aus diesem Grund wurde ein kundenorientiertes Anreizschema entwickelt, das geeignet ist, horizontale externe Effekte zwischen Telefonberatern zu internalisieren. Weiterhin konnte gezeigt werden, daß der Einsatz kundenorientierter Anreize sowohl einem herkömmlichen geschäftsabschlußorientiertem Anreizsystem als auch der zentralen Vorgabe von Geschäftsaktivitäten überlegen ist. Dies gilt im Hinblick auf die realisierbare Gesamtwohlfahrt wie auf den Nettogewinn der Bank.

Der durchgeführten Modellanalyse liegen einige vereinfachende Annahmen zugrunde, deren Modifikation als Ansatzpunkt zu vertiefenden und weiterführenden Modellüberlegungen dienen kann. Hierzu gehört die explizite Berücksichtigung unbeobachtbarer Kosten, wie sie bereits in Abschnitt 2.4.7 diskutiert wurde. Desweiteren wurde im Rahmen des Modells eine implizite Unterscheidung zwischen Vertriebs- und Beratungsanstrengungen auf der einen Seite und den Tätigkeiten im Rahmen der Auftragsannahme auf der anderen Seite vorgenommen. Um eine fokussierte Analyse der erstgenannten Aktivitäten zu ermöglichen, wurde implizit angenommen, daß die reine Kundenauftragsannahme keine zusätzlichen Anstrengungen notwendig werden läßt (vgl. Annahme D8). In der Praxis ist dies natürlich nicht der Fall. Auch die bloße Auftragsannahme erfordert die - wenn auch geringe - Aufwendung knapper Beraterarbeitszeit. Sofern im Rahmen eines kundenorientierten Anreizsystems solche Aufwendungen nicht vergütet werden, besteht für Telefonberater keinerlei Anreiz, Aufträge von Fremdkunden entgegenzunehmen. Dieses Teilproblem läßt sich auf organisatorischer Ebene lösen, indem die Teilaufgabe „Kundenauftragsannahme“ an darauf spezialisiertes, weniger qualifiziertes Telefonpersonal vergeben wird. Diese Spezialisierung ist in der Praxis bereits insofern beobachtbar, als für die Fälle der reinen Auftragserteilung und der Beratungsnachfrage vom Kunden unterschiedliche Telefonnummern zu wählen sind. Die skizzierte Problemstellung bietet aber auch einen lohnenden Ansatzpunkt zur Erweiterung des Modells: Unterschiedliche Aktivitäten könnten explizit modelliert werden - mit dem Ziel, Berater mittels geeigneter Anreize zu einer optimalen Allokation ihrer Zeit auf alternative Aktivitäten zu motivieren.

Eine weitere interessante Modellerweiterung bestünde in der Lockerung von Annahme (D9’). Sie bringt zum Ausdruck, daß die Telefonberater perfekte Informationen über den Zusammenhang zwischen Anstrengung und daraus resultierendem Geschäftsvolumen besitzen, während die Bank lediglich über unvollständige Information über diesen Zusammenhang verfügt. Durch Ausweitung der Betrachtung auf eine dynamische, mehrperiodige Analyse könnten Lern- und Informationsgewinnungseffekte der Bank Berücksichtigung finden, die eine tendenzielle Verbesserung der Monitoringalternative zur Folge hätten.

Ungeachtet der skizzierten Modellrestriktionen sowie deren Relaxierungsmöglichkeiten bleibt festzuhalten, daß die geeignete Verfeinerung und Optimierung von Anreiz- und Steuerungssystemen einen wesentlichen Beitrag zur Steigerung der Wettbewerbsfähigkeit des alternativen Vertriebsweges Direct Banking leisten kann (vgl. auch [SaWi97b, 496f.]): Die Vergabe von Entscheidungskompetenzen an marktnahe Einheiten - in diesem Fall an die Telefonberater - bei gleichzeitiger Internalisierung externer Effekte führen zu einer Steigerung der erfolgsrelevanten Vertriebs- und Beratungsanstrengungen sowie der Investitionen in die Kundenbeziehung.

Die betriebswirtschaftlich begründete Vergabe von Entscheidungskompetenzen an dezentrale und marktnahe Einheiten sowie die flankierende Lösung von Steuerungsproblemen mit Hilfe geeignet gestalteter Anreizsysteme waren Gegenstand dieses Kapitels. Es konnte gezeigt werden, daß der Einsatz anreizorientierter Organisationsstrukturen sowie die Unterstützung dezentraler Entscheidungen durch innovative Informations- und Kommunikationssysteme zu einer erheblichen Verbesserung des Angebotserstellungsprozesses in Banken führen. Diese Betrachtung - deren Fokus bislang auf der geeigneten Gestaltung der Kundenschnittstelle lag - soll nun im folgenden Kapitel 4 auf die dezentrale Verarbeitung interner zentraler Restriktionen im Rahmen des Angebotsprozesses ausgedehnt werden.

4 Dezentrale Eigenkapitalsteuerung in Banken mit Hilfe interner Elektronischer Märkte

In dem vorangegangenen Kapitel wurden die Dezentralisierung der Angebotserstellung in Banken diskutiert sowie geeignete Gestaltungsansätze abgeleitet und vorgestellt. Charakteristisch für diese Ansätze ist die Verlagerung weitgehender Entscheidungskompetenzen an die dezentrale Kundenschnittstelle. Die Rahmenbedingungen der dezentralen Geschäftstätigkeit zeichnen sich allerdings sowohl durch endogene als auch exogen vorgegebene Restriktionen aus. Gerade letztere (z.B. durch die Bankenaufsicht gesetzte Normen) beziehen sich in der Regel auf zentrale Bankgrößen, die die Ergebnisse einer Vielzahl dezentraler Einzelentscheidungen repräsentieren. Somit verlangen rechtliche Rahmenbedingungen Elemente einer bankinternen Koordination, so daß global formulierte Ziele und Restriktionen (wie z.B. die Eigenkapitalvorschriften der Bankenaufsicht) in den lokalen Entscheidungen angemessen Berücksichtigung finden. Deshalb wird in diesem Kapitel am Beispiel der Eigenkapitalallokation in Bankunternehmungen zunächst ein auf marktlichen Prinzipien basierender Ansatz zur unternehmungsinternen Koordination dezentraler Aktivitäten entwickelt, um anschließend koordinationskostengünstige Möglichkeiten der Umsetzung mit Hilfe eines internen Elektronischen Marktes aufzuzeigen.

Ausgehend von den bankaufsichtsrechtlichen Restriktionen wird zunächst „haftendes Eigenkapital“ als knappe Ressource im Rahmen des Allfinanzangebotsprozesses identifiziert, deren konkurrierende Nutzung durch dezentrale Organisationseinheiten horizontale externe Effekte zur Folge haben kann. Die Analyse hierarchischer Instrumente zur Lösung des Koordinationsproblems verdeutlicht, daß herkömmliche Budgetierungsverfahren und zentrale Vorgaben dynamische Marktentwicklungen und Geschäftsmöglichkeiten nur in ungenügendem Maße berücksichtigen können. Auf dieser Grundlage wird die Notwendigkeit abgeleitet, marktliche Mechanismen zur Eigenkapitalallokation einzusetzen. Es wird dann der Frage nachgegangen, inwieweit externe Marktinformationen und -preise im Rahmen der erweiterten Marktzinsmethode genutzt werden können, um ein dezentrales Koordinationskonzept auf der Basis von marktorientierten Verrechnungspreisen zu ermöglichen. Es zeigt sich, daß die der Marktzinsmethode zugrundeliegenden Annahmen im Falle der Ressource Eigenkapital nicht in hinreichendem Maße erfüllt sind. Daher wird im folgenden ein internes Marktkonzept entworfen und als Handel von Eigenkapitalnutzungsrechten zwischen dezentralen Organisationseinheiten konkretisiert. Die Realisierung eines derartigen Konzepts als interner Elektronischer Markt ist schließlich Gegenstand der nachfolgenden Überlegungen. Abschließend werden die Ergebnisse zusammengefaßt und die Probleme eines bankinternen (elektronischen) Marktes diskutiert.

4.1 Dezentralität und die Verarbeitung zentraler Restriktionen

4.1.1 Aufsichtsrechtliche Restriktionen

Aufgrund der großen Bedeutung des Bankensektors für die Funktionsfähigkeit des gesamten marktwirtschaftlichen Wirtschaftssystems unterliegen die Banken einer Vielzahl regulatorischer Auflagen. Zur Funktionssicherung des Bankensektors sowie aus Gründen des Gläubigerschutzes werden staatliche Eingriffe in das Finanzsystem in Form der Bankenaufsicht als notwendig erachtet [Niet90, 32ff.]. Die Aufgaben und Instrumente der Bankenaufsicht werden in Deutschland im Gesetz über das Kreditwesen (KWG) definiert und durch das Bundesaufsichtsamt für das Kreditwesen (BAKred) wahrgenommen. Das KWG enthält hierzu zahlreiche Vorschriften, die den Banken quantitative (Bilanz-) Strukturnormen setzen und ihnen qualitative Verhaltensregeln auferlegen [ScTr95, 14]. Letztere haben zwar Auswirkungen auf die Spielräume bei der Ausgestaltung formaler Entscheidungsprozesse (vor allem bei der Kreditvergabe), wirken jedoch nicht unmittelbar restriktiv auf die Geschäftstätigkeit. Das Gegenteil ist für die sogenannten Risikobegrenzungsnormen der Fall: Jedes einzelne dezentral getätigte Geschäft beeinflußt die Risikoposition der Bank. Die Risikotragfähigkeit wird dabei u.a. durch das haftende Eigenkapital determiniert. Zur Risikobegrenzung setzt deshalb die Bankenaufsicht an dieser Stelle an, indem sie beispielsweise in ihrem Grundsatz I[135] für jedes Kreditinstitut die Unterlegungspflicht bestimmter, je nach Risikogehalt gewichteter Risikoaktiva mit haftendem Eigenkapital vorschreibt und die *ständige* Einhaltung

---

[135] Grundsatz I des Bundesaufsichtsamtes für das Kreditwesen (BAKred) in Verbindung mit § 10 KWG; vgl. auch [Dürs93].

solchermaßen formulierter Mindestkoeffizienten verlangt [Bakr92].[136] Indem direkte Anforderungen an die angemessene Eigenkapitalausstattung im Verhältnis zum Risikogehalt der Bankaktiva gestellt werden, erfahren die dezentral getätigten risikotragenden Aktivgeschäfte der Bank eine unmittelbare Begrenzung.

Diese regulatorischen Auflagen bestimmen die Wettbewerbsfähigkeit der Banken in wesentlichem Maße, so daß in jüngster Zeit verstärkte internationale Harmonisierungsbemühungen unternommen wurden, um Wettbewerbsverzerrungen infolge differierender Auflagen und aufsichtsrechtlicher Normen zu reduzieren [Wieb92a, b]. Aktuelles Beispiel ist die vieldiskutierte Umsetzung der Kapitaladäquanzrichtlinie.[137] Wir wollen an dieser Stelle auf eine Diskussion der (gesamtwirtschaftlichen) Effizienz solcher aufsichtsrechtlichen Normen verzichten und die Restriktionen vielmehr als gegebene Rahmenbedingungen betrachten. Im Vordergrund steht die Auswahl und Gestaltung von Mechanismen zur effizienten bankinternen Berücksichtigung zentraler Restriktionen in dezentralen Entscheidungen.

Wir wollen im folgenden den Grundsatz I (GS I) als zentrale Restriktion herausgreifen, da dessen Berücksichtigung wesentlich für die im Mittelpunkt dieser Arbeit stehenden dezentralen Leistungserstellung am Kundenmarkt ist. Zur Begrenzung von Bonitäts- und Adressenausfallrisiken wird durch den GS I eine Unterlegungspflicht bestimmter, je nach Risikogehalt gewichteter Risikoaktiva mit haftendem Eigenkapital gefordert. Dabei darf die Summe solchermaßen gewichteter Risikoaktiva zu keinem Zeitpunkt das 12,5-fache des haftenden Eigenkapitals überschreiten. Diese Restriktion kann formal folgendermaßen dargestellt werden:

$$(4\text{-}1) \quad \sum_{i=1}^{k} B_i \cdot BGF_i \leq 12{,}5 \cdot hEK \ .$$

Zur Ermittlung des anzurechnenden Volumens der Einzelposition i (i = 1,.., k) wird zunächst deren Bemessungsgrundlage (B_i) bestimmt. Dies ist in der

---

136 Der Grundsatz-I-Mindestkoeffizient von 8 % darf nicht unterschritten, und muß ständig - und nicht nur zu ausgewählten Zeitpunkten - eingehalten werden (vgl. [Bakr92; Dürs94, 113]).

137 Vgl. hierzu z.B. [Dale91], [GrMa94], [Rudo94a], [Schu92a] und [Schu94b].

Regel der Buchwert abzüglich der Wertberichtigungen. Die so bestimmte Bemessungsgrundlage wird daraufhin mit dem Bonitätsgewichtungsfaktor (BGF_i) multipliziert, der die unterschiedlichen Bonitätsklassen verschiedener Kontrahentengruppen (andere Kreditinstitute, Kunden, etc.) zum Ausdruck bringt. Schließlich wird über die so bestimmten anzurechenden Volumina der Einzelgeschäfte aufsummiert, wobei die Summe das 12,5-fache des haftenden Eigenkapitals (hEK) nicht übersteigen darf. Mit anderen Worten: Die Summe der anzurechenden Einzelgeschäftsvolumina muß mindestens zu 8 % (Solvabilitätskoeffizient) mit haftendem Eigenkapital unterlegt sein.

Es bedarf keiner Diskussion, daß eine solche Vorgehensweise zur Gesamtrisikoermittlung den portfoliotheoretischen Gesichtspunkt der Risikostreuung vernachlässigt [Schei94, 787], da lediglich (grob schematisch bestimmte und gewichtete) Einzelrisiken linear addiert werden. Aus diesem Grund erscheint eine bankinterne Risikosteuerung auf Grundlage der aufsichtsrechtlichen Anforderungen ungeeignet. Wesentlich ist indessen der Aspekt der Ressourcenrestriktion: Es wird deutlich, daß zur Bildung von Risikoaktiva, d.h. dem Abschluß von Einzelgeschäften (Kreditgeschäft, Kauf von Wertpapieren, etc.) infolge der aufsichtsrechtlichen Restriktion der „Einsatz" von haftendem Eigenkapital erforderlich ist. Dezentrale Geschäftseinheiten benötigen mithin die Ressource haftendes Eigenkapital zur Leistungserstellung.

4.1.2 Horizontale Externalitäten als Folge des Ressourcenverbundes

Da die Ressource haftendes Eigenkapital auf Bankebene definiert ist und zentral zur Verfügung gestellt wird (z.B. als Stammkapital), bestehen Ressourceninterdependenzen zwischen den dezentralen Bankeinheiten. Ressourceninterdependenzen existieren, wenn Entscheidungseinheiten zur Realisierung ihrer Entscheidungen auf eine gemeinsame knappe Ressource zugreifen müssen (vgl. Abschnitt 2.2.1.1). Wenn in einem Bereich Ressourcen verbraucht werden, stehen sie dem anderen Bereich nicht mehr zur Verfügung. Die Nichtberücksichtigung der Wirkungen des Ressourceneinsatzes auf andere Bereiche im dezentralen Entscheidungskalkül begründet horizontale Externalitäten (vgl. Abschnitt 2.2.1.1). Ursache für Ressourceninterdependenzen ist die Existenz eines Restriktionsverbunds, der zur direkten Folge hat, daß die Aktionsmöglichkeiten einer Einheit durch die Aktionen einer anderen Einheit eingeschränkt werden [LaLi93, 208f.]. Der Restriktionsverbund ergibt sich hier unmittelbar aus der Formulierung des GS I. Ist ein Eigenkapitalengpaß in dieser Hinsicht gegeben, so kann die Vergabe eines GS-I-wirksamen Kredites durch eine Profit-Center-Filiale die Vergabe von entsprechenden Krediten durch andere Geschäftseinheiten und damit die Erzielung entsprechender Erfolgsbeiträge verhindern [Krem92]. Daraus resultiert aus Sicht der Bank ein Koordinationsbedarf, der zwei Aspekte umfaßt: Es gilt zum einen, *die knappe Ressource Eigenkapital in ihre produktivste Verwendung zu lenken,* und zum anderen, *die aufsichtsrechtlichen Dekkungsvorschriften jederzeit zu erfüllen.*

Die hierzu notwendigen Koordinationsmechanismen haben einem Spannungsfeld Rechnung zu tragen, daß vor allem durch den Aspekt wechselseitiger Informationsasymmetrie (vgl. die Grundannahmen in Abschnitt 1.3) geprägt wird: Dezentrale (Geschäfts-)Einheiten werden zu dem Zweck gebildet, eine größere Markt- und Kundennähe sowie schnelle, flexible und eigenverantwortliche Entscheidungen zu sichern. Infolgedessen sind die Einheiten naturgemäß über die Gegebenheiten „vor Ort" und erzielbare Erfolgsbeiträge weitaus besser informiert als die Unternehmungszentrale [BaLo92]. Aus Sicht der Bank ist zur Allokationsentscheidung über die knappe Ressource Eigenkapital hinsichtlich des GS I „auf die Relation von Deckungsbeitrag eines Kundengeschäfts zu produktbezogener Eigenkapitalbelastung als Entscheidungskriterium abzustellen" [Akma94, 86]. Da die jeweilig erzielbaren Deckungsbeiträge in der Regel nur den einzelnen Geschäftseinheiten bekannt sind, bedeutet dies, daß die allokationsrelevanten Informationen verteilt auf die dezentralen Einheiten vorliegen.

Allerdings zeichnen sich die einzelnen Einheiten auch durch eine begrenzte Kenntnis der Wirkungen ihrer Einzelentscheidungen auf zentrale Bankrestriktionen aus, da sie jeweils nur über eine eingeschränkte Sicht auf den gesamten Angebotsprozeß verfügen und nicht alle Determinanten berücksichtigen können. Insbesondere besitzen die Geschäftseinheiten per se keine Informationen über die Konformität ihrer Einzelentscheidung mit der Einhaltung der aufsichtsrechtlichen Eigenkapitalgrundsätze. Die hierzu notwendige Information ist lediglich auf zentraler Ebene verfügbar.

Aus dem Blickwinkel einer effizienten Ressourcenallokation und steigenden Anforderungen der Bankenaufsicht folgt die Notwendigkeit, die effiziente Gestaltung der internen Eigenkapitalallokation (und anderer knapper Bankressourcen) als zusätzlichen und in seiner Bedeutung wesentlichen Punkt auf die Forschungsagenda zu nehmen bzw. Koordinationsinstrumente zu entwickeln, die geeignet sind, eine effiziente Verteilung der knappen Ressource Eigenkapital nach Rendite-/ Ressourceneinsatzgesichtspunkten auf die dezentralen Geschäftseinheiten zu unterstützen. Bei der Gestaltung solcher Koordinationsmechanismen gilt es vor allen Dingen, dem Spannungsfeld aus wohlbegründeter Dezentralität und zentralen Zielen bzw. Restriktionen auf der Gesamtbankebene Rechnung zu tragen.

4.1.3 Einsatz hierarchischer Koordinationsinstrumente

In der Praxis erfolgt der Versuch einer Überwindung dieses Spannungsfeldes bzw. einer bezüglich der Unternehmungsziele optimalen Ressourcenallokation auf die dezentralen Geschäftseinheiten im wesentlichen durch den Einsatz hierarchischer Koordinationsinstrumente. Hierarchische Koordinationsmechanismen zeichnen sich dadurch aus, daß eine zentrale Instanz die verteilt vorliegenden Informationen sammelt, verarbeitet und als Ergebnis dieses Prozesses den dezentralen Einheiten explizit oder implizit Höhe und Art des Ressourceneinsatzes vorgibt.

Für die implizite hierarchische Vorgabe des Ressourceneinsatzes im Falle des haftenden Eigenkapitals kommen zwei Verfahren in Frage:

- die Budgetierung,
- die zentrale Vorgabe von Verrechnungspreisen für in Anspruch genommenes haftendes Eigenkapital.

Budgetierung bedeutet, daß die Dispositionsfreiheit der dezentralen Einheiten durch Limitierung der Inanspruchnahme haftenden Eigenkapitals eingeschränkt wird [FrHa90, 26].

Das Koordinationsproblem wird ex ante im Rahmen der Budgetaufstellung gelöst. Die Budgetierung kann damit als „Prozeß der systematischen, formalisierten Zusammenstellung, Koordination, Vorgabe, Durchsetzung und Kontrolle periodenbezogener, verbindlicher Mengen- und Wertgrößen zur zielorientierten Ausrichtung der Geschäftstätigkeit der Unternehmung“ aufgefaßt werden [Kers95, 23]. Zentrale Restriktionen wie der GS I fließen in diesem Prozeß in die Fixierung der Budgetgrößen ein. Ein solches Ressourcenbudget repräsentiert die Ausstattung einer dezentralen Einheit mit dem Produktionsfaktor haftendes Eigenkapital und beschränkt die Dispositionsfreiheit auf diese Ausstattung. Da das eigentliche Koordinationsproblem im Rahmen der Budgetaufstellung gelöst wird, wird die Rolle der zentralen Instanz durch den Partizipationsgrad der dezentralen Einheiten im Budgetierungsprozeß definiert. Wenn sich die Zentrale bei der Ermittlung und Vorgabe von Budgets einer asymmetrischen Informationsverteilung gegenübersieht, kann Partizipation den Informationsstand der Zentrale erhöhen [WaEw93c, 421] und damit bessere Allokationsentscheidungen ermöglichen.

Im allgemeinen werden drei Varianten von Budgetierungsprozessen unterschieden [StSc93, 342f.]: Top-down- und Bottom-up-Budgetierung sowie die Budgetierung im Gegenstromverfahren. Während die Top-down-Lösung „bessere“ Informationen der dezentralen Einheiten ungenutzt läßt, bestehen bei der Bottom-up-Lösung Anreizprobleme zur wahrheitsgemäßen Berichterstattung der dezentralen Einheiten über ihre Handlungsmöglichkeiten und Geschäftsalternativen („misrepresentation“)[138], die durch den Einsatz von Anreizsystemen, wie beispielsweise dem Groves-Schema [Grov73, GrLo79], gelöst werden müssen.[139] Das Gegenstromverfahren stellt letztlich eine mittlere Lösung dar, bei der es sich um „ein iteratives Herantasten an das Budget“ [WaEw93c, 421] handelt.

Ressourcenbudgets sind schließlich die Ergebnisgrößen des skizzierten Planungsprozesses,[140] in dessen Rahmen die erwarteten/geschätzten marktlichen Möglichkeiten der dezentralen Einheiten mit den zentralen Restriktionen abgestimmt werden.

Zusammenfassend wird die Vorgehensweise der Budgetierung in Abbildung 4-1 veranschaulicht: Zu Beginn der Planungsperiode werden in einem mehrstufig-hierarchischen Planungsprozeß Ziele und Restriktionen der Gesamtbank auf die einzelnen Geschäftseinheiten heruntergebrochen. Die Ein-

---

138 Vgl. hierzu [Radn87, 17f.].

139 Zu den theoretischen Anwendungsproblemen von Groves-Schemata vgl. [PfLe95]. Im Hinblick auf praktische Einsatzprobleme vgl. [Arbe94, 912ff.].

140 In der Praxis erfolgt die Budgetierung des haftenden Eigenkapitals oftmals implizit durch die Vorgabe von Sollgrößen hinsichtlich des (Neu-)Geschäftsvolumens in bestimmten Geschäftsarten.

haltung des GS I wird durch eine Ex-ante-Allokation von Eigenkapitalbudgets auf einzelne Geschäftseinheiten zu erreichen versucht.

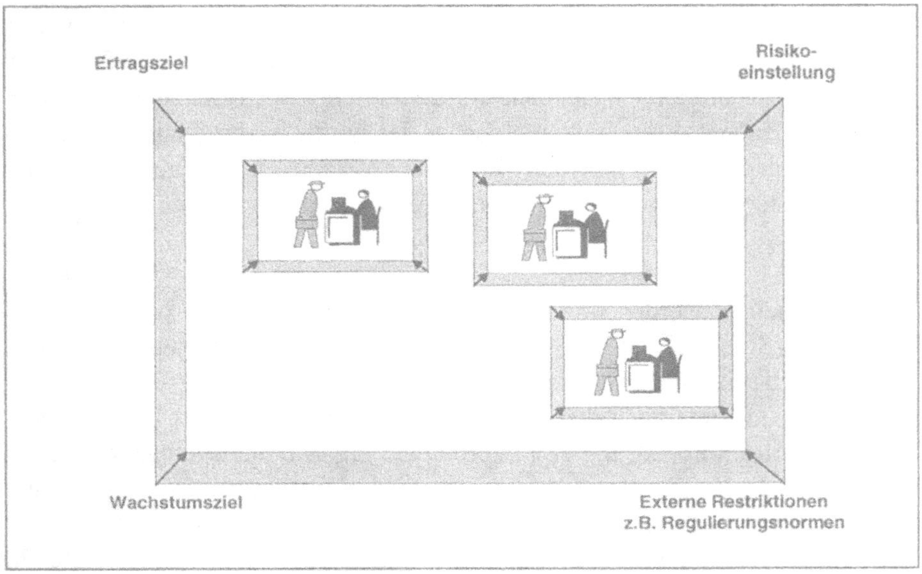

Abbildung 4-1: Hierarchische Allokation von Ressourcen

Ihre tatsächliche Einhaltung ist im Zeitablauf ständig zu kontrollieren, wobei etwaige Abweichungen sofortige Gegensteuerungsmaßnahmen zur Folge haben müssen, um aufsichtsrechtliche Normen nicht zu verletzen. Die Gegensteuerung erfolgt in der Regel durch Eingriffe der zentralen Instanz in die Geschäftstätigkeit der betroffenen dezentralen Einheiten mittels direkter Plafondierung/Limitierung von Geschäftsarten oder der Vorgabe von Richtkonditionen.

Der Einsatz eines hierarchischen Budgetierungsverfahrens zur Koordination dezentraler Entscheidungen ist aus folgenden Gründen als problematisch anzusehen: Die wesentliche Schwierigkeit liegt in der Ermittlung optimaler Budgets (bzw. Mengenvorgaben) durch die Zentrale. Die Lenkung der knappen Ressource haftendes Eigenkapital in ihre produktivste Verwendung erfordert die Berücksichtigung individueller Marktgegebenheiten, denen sich einzelne dezentrale Geschäftseinheiten gegenübersehen. Erfolgt der Budgetierungsprozeß ohne die angemessene Beteiligung dezentraler Einheiten, so basieren zentrale Budgetvorgaben auf einer unzureichenden Informationsbasis.[141] Zunehmende Partizipation der dezentralen Einheiten im Planungsprozeß führt indessen zum Anstieg der Zahl notwendiger iterativer Planungsschritte. Neben Anreizprobleme zur wahrheitsgemäßen Aufdekkung lokaler Informationen treten zusätzlich hohe Kosten des Planungsverfahrens. Letztere haben einen negativen Einfluß auf die Häufigkeit, mit der der Planungsprozeß durchgeführt wird, so daß sich Budgetvorgaben in der Regel auf längere Zeiträume beziehen (müssen) und zur Inflexibiliät des Verfahrens führen [Gerk94, 126]. Die Inflexibilität wird darüber hinaus durch das Fehlen geeigneter Selbstregelungsmechanismen zur Korrektur der Planungsergebnisse bei unerwarteten Umweltänderungen verstärkt. Kommt es zu Abweichungen zwischen den zentralen Planvorgaben und den dezentral realisierten Ist-Werten, so sind Gegensteuerungsmaßnahmen zu treffen, die auf einer fundierten Abweichungsanalyse basieren sollten. Die zentrale Bewertung der Abweichungen bereitet indessen Schwierigkeiten, die wiederum auf die asymmetrische Informationsverteilung zwischen Zentrale und dezentralen Einheiten zurückzuführen sind: Zum einen können die ursprünglichen Planvorgaben bereits realitätsfern gewählt worden sein, so daß sich die Planabweichung nahezu zwangsläufig ergibt. Zum anderen können über Gesamtmarktentwicklungen hinaus spezifische Einflußfaktoren zu Sonderentwicklungen in einzelnen dezentralen Einheiten führen.[142] Aufgrund ihres Informationsdefizits ist die Zentrale nicht ausreichend in der Lage, die Abweichungsursachen zu erkennen, so daß notwendige Gegensteuerungsmaßnahmen - die in der Regel mit einem erheblichen Eingriff in das operative Geschäft verbunden sind - nur auf einer unzureichenden Informationsbasis ermittelt werden können.

---

141 Strebt man den effizienten Einsatz knapper Bankressourcen (haftendes Eigenkapital) unter Berücksichtigung der Bankziele bzw. der Ressourcenrestriktionen an, so bestünde bei vollständiger Information der Zentrale eine grundsätzliche Lösungsmöglichkeit in der Anwendung eines „Simultan-Totalansatzes" zur vollständigen Optimierung der Ressourcenallokation. Läge vollständige Information vor, dann ließe sich das gesamte Bankgeschäft simultan, d.h. gleichzeitig und in einem einzigen Zeitpunkt, planen - nämlich durch Optimierung über den Bestand aller heute und zukünftig möglichen Handlungsalternativen der Bank. Derartige Optimierungsansätze wurden im wesentlichen in den 70er Jahren entwickelt [Depp69, Meye70] und eingesetzt. Aufgrund der unzureichenden Informationsbasis der Zentrale [Schi95, Sp. 150] haben sich derartige zentrale Planungsansätze als in der Regel nicht praktikabel erwiesen.

142 „So wird es z.B. für eine Filiale, die ihren Markt bereits stark durchdrungen hat, schwierig bei abflauender Nachfrage zusätzliche Kunden zu akquirieren. Anders wird dies für Geschäftsstellen mit noch nicht voll abgeschöpften Marktpotential gelten" [Gerk94, 139].

Die zentrale Koordination der dezentralen Einzelaktivitäten ist neben zentralen Mengenvorgaben (Budgetierung) weiterhin über einzelgeschäftsorientierte Kalkulationsverfahren durch Ansatz zentral vorgegebener Verrechnungspreise möglich. Dieser zentrale Koordinationsmechanismus zeichnet sich dadurch aus, daß die zentrale Instanz die verteilt vorliegenden Informationen sammelt, verarbeitet und als Ergebnis dieses Prozesses den dezentralen Einheiten explizit einen Wertansatz (Verrechnungspreis) für die Inanspruchnahme der knappen Ressource Eigenkapital vorgibt. Die Umsetzung im Rahmen der Einzelgeschäftskalkulation erfolgt in der bankbetrieblichen Praxis durch den Einsatz von Bonus-/Malus-Systemen [Schi94b, 1433]. Die Anreize zum Abschluß engpaßbelastender Geschäfte (beispielsweise die Vergabe eines Kredits mit 100-prozentiger GS-I-Anrechnung) werden durch die Berechnung eines Malus abgeschwächt, während durch die Vergabe von Boni engpaßentlastende Geschäfte (Emission von Genußscheinen) gefördert werden. Das eigentliche Koordinationsproblem wird in Analogie zur Budgetierung ex ante im Rahmen der Verrechnungspreisermittlung von der Zentrale gelöst. Es gelten daher grundsätzlich die gleichen Probleme, wie sie bereits für die Budgetierung diskutiert wurden.

Es liegt auf der Hand, daß die hierarchische und verhältnismäßig starre Aufgabenzuweisung, Ressourcenzuteilung oder Bewertung der Leistungen durch einen zentralisierten Steuerungs- und Kontrollapparat [Schm93b] dynamische Marktinformationen „vor Ort“ nur in ungenügendem Maße berücksichtigen können, was nicht zuletzt mit wachsender Unternehmungsgröße zu abnehmender Flexibilität und Anpassungsfähigkeit führt. Dies gilt im besonderen für den Fall, daß Ressourcen (hier: haftendes Eigenkapital) aufgrund unerwarteter Marktentwicklungen dynamisch reallokiert werden müssen. Es läßt sich festhalten, daß die zentrale Ermittlung und Festlegung von Mengenvorgaben (Budgets) oder Verrechnungspreisen für gemeinsam genutzte Ressourcen der Dezentralisierung von Entscheidungskompetenzen sowie den damit verbundenen Vorteilen entgegenwirken. Das Ziel der Dezentralisierung besteht gerade in der Vergabe von Entscheidungskompetenzen an marktnahe Einheiten, so daß diese „dezentrale Entscheidungen treffen können, die aufgrund genauerer Marktinformationen und höherer Flexibilität zu besseren Ergebnissen führen als zentrale Entscheidungen. Dieser Intention wird jedoch über eine zentrale Entscheidung hinsichtlich der Verrechnungspreise genau entgegengewirkt“ [Kräk92, 190].

Da die Bank im Falle haftenden Eigenkapitals nicht auf die Bereitstellung der gemeinsam zu nutzenden Ressource verzichten und die Ressourcenbeschaffung an die dezentralen Einheiten delegieren kann, sind alternative, marktliche Lösungsansätze der Koordination zu verfolgen.

4.2 Einsatz von Marktmechanismen zur bankinternen Eigenkapitalallokation

Grundsätzlich bestehen zwei Möglichkeiten für die Bank, marktliche Koordinationsmechanismen zur bankinternen Eigenkapitalsteuerung einzusetzen und zu nutzen. Falls ein externer Markt für die betrachtete Ressource existiert, kann den dezentralen Einheiten für die Inanspruchnahme der externe Marktpreis in Rechnung gestellt werden. Im Falle haftenden Eigenkapitals erscheint diese Alternative auf den ersten Blick mit Schwierigkeiten verbunden, da zumindest ein expliziter Markt für haftendes Eigenkapital nicht existiert. Wir werden allerdings im folgenden aufzeigen, wie durch geeignete Tausch- und Kompensationsgeschäfte an externen Geld- und Kapitalmärkten engpaßentlastende Wirkungen erzielt und damit implizit die Ressource haftendes Eigenkapital gehandelt werden kann. Der Ressourcenmarktpreis ergibt sich dann aus den „Kosten" derartiger Tauschgeschäfte.

Die zweite Möglichkeit besteht in der Schaffung und Gestaltung eines bankinternen Marktes für haftendes Eigenkapital. Bei geeigneter Ausgestaltung treten an dem internen Markt dezentrale Einheiten als Anbieter und Nachfrager von haftendem Eigenkapital auf, so daß sich ein der bankinternen Knappheitssituation entsprechender Marktpreis bildet. Damit spiegelt sich das Wissen über die Knappheitsverhältnisse von bankinternen Ressourcen in deren Preisen wider, die von jedem Marktteilnehmer als Informationen für seine lokale und individuelle Entscheidungsfindung genutzt werden können. Die komplexen und vielfältigen Informationen über Geschäftsmöglichkeiten und -alternativen in den einzelnen Einheiten werden durch die Informationsverarbeitungsleistung des Marktmechanismus auf sehr wenige Informationen - die Preise - verdichtet, die auch von dezentralen Entscheidungseinheiten (trotz begrenzter Fähigkeiten) genutzt und verarbeitet werden können.

Letztlich ist auch eine hybride Form der Marktorientierung denkbar, indem eine Verknüpfung externer Teilmärkte mit einem zu schaffenden internen Markt über Arbitrageprozesse erfolgt. Diese Arbitragefunktion nehmen beispielsweise Einheiten wahr, die an externen Märkten tätig sind (z.B. Treasury oder Zentraldisposition) und zugleich als Teilnehmer am internen Markt fungieren. Im folgenden sollen die dargestellten Gestaltungsmöglichkeiten konkretisiert und auf ihre Eignung zur internen Eigenkapitalallokation hin untersucht werden.

4.2.1 Nutzung externer Marktinformationen zur internen Koordination

Im folgenden wollen wir zunächst die Alternative der externen Marktorientierung evaluieren. Mit der erweiterten Marktzinsmethode steht ein einzelgeschäftsorientiertes Kalkulationsinstrument zur Verfügung, mit dessen Hilfe die Inanspruchnahme der Ressource haftendes Eigenkapital über externe Marktpreise bewertet werden kann. Wir werden nachfolgend diesen Ansatz zur dezentralen Eigenkapitalsteuerung kurz darstellen und bewerten. Dabei wird sich zeigen, daß die zugrundeliegenden Annahmen in der Realität nicht in hinreichendem Maße erfüllt sind, so daß es alternativer Gestaltungsansätze zur marktorientierten Eigenkapitalsteuerung bedarf. Die Erkenntnisse lassen sich aber dennoch nutzen, wenn im Rahmen alternativer Ansätze engpaßentlastende Wirkungen über externe Markttransaktionen erzielt werden sollen.

Dezentrale Entscheidungen in Marktbereichen präsentieren sich vor allem als Auswahl und Gestaltung vorteilhafter Kundengeschäfte. Als Entscheidungsgrundlage dient die Bewertung des Einzelgeschäfts zum Entscheidungszeitpunkt[143] auf der Basis einer einzelgeschäftsbezogenen, dezentralen Kalkulation von Kundengeschäften, die den Kundenberater in die Lage versetzt, die Vorteilhaftigkeit des Geschäftsabschlusses aus Banksicht bzw. in Abhängigkeit von der bewerteten Ressourceninanspruchnahme zu beurteilen.

---

[143] Dies bedeutet nicht, daß das einzelne Kundengeschäft im Rahmen der Konditionengestaltung lediglich isoliert betrachtet wird. Das Einzelgeschäft ist vielmehr auch im Lichte der gesamten Kundenbeziehung zu sehen. Allerdings ist es auch hierzu erforderlich, einzelne Geschäftsabschlüsse - als Bestandteile des gesamten Kundenportfolios - zu bewerten.

Für den Fall, daß alle relevanten Ressourcen jederzeit und in beliebiger Höhe an einem vollkommenen externen Markt[144] handelbar (also sowohl erwerb- als auch verkaufbar) sind, können zum Zwecke der Kalkulation externe Marktpreise (bzw. marktorientierte Verrechnungspreise) angesetzt werden [Hell87], da die zum Abschluß eines zu kalkulierenden Kundengeschäfts benötigten Ressourcen jederzeit am externen Markt beschafft bzw. alternativ verwendet werden können.[145] Jedes Kundengeschäft würde demnach vorteilhaft sein, wenn der vom Kunden bezahlte Preis über dem zu Marktpreisen bewerteten, aggregierten Ressourcenverbrauch liegt. Bei Existenz eines vollkommenen Ressourcenmarktes ermöglicht demnach die Verwendung des Marktpreises die Separation dezentraler Entscheidungen, da die Vorteilhaftigkeit eines Kundengeschäfts isoliert bewertet werden kann.

In diesem Kontext ist die Vorgehensweise im Marktzinsmodell „eine Methode, um entscheidungsrelevante Lenkpreise in Bankkalkulation und -steuerung zu integrieren“ [GaPf95, 44] und dabei den (externen) Geld- und Kapitalmarkt (GKM) zur Separation verwendet [DrFa83]. Sie hat sich in den letzten Jahren fast durchgängig in der Bankpraxis durchgesetzt [Kodl92] und soll eine objektivierte Bewertung von Bankgeschäften liefern.[146] Die Grundidee besteht in der Duplizierung (Kompensation) der Wirkungen des zu kalkulierenden Kundengeschäftes durch Geschäfte am Geld- und Kapitalmarkt (GKM), die im Bewertungszeitpunkt in beliebiger Höhe realisierbar sind. Sie dienen damit als Meßlatte (Opportunität) für das zu kalkulierende Kundengeschäft. Der Konditionsbeitrag eines Geschäfts gibt das kassenwirksame Mehr an Ertrag im Vergleich zu dieser Meßlatte an und beziffert das Maß der Vorteilhaftigkeit des zu kalkulierenden Kundengeschäfts.[147]

---

144 Ein vollkommener Geld- und Kapitalmarkt zeichnet sich u.a. durch die Abwesenheit von Transaktionskosten sowie durch identische Zinssätze für Mittelanlage und -aufnahme aus [FrHa90, 104].

145 Sind die Ressourcen handelbar, so sind sie aus Sicht der kalkulierenden Bank jederzeit als knapp anzusehen, da sie im Entscheidungszeitpunkt oder in Zukunft nicht nur in der zu beurteilenden Handlungsalternative, sondern auch anderweitig verwendet werden können; nämlich durch den An- oder Verkauf am externen Markt.

146 Allerdings wird sie - entgegen ihrer entscheidungsorientierten Intention - in der Bankpraxis meist vergangenheitsorientiert zum Zwecke der Nachkalkulation und abrechnungsorientiert eingesetzt. Noch (zu) selten ist ihr wesentlich vielversprechenderer Einsatz zum Entscheidungszeitpunkt.

147 Der Konditionsbeitrag kann im übrigen auf vielerlei Arten entnommen werden: Als Barwert im Kontrahierungszeitpunkt, als Endwert oder periodisiert während der Lauf-

Der Konditionsbeitrags-Barwert bezeichnet „die Differenz zwischen der Zahlung des zu kalkulierenden Geschäftes und den Zahlungen der zur Duplizierung verwendeten GKM-Geschäfte im Zeitpunkt t_0" [GaPf95, 10]. Damit beruht die im Marktzinsmodell durchzuführende Bewertung von Bankgeschäften auf Arbitrage-Überlegungen [GaPf95, 7].

Zur Duplizierung der Wirkungen eines Kundengeschäftes im Grundmodell werden in der Regel GKM-Geschäfte der gleichen Bilanzseite herangezogen. Dahinter steht der Gedanke, daß das Kundengeschäft eine alternative Handlungsmöglichkeit am GKM verdrängt. Eine alternative Auffassung besteht in der Verwendung von GKM-Geschäften der Bilanzgegenseite zur Kompensation der Engpaßwirkungen eines zu kalkulierenden Kundengeschäfts. Die theoretische Fundierung bezieht diese Vorgehensweise aus der Konstruktion der Indifferenzsituation: „Die knappen Produktionsfaktoren sind in gleichem Maße verfügbar wie vor Treffen der Entscheidung, wenn man sie wiederbeschafft. Die Kosten der Wiederbeschaffung (Kosten der kompensierenden Maßnahme) werden als Opportunitätskosten der ergriffenen Handlungsalternative interpretiert. [...] An die Stelle 'echter' Opportunitätskosten i. S. eines Kostenäquivalents für verdrängten Nutzen treten folglich die Wiederbeschaffungskosten" [Wimm93, 639].[148] Im Falle eines vollkommenen Geld- und Kapitalmarktes - also bei Identität von Soll- und Habenzinssätzen - führen beide Ansätze zu den gleichen Ergebnissen.[149] Wir werden im folgenden die Terminologie der Kompensation verwenden, bei dem sich die Opportunitätskosten des Ressourceneinsatzes als Kosten desjenigen Maßnahmenbündels errechnen, „mit dem alle Engpaßwirkungen des zu kalkulierenden Einzelgeschäfts vollkommen kompensiert werden können" [Schi94a, 781].

zeit. Um die Darstellung zu vereinfachen, wird hier vom Barwertansatz ausgegangen. Zu den Vorteilen des Barwertkonzepts vgl. [BeGe91].

148 Die Interpretation der Kosten der Ressourcenwiederbeschaffung an einem vollkommenen Markt als Opportunitätskosten geht u.a. auf [BoSc84], [Bohr85] und [Bohr88] zurück. Die darauf basierende Fundierung des Gegenseitenkonzepts im Rahmen des Marktzinsmodells erfolgt in [Wimm93a, b] und [Wimm94].

149 Je nach zugrundegelegtem Geld- und Kapitalmarkt (bzw. abhängig von der betrachteten Bank und ihrer Zugangsmöglichkeiten) ist die Annahme identischer Soll- und Habenzinssätze mehr oder weniger realitätsnah [GaPf95, 21]. Zu den Auswirkungen der Existenz einer Geld-/Brief-Spanne (auch in Zusammenhang mit der Verwendung des Opportunitäts- bzw. Gegenseitenprinzips) vgl. [Schi94a, 116ff.], [ScMa92, 446f.], [Bank87] und [Wimm93b]. Zur Kritik an der Übertragung der Marktzinsmethode auf die Bewertung von Realinvestitionen u.a. wegen der Geld-/Brief-Spanne vgl. [AdSc93] und [AdSc94].

Durch die dargestellte allgemeine Vorgehensweise kann die Wirkung eines Kundengeschäfts auf die knappen Bankressourcen zu Marktpreisen bewertet und dem zu kalkulierenden Geschäft in Rechnung gestellt werden, so daß eine Berücksichtigung dieser Wirkungen im dezentralen Entscheidungskalkül der Geschäftseinheit möglich wird.

4.2.1.1 Das Grundmodell der Marktzinsmethode

Im Rahmen des Grundmodells der Marktzinsmethode (MZM) bleibt die Betrachtung zunächst auf die Liquiditätswirkungen beschränkt. Als eingesetzte Ressource werden demnach nur knappe Zahlungsmittel angesehen, die damit den einzigen preisbestimmenden Bestandteil eines Kundengeschäfts darstellen [Maru90, 18ff.]. Die Kassenneutralität in Form von Liquiditätsnebenbedingungen auf Einzelgeschäftsebene stellt somit den einzigen zu beachtenden Engpaß dar [PfMa92, 705].

Der Ressourcenverbrauch eines Geschäfts drückt sich damit lediglich in der Notwendigkeit aus, beispielsweise herausgegebene Kundenkredite am Geld- und Kapitalmarkt wiederbeschaffen zu müssen. Die entsprechenden GKM-Sätze stellen mithin Wiederbeschaffungskosten für die durch das Kundengeschäft in Anspruch genommene Liquidität dar. Ein Kundengeschäft ist nur dann vorteilhaft, wenn es mindestens diese Konditionen erbringt. Um den Barwert des Konditionsbeitrags zu ermitteln, werden die GKM-Geschäfte so eingesetzt, daß nur in $t = 0$ eine erfolgswirksame Zahlungswirkung entsteht. Der Zahlungsstrom des Kundengeschäfts muß dementsprechend durch GKM-Kompensationsgeschäfte in seinen Wirkungen in allen Zeitpunkten $t = 1,..,n$ genau ausgeglichen werden. Dazu wird pro betrachteter Periode genau ein effizientes Kompensationsgeschäft benötigt, d.h. ein effizientes Geschäft zur Beschaffung von Liquidität mit der erforderlichen Auszahlungswirkung. Das Kompensations„geschäft" im Zeitpunkt $t = 0$ (Entscheidungszeitpunkt bzw. Kontrahierungszeitpunkt) stellt die Entnahme des Konditionsbeitrags-Barwerts dar.

Die rechnerische Ermittlung des Konditionsbeitrags-Barwerts soll am folgenden Beispiel veranschaulicht werden:[150]

---

[150] Zu einer Darstellung der allgemeinen Vorgehensweise über Formulierung und Lösung eines linearen Gleichungssystems (LGS) vgl. z.B. [GaPf95, 13ff.].

Beispiel 4-1: Ein Firmenkunde F (bester Bonität) wünscht einen endfälligen Kredit mit einer Laufzeit von einem Jahr zu sehr niedrigen Konditionen i.H.v. 4,55% bei einer Kreditsumme von 100.000 DM. Der risikolose, einjährige GKM-Refinanzierungssatz beträgt 4,25%.

		$t = 0$	$t = 1$
I	*Kundengeschäft:*	*- 100.000*	*+104.550*
II	*GKM-Geschäft:*	*+ X*	*- 1,0425 * X*
III	*Konditionsbeitrag:*	*- KB*	*0*
IV	*Kasse:*	*0*	*0*

In Zeile I ist die Zahlungswirkung des Kundengeschäfts zu den Zeitpunkten t=0 und t=1 abgetragen. Ein GKM-Refinanzierungsgeschäft (Zeile II) wird beim Barwertansatz nun so abgeschlossen, daß es kassenneutral im Zeitpunkt t=1 ist, d.h. die Zahlungen aus Kundengeschäft und Refinanzierung gleichen sich zu diesem Zeitpunkt gerade aus. Zins und Tilgung des Kunden decken genau die Verbindlichkeit aus dem GKM-Geschäft, beide Geschäfte kompensieren sich gegenseitig in ihren Wirkungen. Durch die gegenüber dem Kundengeschäft günstigere Refinanzierung ist es jedoch möglich, in t=0 einen höheren Betrag aufzunehmen und zu vereinnahmen als für die Auslage an den Kunden nötig wäre. Dieser Konditionsbeitrags-Barwert i.H.v. 288 DM (das negative Vorzeichen in der folgenden Tabelle resultiert aus der Modellierung als Entnahme) kann dem Kundenberater als Erfolg zugerechnet werden. Er resultiert direkt aus der beim Kunden durchgesetzten Kondition über dem GKM-Refinanzierungssatz.[151]

[151] Ein ermittelter Konditionsbeitrag für ein Geschäft kann ex post etwas über dessen Vorteilhaftigkeit aussagen und z.B. für Zwecke der Erfolgsmessung, -zurechnung und -beteiligung eingesetzt werden. Auch eine nachträgliche Forcierung bzw. eine Rückführung entsprechender Geschäftsarten kann auf dieser Basis durchgeführt werden. Sinnvoller ist jedoch die ex ante Bewertung eines anstehenden Geschäfts im Sinne einer Vorkalkulation zur Unterstützung vorteilhafter Entscheidungen. Dazu ist für ein Kundengeschäft die Angabe einer Mindestkondition als Preisuntergrenze hilfreich. Bei der Abstraktion von sonstigen dem Geschäft zurechenbaren Kosten -wie Standardeinzelkosten [Schü94; ScBo96] und Standardrisikokosten [Rudo94b] - ist diese Preisuntergrenze von einem Kundenberater bei einem Geschäftsabschluß mindestens zu erzielen, um für die Bank einen positiven Ergebnisbeitrag zu liefern. Um rechnerisch eine Preisuntergrenze für das Einzelgeschäft zu erhalten, ist das Modell dergestalt zu modifizieren, daß durch Variation der Kundenkondition der Konditionsbeitragsbarwert den Wert 0 annimmt. Dies ist in dem einfachen (einperiodigen) Beispiel bei einem Zins von 4,25% der Fall, also genau dem GKM-Einstandszins.

		$t = 0$	$t = 1$
I	*Kundengeschäft:*	*- 100.000*	*+ 104.550*
II	*GKM-Geschäft:*	*+ 100.288*	*- 104.550*
III	*Konditionsbeitrag:*	*- 288*	*0*
IV	*Kasse:*	*0*	*0*

Wie bereits ausgeführt, wird hier aber nur die Refinanzierung der Liquidität des Kundengeschäfts am GKM, nicht aber die Inanspruchnahme anderer knapper Bankressourcen wie haftendes Eigenkapital berücksichtigt. Damit befaßt sich die nachfolgende Erweiterung der Marktzinsmethode.

4.2.1.2 Erweiterte Marktzinsmethode[152]

Über die Identität der Cash-flow-Wirkungen hinaus ist auch der Ausgleich der Wirkungen in Bezug auf alle anderen Engpässe (z.B. Eigenkapital- und Fristigkeits-Grundsätze) nötig. Im erweiterten Modell der Marktzinsmethode[153] erfolgt die Berücksichtigung zusätzlicher Engpässe ebenfalls mit Hilfe der Prinzipien arbitragepreistheoretischer Bewertung, d.h. es werden zusätzliche knappe Ressourcen, die das Neugeschäft in Anspruch nimmt, in die Betrachtung miteinbezogen. Diese Inanspruchnahme muß ebenfalls entgolten werden. Dabei wird davon ausgegangen, daß der bestehende GS I - Freiraum durch bereits getätigte Geschäfte verbraucht ist.[154] Kalkulatorisch wird

---

152 Die Darstellung in diesem Abschnitt basiert auf der Studie „Bankgeschäftssteuerung unter Berücksichtigung von Eigenkapital- und Risikorestriktionen“, die von dem Verfasser gemeinsam mit H.U. Buhl, S.P. Klein und P. Wolfersberger im Auftrag der Bayerischen Vereinsbank AG angefertigt wurde. Im Rahmen dieser Studie wurden neben der aufsichtsrechtlichen Restriktion des GS I auch bankinterne Risikorestriktionen berücksichtigt bzw. die durch die Bank definierte Risikodeckungsmasse als knappe Ressource in die Betrachtung mit einbezogen. Die Ermittlung der von einem Geschäft ausgehenden Belastung der Risikodeckungsmasse erfolgte auf der Basis von „Money-at-risk“-Konzepten, mit deren Hilfe erwartete Ausfallbeträge eines Geschäfts - zumeist auf Barwertbasis - bestimmt werden. Im Kontext der vorliegenden Arbeit mit Fokus auf den Grundsatz I wird allerdings auf diesen Aspekt verzichtet.

153 Zur erweiterten Marktzinsmethode und der zugrundeliegenden formalen Vorgehensweise vgl. [Maru90, 180ff.], [MaSi90], [MaSi91] sowie [PfMa92]. Wir beschränken uns im folgenden auf eine exemplarische Darstellung zur Illustration der Engpaßbewertung hinsichtlich des GS I.

154 Dies bedeutet, daß der - z.B. nach einer Erhöhung des Eigenkapitals geschaffene - Freiraum durch geeignete GKM-Tauschgeschäfte verzinslich angelegt und damit in

also an der Kapazitätsgrenze dieser Ressource operiert. Dies bedeutet, daß ein ressourcenbelastendes Neugeschäft nur dann getätigt werden kann, wenn in der Ressource entsprechender Freiraum geschaffen wird. Die Kapazitäten müssen, ebenso wie die Liquidität im Grundmodell, kalkulatorisch wiederbeschafft werden. Die Kosten dieser Freiraumschaffung müssen vom Neugeschäft - zusätzlich zur GKM-Refinanzierung - mindestens verdient werden.

Um Kosten der Freiraumschaffung und damit die Preise für die Inanspruchnahme der Ressourcen ermitteln zu können, sind zunächst die exakten Ressourcenwirkungen des Neugeschäfts zu quantifizieren. Auf dieser Basis ist der vom Neugeschäft verbrauchte Freiraum kalkulatorisch wiederzubeschaffen. Diese Wiederbeschaffung erfolgt durch Tauschgeschäfte am Markt, die genau entgegengesetzte Wirkungen auf alle vom Kundengeschäft in Anspruch genommenen Ressourcen haben. Die Kosten der dazu benötigten Tauschgeschäfte lassen sich als Marktpreise für die Inanspruchnahme der knappen Ressourcen interpretieren. Diese Preise müssen dem Neugeschäft in Rechnung gestellt werden und fließen in die zu bestimmende Preisuntergrenze für das Neugeschäft ein. Die Preisuntergrenze, zu dem das Geschäft mindestens abgeschlossen werden sollte, orientiert sich somit am Ressourcenverbrauch des Einzelgeschäfts. Zudem fließen Marktinformationen (und damit Bewertungsinformationen) in den Preis des Neugeschäfts mit ein. Diese Vorgehensweise wird nun am o.g. Beispiel illustriert.

Beispiel 4-1 (Forts.): Neben den Liquiditätswirkungen muß das Neugeschäft zu 100% auf den GS I angerechnet werden und benötigt demzufolge die knappe Ressource haftendes Eigenkapital. Die Eigenkapitalbelastung eines Geschäfts ergibt sich direkt aus den gesetzlichen Bestimmungen zur Unterlegung von Bankrisiken mit Eigenkapital. Das Neugeschäft mit dem Firmenkunden über 100.000 DM mit einer Anrechnung von 100% auf den GS I hat dementsprechend eine GS I - Wirkung von 100.000 DM.[155]

Anspruch genommen wird. Es wird also nicht davon ausgegangen, daß der bestehende Freiraum sukzessive abgebaut wird, bzw. Teile der knappen Ressource für einen gewissen Zeitraum nicht zinsbringend verwendet werden.

155 Diese GS I - Wirkungen sind im übrigen unabhängig davon, ob die Bank die gesetzlich vorgegebenen Restriktionen genau einhalten oder -z.B. aus Rating-Gründen- unterschreiten will. Entscheidend für den hier vorgestellten Ansatz ist lediglich, daß ein Engpaß bezüglich selbst oder gesetzlich festgelegter Restriktionen vorliegt. Dies ist immer dann der Fall, wenn zur Verfügung stehende Bankressourcen genutzt (und nicht etwa verschwendet) werden.

Diese Ressourcenwirkungen des Neugeschäfts müssen und können nun durch GKM-Tauschgeschäfte kompensiert werden. Durch ein (aus zwei oder mehreren GKM-Geschäften bestehendes) Tauschgeschäft können (kalkulatorisch oder tatsächlich) die für das Kundengeschäft erforderlichen Freiräume geschaffen werden. Zu diesem Zweck werden folgende, zum Entscheidungszeitpunkt durchführbare GKM-Geschäfte ausgewählt.[156] *Im Beispiel handelt es sich um jeweils eine Industrie- bzw. Bankobligation der Siemens AG bzw. der Deutschen Bank AG, wobei sich erstere im Aktivportfolio der Bank befindet. Zur Vereinfachung der Darstellung sollen diese Anleihen gleiche Restlaufzeit, gleichen Nennwert und gleichen Kupon besitzen. Ein höherer Kurs impliziert daher einen entsprechend geringeren Effektivzins.*

	Kurs	*GS I - Anrechnung*
Siemens	*100,29 DM*	*100%*
Deutsche Bank	*100,48 DM*	*20%*

Das Ziel ist, Freiraum im GS I zu schaffen und die Kosten dieser Schaffung zu quantifizieren. Um eine isolierte Wirkung auf den GS I - Freiraum zu erzielen, wird ein Tausch Siemens gegen Deutsche Bank gewählt, da die GS I - Anrechnungsfaktoren 100% respektive 20% betragen und die Geschäfte sich damit in der Eigenkapitalbelastung unterscheiden. Wenn für das Neugeschäft GS I - Freiraum in Höhe von 100.000 DM geschaffen werden soll, so ist ein Tausch der Anleihen im Wert von nominal 125.000 DM vorzunehmen. Dabei ist das Siemens-Papier zu verkaufen und die Deutsche Bank-Obligation zu kaufen.

---

[156] Es ist anzunehmen, daß auf einem effizienten Markt alle Geschäfte zur Ressourcenbefreiung fair bepreist und deshalb gleich günstig wären. Auf ineffizienten Märkten jedoch ist dies nicht gewährleistet. Dann sind zusätzlich diejenigen Geschäfte zu finden, mit denen sich die Kompensation des Ressourcenverbrauchs am günstigsten durchführen läßt. Hierzu bietet sich an, mittels linearer Programmierung (LP) jeweils die für die Beschaffung genau einer Ressource in genau einer Periode günstigsten GKM-Geschäfte zu identifizieren [MaSi90; MaSi91]. Ein vollständiger Satz von effizienten Geschäften zur simultanen Kompensation des Ressourcenverbrauchs eines zu kalkulierenden Neugeschäftes ergibt sich aus der Menge derjenigen GKM-Geschäfte, die bezüglich einer oder mehrerer Ressourcen als zur Freiraumschaffung günstigste mittels LP ermittelt wurden.

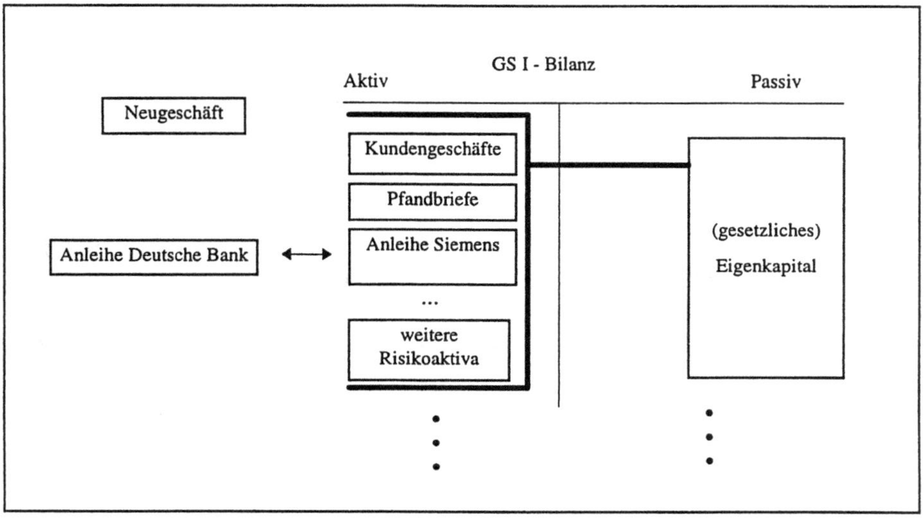

Abb. 4-2: Tauschgeschäft zur Schaffung von GS I - Freiraum

Im einzelnen ergeben sich bei diesem Tausch folgende Wirkungen:

		Liquidität	*GS I*
Verkauf:	*Siemens Entlastung im Wert von*	*125.357 DM*	*125.000 DM*
Kauf:	*Deutsche Bank Belastung im Wert von*	*125.597 DM*	*25.000 DM*
Freiraum im GS I:			*100.000 DM*
Preisdifferenz:		*240 DM*	

Durch die Wahl des Tauschvolumens wird exakt der benötigte Freiraum geschaffen. Er kann nun für das Neugeschäft genutzt werden. Die Kosten dieser Schaffung (bedingt durch die Kursunterschiede der Anleihen) belaufen sich auf 240 DM für eine Schaffung von 100.000 DM bzw. 0,24 DM für eine Schaffung von 100 DM Freiraum im GS I. Diese Kosten muß das Neu-

geschäft mitverdienen, wenn die Knappheit der Ressource berücksichtigt werden soll.

Das Beispiel illustriert, wie mit Hilfe der erweiterten Marktzinsmethode Marktpreise für die Inanspruchnahme der Ressource haftendes Eigenkapital ermittelt werden können. Gehen diese Marktpreise in die Kalkulation der Preisuntergrenze eines Einzelgeschäfts ein, so kann der bewertete Ressourcenverzehr im dezentralen Entscheidungskalkül der Geschäftseinheiten Berücksichtigung finden.

4.2.1.3 Anwendungsprobleme und Prämissenkritik

Die Nutzung externer Marktpreise zur Bewertung des von einem Kundengeschäft ausgehenden Ressourcenverzehrs und damit zur Kalkulation einer Preisuntergrenze setzt die Erwerb- und Veräußerbarkeit der relevanten Ressourcen voraus. Darüber hinaus müssen die freiraumschaffenden Kompensationsgeschäfte auch tatsächlich durchführbar sein, um die Gesamtbank in die Lage zu versetzen, aufsichtsrechtliche und interne Restriktionen jederzeit einzuhalten. Während die jederzeitige Anlage und Aufnahme liquider Mittel als gegeben angesehen werden kann, stellt sich bei Ausweitung der Betrachtung auf weitere Ressourcen (wie haftendes Eigenkapital) die Frage nach deren Handelbarkeit. Von entscheidender Bedeutung ist hierbei die Existenz von Märkten, auf denen die genannten Ressourcen (wie oben dargestellt) indirekt jederzeit erworben oder verkauft werden können und auf denen sich demzufolge Preise bilden, die zu Kalkulationszwecken genutzt werden können.

Die Bank besitzt grundsätzlich zwei Möglichkeiten, den Freiraum im GS I zu variieren:

1. Aufnahme bzw. Auflösung von Kern- und/oder Ergänzungskapital,
2. Umstrukturierung der Risikoaktiva.

ad 1): Die Variation von Kern- bzw. Ergänzungskapital kann die gestellten Anforderungen an kompensatorische Maßnahmen - jederzeitige Verfügbarkeit in beliebiger Höhe - nicht erfüllen: Kernkapitalerhöhungen können in der Regel nur zu diskreten Zeitpunkten und erst ab einem Mindestvolumen durchgeführt werden. Ergänzungskapitalerhöhende Maßnahmen können zwar in Form der Emission verbriefter Genußscheine[157] oder mit Nachrang versehener Anleihen flexibler durchgeführt werden, unterliegen aber insofern Grenzen, als Ergänzungskapital nur bis zu einer bestimmten Höhe (in Relation zum Kernkapital) als haftendes Eigenkapital akzeptiert wird (vgl. Tab. 4-1).

Kernkapital	Grund-, Stamm-, Geschäftskapital Rücklagen Fonds für allgemeine Bankrisiken Freies Vermögen pers. haft. Ges.
Ergänzungskapital I	Genußrechte Versteuerte stille Reserven Neubewertungsreserven Kumulative Vorzugsaktien Rücklagen nach Paragraph 6b EStG
Ergänzungskapital II (max. 50 % des Kernkapitals)	Nachrangige Verbindlichkeiten Haftsummenzuschlag für Kreditgenossenschaften
Ergänzungskapital insgesamt max. 100 % des Kernkapitals	

Tab. 4-1: Zusammensetzung des haftenden Eigenkapitals

ad 2): Wie das Beispiel im vorangegangenen Abschnitt illustrierte, besteht mit der Umstrukturierung der Risikoaktiva - als Tausch von Geschäften mit unterschiedlichen Anrechnungsfaktoren auf den GS 1 - eine weitere Möglichkeit zur Variation des Freiraumes über den externen Markt. Wertpapierbestände der Bank sind geeignet auf- und abzubauen, um freiraumvariierende Wirkungen zu erzielen. Allerdings sind diese Dispositionsmöglichkeiten nur solange durchführbar, bis ein Totalabbau der betroffenen Wertpapierpositionen erfolgt ist.

Wenngleich mit der zunehmenden Tendenz zur Verbriefung bislang nicht handelbarer Zahlungsströme zukünftig Sekundärmärkte für Kundengeschäfte (Kredite, etc.) ausgeweitet werden und den freiraumvariierenden Handel von Kundengeschäften ermöglichen, so bleibt dennoch festzuhalten, daß die jederzeitige Verfügbarkeit kompensatorischer Maßnahmen in beliebiger

[157] Zu den Gestaltungsoptionen verbriefter Genußscheine vgl. [West95].

Höhe (derzeit) nicht gegeben ist. Demzufolge erscheint die Ermittlung von Opportunitätskosten des Ressourceneinsatzes als Kosten des kompensatorischen Maßnahmenbündels problematisch und mithin eine auf dieser Grundlage durchgeführte Bewertung von Kundengeschäften als entscheidungsrelevantes Kalkulationsinstrument nur bedingt geeignet zu sein.

Hinzu tritt das Problem, daß eine Preissteuerung nach wie vor der Unterstützung durch die zentrale Einhaltung aufsichtsrechtlicher Grundsätze mittels der tatsächlichen Durchführung geeigneter Kompensationsgeschäfte bedarf. Sind indessen diese Geschäfte nicht jederzeit durchführbar, so werden zusätzlich zentrale Eingriffe in das operative Geschäft der dezentralen Einheiten notwendig, um die Einhaltung aufsichtsrechtlicher Restriktionen zu gewährleisten.

Aufgrund der dargestellten Einschränkungen und Anwendungsprobleme der bankinternen Eigenkapitalallokation auf der Grundlage *externer* Marktinformationen erscheint es angezeigt, Marktmechanismen zur Eigenkapitalsteuerung mit Hilfe eines *internen* Marktes für haftendes Eigenkapital zu implementieren. Im folgenden soll ein derartiger Koordinationsansatz entwickelt und kurz dargestellt werden.

4.2.2 Interner Markt für haftendes Eigenkapital

Neben marktorientierten Verrechnungspreisen werden in Forschung und Praxis bilateral aushandelbare Verrechnungspreise als dezentrale Koordinationsansätze innerhalb der Unternehmung diskutiert.[158] In unserem Kontext läßt sich das Konzept frei aushandelbarer Verrechnungspreise als dezentrale Verhandlungslösung zur Internalisierung horizontaler Externalitäten infolge von Ressourceninterdependenzen interpretieren. Zur Verdeutlichung möge folgendes Beispiel dienen:

Beispiel 4-2: Profit-Center A, das in einem boomenden Markt operiert, könnte mit einem eigenkapitalbindenden Kundengeschäft einen Deckungsbeitrag i.H.v. 1000 Geldeinheiten (GE) erzielen, hat aber aufgrund der

---

158 Diese Diskussion erfolgt allerdings in der Regel im Hinblick auf innerbetriebliche Leistungsverflechtungen und nicht im Zusammenhang mit Ressourceninterdependenzen. Zu aushandelbaren Verrechnungspreisen vgl. z.B. [Eccl85, 117ff.], [WaEw93c, 527ff.], [Jung92, 144ff.] und [Neus97, 44].

Marktdynamik seine Verfügungsmöglichkeiten über haftendes Eigenkapital bereits vollkommen ausgeschöpft. Profit-Center B hingegen agiert auf einem stagnierenden Markt, verfügt demzufolge über noch nicht gebundenes Eigenkapital und könnte mit diesem lediglich ein vergleichbares Kundengeschäft mit Deckungsbeitrag 500 GE abschließen. Treten beide Profit-Center als Anbieter bzw. Nachfrager für haftendes Eigenkapital in bilaterale Verhandlungen, so ergibt sich für beide ein Einigungsintervall zwischen 500 und 1000 GE, aus dem ein Preis für die entsprechende Ressourcenmenge bestimmt wird. Unabhängig vom letztlich vereinbarten Preis ist zu erwarten, daß die Ressource haftendes Eigenkapital zu Profit-Center A wechselt, und mithin aus Sicht der Gesamtbank das Geschäft mit dem höheren Deckungsbeitrag realisiert werden wird.

Die in dem vorangegangenen Beispiel illustrierte Grundidee bilateraler Verhandlungen läßt sich aufgreifen, um einen dezentralen Koordinationsansatz innerhalb der Bank zu gestalten. Werden Verfügungsmöglichkeiten über die Ressource haftendes Eigenkapital einzelnen dezentralen Geschäftseinheiten zugeordnet (beispielsweise als Budgets) *und* Tauschhandlungen zugelassen, so führen die dezentralen Verhandlungen nach Aussage des Coase-Theorems [Coas60][159] unter bestimmten Bedingungen[160] zu einer effizienten Ressourcenallokation - unabhängig von der ursprünglichen Verteilung der Verfügungsmöglichkeiten.[161]

Vor diesem Hintergrund könnte sich die Rolle der Zentrale auf die Definition von Rahmenbedingungen beschränken, innerhalb derer dezentrale Einheiten durch bilaterale Verhandlungen zu effizienten Lösungen gelangen: Die Entscheidung über den Einsatz von Ressourcen bleibt denjenigen überlassen, die im Besitz allokationsrelevanter Informationen sind und sie daher zeitnah nutzen können. „Aus Sicht der betriebswirtschaftlichen Organisationstheorie läßt sich das Coase'sche Modell als Problem der Koordination

---

159 Eine Formalisierung des Theorems bzw. dessen spieltheoretische Fassung findet sich beispielsweise in [Schw88].

160 Zu diesen Bedingungen gehören die Abwesenheit von Transaktionskosten sowie vollständige Information auf Seiten beider Verhandlungspartner.

161 Wenn allerdings die vereinbarten (Kompensations-) Zahlungen in die Bemessungsgrundlage erfolgsabhängiger Belohnungen dezentraler Einheiten eingehen - und dies ist notwendig, um einen Anreiz zur Teilnahme an Tauschhandlungen herzustellen, so gehen von der Ausgangsverteilung der Verfügungsmöglichkeiten erhebliche Einkommensverteilungseffekte aus, die zu entsprechenden Akzeptanzproblemen führen können.

von Entscheidungseinheiten interpretieren, zwischen denen Ressourceninterdependenzen bestehen" [Fres92, 391]. Ein dezentrales Koordinationskonzept auf der Grundlage bilateraler Verhandlungen und sich entsprechend bildender Verrechnungspreise besitzt allerdings Einschränkungen, die nicht allein aus der Existenz von Transaktionskosten resultieren: [MeSa83] zeigen, daß im Falle unvollständiger Information - die Verhandlungspartner verfügen über private Informationen hinsichtlich ihrer Wertschätzung des zu tauschenden Gutes - kein Verhandlungsmechanismus existiert, der die Effizienz bilateraler Verhandlungen sicherstellt. Dies hat zur Folge, daß für beide vorteilhafte Tauschhandlungen - die bei vollständiger Information durchgeführt worden wären - bei unvollständiger Information unterbleiben können.[162] Der Grund hierfür besteht in der Möglichkeit beider Verhandlungspartner, ihre privaten Informationen strategisch auszunutzen, indem sie ihre Wertschätzung für die zu handelnde Ressource zu niedrig bzw. verzerrt angeben.

Bilaterale Verhandlungen führen also i.a. nur dann zu effizienten Lösungen, wenn beide Verhandlungspartner vollständig informiert sind. Im Rahmen der betrachteten Eigenkapitalallokation stellt dies allerdings den Ausnahmefall dar: Die individuelle Bewertung der Ressource haftendes Eigenkapital - und demzufolge die Zahlungsbereitschaft - hängt jeweils von der alternativen Verwendungsmöglichkeit in Form eigenkapitalbindender Kundengeschäfte ab. Es muß aber davon ausgegangen werden, daß eine dezentrale Geschäftseinheit hinreichende Kenntnis nur über ihre eigenen, lokalen Geschäftsmöglichkeiten und erzielbaren Konditionen am Kundenmarkt besitzt und demzufolge über private Informationen verfügt.

Aus diesem Grund erscheint der Einsatz bilateraler Verhandlungen zu einer effizienten Eigenkapitalallokation zunächst nur bedingt geeignet zu sein.[163] Dies ändert sich allerdings, wenn die Anzahl der Verhandlungsteilnehmer größer wird. [GrSa89] können nachweisen, daß sich mit steigender Zahl der Verhandlungsteilnehmer die Verhandlungsergebnisse trotz unvollständiger

---

162 „When the costs and benefits of different plans to each party are known to that party alone, or when the likelihood of different possible outcomes are private information, then these *informational asymmetries* can prevent any agreement from being reached, even when an agreement would be efficient under complete information" [MiRo92, 140].

163 Möglicherweise ist hierin auch ein Grund dafür zu sehen, daß autonom ausgehandelte Verrechnungspreise in der Praxis nur selten Verwendung finden [Föhr91, 172].

Information der effizienten Lösung annähern. Gelingt es demzufolge, innerhalb der Bank einen kompetitiven Markt mit hinreichend großer Teilnehmerzahl zu etablieren, so verringert sich die Möglichkeit, private Informationen strategisch zu nutzen. Daraus läßt sich folgern, daß es zur Annäherung an effiziente Allokationsergebnisse eines *organisierten* Marktes bedarf, wenn interne Marktmechanismen erfolgreich etabliert werden sollen.

Im Unterschied zu bilateral aushandelbaren Verrechnungspreisen stellt der organisierte Markt innerhalb der Unternehmung einen neuartigen dezentralen Koordinationsansatz dar, dessen Aspekte bislang weit(est)gehend unerforscht[164] geblieben sind. Ziel ist es daher, im folgenden einen Marktansatz zur internen Eigenkapitalallokation in Banken zu entwerfen. Als Ausgangspunkt dient die These, daß bei geeigneter Ausgestaltung auf einem organisierten internen Markt für (haftendes) Eigenkapital verteilte Vor-Ort-Informationen der einzelnen dezentralen Geschäftseinheiten offengelegt und zu Preisen verdichtet werden können, die wiederum in das dezentrale Entscheidungskalkül der Profit-Center so einfließen, daß die knappe Ressource Eigenkapital in jene Geschäfte gelenkt wird, die den höchsten Erfolgsbeitrag versprechen (Abb. 4-3).

4.2.2.1 Zertifikatkonzept: Handel von Eigenkapitalnutzungsrechten[165]

Angesichts der Neuartigkeit des Ansatzes, marktliche Koordination zur unternehmungsinternen Eigenkapitalallokation zu verwenden, gilt es zunächst, ein marktliches Koordinationsmodell im Anwendungsgebiet zu entwickeln. Die jederzeit garantierte Einhaltung der betrachteten Eigenkapitalgrundsätze stellt eine wesentliche Anforderung an die Modellierung des Koordinationsmechanismus dar. Diese Forderung nach Einhaltung global formulierter Normen im Rahmen dezentraler

---

164 Eine Ausnahme stellt die Arbeit von [Albe96a] dar. Zu einer kritischen Diskussion des dort vorgetragenen Gedankens eines „internen Beteiligungsmarktes" zur Managerauswahl vgl. [Müll96], [ScKr96], [ScWi96] und [Albe96b]. Weiterhin wird in jüngerer Zeit der Einsatz von Auktionsmechanismen innerhalb der Unternehmung diskutiert; vgl. [Kräk92] bzw. [GoSc96].

165 Dieser Abschnitt ist eine überarbeitete und erweiterte Fassung des Kapitels 2 der Arbeit [Sand96].

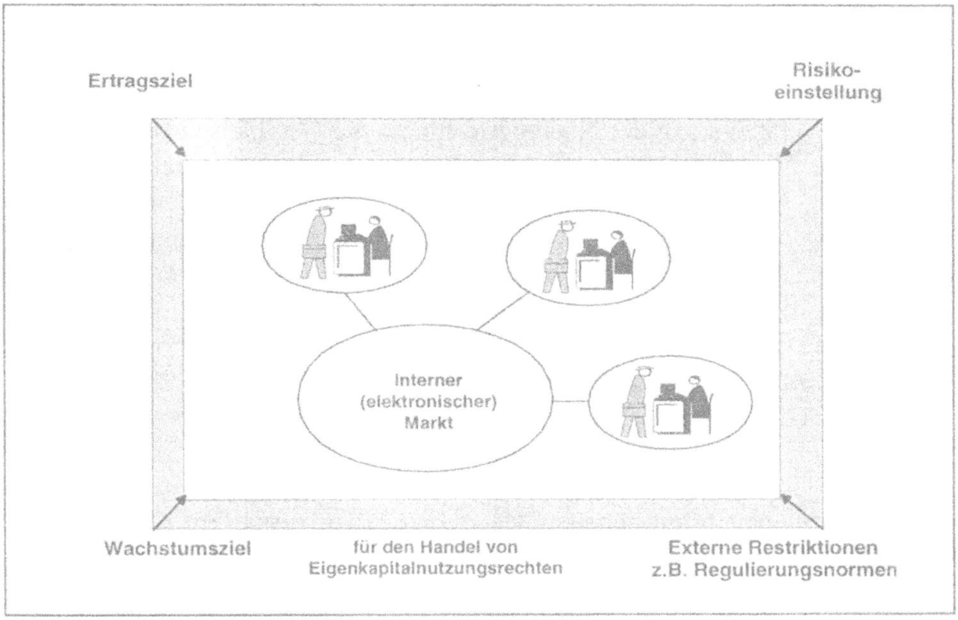

Abbildung 4-3: Marktliches Koordinationsmodell zur internen Eigenkapitalallokation

Entscheidungen läßt einen Ansatz über Mengensteuerung mit Preisanpassung erfolgversprechend erscheinen.[166] Hierbei wird die Menge der Ressource exogen gesetzt und die Preisbildung dem Markt überlassen.

Ein geeigneter Lösungsansatz besteht in der Übertragung des Zertifikat-Konzepts aus der Umweltökonomie [Weim95] auf die Allokation von Eigenkapital. Die grundlegende Idee besteht darin, auf globaler Ebene eine bestimmte Menge haftendes Eigenkapital festzulegen, die sowohl durch die tatsächliche Eigenkapitalausstattung der Bank als auch die im Rahmen einer Deckungsvorschrift formulierten Höchstrelation (zwischen Geschäftsvolumen und haftendem Eigenkapital) determiniert wird. Diese Menge kann in beliebig kleine Partien gestückelt werden, auf die sich Zertifikate ausstellen lassen. Die Zertifikate berechtigen die jeweiligen Besitzer (z.B. Profit-Center, Geschäftsbereiche), ein Geschäft abzuschließen, das mit der auf den Zertifikaten ausgewiesenen Eigenkapitalmenge unterlegt sein muß. Für die

---

166 Zum Einsatz von Steuern und Subventionen zur Internalisierung von Produktionsexternalitäten vgl. z.B. [Naul96a].

damit geschaffenen *Eigenkapitalnutzungsrechte* muß zunächst ein geeigneter Modus für das Erstausgabeverfahren entwickelt werden. Dieses Verteilungsverfahren kann auf Basis bisheriger Geschäftsanteile der Profit-Center oder als Versteigerung der Nutzungsrechte an die Geschäftseinheiten erfolgen. Die Versteigerung besitzt den Vorzug, daß bei geeigneter Ausgestaltung Anreize für die Geschäftseinheiten gesetzt werden, bei der Formulierung ihrer Preisangebote sämtliche, zum Planungszeitpunkt verfügbaren Informationen zu nutzen. Mithin kann ein interner Auktionsmechanismus über den induzierten Wettbewerb dazu beitragen, das Problem einer effizienten *Start*allokation bei asymmetrisch verteilten Informationen zu lösen [Kräk92, WeGo96].[167] Entscheidend ist aber, daß die Zertifikate unter den Geschäftseinheiten gehandelt werden können: Werden Eigenkapitalnutzungsrechte durch eine Geschäftseinheit nicht in vollem Umfang wahrgenommen, so hat sie die Möglichkeit, die ungenutzten Zertifikate an andere Geschäftseinheiten mit höherem Marktpotential zu verkaufen. Ebenso wird eine Geschäftseinheit auf ein mögliches Geschäft verzichten, wenn der Verkauf damit „freiwerdender" Zertifikate zu einem höheren Erfolgsbeitrag führt als die Durchführung des Kundengeschäfts.[168] Auf dieser Grundlage kann ein organisierter Markt für Eigenkapitalnutzung etabliert werden, in dem der Preis für eine Eigenkapitaleinheit *endogen* bestimmt wird.

Schon die grundlegende Darstellung des marktlichen Koordinationskonzepts illustriert, daß bei geeigneter Ausgestaltung des internen Marktes Eigenkapitalnutzungsrechte so gehandelt werden können, daß einerseits aufsichtsrechtliche Eigenkapitalgrundsätze jederzeit erfüllt sind, und andererseits das knappe Eigenkapital der wirtschaftlichsten Verwendung zugeführt wird.

Im einfachen statischen Zwei-Zeitpunkt-Fall bedeutet dies, daß zum ersten Zeitpunkt unter Berücksichtigung der aktuellen Eigenkapitalmarktbewertung

---

167 Wenngleich unter den Bedingungen des Coase-Theorems die Anfangsausstattung an Verfügungsmöglichkeiten keinen Einfluß auf das nachfolgende Allokationsergebnis ausübt, gehen doch Einkommenswirkungen mit der Verteilung von Verfügungsmöglichkeiten einher. Aus diesem Grund können mit bestimmten Verteilungen erhebliche Akzeptanzprobleme verbunden sein, die es bei einer konkreten Ausgestaltung des Erstausgabeverfahrens zu berücksichtigen gilt.

168 Dies bedeutet natürlich nicht, daß die Geschäftseinheit jegliches Kundengeschäft normativ unter einer Ein-Zeitpunkt-Betrachtung entscheiden sollte. Denn selbstverständlich sollte bei einer Reihe von Kundengeschäften die langfristige Kundenbeziehung eine wichtige Rolle spielen. Die Eigenkapitalbewertung durch den internen Markt bietet gerade die Chance, solche langfristigen Unternehmungsaspekte in dezentrale Entscheidungen ohne komplizierte Koordinationsprozesse einfließen zu lassen.

Entscheidungen über eigenkapitalbindende Kunden- bzw. Wertpapiergeschäfte getroffen werden. Daraus resultiert im zweiten Zeitpunkt bei erwartungsgemäßen Kundenzahlungen ein positiver und ansonsten ein negativer Erfolgsbeitrag, der über die Eigenkapitalunterlegung des Geschäftes hinaus gehen kann. Diesen möglichen Eigenkapitalverzehr, bewertet zu Marktpreisen des zweiten Zeitpunktes, können die Entscheider aufgrund ihrer Erwartungen dezentral zum ersten Zeitpunkt berücksichtigen. Durch die Dynamisierung des Modells (indem die Annahme der Laufzeitkongruenz aufgegeben und der Planungshorizont auf eine mehrperiodige Betrachtung ausgedehnt wird) können dann bei dezentralen Entscheidungen Aspekte der langfristigen Kundenbeziehung Berücksichtigung finden.[169]

Die Verwendung marktlicher Koordination zur Lösung des unternehmungsinternen Allokationsproblems von haftendem Eigenkapital führt zu einer stetigen Ermittlung bzw. Bewertung der tatsächlichen Knappheit dieser Ressource innerhalb der Bank. Auf einem internen Wettbewerbsmarkt entspricht der Marktpreis des Nutzungsrechts einer Einheit Eigenkapital genau dem Grenzerlös, der mit dieser Einheit im Rahmen von Kundengeschäften erzielbar wäre.[170]

Hieraus eröffnet sich die Möglichkeit, aufgrund dieser Preisinformation auch Entscheidungen bezüglich Zeitpunkt und Umfang von *Kapitalerhöhungen* über den externen Eigenkapitalmarkt fundierter zu treffen, als dies bislang der Fall war. In diesem Zusammenhang gilt es zu untersuchen, inwieweit sich aus dem aktuellen Preis bzw. der Preisentwicklung für haftendes Eigenkapital am internen Markt Handlungsempfehlungen für eigenkapitalvariierende Transaktionen (Ausgabe von Genußrechten etc.) am externen Kapitalmarkt ableiten lassen.

---

169 Zur Erweiterung des Grundmodells besteht sowohl die Möglichkeit der Ausgabe von periodenabhängigen Eigenkapitalnutzungsrechten als auch der laufende Handel von periodenunabhängigen Rechten.

170 Vgl. hierzu [Mont72] im Kontext von Umwelt- bzw. Verschmutzungszertifikaten und Grenzvermeidungskosten von Schadstoffemissionen.

4.2.2.2 Nutzung externer Marktinformationen auf dem internen Markt

Im Mittelpunkt der bisherigen Überlegungen stand die effiziente Allokation gegebener Ressourcen. Die Bank besitzt indessen die Möglichkeit, über Kapitalerhöhungen oder geeignete Umstrukturierung der Risikoaktiva (vgl. Abschnitte 4.2.1.2 und 4.2.1.3) die Ressourcenausstattung in einem - wenngleich beschränkten - Rahmen über den externen Markt zu variieren bzw. im Rahmen des internen Marktmodells die Menge der handelbaren Eigenkapitalnutzungsrechte zu verändern. Vor diesem Hintergrund liegt es nahe, externe Teilmärkte über Arbitrageprozesse mit dem internen Markt zu verknüpfen und die Preisinformationen des internen Marktes zu nutzen, um externe Markttransaktionen zur Ressourcenschaffung bzw. Freiraumvariierung im Grundsatz I (GS I) zu steuern.

In Abschnitt 4.2.1.2 wurde bereits auf die Möglichkeit der Freiraumvariierung in Form des gezielten *Auf- und Abbaus von Wertpapierbeständen* hingewiesen. Darüber hinaus entstehen im Zuge der zunehmenden Verbriefung bislang nicht handelbarer Zahlungsströme neuartige Finanzinstrumente, mit deren Hilfe engpaßvariierende Wirkungen im Hinblick auf den GS I erzielt werden können.

Hierzu gehören beispielsweise Securitization-Instrumente wie *Asset Backed Securities,* mittels derer sich unterschiedliche Forderungen aus dem Kreditgeschäft an Intermediäre übertragen lassen. Diese poolen die übernommenen Forderungen und emittieren Wertpapiere dagegen. Die Übertragung an den Intermediär ist bilanzwirksam und kann so zur Verringerung der Grundsatzbelastungen beitragen. Diese ursprünglich in den USA - insbesondere für Hypothekarkredite - entwickelte Finanzinnovation werden zunehmend auch auf europäischen Märkten etabliert [Ohl94, 384ff.].

Eine weitere, zunehmend genutzte Form, um Kreditrisiken und zugleich GS I - Freiraum über Sekundärmärkte zu handeln, ist der gezielte *Einsatz von Kreditderivaten* [Ufer94]: Mittels einer Kreditoption verpflichtet sich der Optionsgeber, dem Optionsnehmer bei Ausfall eines Schuldners einen festgelegten Betrag zu zahlen. Auf dem deutschen Kreditderivate-Markt können Kreditderivate unter dem gesetzlichen Mantel einer Haftungsübernahme durch Rückbürgschaft laufen. Eine Rückbürgschaft ist gekennzeichnet durch ihre stille Form, d.h. der Schuldner ist darüber nicht unterrichtet. Resultat einer solchen Konstruktion ist im GS I die 80-prozentige Entlastung für den

Nehmer der Rückbürgschaft. Der Geber hingegen wird mit 100% belastet. Aus dem Preis der Optionsprämie läßt sich im übrigen in der in Abschnitt 4.2.1.2 dargestellten Weise der Preis für Freiraumschaffung im GS I isolieren.
Allgemein gilt: Die dargestellten Handlungsmöglichkeiten stellen Beispiele zur Umstrukturierung von Risikoaktiva mit dem Ziel der Freiraumvariation dar, die bereits heute in mehr oder weniger großem Umfang realisierbar sind. Bei dem zunehmenden Trend zur Verbriefung und Securitization ist darüber hinaus zu erwarten, daß eine Ausweitung der Sekundärmärkte für den Handel der betrachteten Ressource erfolgen wird. Die exemplarisch dargestellten Handlungsmöglichkeiten verdeutlichen weiterhin, daß die Ressourcenmenge *haftendes Eigenkapital* in *begrenztem* Umfang flexibel sowie erfolgs- und bedarfsabhängig gesteuert werden kann.

Die Ausführung der genannten Geschäftskombinationen und die korrespondierende Bilanzstrukturierung obliegt im Regelfall der Treasury, die als Handelsabteilung an den externen Kapitalmärkten agiert. In der Praxis wird die freiraumschaffende Wirkung der skizzierten Handelsgeschäfte zwar bereits genutzt, um den Engpaß im Grundsatz I auszusteuern; allerdings bestehen die Steuerungsimpulse überwiegend aus hierarchischen Vorgaben, die in der Regel kurzfristige Chancen zur kostengünstigen Freiraumschaffung nicht berücksichtigen (können). Nur die zeitnahe Nutzung entsprechender Marktpreis- bzw. Kursentwicklungen durch die Treasury könnte eine effiziente Freiraumvariation ermöglichen.

Erst der interne Markt für haftendes Eigenkapital schafft hierfür geeignete Voraussetzungen: Er verdichtet die Informationen über alternative Kundengeschäfte, die unter Nutzung der Ressource möglich sind, zu fortlaufenden Preisen. Die Preise geben Auskunft darüber, wieviel eine dezentrale Einheit bereit ist, für ein Eigenkapitalnutzungsrecht (eine Einheit Freiraum im Grundsatz I) zu bezahlen. Als Marktteilnehmer erhält die Treasury somit stetige und verläßliche Steuerungsimpulse, Handelsgeschäfte zur Freiraumvariierung situativ zu tätigen. Bei einer positiven Differenz zwischen internem Preis des Nutzungsrechts und dem externen Preis für Freiraumschaffung erhält die Treasury einen Anreiz, die entsprechenden Handelsgeschäfte tatsächlich durchzuführen und die so generierten Eigenkapitalnutzungsrechte am internen Markt mit „Gewinn" zu verkaufen. Im Falle einer negativen Differenz wird die Treasury dagegen am internen Markt Eigenkapitalnutzungsrechte erwerben und den entsprechenden Freiraum im

Grundsatz I über die beschriebenen Wertpapiertauschgeschäfte am externen Markt „gewinnbringend" verkaufen. Auf diese Weise kann in Abhängigkeit von internen Knappheiten und externen Marktpreisen eine dezentrale Steuerung der Treasury etabliert werden, die zu einer effizienten Ressourcenverwendung führt und eine zinslose Reservehaltung der betreffenden Ressource tendenziell reduziert. Darüber hinaus bietet der interne Markt Innovationsanreize, neuartige Instrumente - wie sie oben dargestellt wurden - zu entwickeln und einzusetzen.

Zusammenfassend bleibt zunächst festzuhalten: Um die bankinterne Allokation der Ressource Eigenkapital effizient zu gestalten, muß bekannt sein, an welcher Stelle sie den größten Nutzen stiftet. Diese Information liegt allerdings in dezentral organisierten Finanzdienstleistungsunternehmungen „verstreut" auf die einzelnen Geschäftseinheiten vor, so daß der Vorteil des oben skizzierten marktlichen Koordinationsmechanismus darin besteht, die Entscheidung über die Verwendung der Ressource Eigenkapital denjenigen zu überlassen, die im Besitz dieser Informationen sind und sie daher nutzen können. Für eine abschließende Beurteilung von Allokationsergebnissen sind allerdings auch die Kosten zu berücksichtigen, die der zugrundeliegende Koordinationsmechanismus verursacht.

4.2.2.3 Kosten der Nutzung des internen Marktes

Die Nutzung eines Koordinationsmechanismus verursacht in der Regel Kosten, die Arrow als „costs of running the economic system" [Arro69, 48] bezeichnet. Da sie das Allokationsergebnis beeinflussen können, sind sie in einen Vorteilhaftigkeitsvergleich alternativer Koordinationsansätze einzubeziehen. Vor diesem Hintergrund sollen im folgenden die Kosten der Nutzung des internen Marktes - als „costs of using the price mechanism" [Coas37] - eingehend analysiert werden - nicht zuletzt auch deshalb, um auf dieser Grundlage Empfehlungen zu einer kosteneffizienten Implementierung des Marktkonzepts ableiten zu können.

Im Mittelpunkt des internen Handels von Eigenkapitalnutzungsrechten steht die Übertragung von Verfügungsmöglichkeiten über Ressourcen. Verfügungsmöglichkeiten bzw. -rechte (sogenannte „property rights" [FuPe72]) „sind die mit materiellen und immateriellen Gütern verbundenen, institutionell legitimierten Handlungsrechte eines oder mehrerer Wirtschaftssubjekte"

[PiDi90, 178].[171] Sie regeln, „wer welche Ressourcen legitimerweise wann, in welcher Weise und in welchem Maße nutzen kann“ [EbGo93, 195]. Die Übertragung dieser Rechte wird als Transaktion bezeichnet und verursacht in der Regel (Transaktions-) Kosten, bei denen es sich vornehmlich um Informations- und Kommunikationskosten handelt [Pico82, 270]. Entsprechend der funktionalen bzw. zeitlichen Differenzierung einer Markttransaktion in *Informations*phase, *Vereinbarungs*phase und *Abwicklungs*phase [Schmi93b, 467] lassen sich spezifische Transaktionskostenarten unterscheiden [Bran90, 114]:

- *Informationskosten* (Beschaffung aktueller Marktdaten und Preisinformationen, Suche eines geeigneten Handelspartners),
- *Verhandlungs- bzw. Vereinbarungskosten* (Preisverhandlung, Preisfindung) und
- *Abwicklungs- und Kontrollkosten* (Abrechnung [„clearing“] und Erfüllung [„settlement“] der eigentlichen Markttransaktion).[172]

In dem vorliegenden Kontext eines organisierten Eigenkapitalmarktes umfassen die Transaktionskosten darüber hinaus die Kosten der Einrichtung und des Betreibens des Marktes [Böss83, 108].

Eine exakte Quantifizierung der o.g. Transaktionskosten ist mit erheblichen Schwierigkeiten verbunden, da neben objektiven, monetär erfaßbaren Komponenten auch individuelle Nutzeneinbußen eingehen: Die Kosten individueller Informationssuche entstehen beispielsweise „zu einem großen Teil durch Zeitaufwand, sind also weitgehend individuell verschiedene Opportunitätskosten“ [Böss83, 110]. Im Falle des internen Eigenkapitalhandels resultieren sie vor allen Dingen aus der Tatsache, daß die durch interne Markttransaktionen verbrauchte knappe Ressource Zeit den dezentralen Geschäftseinheiten nicht mehr zur Akquisition und dem Abschluß erfolgserhöhender Kundengeschäfte zur Verfügung steht.

---

171 Zu Ansätzen einer effizienten Allokation von Verfügungsrechten in Form von Eigentumsrechten vgl. [GrHa86] und [HaMo90]. Eine ausführliche Darstellung des Property-rights-Ansatzes findet sich in [Hart95].

172 In [Dahl79] wird dargelegt, daß alle drei aufgeführten Transaktionskostenarten als Kosten des Informationsmangels interpretiert werden können. Dies verdeutlicht noch einmal den bereits angesprochenen Charakter von Informations- und Kommunikationskosten.

Wenngleich also die Kosten der Nutzung des internen Marktes in absoluter Höhe kaum zu bestimmen sind, so stellen sie dennoch ein mögliches Beurteilungskriterium für die komparative Bewertung alternativer Koordinationsformen dar und können darüber hinaus als Ausgangspunkt zur Ableitung transaktionskostensenkender Gestaltungsempfehlungen für den internen Markt und dessen Marktregeln dienen.

Eine solche Optimierung der Marktausgestaltung ist angezeigt, da von der Existenz von Transaktionskosten erhebliche effizienzmindernde Wirkungen ausgehen. Zum einen werden Transaktionskosten von den Handelsteilnehmern in ihren Handelsentscheidungen berücksichtigt, da sie zum Kaufpreis der Ressource hinzugerechnet und vom erzielten Kaufpreis abgezogen werden müssen [Stei89, 303]. Aus diesem Grunde beeinflussen hohe Transaktionskosten das Ressourcenallokationsergebnis negativ, da - unter Idealbedingungen vorteilhafte - Handelstransaktionen unterbleiben können. Zum anderen stellen Transaktionskosten einen direkten Ressourcenverzehr dar, wenn Handelstransaktionen dennoch stattfinden. „Thus, transaction costs reduce welfare - partly by absorbing resources directly and partly by suppressing exchanges that otherwise would have been mutually beneficial“ [Stav95, 140].[173] Darüber hinaus gilt bei Existenz von Transaktionskosten die Irrelevanz der initialen Ressourcenausstattung für das Allokationsergebnis nach Handel nicht mehr, so daß die Bank bei der Gestaltung des Erstausgabeverfahrens der Eigenkapitalnutzungsrechte nicht nur Akzeptanzprobleme, sondern auch Effizienzgesichtspunkte zu berücksichtigen hat.[174]

Vor diesem Hintergrund stellt sich nun die Frage, wie die prospektiven Kosten der Nutzung des internen Marktes sowie deren nachteilige Wirkungen gesenkt werden können, um die „ökonomische Konkurrenzfähigkeit“ des marktlichen Koordinationskonzepts gegenüber hierarchischen Koordinationsformen zu steigern.

---

173 Diese Dichotomie der ökonomischen Wirkungen kommt auch in der alternativen Definition der Transaktionskosten von [MiRo92, 604] als „costs of carrying out a transaction or the opportunity costs incurred when an efficiency-enhancing transaction is not realized“ zum Ausdruck.

174 „This may argue for the economist's favorite permit-allocation mechanism - auctions, an approach that becomes even more attractive in the presence of transaction costs“ [Stav95, 146]; vgl. auch Abschnitt 4.2.2.1.

Da ein wesentlicher Teil der Transaktionskosten aus den notwendigen Informations- und Kommunikationsprozessen zwischen dezentralen Marktteilnehmern resultiert, besteht eine grundsätzliche Möglichkeit zur Senkung der Transaktionskosten in der Automatisierung und Unterstützung der Interaktionsprozesse durch den Einsatz von IKS. Eine IKS-Unterstützung der marktlichen Koordination kann sich dabei grundsätzlich auf alle drei oben dargestellten Phasen der Markttransaktion richten: Sie reicht von der Unterstützung der Informationsbeschaffung hinsichtlich geeigneter Marktpartner oder aktueller Marktpreise über die Automatisierung des Preisbildungsverfahrens bis hin zur automatisierten Abwicklung der Transaktionen und Verbuchung der Geschäfte. Solche IKS „zur Unterstützung aller oder einzelner Phasen und Funktionen der marktmäßig organisierten Leistungskoordination" werden als *Elektronische Märkte* bezeichnet [Schm93b, 468]. In der Literatur herrscht weitgehend Übereinstimmung darüber, daß mit Hilfe Elektronischer Märkte die Transaktionskosten in allen Marktphasen verringert [Schm93b, 468; PiWo96] und die Effizienz von Handelsprozessen gesteigert werden kann [Bort96]. Gegenstand des folgenden Abschnitts soll daher die geeignete Unterstützung des internen Marktkonzepts durch einen internen Elektronischen Markt sein.

4.2.3 Interner Elektronischer Markt zur Senkung der Transaktionskosten

Die skizzierte Grundidee, „Koordinationsprobleme im Unternehmen, deren Lösung traditionell über Planungsmechanismen angestrebt wird, verstärkt über marktliche Aushandlung zu lösen, gewinnt unter dem Einfluß neuer informationstechnischer Unterstützbarkeit [...] an Bedeutung" [PiRe96, 332], da die Mediatisierung von Markttransaktionen geeignet erscheint, marktliche Transaktionskosten wesentlich senken zu können. Im Mittelpunkt dieses Abschnitts soll daher die IKS-Unterstützung des internen Eigenkapitalhandels in Form eines Elektronischen Marktes stehen. Hierzu ist zunächst zu prüfen, inwieweit der interne Eigenkapitalhandel geeignet ist, durch ein elektronisches Marktsystem unterstützt zu werden. Anschließend soll dann ein entsprechendes Marktsystem in seinen Grundzügen entworfen werden.

4.2.3.1 Beurteilung der Automatisierungsmöglichkeit

Wesentliche Voraussetzungen für die Elektronisierung von Märkten sind im betrachteten Anwendungsgebiet des internen Eigenkapitalhandels weitgehend erfüllt: Bei den skizzierten Eigenkapitalnutzungsrechten handelt es sich um nahezu homogene und einfach zu beschreibende Güter bzw. Leistungen, so daß eine vollständige Formalisierbarkeit sowie eine Standardisierung der Güter- und Leistungsbeschreibung möglich ist [Reim96]. Eigenkapitalnutzungsrechte haben damit den Charakter standardisierter Wertpapiere, die bereits heute an (externen) Elektronischen Börsen gehandelt werden (vgl. Abschnitt 2.3.3). Aufgrund der Standardisierung sind Qualität und Menge der Nutzungsrechte eindeutig bestimmt, so daß Verhandlungen auf den Preis beschränkt bleiben können [Pico89, 366], was nicht zuletzt die IKS-Unterstützung der Verhandlungs- bzw. Vereinbarungsphase wesentlich vereinfacht.

Darüber hinaus kann die Bereitschaft der prospektiven Marktteilnehmer (Kundenbetreuer, Wertpapierhändler, etc.) zur Nutzung eines (internen) elektronischen Marktsystems verhältnismäßig hoch eingeschätzt werden, da sie gewohnt sind, an externen Märkten (Kundenmarkt, Kapitalmarkt, etc.) zu agieren und dabei vielfach durch den Einsatz von IKS unterstützt werden (Anlageberatungssysteme, Kursinformationssysteme, etc.). Zusätzlich stellt der hohe IKS-Versorgungsgrad im Finanzdienstleistungsbereich eine wesentliche Erleichterung für die Einführung eines solchen internen Handelssystems zur Eigenkapitalallokation dar.

4.2.3.2 Markt (-system-) architektur und Agentenkonzept

Im Rahmen einer Portierung von Markttransaktionen auf ein rechnergestütztes System gilt es zunächst, auf Basis des Anwendungsmodells die geeignete Organisationsstruktur der Markttransaktionen zu bestimmen, um daraus in einem weiteren Schritt die Anforderungen an die Systemarchitektur des zu implementierenden Elektronischen Marktes abzuleiten. Eine wesentliche Determinante der Marktstruktur ist dabei die Wahl eines bestimmten Preisbildungsverfahrens [Bort96, 83]. Aufgrund der bereits herausgearbeiteten Ineffizienz bilateraler Verhandlungen (vgl. Abschnitt 4.2.2) scheidet die Preisfindung durch Einzelverhandlung als Gestaltungsalternative aus. Geeignet erscheint vielmehr eine organisierte, zentrale Preisfindung nach dem

Auktionsprinzip („order-driven-market") oder nach dem Market-Maker-Prinzip („quote-driven-market").

Die Wahl der geeigneten Marktform wird vor allem von der Forderung nach jederzeitiger Transaktionsmöglichkeit (Immediacy) [Dems68] dominiert, da es aus Wettbewerbsgründen unabdingbar ist, auf dem Kundenmarkt als Verhandlungsbasis jederzeit verbindliche Konditionen zu stellen, in deren Vorkalkulation die Preise für die erforderliche Eigenkapitalnutzung Eingang finden müssen. Eine Realisierung als Händlermarkt [Ohar95] ist daher naheliegend: Ein Händler (Market-Maker) tritt dabei als selbständiger Handelspartner auf und ist ständig bereit, Angebote und Nachfragen zu matchen bzw. An- und Verkaufskurse zu stellen. Eine alternative Möglichkeit zur Realisierung des internen Eigenkapitalhandels stellt die kontinuierliche Auktion als zentraler Mechanismus dar, bei dem permanent der Versuch des Matchings zwischen eintreffenden Kauf- (bzw. Verkaufs-) Geboten und bereits vorhandenen Verkaufs- (bzw. Kauf-) Geboten erfolgt.[175] Trotz ihrer Unterschiede zeichnen sich beide Marktformen durch ihre zentrale Struktur aus, d.h. die Kommunikation der Teilnehmer wird über eine zentrale Koordinationsstelle bzw. eine zentrale Handelsplattform abgewickelt.

Netztopologisch läßt sich ein solches monozentrales Kommunikationsgefüge im Rahmen einer Client-Server-Struktur darstellen [Lang94], in der die (Markt-) Teilnehmerprozesse durch eine sternförmige Struktur bidirektional und topologisch direkt mit dem Serverprozeß (der Auktion bzw. dem Händler) verbunden sind.

Die Automatisierung der Preisfeststellung selbst erfolgt im Falle der Auktion über die systemtechnische Abbildung definierter Mengen von Prioritätsregeln (hinsichtlich der Kriterien Preis, Menge, Zeitpunkt des Ordereingangs), nach denen das „Matching" von Kauf- und Verkaufsgeboten automatisch vorgenommen wird.

Da die primären Aufgaben der prospektiven Marktteilnehmer (Kundenbetreuer, Wertpapierhändler) nach wie vor in der Akquisition von Kundengeschäften bzw. dem Wertpapierhandel an den Geld- und Kapital-

---

[175] Denkbar sind auch Hybridformen der Preisfeststellung: Beispielsweise können die quotierten Kurse des Händlers und die Limitorders anderer Marktteilnehmer im Rahmen eines Auktionssystems miteinander konkurrieren. Zur Anwendung dieses Prinzips bei der Deutschen Terminbörse (DTB) vgl. [StWi93, 683].

märkten bestehen, sollten in weiteren Schritten die mit dem internen Eigenkapitalhandel verbundenen Routinetätigkeiten ebenfalls auf Softwaresysteme übertragen werden. Hierzu gehören u.a.

- die Einordnung des geplanten Kundengeschäfts in die entsprechende Bonitätsklasse,
- die Bestimmung der geforderten Eigenkapitalunterlegung auf Basis der gesetzlichen Anrechnungsfaktoren,
- die Ermittlung der Menge der am internen Markt nachzufragenden Eigenkapitalnutzungsrechte,
- und die Abgabe eines entsprechenden Kaufgebots bzw. Annahme eines Verkaufsangebots unter Berücksichtigung des erwarteten (spezifischen) Deckungsbeitrages des betrachteten Einzelgeschäfts sowie der gesamten Kundenbeziehung.

Eine geeignete Möglichkeit, diese zusätzlichen Anforderungen im Rahmen der Systemunterstützung zu erfüllen, besteht in der Wahl des Agentenansatzes der Verteilten Künstlichen Intelligenz (VKI) (vgl. Abschnitt 3.2.4.1): Aus Sicht der nachfragenden bzw. anbietenden Geschäftseinheiten dienen obige Systeme als „Intelligente Assistenten" [Stei93]. Je nach Funktionalitätsumfang nehmen sie im Rahmen des zu unterstützenden Marktprozesses die Interessen der handelnden Geschäftseinheiten wahr. In Erfüllung der damit verbundenen Aufgaben sind sie intelligente autonome Teilnehmer innerhalb des Marktprozesses und stellen damit aus Sicht der VKI *Agenten* [BoGa88] dar. Die Eignung des Agentenkonzepts zur Unterstützung und Implentierung eines bankinternen Marktes konnte bereits im Rahmen der verteilten Allfinanzangebotserstellung nachgewiesen werden (vgl. Abschnitt 3.2.6). Da auch dort Angebots- und Nachfrageprozesse der Agenten über ein zentrales Kooperationsmedium (Blackboard) abgewickelt wurden, kann die in diesem Zusammenhang entwickelte Systemkonzeption auch als Ausgangspunkt zur Realisierung eines agentenbasierten Eigenkapitalhandels genutzt werden: An die Stelle des Blackboards tritt dann im Falle des Eigenkapitalhandels ein automatisierter Auktionsmechanismus in Form eines Softwareprozesses oder ein weiterer Agent, der die zentrale Händlerrolle übernimmt und mit den nachfragenden bzw. anbietenden Agenten der Geschäftseinheiten direkt interagiert.

4.3 Zusammenfassung und Probleme eines bankinternen Marktes

Die Dezentralisierung des Angebotsprozesses in Banken sowie die korrespondierende Erhöhung der Entscheidungsautonomie dezentraler Einheiten führen zu der Erfordernis, dezentrale Entscheidungen im Hinblick auf globale Restriktionen aufeinander abzustimmen. Zentrale Restriktionen der Geschäftstätigkeit existieren zum Beispiel in Form regulatorischer Auflagen, die u.a. die Unterlegungspflicht bestimmter Risikoaktiva durch haftendes Eigenkapital vorsehen. Dezentrale Geschäftseinheiten benötigen mithin die knappe Ressource haftendes Eigenkapital zur Leistungserstellung. Hieraus resultiert ein Ressourcenallokationsproblem, dem die Banken gegenwärtig durch den Einsatz hierarchischer Planungsansätze zu begegnen versuchen. Es konnte dargestellt werden, daß derartige Ansätze das Ziel, die Ressource Eigenkapital in ihre produktivste Verwendung zu lenken infolge asymmetrisch verteilter, allokationsrelevanter Informationen in der Regel verfehlen. Dies gilt vor allem dann, wenn die Umweltbedingungen dynamischen Veränderungen unterliegen. Demgegenüber weisen marktliche Koordinationsansätze erhebliche Vorteile auf: Über den Preismechanismus erfolgt die Nutzung dezentral verteilter Informationen sowie die automatische Anpassung an veränderte Knappheitsverhältnisse bzw. Umweltbedingungen. Aus diesem Grund wurde im Anschluß der Einsatz marktlicher Koordinationsmechanismen zur bankinternen Eigenkapitalallokation evaluiert. Die Probleme bei der Verwendung *externer* Marktpreise zur Bepreisung der internen Ressourcennutzung führten zu der Entwicklung eines *internen* Marktkonzepts: Die Einführung und der Handel von Eigenkapitalnutzungsrechten als Ausprägung eines Mechanismus zur Mengensteuerung mit Preisanpassung scheinen geeignet, die Anforderungen - effiziente Ressourcenallokation bei gleichzeitiger Einhaltung der aufsichtsrechtlichen Restriktion - zu erfüllen. Der interne Eigenkapitalhandel verursacht allerdings (Transaktions-) Kosten, die es zu minimieren gilt. Aus diesem Grund wurden die Mediatisierung des internen Eigenkapitalhandels mit Hilfe eines Elektronischen Marktes diskutiert und entsprechende Gestaltungsmöglichkeiten aufgezeigt. Im Ergebnis läßt sich ein marktlicher Koordinationsansatz mittels geeigneter Systemunterstützung transaktionskostengünstig in der Bankunternehmung implementieren. Ein interner (elektronischer) Markt für knappe Ressourcen verspricht demnach, das Allokationsproblem vorteilhaft zu lösen und kann zunehmend als Gestaltungsalternative gegenüber hierarchischen Koordinationsverfahren angesehen werden.

Ein bankinterner Markt wirft allerdings auch Probleme auf, die in der bisherigen Betrachtung keine explizite Berücksichtigung fanden: Aufgrund der Neuartigkeit organisierter Märkte innerhalb der Unternehmung verbleibt die Frage, auf welche Weise ein Markt in die Hierarchie einzubetten ist, um dessen postulierte Allokationseffizienz tatsächlich zu realisieren. Auf Unternehmungsebene existiert eine übergeordnete Zielfunktion, so daß Anreiz- und Vergütungsstrukturen derart zu gestalten sind, daß dezentrale Einheiten Anreize besitzen, genau solche Markttransaktionen durchzuführen, die höhere Zielfunktionswerte für die Unternehmung versprechen. Während in der obigen Betrachtung zunächst vereinfachend von der Existenz adäquater Anreiz- und Vergütungsstrukturen ausgegangen wurde, welche die Akteure zu der tatsächlichen Durchführung entsprechender Markttransaktionen bewegt, ist in weiteren Schritten die geeignete Gestaltung solcher Anreizsysteme zu untersuchen. Hierbei kann auf in dieser Arbeit angestellte Überlegungen und Modellbetrachtungen aufgebaut werden. Während allerdings hier allein die Zielkonflikte zwischen Prinzipal und jeweils einem Agenten im Vordergrund standen, müssen im Falle interner Markttransaktionen auch divergierende Präferenzen zwischen Agenten berücksichtigt werden. Solche Präferenzunterschiede eröffnen nämlich die Möglichkeit, daß Tauschhandlungen zwischen dezentralen Einheiten (Agenten) auch zu Lasten der Zentrale (Prinzipal) durchgeführt werden. Eine entsprechende, weitergehende Analyse sollte demnach vor allen Dingen auf die Berücksichtigung unterschiedlicher Zeit- und Risikopräferenzen der (Markt-) Akteure und daraus resultierender Tauschvorgänge gerichtet sein [SaWi96].

Ein weiteres Problemfeld der preisvermittelten internen Allokation von Ressourcen eröffnet sich mit der Existenz von Verbund- bzw. Diversifikationseffekten.[176] Sie bewirken, daß Einzelmaßnahmen und Einzelgeschäfte bzw. deren Ressourcenverbrauch nicht unabhängig voneinander bewertet werden können. Im Rahmen des entwickelten Marktkonzepts zur Internalisierung der Wirkungen des GS I konnte auf die Berücksichtigung derartiger Effekte verzichtet werden, da sich die Ressourcenwirkungen der Einzelgeschäfte additiv verhalten: Wie bereits in Abschnitt 4.1.1 dargelegt, wird die aufsichtsrechtliche Anforderung an das haftende Eigenkapital auf die Summe anzurechnender Einzelgeschäftsvolumina bezogen.

---

176 Zu einem Vorteilhaftigkeitsvergleich alternativer Koordinationsformen innerhalb der Bank vor dem Hintergrund von Verbundeffekten im Rahmen der Kassenhaltung vgl. [BuSa96].

Neben der Begrenzung von Bonitätsrisiken, wie sie im GS I erfaßt werden, existieren allerdings auch aufsichtsrechtliche Regelungen zur Erfassung und Begrenzung von Marktpreisrisiken. Soll das Konzept einer marktlichen Koordination auf dezentral agierende Handelsbereiche ausgedehnt werden, so sind zentrale Restriktionen, die sich auf die Begrenzung von Markt- bzw. Handelsrisiken beziehen, ebenfalls zu berücksichtigen: Die Bestimmungen der in diesem Fall relevanten Kapitaladäquanzrichtlinie sehen zur Berechnung der Eigenkapitalunterlegung vielfältige Möglichkeiten der gegenseitigen Aufrechnung von Einzelpositionen vor [ScTr95; GrKn94]. Bestehen Diversifikations- und Hedgingmöglichkeiten zwischen einzelnen Positionen, so wird die dezentrale Einzelbewertung von Geschäften in der Regel zu unvorteilhaften Entscheidungen aus Sicht der Bank führen. Aufgrund des sich gegenseitig kompensierenden bzw. aufhebenden Risikos einzelner Geschäfte sinkt die Eigenkapitalbelastung und damit die Ressourceninanspruchnahme unter diejenige der einfachen Summe der Einzelgeschäfte. Selbst wenn jedes Einzelgeschäft für sich genommen als unwirtschaftlich hinsichtlich der geforderten Eigenkapitalunterlegung betrachtet würde, könnte dennoch die gemeinsame Durchführung beider Geschäfte vorteilhaft sein. Die dezentrale Nutzung solcher Verbundeffekte und die Aufdeckung effizienter Kooperationsmöglichkeiten sowie Anreizmechanismen zur Bildung entsprechender Koalitionen gilt es daher in Zukunft verstärkt zu untersuchen.

5 Zusammenfassung und Ausblick

Das Ziel dieser Arbeit war die Gestaltung markt- und kundenorientierter Angebotsprozesse in Banken auf der Grundlage innovativer Informations- und Kommunikationssysteme. Den Ausgangspunkt der Überlegungen stellte die These dar, daß Markt- und Kundenorientierung nur durch eine geeignete Vergabe von Entscheidungskompetenzen an markt- und kundennahe Einheiten in der Bank erfolgreich zu implementieren sind. Die wesentliche Begründung hierfür resultiert aus der Beobachtung, daß dezentrale Entscheidungsträger in der Regel über bessere markt- und kundenrelevante Informationen als die Zentrale verfügen und demnach Entscheidungen höherer Güte treffen können. Die Dezentralisierung von Entscheidungen erscheint daher notwendig, wenn die Erstellung von Bankleistungen konsequent und systematisch an den dynamischen Markt- und Kundenanforderungen ausgerichtet werden soll.

Mit der Dezentralisierung sind allerdings zugleich Steuerungs- und Koordinationsprobleme verbunden: Im Falle weitgehend dezentraler Entscheidungsautonomie besteht zum einen die Gefahr, daß dezentrale Entscheidungsträger ihre Informationsvorsprünge zu Lasten des Gesamterfolgs der Bank nutzen, um individuelle Zielfunktionen zu optimieren. Zum anderen kann unkoordiniertes Agieren interdependenter Entscheidungseinheiten zu suboptimalen Ergebnissen aus Sicht der Bank führen. Vor diesem Hintergrund wurden in Kapitel 2 die gegensätzlichen Wirkungen der Dezentralisierung auf die Zielerreichung der Bank mit Hilfe einer einfachen Modellanalyse untersucht und Vorteilhaftigkeitsbedingungen in Abhängigkeit von herrschender Informationsasymmetrie und dem Interdependenzgrad dezentraler Entscheidungen abgeleitet.

Das aufgezeigte Spannungsfeld - oftmals auch als das „klassische Dilemma der Organisationstheorie" bezeichnet - ist bei der Gestaltung eines marktorientierten Angebotsprozesses zu überwinden, um Dezentralisierungsvorteile zu nutzen, ohne sie durch die genannten Steuerungs- und Koordinationsprobleme zu konterkarieren.

Hierzu wurden ebenfalls in Kapitel 2 die theoretischen Grundlagen herausgearbeitet, indem die Steuerungs- und Koordinationsaspekte der Dezentralisierung und marktnaher Entscheidungsautonomie einer Analyse unterzogen wurden. Beide Aspekte sind auf Interdependenzen innerhalb der Organisation bzw. zwischen Organisationseinheiten zurückzuführen: Vertikale Interdependenzen zwischen Zentrale und dezentralen Entscheidungsträgern begründen die Notwendigkeit, dezentrale Entscheidungen im Sinne des Bankziels zu steuern. Entsprechende Lösungsansätze stellen (erfolgsabhängige) Anreizsysteme dar, deren Ausgestaltung Gegenstand der Principal-Agent-Theorie ist. Infolge des Verzichts auf direkte Einflußnahme durch Anweisung und Kontrolle sind Anreizsysteme geeignet, Steuerungswirkungen zu entfalten, ohne Dezentralisierungsvorteile zu konterkarieren.

Horizontale Interdependenzen zwischen dezentralen Entscheidungsträgern erfordern die wechselseitige Abstimmung erfolgswirksamer Entscheidungen dezentraler Einheiten. Lösungsansätze, die ein dezentrales Organisationsdesign unterstützen, bestehen in marktlichen Koordinationskonzepten. Sie bieten die Möglichkeit, über die Nutzung des Preismechanismus interdependente lokale Entscheidungen zu „entkoppeln“ und als Folge die autonome dezentrale Entscheidungsfindung sowie die schnelle, kundennahe Nutzung lokaler Informationen zu fördern.

Mit erfolgsabhängigen Anreizsystemen und bankinternen Märkten konnten demzufolge zwei flankierende Gestaltungselemente bestimmt werden, um die im Zuge der Dezentralisierung auftretenden Steuerungs- und Koordinationsprobleme zu lösen oder zu begrenzen. Wie allerdings weiterhin aufgezeigt werden konnte, erfordert deren praktische Implementierung zusätzlich eine adäquate Unterstützung durch IKS. Das Gestaltungspotential von IKS liegt hierbei zum einen in der Verbesserung der Meß- und Zurechenbarkeit von Erfolgswirkungen dezentraler Entscheidungen. Zum anderen können Informations- und Kommunikationsprozesse zur marktlichen Koordination dezentraler Einheiten mediatisiert und kostengünstig abgewickelt werden. Darüber hinaus erstreckt sich das Gestaltungspotential von IKS auf die dezentrale Verfügbarmachung von Wissen und Informationen als „Problemlösungsressourcen“, so daß der Einsatz von IKS den Erfolg dezentralisierter Organisationsformen auch auf direktem Wege fördern kann.

In Kapitel 3 wurden die herausgearbeiteten Gestaltungsalternativen problemorientiert zusammengeführt, integrativ genutzt sowie in relevanten Teilgebieten fortentwickelt, um das Konzept einer marktorientierten Angebotserstellung in Banken zu entwerfen. Dabei richtete sich der Fokus zunächst auf die Kundenschnittstelle und deren Ausgestaltung: Auf der

Grundlage der Charakterisierung des Angebotsprozesses als systematische Erstellung finanzieller Problemlösungen zu individuellen Kundenproblemen wurde das „Dreiecksverhältnis" zwischen Kunde (Nachfrager der Problemlösung), Bank (Anbieter von Problemlösungskomponenten) und Kundenberater (Ersteller der intermediären Problemlösungsleistung) sowie deren Delegationsbeziehungen einer eingehenden Betrachtung unterzogen. Als Ergebnisse der agencytheoretischen Überlegungen konnten folgende Gestaltungsanforderungen an die Angebotserstellung formuliert werden: Aufgrund der Qualitätsunsicherheit auf Seiten des Kunden hinsichtlich der angebotenen Problemlösung erhält die langfristige Kundenbeziehung wesentliche Bedeutung für den Bankerfolg. Diese Beziehung ist indessen nur über eine gleichbleibend hohe Beratungs- und Angebotsqualität dauerhaft aufrechtzuerhalten. Zudem muß die Bank Vorleistungen erbringen, um eine Kundenbeziehung zu etablieren. Aufgabe der Bank ist es, über geeignete Anreize sicherzustellen, daß der von ihr „beauftragte", dezentral agierende Kundenberater seine (privaten) Markt- und Kundeninformationen zur Erbringung der erforderlichen Beratungsqualität nutzt und zudem Investitionen in die Kundenbeziehung leistet. Es wurde argumentiert, daß eine geeignete Lösung dieser Problemstellung in der ungeteilten Zuordnung der Verantwortung für eine Kundenbeziehung zu einem Kundenberater besteht - bei gleichzeitiger Beteiligung am Erfolg, der aus dieser Kundenbeziehung erwächst. Dies bedeutet, daß die Ausgestaltung der Kundenschnittstelle als Allfinanzvertrieb nahe liegt, da der verantwortliche Kundenberater zur vorteilhaften Lösung wechselnder Kundenprobleme über die gesamte Produktpalette der Bank verfügen können muß. Dies gilt um so mehr, als die geeignete Kombination verschiedener Finanzprodukte oftmals die einzelnen Produkten überlegene Problemlösung darstellt.

Das skizzierte Ergebnis wird weiter gestützt, wenn zusätzlich Aspekte der Risikoverteilung zwischen Bank und Kundenberater berücksichtigt werden. Erfolgsabhängige Anreize zur Steuerung der Beratungsanstrengungen gehen einher mit der Übernahme von Erfolgsrisiken durch den Berater. In Abhängigkeit von der Risikoaversion resultiert daraus die Forderung einer Risikoprämie, um die Risikoübernahme zu kompensieren. Unter Verwendung des Standard-Agency-Modells in der Variante des LEN-Modells konnten wir nachweisen, daß die Diversifikation der Erfolgsrisiken durch eine verbreiterte Produktpalette des Kundenberaters zu einer Reduzierung der geforderten Risikoprämie und mithin zu geringeren Agency-Kosten infolge der Dezentralisierung führt. Vor diesem Hintergrund und unter Berücksichtigung von

Qualifikationskosten, die ein Allfinanzvertrieb zur Folge hat, konnten Vorteilhaftigkeitsbedingungen aus Sicht der Bank gegenüber dem spezialisierten, produktorientierten Vertrieb abgeleitet werden. Es stellte sich heraus, daß der Allfinanzvertrieb sogar einem hinsichtlich des Kompensationsschemas optimierten Spezialvertrieb (mit relativer Leistungsbewertung) häufig überlegen ist. Die Vorteilhaftigkeit kann darüber hinaus mit der Senkung von Qualifikationskosten durch den Einsatz von geeignet gestalteten Beratungsunterstützungssystemen weiter gesteigert werden.

Die betriebswirtschaftlich fundierte Gestaltung einer IKS-Unterstützung des Allfinanzangebotsprozesses sowie deren informationstechnisch überzeugende Realisierung waren Gegenstand der weiteren Überlegungen: Die Verlagerung der Verantwortlichkeit für eine Kundenbeziehung sowie der korrespondierenden Entscheidungskompetenzen an die Kundenschnittstelle können nur dann vorteilhaft sein, wenn der dezentrale Kundenberater neben seinen (lokalen) Kundeninformationen über die notwendigen Problemlösungsressourcen in Form von Produkt- und Problemlösungswissen verfügen und sie zugleich kundenproblemspezifisch nutzen kann. Es wurde begründet, daß diese Anforderungen nur dann zugleich erfüllt werden können, wenn der Kundenberater in seinem Problemlösungsprozeß durch IKS unterstützt wird. Darüber hinaus konnte gezeigt werden, daß die relevanten Problemlösungsressourcen verteilt auf dezentrale (Produkt-)Einheiten innerhalb und außerhalb der Bank vorliegen, so daß deren Zusammenführung an der Kundenschnittstelle weiterhin der Unterstützung der Kooperation und Koordination der involvierten Organisationseinheiten bedarf.

Den beiden obigen Anforderungen folgend arbeiteten wir die zwei elementaren Rollen der Systemunterstützung innerhalb des Allfinanzangebotsprozesses heraus: Die Nutzung verteilt vorliegenden Produkt- und Problemlösungswissens verlangt den Einsatz eines verteilten Problemlösungssystems. Die Koordination der an der Problemlösung beteiligten dezentralen Einheiten erfordert die Unterstützung durch ein verteiltes Koordinationssystem. Unter Verwendung von Gestaltungsalternativen der Verteilten Künstlichen Intelligenz (VKI) erfolgte die Integration beider Funktionalitäten: Das modulare Agentenkonzept der VKI erlaubt zum einen die partitionierte Abbildung produktspezifischen Problemlösungswissens - wie es in dieser Arbeit am Beispiel alternativer Anlageprodukte modellanalytisch hergeleitet werden konnte - sowie dessen problemspezifische Zusammenführung über dezentrale Kooperationsmechanismen im Rahmen eines verteilten Problemlösungsprozesses. Zum anderen dienen das Rationalitäts- und Autonomiekonzept der Agentenmodellierung der Abbildung von Zielen und Interessen unabhängiger Organisationseinheiten. Agenten als Subsysteme eines Agentensystems spielen dann sowohl die Rolle spezialisierter Problemlöser, die an einer gemeinsamen Problemlösung arbeiten, als auch die Rolle der Vertreter der beteiligten (autonomen) organisatorischen Einheiten, die interessegeleitet an einer Kooperation teilnehmen.

Dieser Zweiteilung folgend wurde zunächst der verteilte Problemlösungsprozeß unter primär finanzwirtschaftlichen Gesichtspunkten systemnah modelliert und anschließend um ein marktorientiertes Koordinationskonzept erweitert. Das verteilte Problemlösen ist prototypisch in dem blackboardbasierten Agentensystem ALLFIWIB realisiert, dessen Konzeption kurz dargestellt wurde. Es versetzt den einzelnen Kundenberater in die Lage, betriebswirtschaftlich fundierte Problemlösungen zum Beratungszeitpunkt an der dezentralen Kundenschnittstelle anzubieten. Auf diese Weise ist eine wesentliche Voraussetzung für die Implementierung des aus Banksicht vorteilhaften Allfinanzvertriebs sowie der ganzheitlichen Betreuung eines Kunden durch einen Berater geschaffen. Neben der systematischen Erstellung wettbewerbsfähiger Problemlösungen erwächst demzufolge aus dem Einsatz des Systems ALLFIWIB ein erhebliches organisatorisches Gestaltungspotential hinsichtlich der Bildung kleiner, eigenverantwortlich agierender Organisationseinheiten. Ein weiterer Aspekt der marktorientierten Leistungserstellung - die marktliche Koordination der beteiligten Organisationseinheiten - wird in dem gegenwärtigen Realisierungsstand allerdings noch nicht abgebildet. Aus diesem Grund wurde abschließend aufgezeigt, wie der Prototyp zu einem integrierten Problemlösungs- und Koordinationssystem in Form eines *Elektronischen Marktes für Problemlösungen* erweitert werden kann.

Im Hinblick auf Markt- und Kundenanforderungen werden zunehmend alternative Vertriebswege beschritten. Hierzu gehört auch das beratungsorientierte Direct Banking, das im Vertriebswegeportfolio der Bank einen immer höheren Stellenwert einnimmt. Die Charakteristika des Direct Banking - vor allem die permanente Verfügbarkeit bankseitiger Ansprechpartner - lassen indessen die ungeteilte Zuordnung von Kundenbeziehungen zu (Telefon-) Beratern schwierig erscheinen. Deshalb wurde untersucht, welche Auswirkungen alternative Verteilungen von Entscheidungskompetenzen bezüglich der Wahl von Investitions- und Anstrengungsniveaus auf die Wohlfahrtsposition der Bank bzw. deren Wettbewerbsfähigkeit haben: Zunächst wurden unterschiedliche Möglichkeiten diskutiert, die Investitionen und Anstrengungsniveaus der Kundenbetreuer hinsichtlich der Bankzielsetzung zu steuern. Dabei stellten die zentrale Vorgabe von Investitionsniveaus plus Monitoring auf der einen Seite und dezentrale Entscheidungsautonomie der Betreuer plus geeignete Anreize auf der anderen Seite jeweils die zwei Extremformen dar. Unter Verwendung der First-Best-Referenzlösung (die Bank verfügt über vollständige Information) wurde gezeigt, daß die zentrale Vorgabe von Investitionsniveaus bei steigender Informationsasymmetrie zwischen Bank und Kundenbetreuern zunehmend ineffizient wird. Hingegen führten Ansätze der dezentralen Steuerung bei geeigneter Wahl von Anreizen zur Realisierung von First-Best-Investitionsniveaus. Durch die zusätzliche Einführung von „Eigentumsrechten an Kundenbeziehungen“ und deren IKS-gestützte Durchsetzung können darüber hinaus horizontale Externalitäten (zwischen Kundenbetreuern) so internalisiert werden, daß gleichzeitig First-Best-Investitionsniveaus erreicht werden und Interessenidentität zwischen Bank und Kundenbetreuern herrscht. Die angestellten Modellbetrachtungen führten letztlich zu dem Ergebnis, daß sogar bei abwesender Informationsasymmetrie eine IKS-gestützte dezentrale Steuerung der zentralen hierarchischen Vorgabe überlegen ist.

Bislang konnte abgeleitet werden, daß die Dezentralisierung des Angebotsprozesses in Banken auf der Grundlage geeignet gestalteter IKS zu einer verbesserten Angebotsqualität und in der Folge zu gesteigerter Wettbewerbsfähigkeit führen kann. Im Rahmen der Leistungserstellung spielt allerdings neben der Angebotsqualität auch der effiziente Einsatz knapper Bankressourcen eine wesentliche Rolle. Zentrale Ressourcenrestriktionen, wie sie beispielsweise aus aufsichtsrechtlichen Eigenkapitalnormen erwachsen, begründen die Notwendigkeit, dezentrale Entscheidungen im Hinblick auf zentrale Ziele und Restriktionen zu koordinieren. Am Beispiel des haftenden Eigenkapitals wurde daher in Kapitel 4 der Versuch unternommen, geeignete Lösungsansätze zur unternehmungsinternen Koordination dezentraler Aktivitäten zu entwerfen.

Ausgehend von der Einsicht, daß bei ungleich verteilter Information zentrale Planungsansätze effiziente Eigenkapitalallokationen allenfalls zufällig erreichen und dezentrale Koordinationslösungen in Form bilateraler Verhandlungen ebenfalls ineffiziente Allokationsergebnisse erwarten lassen, wurde das Konzept eines organisierten internen Marktes zur Eigenkapitalallokation entwickelt: Es umfaßt die Einführung limitierter Eigenkapitalnutzungsrechte sowie deren organisierten Handel zwischen dezentralen Geschäftseinheiten. Es konnte dargelegt werden, daß bei geeigneter Ausgestaltung des internen Marktes Eigenkapitalnutzungsrechte so gehandelt werden können, daß einerseits aufsichtsrechtliche Eigenkapitalnormen jederzeit erfüllt sind, und andererseits das knappe Eigenkapital der wirtschaftlichsten Verwendung zugeführt wird. Darüber hinaus führt der Einsatz preisvermittelter Koordination zu einer stetigen Ermittlung und Bewertung der tatsächlichen Knappheit der Ressource haftendes Eigenkapital innerhalb der Bank, so daß sich hieraus die Möglichkeit eröffnet, Entscheidungen über ressourcenvariierende Maßnahmen an externen Märkten (Kapitalerhöhungen, Ausgabe von Genußrechten, etc.) fundierter treffen zu können, als dies bislang der Fall war. In Anbetracht der Vorteile eines marktlichen Koordinationskonzeptes darf indessen nicht darüber hinweggesehen werden, daß die zugrundeliegenden Marktprozesse Transaktionskosten verursachen. Aus diesem Grund wurde die Mediatisierung des internen Eigenkapitalhandels mit Hilfe eines Elektronischen Marktes diskutiert und entsprechende Gestaltungsmöglichkeiten aufgezeigt: Mit der Unterstützung dezentraler Koordinationsprozesse durch die Schaffung interner Elektronischer Märkte können markttransaktionsinduzierte Kosten soweit gesenkt werden, daß der Einsatz marktlicher Mechanismen in der Bankunternehmung zur Gestaltungsalternative wird.

In der dezentralisierten Bank erfährt die Zentrale einen Funktionswandel und nimmt eine gänzlich neue Rolle ein: Statt der direkten Einflußnahme durch Anweisung und Kontrolle beschränkt sie sich auf Vorgabe und Implementierung von (Spiel-) Regeln, Anreizmechanismen und Transaktionsdesigns, in deren Rahmen die dezentralen Entscheidungsträger ihre (Strategie-) Entscheidungen treffen. Wie die Ergebnisse der Arbeit zeigen, kann ein derartiger Rahmen so ausgestaltet werden, daß besser informierte Organisationseinheiten motiviert sind, ihre (privaten) Informationen aufzudecken und im Sinne der Bank zu nutzen, da sie daraus zugleich individuelle Vorteile erlangen.

Interessanterweise korrespondieren innovative Informatikkonzepte mit einer solchen Organisationsgestaltung, so daß dezentrale Steuerungs- und Koordinationsansätze innerhalb der Bank zukünftig eine adäquate Unterstützung durch IKS erfahren können: Wie das in der Arbeit konzipierte und dargestellte Agentensystem illustriert, kann sich ein zentrales Systemdesign auf die Definition von Schnittstellen sowie auf die Vorgabe von Interaktionsregeln beschränken. Auf der Grundlage dergestalt bereitgestellter Kooperations- und Koordinationsmechanismen werden autonome Softwaresysteme (Agenten) in die Lage versetzt, durch situatives und selbstgewähltes Zusammenwirken kohärente Gesamtlösungen zu erstellen, ohne daß es einer zentralen Kontrollinstanz oder starrer Ablaufschemata bedarf.

Zusammengenommen offeriert der kombinierte Einsatz innovativer Organisationsprinzipien und moderner Informatikkonzepte die Möglichkeit, die betrachtete Dezentralisierung des Angebotsprozesses im Finanzdienstleistungsbereich sowie die korrespondierende Modularisierung der Bankorganisation über das im Rahmen der Arbeit diskutierte Maß hinaus voranzutreiben: Die Bildung (teil-)autonomer Bankeinheiten sowie deren (marktähnliche) Interaktionen über definierte Schnittstellen begründen ein skalierbares Organisationssystem, das nicht nur die flexible Hinzunahme neuer Geschäftsfelder und Vertriebswege ermöglicht, sondern auch neue, unternehmungsübergreifende Kooperationsformen zur Gestaltungsoption werden läßt: Es ist zu vermuten, daß Strukturen, die eine problemspezifische sowie anreizgetriebene Bündelung *interner* Ressourcen und Kompetenzen unterstützen, auch die flexible Einbindung *externer* Kompetenzen fördern können. Dieser Effekt wird nachhaltig verstärkt, wenn interne IKS korrespondierend so gestaltet sind, daß sie auch externen Kooperations- und Marktteilnehmern geöffnet werden können.

Insofern begründen Dezentralität und Markt *in* Banken geeignete Voraussetzungen dafür, daß Chancen, die sich auf wandelnden externen Finanzdienstleistungsmärkten oder neu entstehenden Märkten auf Netzen (insbesondere auf dem Internet) eröffnen, zeitnah genutzt werden können. Wesentliche Fragestellungen in diesem Kontext sind derzeit noch offen. Allerdings lassen aktuelle Forschungsansätze zur Untersuchung virtueller Unternehmungen und zu Märkten auf Netzen in Zukunft interessante Antworten erwarten.

6 Literaturverzeichnis

[AdSc93] *Adam, D.; Schlüchtermann, J.; Utzel, C.:* Zur Eignung der Marktzinsmethode für Investitionsentscheidungen. In: Schmalenbachs Zeitschrift für betriebswirtschaftliche Forschung 45 (1993), S. 3-18.

[AdSc94] *Adam, D.; Schlüchtermann, J.; Hering, T.:* Zur Verwendung marktorientierter Kalkulationszinsfüße in der Investitionsrechnung. In: Zeitschrift für Betriebswirtschaft 64 (1994), S. 115-119.

[Akma94] *Akmann, M.:* Ergebnissteuerung in Kreditinstituten. Frankfurt am Main 1994.

[Albe96a] *Albers, S.:* Dezentralisierte Führung von Unternehmen mit Hilfe eines internen Beteiligungsmarktes. In: Die Betriebswirtschaft 56 (1996) 3, S. 305-317.

[Albe96b] *Albers, S.:* Der Charme hybrider Lösungen. In: Die Betriebswirtschaft 56 (1996) 4, S. 575-577.

[AlBu93] *Albayrak, S.; Bussmann, S.:* Kommunikation und Verhandlungen in Mehragenten-Systemen. In: *Müller, H.-J. (Hrsg.):* Verteilte Künstliche Intelligenz: Methoden und Anwendungen. Mannheim 1993, S. 55-81.

[AlDe72] *Alchian, A. A.; Demsetz, H.:* Production, Information Costs, and Economic Organization. In: The American Economic Review 62 (1972), S. 777-795.

[Amel94] *Amely, T.:* Allfinanz-Konzerne als Problem der Bank- und Versicherungsaufsicht: Vorschläge zu einer integrativen Behandlung der Erfolgsrisiken. Köln 1994.

[AnJe94] *Angehrn, A. A.; Jelassi, T.:* DSS research and practice in perspective. In: Decision Support Systems 12 (1994), S. 267-275.

[Arbe94] *Arbeitskreis „Finanzierung" der Schmalenbach-Gesellschaft:* Investitions-Controlling - Zum Problem der Informationsverzerrung bei Investitionsentscheidungen in dezentralisierten Unternehmen. In: Schmalenbachs Zeitschrift für bertriebswirtschaftliche Forschung 46 (1994) 11, S. 899-925.

[Arro69] *Arrow, K. J.:* The Organization of Economic Activity: Issues Pertinent to the Choice of Market versus Nonmarket Allocation. In: *U.S. Joint Economic Committee (Hrsg.):* The Analysis and Evaluation of Public Expenditure. Washington D.C. 1969, S. 59-73.

[Arro86] *Arrow, K. J.:* Agency and the market. In: *Arrow, K. J.; Intrilligator, M. D. (Hrsg.):* Handbook of Mathematical Economics, Chapter 23, Vol. III. 1986, S. 1183-1200.

[AtGa94] *Athey, S.; Gans, J.; Schaefer, S.; Stern, S.:* The Allocation of Decisions in Organizations. GSB Research Paper Nr. 1322, Stanford University 1994.

[BaCo94] *Bamberg, G.; Coenenberg, A. G.:* Betriebswirtschaftliche Entscheidungslehre. 8. Auflage, München 1994.

[BaKo82] *Barret, S.; Konsynski, B.:* Inter-organizational Information Sharing Systems. In: MIS Quarterly 6 (1982), S. 93-105.

[Bakr92] *BAKred:* Schreiben I7-4216-I/91 vom 29.12.1992.

[BaLo92] *Bamberg, G.; Locarek, H.:* Groves-Schemata zur Lösung von Anreizproblemen bei der Budgetierung. In: *Spremann, K.; Zur, E. (Hrsg.):* Controlling - Grundlagen, Informationssysteme, Anwendungen. Wiesbaden 1992, S. 657-670.

[BaMe93] *Backhaus, K.; Meyer, M.:* Strategische Allianzen und strategische Netzwerke. In: Wirtschaftswissenschaftliches Studium (1993) 7, S. 330-334.

[Bank87] *Banken, R.:* Die Marktzinsmethode als Instrument der pretialen Lenkung in Kreditinstituten. Frankfurt a. M. 1987.

[Basl96] *Basler Ausschuß für Bankenaufsicht:* Änderung der Eigenkapitalvereinbarung zur Einbeziehung von Marktrisiken. Basel 1996.

[Bech94] *Bechtolsheim, M. von:* Agentensysteme: Verteiltes Problemlösen mit Expertensystemen. Wiesbaden 1994.

[BeGe91] *Benke, H.; Gebauer, B.; Piaskowski, F.:* Die Marktzinsmethode wird erwachsen: Das Barwertkonzept (I). In: Die Bank (1991) 8, S. 457-463.

[Behm94] *Behm, U.:* Shareholder Value und Eigenkapitalkosten von Banken. Bern 1994.

[Bent96] *Bentlage, C.:* Betriebswirtschaftliche und steuerrechtliche Analyse von Zero-Bonds. Wiesbaden 1996.

[Berg88] *Berger, K.-H.:* Zur Kooperation von Banken und Versicherungen. In: *Filc, W. et al. (Hrsg.):* Herausforderungen der Wirtschaftspolitik. Berlin 1988, S. 15-26.

[Beue92] *Beuermann, G.:* Zentralisation und Dezentralisation. In: *Frese, E. (Hrsg.):* Handwörterbuch der Organisation. Stuttgart 1992, Sp. 2611-2625.

[BhGu88] *Bhattacharya, S.; Guasch, J. L.:* Heterogeneity, Tournaments, and Hierarchies. In: Journal of Political Economy 96 (1988) 4, S. 867-881.

[Bier87] *Bierwag, G. O.:* Duration Analysis: Managing Interest Rate Risk. Cambridge 1987.

[Bisc94] *Bischoff, J.:* Das Shareholder Value-Konzept: Darstellung - Probleme - Handlungsmöglichkeiten. Wiesbaden 1994.

[Blic90] *Blickle-Liebersbach, M.:* Agency-Theorie - Rahmenbedingungen und Entlohnung. 1990.

[BMF85] *BMF:* Einkommensteuerpflichtiger Kapitalertrag aus Zero Coupon Bonds, die zu einem Privatvermögen gehören; BMF-Schreiben vom 24.1.1985, BStBl I 1985, S. 77.

[BMF87] *BMF:* Bilanzierung von Zerobonds (Null-Kupon-Anleihen); BMF-Schreiben vom 5.3.1987, BStBl I 1987, S. 394.

[Böck86] *Böcking, H.-J.:* Der Grundsatz der Nettobilanzierung von Zero-Bonds. In: Schmalenbachs Zeitschrift für betriebswirtschaftliche Forschung 38 (1986) 11, S. 930-955.

[BoGa88] *Bond, A. H.; Gasser, L.:* An Analysis of Problems and Research in DAI. In: *Bond, A. H.; Gasser, L. (Hrsg.):* Readings in Distributed Artificial Intelligence. San Mateo 1988, S. 3-35.

[Bohr85] *Bohr, K.:* Betriebswirtschaftlicher Wertbegriff und seine Anwendung. In: *Stöppler, S. (Hrsg.):* Information und Produktion. Beiträge zur Unternehmenstheorie und Unternehmensplanung. Stuttgart 1985, S. 59-81.

[Bohr88] *Bohr, K.:* Zum Verhältnis von klassischer Investitions- und entscheidungsorientierter Kostenrechnung. In: Zeitschrift für Bertriebswirtschaft 58 (1988), S. 1171-1180.

[Bond89] *Bond, A. H.:* The Cooperation of Experts in Engineering Design. In: *Gasser, L.; Huhns, M. N. (Hrsg.):* Distributed Artificial Intelligence. Volume II, 1989, S. 463-483.

[Bord86] *Bordewin, A.:* Bilanzierung von Zero-Bonds. In: Die Wirtschaftsprüfung (1986) 10, S. 263-267.

[Borl92] *Borland, J.:* Multiple-Agent Models. In: *Creedy, J; Borland, J.; Eichberger, J. (Hrsg.):* Recent Developments in Game Theory. Aldershot 1992, S. 141-164.

[Bort96] *Bortenlänger, C.:* Börsenautomatisierung: Effizienzpotentiale und Durchsetzbarkeit. Wiesbaden 1996.

[BoSc84] *Bohr, K.; Schwab, H.:* Überlegungen zu einer Theorie der Kostenrechnung. In: Zeitschrift für Bertriebswirtschaft 54 (1984), S. 139-159.

[Böss83] *Bössmann, E.:* Unternehmungen, Märkte, Transaktionskosten: Die Koordination ökonomischer Aktivitäten. In: Wirtschaftswissenschaftliches Studium (1983) 3, S. 105-111.

[Bran90] *Brand, D.:* Der Transaktionskostenansatz in der betriebswirtschaftlichen Organisationstheorie. Frankfurt/M. 1990.

[BrBü90] *Breuker, J.; Büttel-Dietsch, I.; Kohl, A.; Mertens, P.; Ponader, M.:* Wissensbasierte Finanzierungsberatung. In: Geldinstitute (1990) 11, S. 30-34.

[BrDa91] *Brickley, J.; Dark, F.; Weisbach, M.:* An Agency Perspective on Franchising. In: Financial Management 11 (1991), S. 27-37.

[Breu93] *Breuer, W.:* Linearität und Optimalität in ökonomischen Agency-Modellen: Eine Anmerkung. In: Zeitschrift für Betriebswirtschaft 63 (1993), S. 1073-1076.

[BrHe90] *Braun, H.; Henry, A.; Siedenburg, B.; Wirkowski, A.; Wolff, V.:* Besser als Allfinanz: Das Capital-Konzept. In: Das Capital (1990) 7, S. 83-98.

[BrSm96] *Brickley, J. A.; Smith, C. W.; Zimmermann, J. L.:* Organizational Architecture: A Managerial Economics Approach. Vorversion, 1996.

[BuEr91] *Buhl, H. U.; Erhard, N.:* Steuerlich linearisiertes Leasing - Kalkulation und Steuerparadoxon. In: Zeitschrift für Betriebswirtschaft 61 (1991) 12, S. 1355-1375.

[BuHa93] *Buhl, H. U.; Hasenkamp, U.; Müller-Wünsch, M.; Roßbach, P.; Sandbiller, K.:* WI-State of the Art: Wettbewerbsorientierte IT-Unterstützung in der Finanzberatung. In: Wirtschaftsinformatik 35 (1993) 3, S. 262-279.

[Buhl92] *Buhl, H. U.:* Verteilte wissensbasierte Systeme für die Allfinanz-Kundenberatung. In: *Spremann, K.; Zur, E. (Hrsg.):* Controlling: Grundlagen - Informationssysteme - Anwendungen. Wiesbaden 1992, S. 733-762.

[Buhl93] *Buhl, H. U.:* Finanzanalyse von Entscheidungsalternativen bei der Software-Vertragsgestaltung. In: Schmalenbachs Zeitschrift für betriebswirtschaftliche Forschung 45 (1993) 11, S. 911-932.

[Buhl94a] *Buhl, H. U.:* Leasing bei einheitlichem Kalkulationszins vor Steuern. In: Zeitschrift für Betriebswirtschaft 64 (1994) 2, S. 213-228.

[Buhl94b] *Buhl, H. U.:* Optimale Kreditfinanzierung. In: Zeitschrift für Betriebswirtschaft 64 (1994) 4, S. 515-529.

[Buhl96] *Buhl, H. U.:* Informationssysteme in der Finanzwirtschaft - Neue Organisationsformen und ihre Unterstützung durch IV. In: Wirtschaftsinformatik 38 (1996) 3, 269-271.

[BuIn95] *Bushman, R. M.; Indjejikian, R. J.; Smith, A.:* Aggregate Performance Measures in Business Unit Manager Compensation: The Role of Intrafirm Interdependencies. In: Journal of Accounting Research 33 (1995), S. 101-134.

[Bülo95] *Bülow, S.:* Netzwerk-Organisation für Allfinanzanbieter: Ein organisatorischer Vorschlag auf Grundlage der neuen Institutionenökonomie. Wiesbaden 1995.

[Burc97] *Burchard, U.:* Kompetenz-Netzwerk versus Universalbank. In: Die Bank (1997) 1, S. 4-7.

[BuRo96] *Buhl, H. U.; Roemer, M.; Sandbiller, K.:* Verteiltes Suchen und Erkennen zur Erstellung von Finanzdienstleistungen. In: Künstliche Intelligenz 10 (1996) 4, S. 17-25.

[BuSa93] *Buhl, H. U.; Sandbiller, K; Will, A.:* Vorteilhaftigkeit und Systemunterstützung kombinierter Allfinanzprodukte. Discussion Paper Nr. 48 der Professur für BWL-Wirtschaftsinformatik, Justus-Liebig-Universität, Gießen 1993; Beitrag zur 6. Tagung Geld, Finanzwirtschaft, Banken und Versicherungen, Karlsruhe 1993.

[BuSa94] *Buhl, H. U.; Sandbiller, K; Will, A.*: The Advantage of and System Support for Combined Bankassurance Products. In: *Bachem, A. et al. (Hrsg.):* Operations Research '93. Heidelberg 1994, S. 76-79.

[BuSa96] *Buhl, H. U.; Sandbiller, K.:* Intra-Bank Electronic Capital Markets and Hierarchy Coordination: Searching for the Optimal Mixed Mode Banking Operation.; angenommener Beitrag für: Third Research Symposium: Emerging Electronic Markets and Their Impact on Industrial Organisation, St. John's College, Cambridge (UK), Sept. 1996.

[BuSa97] *Buhl, H. U.; Sandbiller, K.; Will, A.; Wolfersberger, P.:* Zur Vorteilhaftigkeit von Zerobonds. Diskussionspapier WI-32, Institut für Betriebswirtschaftslehre, Universität Augsburg 1997.

[Büsc94] *Büschgen, H. E.:* Leistungsorientierte Anreizsysteme in der Vertriebssteuerung (von Banken). In: *Schierenbeck, H.; Moser, H. (Hrsg.):* Handbuch Bankcontrolling. Wiesbaden 1994, S. 517-542.

[Büsc95] *Büschgen, H. E.:* Prinzipien, Aufgaben und Teilbereiche der Organisation. In: *Stein, J. H. von; Terrahe, J. (Hrsg.):* Handbuch Bankorganisation. 2., überarbeitete und erweiterte Auflage, Wiesbaden 1995, S. 31-64.

[BuWi93] *Buhl, H. U.; Will, A.:* Unterstützung von Allfinanz-Angebotsprozessen mit verteilten wissensbasierten Systemen (ALLFIWIB). In: Information Management IM (1993) 2, S. 42-50.

[Cayt92] *Caytas, I. G.:* Moderne Finanzinstrumente. Band 1: Theoretische und anwendungsorientierte Grundlagen. Stuttgart 1992.

[ClFu91] *Clark, K. B.; Fujimoto, T.:* Product Development Performance. Strategy, Organization, and Management in the World Auto Industry, 1991.

[Coas37] *Coase, R. H.*: The Nature of the Firm. In: Economica 4 (1937) 4, S. 386-405.

[Coas60] *Coase, R. H.*: The Problem of Social Cost. In: Journal of Law and Economics 3 (1960), S. 1-44.

[CoKo90] *Copeland, T.; Koller, T.; Murrin, J.:* Valuation, Measuring and Managing the Value of Companies. New York 1990.

[CoMa86] *Cohen, K.; Maier, S.; Schwartz, R.; Whitcomb, D.:* The Microstructure of Securities Markets, New Jersey 1986.

[Cors88] *Corsten, H.:* Betriebswirtschaftslehre der Dienstleistungsunternehmungen: Einführung. München 1988.

[Dahl79] *Dahlman, C. J.:* The Problem of Externality. In: Journal of Law Economics 22 (1979), S. 141-162.

[Dale91] *Dale, R.:* Regulating Bank's Security Activities: A Global Assessment. In: Journal of International Securities Markets (1991) 5, S. 277-290.

[DaSm81] *Davis, R.; Smith, R. G.:* Frameworks for Cooperation in Distributed Problem Solving. In: IEEE Transactions on Systems, Man, and Cybernetics 11 (1981) 1, S. 61-70.

[Dems68] *Demsetz, H.*: The Cost of Transacting. In: Quarterly Journal of Economics 82 (1968), S. 33-53.

[Depp69] *Deppe, H.-D.:* Bankbetriebliches Wachstum. Stuttgart 1969.

[DeRo94] *Detloff, U.; Roemer, M.; Roßbach, P.; Sandbiller, K.; Will, A.:* Modularität und Erweiterungsfähigkeit von Finanzberatungssystemen durch Methoden der VKI. Discussion Paper Nr. 70 der Professur für BWL-Wirtschaftsinformatik, Justus-Liebig-Universität, Gießen 1994; Beitrag für den 2. Workshop „KI-Methoden in der Finanzwirtschaft" auf der 18. Jahrestagung für Künstliche Intelligenz, Saarbrücken 1994.

[DeRo95] *Detloff, U.; Roemer, M.; Sandbiller, K.; Will, A.:* Ganzheitliche Systemunterstützung für den Versicherungsvertrieb: Kundenprobleme lösen - mehr als nur Produkte verkaufen. In: Zeitschrift für Versicherungswesen 46 (1995) 13, S. 338-343.

[Döhr96] *Döhring, J.:* Gesamtrisiko-Management von Banken. München 1996.

[DrFa83] *Droste, K. D.; Fassbender, H.; Pauluhn, B.; Schlenzka, P. F.; Löhneysen, E. V.:* Falsche Ergebnisinformationen - Häufige Ursache für Fehlentwicklung in Banken. In: Die Bank 23 (1983), S. 313-323.

[Drum96] *Drumm, H. J.:* Das Paradigma der Neuen Dezentralisation. In: Die Betriebswirtschaft 56 (1996) 1, S. 7-20.

[DuLe87] *Durfee, Edmund H.; Lesser, Victor R.; Corkill, D. D.*: Coherent Cooperation Among Communicating Problem Solvers. In: IEEE Transactions on Computers 36 (1987) 11, S. 1275-1291.

[DuLe88] *Durfee, E. H.; Lesser, V. R.; Corkill, D. D.:* Cooperation Through Communication in a Distributed Problem Solving Network. In: *Huhns, M. N. (Hrsg.):* Distributed Artificial Intelligence. London 1988, S. 29-58.

[DuOk93] *Duchessi, P.; O'Keefe, R.; O'Leary, D.:* A Research Perspective: Artificial Intelligence, Management and Organizations. In: Intelligent Systems in Accounting, Finance and Management 2 (1993), S. 151-159.

[Durf91] *Durfee, E. H.:* The Distributed Artificial Intelligence Melting Pot. In: IEEE Transactions on Systems, Man, and Cybernetics 21 (1991), S. 1301-1305.

[DuRo94] *Durfee, E. H.; Rosenschein, J. S.:* Distributed problem solving and multi-agent systems: comparisons and examples. In: Proceedings Thirteenth International Workshop on Distributed Artificial Intelligence. Seattle, WA 1994, S. 94-104.

[Dürs93] *Dürselen, K. E.:* Wesentliche Änderungen des Kreditwesengesetzes im Rahmen der Vierten KWG-Novelle. In: Zeitschrift für Bankwirtschaft und Bankrecht (1993) 4, S. 266-275.

[Dürs94] *Dürselen, K. E.:* Novellierung der Bankaufsichtsnorm Grundsatz I zur Erfassung von Ausfallrisiken eines Kreditinstituts. In: Zeitschrift für Bankwirtschaft und Bankrecht (1994) 1, S. 100-115.

[Dye84] *Dye, R. A.:* The Trouble with Tournaments. In: Economic Inquiry 22 (1984) 1, S. 147-148.

[EbGo93] *Ebers, M.; Gotsch, W.:* Institutionenökonomische Theorie der Organisation. In: *Kieser, A. (Hrsg.):* Organisationstheorien. Stuttgart 1993, S. 193-242.

[Eccl85] *Eccles, R. G.:* The Transfer Pricing Problem. Lexington, MA 1985.

[EhBo90] *Ehrenberg, R. G.; Bognanno, M. L.:* Do Tournaments Have Incentive Effects? In: Journal of Political Economy 98 (1990) 6, S. 1307-1324.

[Eile90] *Eilenberger, G.:* Bankbetriebswirtschaftslehre: Grundlagen - Internationale Bankleistungen - Bank-Management. 4., ergänzte Auflage, München 1990.

[EiRo96] *Einsfeld, U.; Roemer, M.; Roßbach; P.; Sandbiller, K.; Will, A.*: ALLFIWIB: Customer Consulting in Financial Services with Distributed Knowledge Based Systems. In: *König, W.; Kurbel, K.; Mertens, P.; Preßmar, D. (Hrsg.)*: Distributed Information Systems in Business. Berlin 1996, S. 213-228.

[EiWi96] *Einsfeld, U.; Will, A.*: Blackboardbasierte Systemunterstützung von Allfinanzangebotsprozessen. In: Künstliche Intelligenz 10 (1996) 4, S. 49-54.

[Endr93] *Endres, M.*: Lean Production im Bankgeschäft? In: Bank und Markt 3 (1993), S. 5-15.

[EpRo96] *Ephrati, E.; Rosenschein, J. S.*: Deriving consensus in multiagent systems. In: Artificial Intelligence 87 (1996), S. 21-74.

[Ewer90] *Ewert, R.*: Wirtschaftsprüfung und asymmetrische Information. Berlin 1990.

[FaJe83] *Fama, E. F.; Jensen, M. C.*: Separation of Ownership and Control. In: Journal of Law and Economics 26 (1983), S. 301-326.

[FeMi96] *Ferioli, C.; Migliarese, P.*: Supporting organizational relations through information technology in innovative organizational forms. In: European Journal of Information Systems (1996) 5, S. 196-207.

[FeSi94] *Ferstl, O. K.; Sinz, E. J.*: Grundlagen der Wirtschaftsinformatik, Band 1. München 1994.

[Föhr91] *Föhr, S.*: Ökonomische Analyse der internen Organisation. Wiesbaden 1991.

[FoVa84] *Fong, H. G.; Vasicek, O. A.*: A Risk Minimizing Strategy for Portfolio Immunization. In: Journal of Finance 39 (1984), S. 1541-1546.

[Fres85] *Frese, E.*: Marktinterdependenzen in Unternehmungen der Investitionsgüterindustrie als organisatorisches Problem. In: Schmalenbachs Zeitschrift für betriebswirtschaftliche Forschung 37 (1985) 4, S. 267-290.

[Fres88] *Frese, E.*: Grundlagen der Organisation. Wiesbaden 1988.

[Fres92] *Frese, E.*: Organisationstheorie. Wiesbaden 1992.

[Fres93] *Frese, E.:* Geschäftssegmentierung als organisatorisches Konzept: Zur Leitbildfunktion mittelständischer Strukturen für Großunternehmen. In: Schmalenbachs Zeitschrift für betriebswirtschaftliche Forschung 45 (1993) 12, S. 999-1024.

[Fres95] *Frese, E.:* Profit Center und Verrechnungspreis - Organisationstheoretische Analyse eines aktuellen Problems. In: Schmalenbachs Zeitschrift für betriebswirtschaftliche Forschung 47 (1995) 10, S. 942-954.

[Freu56] *Freund, R. J.:* The Introduction of Risk into a Programming Model. In: Econometrica 24 (1956), S. 253-263.

[FrHa90] *Franke, G.; Hax, H.:* Finanzwirtschaft des Unternehmens und Kapitalmarkt. 2., verbesserte Auflage, Berlin 1990.

[FrWe89] *Frese, E.; Werder, A. von:* Kundenorientierung als organisatorische Gestaltungsoption der Informationstechnologie. In: *Frese, E.; Maly, W. (Hrsg.):* Kundennähe durch moderne Informationstechnologie. In: Schmalenbachs Zeitschrift für betriebswirtschaftliche Forschung (1989) Sonderheft 25, S. 1-26.

[FrWe94] *Frese, E.; Werder, A. von:* Organisation als strategischer Wettbewerbsfaktor - Organisationstheoretische Analyse gegenwärtiger Umstrukturierungen. In: *Frese, E.; Maly, W. (Hrsg.):* Organisationsstrategien zur Sicherung der Wettbewerbsfähigkeit. In: Schmalenbachs Zeitschrift für betriebswirtschaftliche Forschung (1994) Sonderheft 33, S. 1-27.

[FuPe72] *Furubotn, E. G.; Pejovich, S.:* Property Rights and Economic Theory: A Survey of Recent Literature. In: Journal of Economic Literature 10 (1972), S. 1137-1162.

[GaPf95] *Gaida, S.; Pfingsten, A.; Thom, S.:* Das Marktzinsmodell. Diskussionsbeitrag 95-04, Institut für Kreditwesen, Westfälische Wilhelms-Universität Münster, August 1995.

[Gass92] *Gasser, L.:* An Overview of DAI. In: *Avouris, N. M.; Gasser, L. (Hrsg.):* Distributed Artificial Intelligence: Theory and Praxis. Dordrecht et al. 1992, S. 9-30.

[GeGi86] *Genesereth, M. R.; Ginsberg, M. L.; Rosenschein, J. S.:* Cooperation without Communication. In: Proceedings of the 5th National Conference on Artificial Intelligence. Philadelphia 1986, S. 51-57.

[Gerk94] *Gerken, A.:* Optimale Entscheidungen in Banken: Ein neues Planungs- und Steuerungskonzept. Wiesbaden 1994.

[GeWi95] *Gerard, P.; Wild, R. G.:* Die Virtuelle Bank oder „Being Digital". In: Wirtschaftsinformatik 37 (1995) 6, S. 529-538.

[GiMu90] *Gibbons, R.; Murphy, K. J.:* Relative Performance Evaluation of Chief Executive Officers. In: Industrial and Labour Relations Review, 43 (1990) 3 (Special Issue), S. 30-51.

[GiVe97] *Gillenkirch, R.; Velthuis, L. J.:* Lineare Anreizverträge für Manager bei systematischen und unsystematischen Risiken. In: Schmalenbachs Zeitschrift für betriebswirtschaftliche Forschung 49 (1997) 2, S. 121-140.

[Gjes82] *Gjesdal, F.:* Information and Incentives: The Agency Information Problem. In: Review of Economic Studies XLIX (1982), S. 373-390.

[Glas94] *Glasen, F.:* Wissensbasierte Systeme für die Kreditwürdigkeitsprüfung. In: Kredit und Kapital (1994) 1, S. 100-133.

[GoQu94] *Goldfeld, S. M.; Quandt, R. E.:* The Competition for Rationed Resources. In: Journal of Economic Behaviour and Organization 25 (1994), S. 53-71.

[GoSc96] *Gomber, P.; Schmidt, C.; Weinhardt, Ch.:* Synergie und Koordination in dezentral planenden Organisationen. In: Wirtschaftsinformatik 38 (1996) 3, S. 299-307.

[GoWe89] *Gomez-Mejia, L. R.; Welbourne, T.M.:* Strategic Design of Compensation Programs. In: *Gomez-Mejia, L. R. (Hrsg.):* Compensation and Benefits. Washington, D.C. 1989, S. 216-269.

[Gräf94] *Gräfingholt, J.:* Konzeption und Implementierung eines wissensbasierten Anlageagenten für festverzinsliche Wertpapiere. Diplomarbeit, Fachbereich Wirtschaftswissenschaften der Justus-Liebig-Universität, Gießen 1994.

[GrHa83] *Grossman, S. J.; Hart, O. D.:* An Analysis of the Principal-Agent Problem. In: Econometrica 51 (1983) 1, S. 7-45.

[GrHa86] *Grossman, S. J.; Hart, O. D.:* The Costs and Benefits of Ownership: A Theory of Vertical and Lateral Integration. In: Journal of Political Economy 94 (1986) 4, S. 691-719.

[GrKn94] *Groß, H.; Knippschild, M.:* Aufsichtsrechtliche Risikonormen für Preisrisiken. In: *Schierenbeck, H.; Moser, H. (Hrsg.):* Handbuch Bankcontrolling. Wiesbaden 1994, S. 805-835.

[GrLo79] *Groves, T. M.; Loeb, M.:* Incentives in a Divisionalized Firm. In: Management Science 25 (1979), S. 221-230.

[GrMa94] *Gröschel, U.; Maes, U.:* Eigenkapitalanforderungen nach der Kapitaladäquanzrichtlinie. Stuttgart 1994.

[Grön94] *Grönroos, C.:* From Scientific Management to Service Management. In: International Journal of Service Industry Management 5 (1994) 1, S. 5-20.

[Grov73] *Groves, T. M.:* Incentives in Teams. In: Econometrica 41 (1973), S. 617-631.

[GrSa89] *Gresik, T. A.; Satterthwaite, M. A.:* The Rate of Which a Simple Market Converges to Efficiency as the Number of Traders: An Asymptotic Result for Optimal Trade Mechanisms. In: Journal of Economic Theory 48 (1989), S. 304-332.

[GuWh91] *Gurbaxani, V.; Whang, S.:* The Impact of Information Systems on Organizations and Markets. In: Communications of the ACM 34 (1991) 1, S. 59-73.

[Hahn88] *Hahn, O.:* Der Markt für Finanzdienstleistungen im Zeitvergleich. In: Versicherungswirtschaft, 3 (1988), S. 190-196.

[Hama92] *Hamacher, R.:* Zwischenveräußerung auf- und abgezinster Wertpapiere. In: Die Bank (1992) 5, S. 284-290.

[HaMo90] *Hart, O.; Moore, J.:* Property Rights and the Nature of the Firm. In: Journal of Political Economy 98 (1990) 6, S. 1119-1158.

[Hard96] *Hardt, P.:* Organisation dienstleistungsorientierter Unternehmen. Wiesbaden 1996.

[Hart89] *Hartmann-Wendels, T.:* Principal-Agent-Theorie und asymmetrische Informationsverteilung. In: Zeitschrift für Betriebswirtschaft, 59 (1989), S. 714-734.

[Hart92] *Hartmann-Wendels, T.:* Agency-Theorie. In: *Frese, E. (Hrsg.):* Handwörterbuch der Organisation. Stuttgart 1992, Sp. 72-79.

[Hart95] *Hart, O.:* Firms, Contracts, and Financial Structure. Oxford 1995.

[Haus92] *Hauser, St.:* Management von Portfolios festverzinslicher Wertpapiere. Frankfurt/M. 1992.

[Hax65] *Hax, H.:* Die Koordination von Entscheidungen. Köln 1965.

[Hax81] *Hax, H.:* Verrechnungspreise. In: *Kosiol et al. (Hrsg.):* Handwörterbuch des Rechnungswesens. Stuttgart 1981, Sp. 1688ff.

[Haye45] *Hayek, F. A.:* The Use of Knowledge in Society. In: The American Economic Review 35 (1945) 4, S. 519-530.

[HeHu81] *Hessel, C. A.; Huffman, L.:* The Effect of Taxation on Immunization Rules and Duration Estimation. In: Journal of Finance 36 (1981), S. 1127-1142.

[Hell87] *Hellwig, K.:* Bewertung von Ressourcen. Heidelberg 1987.

[HeMü94] *Heissel, T.; Müller-Wünsch, M.:* Teamarbeit in kooperierenden Organisationseinheiten fördern durch verteilte wissensbasierte Systeme: Das System MAGNIFICO (Multi-Agent-System for Intelligent Financial Consulting). In: *Kirn, S.; Weinhardt, Ch. (Hrsg.):* Künstliche Intelligenz in der Finanzberatung: Grundlagen - Konzepte - Anwendungen. Wiesbaden 1994, S. 239-250.

[Heri95] *Hering, T.:* Investitionstheorie aus der Sicht des Zinses. Wiesbaden 1995.

[Herr88] *Herrhausen, A.:* Strategische Führung - Mehr als nur Strategie. In: *Henzler, H. A. (Hrsg.):* Handbuch Strategische Führung. Wiesbaden 1988, S. 59-68.

[Hess83] *Hess, J. D.:* The Economics of Organization. Amsterdam 1983.

[HFA86] *Stellungnahme des Hauptfachausschusses (HFA) des Instituts der Wirtschaftsprüfer:* HFA 1/1986: Zur Bilanzierung von Zero-Bonds. In: Wirtschaftsprüfung 39 (1986), S. 248-249.

[HiKl97] *Hinrichs, J.; Klein, S. P.:* Efficiency and Cost Implications of Capital Allocation Mechanisms - A Contribution to the Market-versus-Hierarchy-Discussion. In: *Krallmann, H. et al.* (Hrsg.): Wirtschaftsinformatik '97. Heidelberg 1997, S. 151-163.

[Himb94] *Himberger, A.:* Der Elektronische Markt als Koordinationssystem: Überlegungen zur Beschreibung und Gestaltung alternativer Möglichkeiten der Abstimmung von Handlungen und Plänen aus system- und koordinationstheoretischer Sicht unter Berücksichtigung informationstechnologischer Auswirkungen. Dissertation, Hallstadt 1994.

[Holm79] *Holmstrom, B.:* Moral Hazard and Observability. In: Bell Journal of Economics 1 (1979), S. 74-91.

[Holm82] *Holmstrom, B.:* Moral Hazard in Teams. In: Bell Journal of Economics 13 (1982), S. 324-340.

[Holz90] *Holzer, Ch. S.:* Anlagestrategien in festverzinslichen Wertpapieren. Wiesbaden 1990.

[HoMi87] *Holmstrom, B.; Milgrom, P.:* Aggregation and Linearity in the Provision of Intertemporal Incentives. In: Econometrica 55 (1987) 2, S. 303-328.

[HoMi91] *Holmstrom, B.; Milgrom, P.:* Multitask Principal-Agent Analyses: Incentive Contracts, Asset Ownership, and Job Design. In: Journal of Law, Economics and Organization, 7 (1991), S. 24-52.

[JeMe76] *Jensen, M. C.; Meckling, W. H.:* Theory of the Firm: Managerial Behaviour, Agency Costs and Ownership Structure. In: Journal of Financial Economics (1976) 3, S. 305-360.

[Jung92] *Junge, W.:* Vorschlag für ein Verfahren zur Koordination des Austauschs zentraler Leistungen in Unternehmen mit Geschäftsbereichsorganisation. Dissertation, Bonn 1992.

[Kain89] *Kaindl, H.:* Problemlösen durch heuristische Suche in der Artificial Intelligence. Wien 1989.

[Kano93] *Kanodia, C.:* Participative Budgets as Coordination and Motivational Devices. In: Journal of Accounting Research 31 (1993) 2, S. 172-189.

[Kemp90] *Kempfle, W.:* Duration: Ein Instrument zur Reduzierung des Zinsänderungsrisikos von Anlagen in festverzinslichen Wertpapieren. Wiesbaden 1990.

[Kers95] *Kerstien, H.:* Budgetierung in Kreditinstituten: Operative Ergebnisplanung auf der Basis entscheidungsorientierter Kalkulationsverfahren. Sternenfels 1995.

[Klei94] *Klein, S.:* Virtuelle Organisation. In: Wirtschaftswissenschaftliches Studium (1994) 6, S. 309-311.

[Klei96] *Kleine, A.:* Auswirkungen unterschiedlicher Aktionenmengen in Principal-Agent-Modellen. In: Schmalenbachs Zeitschrift für betriebswirtschaftliche Forschung 48 (1996) 5, S. 475-491.

[KlMe89] *Klein, M.; Methlie, L. B.* Expert Systems - A decision support approach. Wokingham 1989.

[Kloo92] *Kloock, J.:* Verrechnungspreise. In: *Frese, E. (Hrsg.):* Handwörterbuch der Organisation. Stuttgart 1992, Sp. 2554-2572.

[Kodl92] *Kodlin, A.:* Praxis akzeptiert Marktzinsmethode. In: Die Bank (1992) 4, 212-215.

[Köni93] *König, H.-J.:* Dezentrale Datenhaltung in der Allfinanzkundenberatung. In: Informationstechnik it-ti 35 (1993) 1, S. 45-54.

[KöRo94] *König, H.-J.; Roemer, M.; Sandbiller, K.; Will, A.:* Ein verteiltes Problemlösungssystem für die Allfinanz-Kundenberatung. In: *Kirn, S.; Weinhardt, Ch. (Hrsg.):* Künstliche Intelligenz in der Finanzberatung. Wiesbaden 1994, S. 225-237.

[KöWe94] *König, W.; Wendt, O.; Rittgen, P.:* Das Wirtschaftsinformatik-Schwerpunktprogramm „Verteilte DV-Systeme in der Betriebswirtschaft" der Deutschen Forschungsgemeinschaft. In: Wirtschaftsinformatik 36 (1994) 5, S. 488-501.

[Kräk92] *Kräkel, M.:* Auktionstheorie und interne Organisation. Wiesbaden 1992.

[Krap97] *Krapp, M.:* Anreizmechanismen im Mehragenten-Fall - Eine Erweiterung des LEN-Modells. Arbeitspapier zur mathematischen Wirtschaftsforschung 150/1997, Institut für Statistik und Mathematische Wirtschaftstheorie, Universität Augsburg 1997.

[Krau96] *Kraus, S.:* An Overview of Incentive Contracting. In: Artificial Intelligence 83 (1996), S. 297-346.

[Kraw90] *Krawitz, N.:* Der Einfluß der Besteuerung auf die Vorteilhaftigkeit privater Kapitalanlagen in Zero-Bonds. In: Finanz-Rundschau (1990) 19, S. 561-570.

[Krem92] *Kremin-Buch, B.:* Profit Center-Rechnung in Banken: Ein entscheidungsorientiertes Konzept. Wiesbaden 1992.

[Krön94] *Krönung, H.-D.:* Chancen und Risiken von Lean Banking. In: Die Bank (1994) 6, S. 324-329.

[Krum95] *Krumnow, J.:* Das derivative Geschäft als Motor des Wandels für das Bankcontrolling. In: Die Betriebswirtschaft 55 (1995) 1, S. 11-20.

[Krup96] *Krupp, G.:* Erfolgsstrategien für parallele Vertriebskanäle im Privatkundengeschäft. In: Die Bank (1996) 12, S. 712-718.

[Kümm94] *Kümmel, A. T.:* Bewertung von Kreditinstituten nach dem Shareholder Value Ansatz. Berlin 1994.

[KuMö96] *Kutschker, M.; Mößlang, A.:* Kooperationen als Mittel der Internationalisierung von Dienstleistungsunternehmen. In: Die Betriebswirtschaft 56 (1996) 3, S. 319-337.

[Kußm87] *Kußmaul, H.:* Betriebswirtschaftliche Überlegungen bei der Ausgabe von Null-Kupon-Anleihen. In: Betriebs-Berater (BB) (1987) 23, S. 1562-1572.

[Lal86] *Lal, R.:* Delegating Price Responsibility to the Sales Force. In: Marketing Science 5 (1986), S. 159-168.

[LaLi93] *Laux, H.; Liermann, F.:* Grundlagen der Organisation: Die Steuerung von Entscheidungen als Grundproblem der Betriebswirtschaftslehre. 3. Auflage, Berlin 1993.

[Lang94] *Langenohl, T.:* Systemarchitekturen elektronischer Märkte. Hallstadt 1994.

[LaRo81] *Lazear, E. P.; Rosen, S.:* Rank-Order Tournaments as Optimum Labour Contracts. In: Journal of Political Economy 89 (1991) 5, S. 841-865.

[LaSe94] *Lange, A.; Seitz, J.; Stickel, E.:* Ein regelbasierter Ansatz zur Unterstützung der Produktentwicklung in Kreditinstituten. In: Information Management 2 (1994), S. 48-55.

[LaSr93] *Lal, R.; Srinivasan, V.:* Compensation Plans for Single- and Multi-product Salesforces: An Application of the Holmstrom-Milgrom Model. In: Management Science 39 (1993) 7, S. 777-793.

[Lass92] *Laßmann, A.:* Organisatorische Koordination: Konzepte und Prinzipien zur Einordnung von Teilaufgaben. Wiesbaden 1992.

[Laux90] *Laux, H.:* Risiko, Anreiz und Kontrolle. Berlin 1990.

[Laux92] *Laux, H.:* Anreizsysteme, ökonomische Dimension. In: *Frese, E. (Hrsg.):* Handwörterbuch der Organisation. Stuttgart 1992, Sp. 112-122.

[Laux95] *Laux, H.:* Erfolgssteuerung und Organisation 1: Anreizkompatible Erfolgsrechnung, Erfolgsbeteiligung und Erfolgskontrolle. Berlin 1995.

[Lawl88]] *Lawler, E. E.:* Pay for Performance: Making it work. In: Personnel (1988) Okt., S. 68-71.

[Lawl89] *Lawler, E. E.:* Pay for Performance: A strategic Analysis. In: *Gomez-Mejia, L. R. (Hrsg.):* Compensation and Benefits. Washington, D.C. 1989, S. 136-181.

[Laze89] *Lazear, E. P.:* Pay Equality and Industrial Politics. In: Journal of Political Economy 97 (1989) 3, S. 561-580.

[Lehm93] *Lehmer, G.:* Theorie des wirtschaftlichen Handelns der privaten Haushalte: Haushaltsproduktion und Informationstechniken im Wechselspiel. Bergisch-Gladbach 1993.

[Lier82] *Liermann, F.:* Koordinationsentscheidungen bei Unsicherheit. Würzburg 1982.

[Long84] Longman Dictionary of Contemporary English. Harlow 1984.

[LuOl94] *Lucas, H. C.; Olson, M.:* The Impact of Information Technology on Organizational Flexibility. In: Journal of Organizational Computing (1994) 2, S. 155-176.

[Mack92] *Mack, B.:* Verteiltes Problemlösen in einem Verbund kooperativer wissensbasierter Systeme. Discussion Paper Nr. 24 der Professur für BWL-Wirtschaftsinformatik, Justus-Liebig-Universität, Gießen 1992.

[MaCr94] *Malone, Th. W.; Crowston, K.:* The Interdisciplinary Study of Coordination. In: ACM Computing Surveys, 26 (1994) 1, S. 87-119.

[MaFi88] *Malone, T. W.; Fikes, R. E.; Grant, K. R.; Howard, M. T.:* Enterprise: A Market-like Task Scheduler for Distributed Computing Environments. In: *Huberman, B. A. (Hrsg.):* The Ecology of Computation. Amsterdam 1988, S. 177-205.

[Maie96] *Maier, J.:* Finanzmarketing von Kreditinstituten für Finanzinnovationen: Die Ausgestaltung von Finanzinnovationen als geschäftspolitische Herausforderung an Kreditinstitute. Frankfurt am Main 1996.

[Male94] *Maleri, R.:* Grundlagen der Dienstleistungsproduktion. 3. Auflage, Berlin 1994.

[Mark59] *Markowitz, H.:* Portfolio Selection: Efficient Diversification of Investments. New York 1959.

[Mart90] *Martin, J.:* Information Engineering, Book II: Planning and Analysis. New Jersey 1990.

[Mart92] *Martial, F. von*: Einführung in die verteilte künstliche Intelligenz. In: Künstliche Intelligenz 6 (1992) 1, S. 6-11.

[Maru90] *Marusev, A. W.:* Das Marktzinsmodell in der bankbetrieblichen Einzelgeschäftskalkulation. Frankfurt a. M. 1990.

[MaSi90] *Marusev, A. W.; Siewert, K.-J.:* Das engpaßbezogene Bonus-/Malus-System im Marktzinsmodell. In: Die Bank (1990) 4, S. 217-224.

[MaSi91] *Marusev, A. W.; Siewert, K.-J.:* Die engpaßbezogene Einzelgeschäftskalkulation als LP-Ansatz. In: Die Bank (1991) 3, S. 168-171.

[MaWe93] *Mack, B.; Weinhardt, Ch.:* MASIF - ein Multi-Agenten-System in der Finanzberatung: Ein prototypischer Ansatz zur Integration von Marketing und Controlling-Strategien. In: IM Information Management (1993) 3, S. 50-56.

[MaYa87] *Malone, Th. W.; Yates, J.; Benjamin, R. I.:* Electronic Markets and Electronic Hierarchies. In: Communications of the ACM, 30 (1987) 6, S. 484-497.

[McFe79] *McCann, J. E.; Ferry, D. L.:* An approach for assessing and managing inter-unit interdependence. In: Academy of Management Review 4 (1979) 1, 113-119.

[McMc87] *McAffee, R.-P.; McMillan, J.:* Auctions and Bidding. In: Journal of Economic Literature 25 (1987), S. 699-738.

[MeBl94] *Meyer, A.; Blümelhuber, C.:* Interdependenzen zwischen Absatz und Produktion in Dienstleistungsunternehmen und ihre Auswirkungen auf konzeptionelle Fragen des Absatzmarketing. In: *Corsten, H.; Hilke, W. (Hrsg.):* Dienstleistungsproduktion. Wiesbaden 1994, S. 5-41.

[MeBo93] *Mertens, P.; Borkowski, V.; Geis, W.:* Betriebliche Expertensystem-Anwendungen. Berlin 1993.

[Mert94] *Mertens, P.:* Virtuelle Unternehmen. In: Wirtschaftsinformatik 36 (1994) 2, S. 169-172.

[Meye70] *Meyer zu Selhausen, H.:* Die Optimalplanung von Kapitalbeschaffung und Kapitalverwendung in einer Kreditbank mit den Methoden der Unternehmensforschung. Köln 1970.

[MiDr88] *Miller, M. S.; Drexler, K. E.:* Markets and Computation: Agoric Open Systems. In: *Huberman, B. A. (Hrsg.):* The Ecology of Computation. 1988, S. 133-176.

[Mill90] *Mills, P.:* On the Quality of Services in Encounters: An Agency Perspective. In: Journal of Business Research 4 (1990), S. 31-41.

[MiRo90] *Milgrom, P.; Roberts, J.:* Rationalizability, Learning and Equilibrium in Games with Strategic Complementarities. In: Econometrica 58 (1990) 6, S. 1255-1277.

[MiRo92] *Milgrom, P.; Roberts, J.:* Economics, Organization and Management. New Jersey 1992.

[Mirr76] *Mirrlees, J. A.:* The Optimal Structure of Incentives and Authority within an Organization. In: Bell Journal of Economics 7 (1976), S. 105-131.

[MiSn84] *Miles, R.; Snow, C.:* Fit, Failure, and the Hall of Fame. In: California Management Review 26 (1984), S. 10-18.

[MiSn86] *Miles, R.; Snow, C.:* Organizations: New Concepts for New Forms. In California Management Review 28 (1986), S. 62-73.

[MiSn92] *Miles, R.; Snow, C.:* Causes of Failure in Network Organization. In: California Management Review 34 (1992), S. 53-72.

[Mont72] *Montgomery, W.:* Markets in Licenses and Efficient Pollution Control Programs. In: Journal of Economic Theory 5 (1972), S. 395-418.

[Mook84] *Mookherjee, D.:* Optimal Incentive Schemes with Many Agents. In: Review of Economic Studies 51 (1984), S. 433-446.

[Müll93] *Müller, H.-J.:* Einführung. In: *Müller, H.-J. (Hrsg.):* Verteilte Künstliche Intelligenz: Methoden und Anwendungen. Mannheim 1993, S. 9-21.

[Müll96] *Müller-Merbach, H.:* Interne Märkte. In: Die Betriebswirtschaft 56 (1996) 4, S. 567-569.

[MySa83] *Myerson, R. B.; Satterthwaite, M. A.:* Efficient Mechanisms for Bilateral Trading. In: Journal of Economic Theory 29 (1983), S. 265-281.

[NaDe94] *Nault, B. R.; Dexter, A. S.*: Adoption, Transfers and Incentives in a Franchise Network with Positive Externalities. In: Marketing Science 13 (1994) 4, S. 412-423.

[NaJo96] *Nader, G.; Johnson, M. D.; Bühler, W.:* Kundenzufriedenheit und Unternehmenserfolg: Eine kausalanalytische Betrachtung am Beispiel des Privatkreditgeschäfts von Universalbanken. In: Österreichisches Bankarchiv (1996) 9, S. 702-710.

[Naul95] *Nault, B. R.*: Centralized and Decentralized Organizational Forms: The Effects of IT on Investment Incentives. Working Paper, Graduate School of Management, UCI, Oktober 1995. Erscheint in: Management Science.

[Naul96a] *Nault, B. R.:* Equivalence of Taxes and Subsidies in the Control of Production Externalities. In: Management Science 42 (1996) 3, S. 307-320.

[Naul96b] *Nault, B. R.*: Mitigating Underinvestment Through an IT-Enabled Organization Form. Erscheint in: Organization Science (1996).

[Neus89] *Neus, W.:* Ökonomische Agency-Theorie und Kapitalmarktgleichgewicht. Wiesbaden 1989.

[Neus96] *Neus, W.:* Realinvestitionen, Finanzinvestitionen und Anreizverträge. In: Zeitschrift für Betriebswirtschaft 66 (1996) 9, S. 1127-1147.

[Newe62] *Newell, A.:* Some Problems of Basic Organization in Problem Solving Programs. In: Proceedings of the Conference on Self-Organizing Systems. Washington, D.C. 1962.

[Niet90] *Niethammer, T.:* Die Ziele der Bankenaufsicht in der Bundesrepublik Deutschland. Berlin 1990.

[Nii89] *Nii, H. P.:* Blackboard Systems. In: *Barr, A.; Cohen, P. R.; Feigenbaum, E. A. (Hrsg.):* The Handbook of Artificial Intelligence. Volume IV, Reading 1989, S. 1-82.

[Ohar95] *O'Hara, M.:* Market Microstructure Theory. Cambridge 1995.

[Ohl94] *Ohl, H. P.:* Asset Backed Securities. Wiesbaden 1994.

[Olbr94] *Olbrich, J.:* Das Modell der „Virtuellen Unternehmen" als unternehmensinterne Organisations- und unternehmensexterne Kooperationsform. In: Information Management (1994) 4, S. 28-36.

[OLWa92] *O'Leary, D. E.; Watkins, P. R. (Hrsg.):* Expert Systems in Finance. Amsterdam 1992.

[oV96] *ohne Verfasser:* Von der Spezialität zur Universalität? In: Bank und Markt (1996) 5, S. 12.

[PaZe85] *Parasuraman, A.; Zeithaml, V. A.; Berry, L. L.:* A Conceptual Model of Service Quality and its Implications for Future Research. In: Journal of Marketing (1985) Fall, S. 41-50.

[Penz91] *Penzel, H.-G.:* Die Informatikabteilung auf dem Weg in neue Organisationsformen. In: IBM Nachrichten 41 (1991) 305, S. 7-15.

[Penz95] *Penzel, H.-G.:* Zurück in die Zukunft. In: Geldinstitute (1995) 10, S. 6-14.

[PeSt93] *Perridon, L.; Steiner, M.:* Finanzwirtschaft der Unternehmung. München 1993.

[Pete89] *Petersen, T.:* Optimale Anreizsysteme: Betriebswirtschaftliche Implikationen der Prinzipal-Agenten-Theorie. Wiesbaden 1989.

[Pfin95] *Pfingsten, A.:* Lineare Bezahlungsfunktionen - Eine weitere Begründung. In: Zeitschrift für Betriebswirtschaft 65 (1995), S. 517-532.

[PfLe95] *Pfaff, D.; Leuz, C.:* Groves-Schemata - Ein geeignetes Instrument zur Steuerung der Ressourcenallokation in Unternehmen? In: Schmalenbachs Zeitschrift für betriebswirtschaftliche Forschung 47 (1995) 7/8, S. 659-690.

[PfMa92] *Pfingsten, A.; Marusev, A. W.:* Kalkulation von Anschlußgeschäften mit der Marktzinsmethode im Multi-Engpaßfall. In: *Heilmann, W. R. (Hrsg.):* Geld, Banken und Versicherungen 1990, Band I. Karlsruhe 1992, S. 705-720.

[Pico82] *Picot, A.:* Transaktionskostenansatz in der Organisationstheorie: Stand der Diskussion und Aussagewert. In: Die Betriebswirtschaft 42 (1982), S. 267-284.

[Pico85] *Picot, A.:* Kommunikationstechnik und Dezentralisierung. In: *Ballwieser, W.; Berger, K.-H. (Hrsg.):* Information und Wirtschaftlichkeit. Wiesbaden 1985, S. 377-402.

[Pico89] *Picot, A.:* Zur Bedeutung allgemeiner Theorieansätze für betriebswirtschaftliche Information und Kommunikation: Der Beitrag der Transaktionskosten- und der Principal-Agent-Theorie. In: *Kirsch, W.; Picot, A. (Hrsg.):* Die Betriebswirtschaftslehre im Spannungsfeld zwischen Generalisierung und Spezialisierung. Wiesbaden 1989, S. 361-379.

[PiDi90] *Picot, A.; Dietl, H.:* Transaktionskostentheorie. In: Wirtschaftswissenschaftliches Studium (1990) 4, S. 178-184.

[PiFr95] *Picot, A.; Franck, E.:* Prozeßorganisation - Eine Bewertung der neuen Ansätze aus Sicht der Organisationslehre. In: *Nippa, M.; Picot, A. (Hrsg.):* Prozeßmanagement und Reengineering. Frankfurt a. M.1995, S. 13-38.

[PiMa93] *Picot, A.; Maier, M.:* Interdependenzen zwischen betriebswirtschaftlichen Organisationsmodellen und Informationsmodellen. In: Information Management (1993) 3, S. 6-15.

[PiRe94] *Picot, A.; Reichwald, R.:* Auflösung der Unternehmung? Vom Einfluß der IuK-Technik auf Organisationsstrukturen und Kooperationsformen. In: Zeitschrift für Betriebswirtschaft, 64 (1994) 5, S. 547-570.

[PiRe96] *Picot, A.; Reichwald, R.; Wigand, R. T.:* Die grenzenlose Unternehmung: Information, Organisation und Management. Wiesbaden 1996.

[Pisc96] *Pischulti, H.:* Produktpolitik bei Direktbanken - ein systematischer Überblick. In: Bank und Markt (1996) 5, S. 13-16.

[PiWo96] *Picot, A.; Wolff, B.; Rippberger, T.:* The Fading Boundaries of the Firm - The Role of Information and Communication Technology. Erscheint in: Journal of Institutional and Theoretical Economics (JITE) 152 (1996).

[Plat96] *Platzek, H.-J.:* Perspektiven des Vertriebs von Finanzdienstleistungen. In: Bank und Markt (1996) 2, S. 10-13.

[Pupp90] *Puppe, F.:* Problemlösungsmethoden in Expertensystemen. Berlin 1990.

[Pupp94] *Puppe, F.:* Wissensrepräsentation und Problemlösungsverfahren in Expertensystemen. In: *Kirn, S.; Weinhardt, Ch. (Hrsg.):* Künstliche Intelligenz in der Finanzberatung: Grundlagen - Konzepte - Anwendungen. Wiesbaden 1994, S. 73-96.

[Raab96] *Raab, H.-J.:* Direktbanken: Das Beratungskonzept. In: Die Bank (1996) 5, S. 280-282.

[Radn87] *Radner, R.:* Decentralization and Incentives. In: *Groves, T.; Radner, R.; Reiter, S. (Hrsg.):* Information, Incentives and Economic Mechanisms. Minneapolis 1987, S. 3-47.

[Radn92] *Radner, R.:* Hierarchy: The Economics of Managing. In: Journal of Economic Literature 30 (1992), S. 1382-1415.

[Rama89] *Ramamohan Rao, T. V. S.:* Economic Efficiency of the Organizational Decisions of the Firm. Berlin 1989.

[Rapp86] *Rappaport, A.:* Creating Shareholder Value. New York 1986.

[Rees85] *Rees, R.:* The Theory of Principal and Agent (Part I). In: Bulletin of Economic Research 37 (1985), S. 3-26.

[Reic92] *Reichel, H. C.:* Die Intensivierung des Bankaußendienstes. Frankfurt/M. 1992.

[Reim96] *Reimers, K.:* The Non-Market Preconditions of Electronic Markets: Implications for their Evolution and Applicability. In: European Journal of Information Systems (1996) 5, S. 75-83.

[Reit96] *Reitz, M.:* Optimale Allokation von Entscheidungsrechten. Wiesbaden 1996.

[ReVo92] *Rehkugler, H.; Voigt, M.; Kraus, B.; Otterbach, A.:* Die Qualität der Anlageberater. In: Die Bank (1992) 6, S. 316-322.

[Rich95] *Richter, G.:* Systemorientierte Ablauforganisation. In: *Stein, J. H. von; Terrahe, J. (Hrsg.):* Handbuch der Bankorganisation. 2., überarbeitete und erweiterte Auflage, Wiesbaden 1995, S. 337-355..

[RoBu96] *Roemer, M.; Buhl, H. U.:* Das World Wide Web als Alternative zur Bankfiliale: Gestaltung innovativer IKS für das Direktbanking. In: Wirtschaftsinformatik 38 (1996) 6, S. 565-577.

[Roem94] *Roemer, M.:* IT-Unterstützung zur Erstellung wettbewerbsorientierter Allfinanzangebote - Konzeption und prototypische Realisierung. In: Wirtschaftsinformatik 36 (1994) 1, S. 15-24.

[RoGe88] *Rosenschein, J. S.; Genesereth, M. R.:* Deals Among Rational Agents. In: *Huberman, B. A. (Hrsg.)*: The Ecology of Computation. 1988, S. 117-132.

[RoSa92] *Roemer, M.; Sandbiller, K.; Will, A.:* Ein Modell zur verteilten Problemlösung im Allfinanzbereich: Anforderungen, Eigenschaften, Auswahl. Discussion Paper Nr. 27 der Professur für BWL-Wirtschaftsinformatik, Justus-Liebig-Universität, Gießen 1992.

[Rose92] *Rosenschein, J. S.:* Teaching Distributed Artificial Intelligence. In: *Avouris, N. M.; Gasser, L. (Hrsg.)*: Distributed Artificial Intelligence: Theory and Praxis. Dordrecht 1992, S. 215-227.

[Roßb93] *Roßbach, P.:* Konzeption eines Kundenanalyseagenten als Bestandteil eines Verteilten Wissensbasierten Systems für den Allfinanzbereich und dessen prototypische Realisierung. Discussion Paper der Abteilung Wirtschaftsinformatik, Phillips-Universität, Marburg 1993.

[Roßb95] *Roßbach, P.:* Supporting the Process of Customer Consulting in the Field of Financial Services. In: International Journal of Intelligent Systems in Accounting, Management, and Finance 4 (1995) 4, S. 259-272.

[Rudo94a] *Rudolph, B.:* Kapitaladäquanzrichtlinie: Zielsetzung und Konsequenzen der bankaufsichtlichen Regulierung im Wertpapierbereich. In: Zeitschrift für Bankrecht und Bankwirtschaft (1994) 2, S. 117-204.

[Rudo94b] *Rudolph, B.:* Ansätze zur Kalkulation von Risikokosten für Kreditgeschäfte. In: *Schierenbeck, H.; Moser, H. (Hrsg.):* Handbuch Bankcontrolling. Wiesbaden 1994, S. 887-904.

[Ruhl90] *Ruhl, F.:* Erfolgsabhängige Anreizsysteme in ein- und zweistufigen Hierarchien: Ein Beitrag zur Principal-Agent-Theorie. Heidelberg 1990.

[Sand96] *Sandbiller, K.:* Dezentrale Eigenkapitalsteuerung in Banken mit Hilfe interner Elektronischer Märkte. In: Wirtschaftsinformatik 38 (1996) 3, S. 293-298.

[SaRo94] *Sandbiller, K.; Roemer, M.:* Anwendungen der Verteilten Künstlichen Intelligenz im Finanzdienstleistungsbereich. In: *Hipp, H. et al. (Hrsg.):* Geld, Finanzwirtschaft, Banken und Versicherungen 1993. Karlsruhe 1994, S. 821-842.

[SaWe92] *Sandbiller, K.; Weinhardt, Ch.; Will, A.:* Cooperating Agents Solving Financial Problems: A Scenario. Discussion Paper Nr. 26 der Professur für BWL-Wirtschaftsinformatik, Justus-Liebig-Universität, Gießen 1992; Beitrag zum Treffen des Arbeitskreises „Verteilte Künstliche Intelligenz" der Gesellschaft für Informatik, Erlangen, 17.-18.12.1992.

[SaWi96] *Sandbiller, K.; Will, A.:* Der Einfluß unterschiedlicher Risikopräferenzen auf die Effizienz eines bankinternen Eigenkapitalmarktes. Diskussionspapier WI-12, Institut für Betriebswirtschaftslehre, Universität Augsburg 1996; Beitrag zur 7. Tagung Geld, Finanzwirtschaft, Banken und Versicherungen, Universität Karlsruhe 1996.

[SaWi97a] *Sandbiller, K.; Will, A.; Buhl, H. U.; Nault, B. R.:* IT-Enabled Incentive Schemes in Telephone Banking. In: *Nunamaker, J. F.; Sprague, R. H. (Hrsg.):* Proceedings of the 30th Hawaii International Conference On Systems Sciences (HICSS), Band III. Computer Society Press of the IEEE 1997, S. 249-257.

[SaWi97b] *Sandbiller, K.; Will, A.; Buhl, H. U.; Nault, B. R.:* Improving Competitiveness of Direct Banking via IT-Enabled Incentive Schemes. In: *Krallmann, H. (Hrsg.):* Wirtschaftsinformatik '97 - Internationale Geschäftstätigkeit auf der Basis flexibler Organisationsstrukturen und leistungsfähiger Informationssysteme. Heidelberg 1997, S. 496-511.

[ScBo96] *Schierenbeck, H.; Bohnenkamp, P.:* Mehrdimensionale Kostenrechnung in Kreditinstituten. In: Die Betriebswirtschaft 56 (1996) 4, S. 475-488.

[ScDo93] *Schwabe, G.; Dolinsky, B.; Krcmar, H.:* Empirische Einsichten zum Einsatz von Expertensystemen - Ergebnisse von Selbsteinschätzungen in Banken aus den Jahren 1989 und 1991. In: Wirtschaftsinformatik 35 (1993) 3, S. 215-227.

[Schä95] *Schäfer, H.:* Information und Kooperation im Absatz von Bankleistungen. In: Schmalenbachs Zeitschrift für betriebswirtschaftliche Forschung, 47 (1995) 6, 531-544.

[Sche94] *Scheele, M.:* Zusammenschluß von Banken und Versicherungen: Analyse des Privatkundengeschäfts anhand industrieökonomischer Modelle. Wiesbaden 1994.

[Schei94] *Scheidl, K.:* Eigenkapitalorientierte Solvenznormen. In: *Schierenbeck, H.; Moser, H. (Hrsg.):* Handbuch Bankcontrolling. Wiesbaden 1994, S. 779-803.

[Schi90] *Schierenbeck, H.:* Bank- und Versicherungslexikon. München 1990.

[Schi94a] *Schierenbeck, H.:* Ertragsorientiertes Bankmanagement. Wiesbaden 1994.

[Schi94b] *Schierenbeck, H.:* Das Meß- und Steuerungskonzept der Marktzinsmethode: Eine Analyse aus bankbetrieblicher Sicht. In: Zeitschrift für Betriebswirtschaft 64 (1994) 11, S. 1417-1452.

[Schi95] *Schierenbeck, H.:* Bank-Controlling. In: *Gerke, W.; Steiner, M. (Hrsg.):* Handwörterbuch der Bank- und Finanzwirtschaft. Stuttgart 1995.

[Schm10] *Schmalenbach, E.:* Großbankorganisation. In: Zeitschrift für handelswissenschaftliche Forschung (1910/11), S. 372ff.

[Schm87] *Schmidt, G.:* Organisation im Bankbetrieb. Gießen 1987.

[Schm91] *Schmidt-Salzer, J.:* Organisationskonzepte, Management-Techniken und Menschenbild. In: Die Versicherungspraxis 81 (1991) 2, S. 21-34.

[Schm93a] *Schmidt, R. H.:* Grundzüge der Investitions- und Finanzierungstheorie. Wiesbaden 1993.

[Schm93b] *Schmid, B.:* Elektronische Märkte. In: Wirtschaftsinformatik, 35 (1993) 5, S. 465-480.

[Schn94] *Schneider, D.:* Investition, Finanzierung und Besteuerung. 7. Auflage, Wiesbaden 1994.

[Schr93] *Schrader, S.:* Kooperation. In: *Hausschildt, J.; Grün, O. (Hrsg.):* Ergebnisse empirischer betriebswirtschaftlicher Forschung - Zu einer Realtheorie der Unternehmung. Stuttgart 1993, S. 221-254.

[Schu92a] *Schulte-Mattler, H.:* EG-Kapitaladäquanz-Richtlinie: Einheitliche Aufsichtsregeln für Kreditinstitute und Wertpapierhäuser. In: Die Bank (1992) 8, S. 460-467.

[Schu92b] *Schumann, J.:* Grundzüge der mikroökonomischen Theorie. 6., überarbeitete und erweiterte Auflage, Berlin 1992.

[Schu94] *Schulte-Mattler, H.:* Baseler Vorschlag zur Erfassung und Begrenzung von Marktrisiken. In: Die Bank (1994) 1, S. 28-33.

[Schü94] *Schüller, S.:* Stückkostenkalkulation mit Hilfe der prozeßorientierten Standard-Einzelkostenrechnung. In: *Schierenbeck, H.; Moser, H. (Hrsg.):* Handbuch Bankcontrolling. Wiesbaden 1994, S. 357-374.

[Schw88] *Schweizer, U.:* Externalities and the Coase Theorem: Hypothesis or Result? In: Journal of Institutional and Theoretical Economics 144 (1988), S. 245-266.

[ScKr96] *Schauenberg, B.; Kräkel, M.:* „Dezentralisierte Führung von Unternehmen mit Hilfe eines internen Beteiligungsmarktes" - Anmerkungen zum gleichnamigen Beitrag von S. Albers. In: Die Betriebswirtschaft 56 (1996) 4, S. 570-572.

[ScMa92] *Schierenbeck, H.; Marusev, A. W.; Wiedemann, A.:* Einzelgeschäftsbezogene Aussteuerung von Engpässen mit Hilfe der Marktzinsmethode. In: Die Betriebswirtschaft 52 (1992) 4, S. 443-470.

[ScMo94] *Schierenbeck, H.; Moser, H. (Hrsg.):* Handbuch Bankcontrolling. Wiesbaden 1994.

[ScPe96] *Schmittmann, S.; Penzel, H.-G.; Gehrke, N.:* Integration des Shareholder Value in die Gesamtbanksteuerung. In: Die Bank (1996) 11, S. 648-653.

[ScRo86] *Schierenbeck, H.; Rolfes, B.:* Effektivzinsrechnung in der Bankenpraxis. In: Schmalenbachs Zeitschrift für betriebswirtschaftliche Forschung 38 (1986), S. 766-778.

[ScSc86] *Scheidl, K.; Scholz, R.:* Zur Rendite von Zerobonds nach Steuern. In: Die Bank (1986) 11, S. 572-575.

[ScTr95] *Schulte-Mattler, H.; Traber, U.:* Marktrisiko und Eigenkapital: Bankaufsichtliche Normen für Kredit- und Marktrisiken. Wiesbaden 1995.

[ScWi96] *Schwalbach, J.; Winter, S.:* Anreize und Selektionsprozesse in dezentralisierten Unternehmen. In: Die Betriebswirtschaft 56 (1996) 4, S. 573-575.

[Seum88] *Seum, A. M.:* Das Anlegerverhalten der Sparer - Eine empirische Analyse für die Bundesrepublik Deutschland. Frankfurt/M. 1988.

[Shav79] *Shavell, S.:* Risk Sharing and Incentives in the Principal and Agent Relationship. In: Bell Journal of Economics 10 (1979), S. 55-73.

[Simo57] *Simon, H. A.:* Models of Man: Social and rational mathematical essays on rational human behaviour in a social setting. New York 1957.

[Slev96] *Slevogt, M.:* Konsequenzen des Discount Brokerage für die Preispolitik im Wertpapiergeschäft. In: Die Bank (1996) 12, S. 746-749.

[SmDa81] *Smith, R. G.; Davis, R.:* Negotiation as a Metapher of Problem Solving. In: IEEE Transactions on Systems, Man and Cybernetics 11 (1981) 1, S. 61-70.

[Smit80] *Smith, R. G.:* The Contract Net Protocol: High-Level Communication and Control in Distributed Problem Solving. In: IEEE Transactions on Computers 29 (1980) 12, S. 1104-1113.

[SmMi96a] *Smithson, C.; Minton, L.*: Value-at-Risk (1) - Understanding the various ways to calculate VAR. In: Risk 9 (1996) Jan., S. 25-27.

[SmMi96b] *Smithson, C.; Minton, L.*: Value-at-Risk (2) - The Debate on the use of VAR. In: Risk 9 (1996) Feb., S. 38-39.

[Spre87] *Spremann, K.:* Agent and Principal. In: *Bamberg, G.; Spremann, K. (Hrsg.):* Agency Theory, Information, and Incentives. Berlin 1987, S. 3-37.

[Stav95] *Stavins, R. N.:* Transaction Costs and Tradeable Permits. In: Journal of Environmental Economics and Management 29 (1995), S. 133-148.

[StCr79] *Stephenson, R.; Cron, W. L.; Frazier, G. L.:* Delegating Pricing Authority to the Sales Force: The Effect on Sales and Profit Performance. In: Journal of Marketing 43 (1979), S. 21-28.

[Stei89] *Steiner, M.:* Technologie- und Produktinnovationen für die deutschen Wertpapierbörsen. In: *Bühner, R. (Hrsg.):* Führungsorganisation und Technologiemanagement. Berlin 1989, S. 289-314.

[Stei93] *Steiner, D. D.:* Kooperative Mensch-Maschine Arbeit. In: *Müller, J. (Hrsg.):* Verteilte Künstliche Intelligenz - Methoden und Anwendungen. Mannheim 1993, S. 133-145.

[StHa92] *Steiner, D.; Haugeneder, H.; Kolb, M.; Bomarius, F.; Burt, A.*: Mensch-Maschine Kooperation. In: Künstliche Intelligenz 6 (1992) 1, S. 59-63.

[Stic94] *Stickel, E.:* Konzeption eines wissensbasierten Systems zur Unterstützung der Produktentwicklung in Kreditinstituten. In: *Kirn, S.; Weinhardt, Ch. (Hrsg.):* Künstliche Intelligenz in der Finanzberatung: Grundlagen - Konzepte - Anwendungen. Wiesbaden 1994, S. 43-56.

[StSc93] *Steinmann, H.; Schreyögg, G.:* Management. 3. Auflage, Wiesbaden 1993.

[StSc95] *Stein, J. H. von; Schubert, T.:* Organisationstheoretische Grundlagen für die Bankorganisation. In: *Stein, J. H. von; Terrahe, J. (Hrsg.):* Handbuch der Bankorganisation. 2., überarbeitete und erweiterte Auflage, Wiesbaden 1995, S. 3-30.

[StWi93] *Steiner, M.; Wittrock, C.:* Märkte für Instrumente zur Risikoabsicherung. In: *Gebhardt, G.; Gerke, W.; Steiner, M. (Hrsg.):* Handbuch des Finanzmanagements. München 1993, S. 669-719.

[Sund93] *Sundermeyer, K.:* Modellierung von Agentensystemen. In: *Müller, H.-J. (Hrsg.):* Verteilte Künstliche Intelligenz: Methoden und Anwendungen. Mannheim 1993, S. 22-44.

[Töpf97] *Töpfer, A.:* Kundenorientiertes Geschäftsprozeßmanagement durch Business Units. In: Information Management (1997) 1, S. 6-12.

[Ufer94] *Ufer, W.:* Stellen Sie die Weichen: Kreditderivate. In: Bank Magazin (1994) 11, S. 8-13.

[UhSt94] *Uhlir, H.; Steiner, P.:* Wertpapieranalyse. Heidelberg 1994.

[Velt92] *Velthuijsen, H.:* The Nature and Applicability of the Blackboard Architecture. Dissertation, Maastricht 1992.

[Vick61] *Vickrey, W.:* Counterspeculation, Auctions, and Competitive Sealed Tender. In: Journal of Finance 16 (1961), S. 8-37.

[Vill89] *Villiez, C. von:* Budgetkontrolle und Abweichungsanalyse in Kreditinstituten. Frankfurt am Main 1989.

[WaEl93] *Watkins, P. R.; Eliot, L. B. (Hrsg.):* Expert Systems in Business and Finance - Issues and Applications. Chichester 1993.

[WaEw93a] *Wagenhofer, A.; Ewert, R.:* Linearität und Optimalität in ökonomischen Agency Modellen: Zur Rechtfertigung des LEN-Modells. In: Zeitschrift für Betriebswirtschaft 63 (1993) 4, S. 373-391.

[WaEw93b] *Wagenhofer, A.; Ewert, R.:* Linearität und Optimalität in ökonomischen Agency Modellen: Erwiderung zu den Anmerkungen von W. Breuer. In: Zeitschrift für Betriebswirtschaft 63 (1993), S. 1077-1079.

[WaEw93c] *Wagenhofer, A.; Ewert, R.:* Interne Unternehmensrechnung. Berlin 1993.

[Wage96] *Wagenhofer, A.:* Anreizsysteme in Agency-Modellen mit mehreren Aktionen. In: Die Betriebswirtschaft 56 (1996) 2, S. 155-165.

[WaUn97] *Wanka, U.; Unland, R.; Kirn, S.:* A Multiagent System-Approach for the Design of Information Systems in Virtual Organizations. In: *Krallmann, H. (Hrsg.):* Wirtschaftsinformatik '97 - Internationale Geschäftstätigkeit auf der Basis flexibler Organisationsstrukturen und leistungsfähiger Informationssysteme. Heidelberg 1997, S. 121-133.

[WaWe86] *Wagner, F. W.; Wenger, E.; Höflacher, S.:* Zero-Bonds: Optimale Investitions- und Verschuldungsstrategien. Wiesbaden 1986.

[WeGo96] *Weinhardt, Ch.; Gomber, P.:* Domänenunabhängige Koordinationsmechanismen für die dezentrale betriebliche Planung. In: Information Management (1996) 1, S. 6-16.

[Wein95] *Weinhardt, Ch.:* Financial Engineering und Informationstechnologie: Innovative Gestaltung von Finanzkontrakten. Wiesbaden 1995.

[West95] *Westphal, H.:* Gestaltung und Bewertung von Genußscheinkapital. Wiesbaden 1995.

[WiBu93] *Will, A.; Buhl, H. U.; Weinhardt, Ch.:* Immobilienleasing und Steuern im Allfinanz-Kontext. In: Zeitschrift für Betriebswirtschaft 63 (1993) 9, S. 933-959.

[Wick95] *Wickel, S.:* Banken im Wandel: Konzept für eine zukunftsorientierte Organisationsstruktur. Wiesbaden 1995.

[Wieb92a] *Wiebke, H.:* Internationale Aktivitäten zur Harmonisierung bankaufsichtlicher Eigenkapitalvorschriften: Eine Zwischenbilanz (Teil I: Eigenkapitalfunktionen und Eigenkapitalbegriff). In: Kredit und Kapital, (1992) 3, S. 428-457.

[Wieb92b] *Wiebke, H.:* Internationale Aktivitäten zur Harmonisierung bankaufsichtlicher Eigenkapitalvorschriften: Eine Zwischenbilanz (Teil II: Die Eigenkapitalunterlegung der Risikoaktiva). In: Kredit und Kapital, (1992) 4, S. 584-606.

[Wiel93] *Wieland, B. W.:* Economic Change and Industry Structure: The Example of Banking. In: Journal of Institutional and Theoretical Economics (JITE) 149 (1993) 4, S. 670-689.

[Wild70] *Wild, J.:* Input-, Output- und Prozeßanalyse von Informationssystemen. In: Schmalenbachs Zeitschrift für betriebswirtschaftliche Forschung, 22 (1970), S. 50-72.

[Will75] *Williamson, O. E.:* Markets and Hierarchies: Analysis and Antitrust Implications. New York 1975.

[Will95] *Will, A.:* Die Erstellung von Allfinanzprodukten: Produktgestaltung und verteiltes Problemlösen. Wiesbaden 1995.

[Wilt96] *Wiltinger, K.:* Der Einfluß von Umfeldcharakteristika auf die Delegation von Preiskompetenz an den Außendienst. In: Schmalenbachs Zeitschrift für betriebswirtschaftliche Forschung 48 (1996) 11, S. 983-998.

[Wimm93a] *Wimmer, K.:* Bankkalkulation. Neue Konzepte der Kosten- und Erlösrechnung von Kreditinstituten. Berlin 1993.

[Wimm93b] *Wimmer, K.:* Marktzinsmethode und Investitionsrechnung. In: Österreichisches Bankarchiv 41 (1993) 8, S. 631-643.

[Wimm93c] *Wimmer, K.:* Die aktuelle und zukünftige Effektivzinsangabeverpflichtung von Kreditinstituten. In: Betriebs-Berater 48 (1993), S. 950-956.

[Wimm94] *Wimmer, K.:* Die Realisierung von Konditions- und Strukturbeiträgen für die Marktzinsmethode. In: Österreichisches Bankarchiv 42 (1993), S. 588-598.

[Wint96a] *Winter, S.:* Prinzipien der Gestaltung von Managementanreizsystemen. Wiesbaden 1996.

[Wint96b] *Winter, S.:* Relative Leistungsbewertung - Ein Überblick zum Stand von Theorie und Empirie. In: Schmalenbachs Zeitschrift für betriebswirtschaftliche Forschung 48 (1996) 10, S. 898-926.

[Witt77] *Wittmann, W.:* Betriebswirtschaftslehre. In: *Albers, W. et al. (Hrsg.):* Handwörterbuch der Wirtschaftswissenschaften, 1 (1977), S. 584-609.

[WKWI94] *Wissenschaftliche Kommission Wirtschaftsinformatik im Verband der Hochschullehrer für Betriebswirtschaft e.V.:* Profil der Wirtschaftsinformatik. In: Wirtschaftsinformatik 36 (1994) 1, S. 80-81.

[Wolf94] *Wolff, B.:* Organisation durch Verträge. Dissertation, München 1994.

[ZlRo96] *Zlotkin, G.; Rosenschein, J. S.:* Mechanism design for automated negotiation, and its application to task oriented domains. In: Artificial Intelligence 86 (1996), S. 195-244.

GPSR Compliance
The European Union's (EU) General Product Safety Regulation (GPSR) is a set of rules that requires consumer products to be safe and our obligations to ensure this.

If you have any concerns about our products, you can contact us on

ProductSafety@springernature.com

In case Publisher is established outside the EU, the EU authorized representative is:

Springer Nature Customer Service Center GmbH
Europaplatz 3
69115 Heidelberg, Germany

www.ingramcontent.com/pod-product-compliance
Lightning Source LLC
LaVergne TN
LVHW050634051026
849532LV00002B/383
9783790811018